U0606487

本书出版得到西北大学"211"工程重点建设学科暨
陕西省重点建设学科经费资助

"西北大学史学丛刊"编委会

主 任：陈 峰

委 员：王新刚 王善军 李利安 李 军 刘 蓉

西北大学史学丛刊 • XIBEIDAXUE SHIXUE CONGKAN

民众的历史

——以陕北地区为中心

刘 蓉◎著

人民出版社

目　录

第一章　绪　论

　　陕北，因其位于陕西北部而得名。"陕"是个古老的地名，一般认为是陕陌或陕原、陕塬，即今河南陕县（属河南省三门峡市）西南张汴塬一带。西周初年发生的一件被称作"周召分陕"政治大事，使得"陕"这个地方从此有名。《公羊传·隐公五年》载：自陕而东者，周公主之；自陕而西者，召公主之。周公、召公两位重臣划定势力范围因而达成某种形式的平衡，对于周初形势的稳定显然起了很大作用。分陕而治后，周公治理的陕以东地区就称为"陕东"，与"山东"、"关东"的含义大致相同，而召公治理的陕以西地区就称为"陕西"，跟"关西"的含义略同，大致即是指陕塬以西的泾渭平原。当然西周时召公管辖的"陕西"只是一个大致的范围，还远不是一个行政区划的概念。"陕西"转为政区名称，大约始于唐肃宗时曾设过的"陕西节度使"，到北宋时，太宗赵光义于至道年间（995－997）在全国设十五路，"陕西"是其中之一，治所在京兆府（今西安市），当时称为陕西路，辖区则远大于今天的陕西，约为秦岭以北、横山以南、湟源以东、渑池以西地区，包括今陕西、甘肃两省大部分，宁夏回族自治区南部、青海省湟源以东地区、山西省运城地区及河南省三门峡市辖地全部。宋神宗赵顼熙宁五年（1072），陕西路分为永兴军、秦凤二路，但习惯上仍称这二路为陕西路。元朝在地方分设十一个行中书省，"陕西"属其中之一，始设于元世祖忽必烈中统三年（1262），全称为"陕西四川行中书省"，治奉元路（今西安市），辖今陕西省及内蒙古河套南部、甘肃省的东南部、宁夏回族自治区的南部和青海、四川部分地区。至元十八年（1281）分设甘肃等处行中书省，二十三年（1286）又将陕西四川行中书省分成陕西等处和四川等处两个行中书省。陕西等处行中书省辖区约有今陕西省（不含略阳、勉县、宁强三县）、甘肃省永靖县以东地区、宁夏回族自治区南部及内蒙古自治区河套地区大部。明代陕甘两省合并，改称陕西承宣布政使司，习惯仍称陕西省，为当时十三行省之一，辖区约有今陕西、甘肃、宁夏三省区及青海省海晏、共和以东地区。清代行省先后增至十八、二十二，而陕西始终是其中之一。清康熙六年（1667）分出西部设立巩昌承宣布政使司（次年改为甘肃承宣布政使司），陕西省辖区始大致成现状。有了"陕西"，才有了以关中为中心的南北之分，才有了陕南、陕北的称谓，"陕北"也因之成了北括河套、南至渭北北山，东至黄河、西界子午岭的陕西北部地域的总称。

在"陕西"这一地方行政区划名称出现之前，陕西这块地域，属于《禹贡》九州中的雍州。黄帝以来至商周时期，这里为白狄居地。春秋战国以来逐渐成为崛起的秦国的领地，因此陕西很多地名都打上了秦人的印记，如横贯陕西中部的主要山脉被称为"秦岭"，渭河平原被称为"秦川"，后人将陕西简称"秦"也是秦的巨大影响所致。楚汉战争时，项羽将刘邦封汉王，都南郑，辖陕南及巴、蜀之地。为牵制刘邦以防其势力扩张，又将陕西的关中和陕北一分为三，封秦降将章邯为雍王，都废丘（今兴平东南），辖咸阳以西及甘肃东部地区，封司马欣为塞王，都栎阳（今西安阎良附近），辖咸阳以东，封董翳为翟王，都高奴（多认为城址在今延安），辖陕北，故后世又泛称陕西为"三秦"。需要辨别的是，当年项羽分封的三秦之地并不包括陕南，而后来人们理解的"三秦"却是概指陕西这一地域，即将陕北、关中、陕南合称为"三秦"。

还需要一提的是，战国以来，函谷关逐渐成为秦与六国攻守的军事要地，因此函谷关以西可以被称为"关西"、"关中"，用来指称秦地，即包括现今的陕北在内，这种用法一直到司马迁时还没有改变。而战国郡县制兴起以后，陕北地区设有上郡，秦汉沿而未改，所以秦汉以来人们又往往以"上郡"代指陕北这块地域。

在中国历史的变迁中，从黄帝以来直至周秦汉唐，陕西都处在政治经济文化的中心地位，魏晋南北朝、宋辽夏金元时期，陕西则处在东西南北各民族交融的绳结地带，明清以来的陕西虽僻处西北，却又不断改变着中国历史的走向。因此，中国历史发展的许多问题，都要追溯到陕西来寻求答案，而作为陕西北方重要门户的陕北，其重要性也就不言而喻。陕北历史，并不仅具有地方性，它与中华文明进程中的很多重大事情都密切相关，有些甚至具有世界意义。虽然在漫长而宏大的中国历史中，陕北历史只是其中的一小部分，但是，如果我们能了解这一小部分中的整体，或许能有助于我们更好地了解整个中国历史。为此，我们首先从方志、考古、历史、民俗等四个方面，来考察和了解关于陕北历史研究的整体状态。

第一节　陕北方志

俗谚曰"关东出相，关西出将"，陕北从秦汉以来，文化上一直相对薄弱，加之战事频仍、民族纷繁，有关陕北的历史文献资料因此而留存较少，这一情况便成为我们研究陕北历史时遇到的第一个困难。所幸的是，从明清以来到新中国成立前，关于陕北各地方志的修纂在在皆是，这些方志留存到今天的，便成为我们了解、研究陕北各地山川、田土、赋役、风俗不可或缺的依据，成为正史之外研究陕北历史的珍贵史料，具有重要的史料价值。

根据《中国地方志联合目录》的记载和学者们的整理研究，明清以来陕北各地方志大体可以分为三类：一类属于通志类，如明嘉靖本《雍大记》、嘉靖本《陕西通志》、清道光本《陕西志辑要》以及明万历本《延绥镇志》、明弘治本《延安府志》等；一类属于县志类，包括州县志和乡土志，如清雍正本《府谷县志》、光绪本《府谷县乡土志》、顺治本《洛川县志》、光绪本《洛川县乡土志》、民国《横山县志》、民国《延川县志》等；还有一类属于乡贤宿儒撰著的地方风俗掌故舆地类著作，如明龚辉撰著的嘉靖本《全陕政要》、明刘敏宽撰万历本《延镇图说》、清谭吉璁编著康熙本《守榆纪略》、曹颖僧撰著的《延绥揽胜》等。在现存近百种陕北方志中，明代所修只有嘉靖本《雍大记》、嘉靖本《陕西通志》以及万历本《延绥镇志》和弘治本《延安府志》，其余均为清代所修，尤其是陕北州县志，迄今所见者，均为清代康乾以来所修。

不过，对于地方志修纂的重视，却是从明代开始的。明代方志之学转盛，有明一代撰修方志达3470种，官府为修方志还制定了一系列的制度，规定了统一的志书体例。特别是永乐十年（1412），朝廷为修《一统志》而颁降《修志凡例》十六则，这是迄今发现最早由朝廷颁布的修志细则。该《凡例》规定志书采用类目体，一般并列建置沿革、分野、疆域、城池、里至、山川、坊郭、乡镇、土产、贡赋、风俗形势、户口、学校、军卫、廨舍、寺观、祠庙、桥梁、古迹、宦绩、人物、仙释、杂志、诗文等二十四门，强调各门类既叙发展演变，更要重现状。其后六年，朝廷诏天下郡县卫修志，对原颁《凡例》稍事修订，调整门类，重新颁布，令各地遵行。[①]

明代政府对于修方志的高度重视，有力促进了地方修志的热情，地方志事业因此蓬勃发展，对于地方社会的关注也成为一时风气。在这样一种社会背景下，陕北也开始了地方志的编修，现今留存的最有名的当属弘治本《延安府志》及万历本《延绥镇志》。

弘治本《延安府志》虽较为简略，但却为我们保留了许多珍贵资料。截至修志时，当时的延安府领州三、县十六，分别为绥德州（领县二：清涧、米脂）、葭州（领县三：吴堡、神木、府谷）、鄜州（领县三：洛川、中部、宜君）、肤施、安塞、保安、安定、延川、延长、宜川、甘泉、洛川、中部、宜君、清涧、米脂、吴堡、神木、府谷，基本上是现今陕北的区域范围，州县名称也大致与现今区县名相同。当时延

---

① 参见巴兆祥：《论明代方志的数量与修志制度》，《中国地方志》2004年第4期。

安府有四万六千七百九十七户，六十九万六千九百五十口。① 该志共列二十八目，以州县为单位，每州县下依次分二十八目来记述。

清朝对于地方的重视，尤甚于明代。康乾两朝对官修史书之重视已是尽人皆知，而翻检陕北地方志，可以知道，在中央组织力量修史的同时，康乾也同样重视对于地方志的修纂。乾隆四十九年刻本《绥德直隶州志》有当时陕西督学使者温常绶的序，序中称"我皇上重修一统志，凡下州小邑，俱命儒臣厘定之"，可见乾隆皇帝对于地方志的修纂是有过明确指示的。经由帝王提倡和政令推行，地方志在有清一代一直备受重视，乾隆、光绪两朝分别有过全国性的大规模修志。

清朝对于地方志重要性的认识，可以嘉庆七年陕西布政使温承惠《重修延安府志叙》中的一段话概括之：

天下之政，自郡县始，而达于朝廷；国之有史，亦自郡县之志始，而会于史官，盖志与政通者也。为守令者，不周知一郡、一县之山川险易、户口登耗、土田荒僻、学校举废，与夫屯粮盈绌、风俗美恶，则不能因势利导，以施政而宜民。为大吏者，不能知守令之所知，亦无以因人地之宜，以择才而任吏。二者，以方志稽之，则不下堂阶而了于指掌，故曰"志与政通者也"。

志书修纂既已蔚然成风，有清一代，地方志堪与官修史书、学者著作并驾齐驱，一起标志着清代文化的繁盛。时代迁移，这些地方志记述已成为我们了解一方风土人情、舆地沿革、典章制度、人物掌故的最基本的依据，弥足珍贵。

清代所修陕北方志，体例大致遵循一定的套路而有所增删改定。以乾隆二十七年王崇礼修纂的《延长县志》为例。该志前有王崇礼"自叙"，述修纂之前后缘起情况，并阐述自己对于史志修纂的一些看法："因思志以传真，文过则绮，质胜则俚，不绮不俚，庶几得体。此岂风

---

① 可以作为对照的是，据 2010 年统计数据，榆林人口约 335 万，延安人口约 227 万，合计 562 万。

尘荒砚所能整暇抉择以成一邑良简篇哉！惟然而前乎此者甘任阙如，余又阙如，后此者甘任将何底也？赏谓愚儒不作巧谈，便是愚儒可敬处；浅人不作深语，便是浅人可爱处。不受人敬，或致见怜，不受人爱，必遂见笑。谁爱谁敬，谁怜谁笑，均此案头一志招之。要之，邑事且备，不虚我蒙时识字。"修纂者视编修方志为读书人职责之所在，虽有种种不能如意处，也要知其不可为而为之，作者自信"邑事且备"，至于愚巧深浅，则留待观览者品评。"自叙"之后列"纂修姓氏"，即所有参与修纂县志者的名录，计有纂修一人、参订一人、采访二十二人、正字四人、誊录三人，共三十一人，列名时，先身份、后姓名、再记乡里籍贯，如纂修，延长县知县，王崇礼，湖南安化人、辛酉举人；采访，拔贡生候选教谕，宋明镜，恭顺里人；正字，生员，朱黄甲，高青里人等等。"纂修姓氏"之后便是"凡例"，概要说明卷目内容、修纂体例、取舍原则等。

"自叙"、"纂修姓氏"、"凡例"之后，便是目录，今侈录延长县志目录于下，以此为例，便于我们了解陕北县志的梗概内容：

目录：

方舆志卷之一　星野、建邑、疆域、山川、古迹、八景、气候、灾祥

建置志卷之二　城池、公署、学校、仓储、兵制、驿站、镇堡、关梁、坊表、水利

户役志卷之三　地粮、户口、里甲、盐课、杂课、站支、解欵

食货志卷之四　物产、服食、器用、宫室

风俗志卷之五　岁节、男女、生计、葬祭、宴会、沿习

秩祀志卷之六　坛庙、寺观、陵墓

官师志卷之七　封建、职官、名宦、循吏

选举志卷之八　进士、举人、贡生、封荫、职监、掾吏

人物志卷之九　乡贤、忠烈、孝义、儒行、宦绩、烈女、流寓

艺文志卷之十　条议、诰文、示谕、记、序、引、诗

检查以上目录内容，可以说王崇礼认为"邑事且备"并不是虚言。《延长县志》不仅记述详备，且从今日看，许多内容都有极高的史料价值，我们仅录一条，以窥斑见豹：

《艺文志·示谕》：为劝种玉米一济民食事照得：延长地近边隅，风土多寒少暖。民间布种粮色，夏收二麦、豌豆，秋苗谷、糜、稻黍、菽麦各豆、大小麻子，大都趋时播种，节次登场，刻难迟误。是五谷除稻秫外，余产皆备农家，有何他求！不知另有一种玉米，或名川谷或包谷，又曰珍珠米、金稻黍。此种粮食，向止附植菜畦一两行，剥收为小儿啖弄耳。近来南方普种山原，收获倍于别种，始知玉米有十便五利焉。查百谷限时树艺，独玉米自二月至四月皆可种，不必迫日赶耕，致穷农力，一便也；布籽吐苗，叶粗易长，不受蔓草蒙翳，锄可稍迟，二便也；苗宜疏散，视高粱更甚，钁锄用力，不致促密受伤，三便也；吐穗带苞披缨，狂风疾雨无碍，四便也；结实成熟，可俟各谷登场后徐收，不虞黄落，五便也；颗粒坚附穗心，不剥不下，易于携挑，六便也；收获到家，随便堆放，无需板廒土瓮，七便也；到场滚打，有心无壳，易于收扫，不用筛扬，八便也；或舂或碾或米面，或将圆秸煮煨熟食，甚易，九便也；远路袖带，冷亦可食，可抵馂粮，十便也。十便既详，五利宜悉。种须耕深，耕深则根远，每根每枝可结四五穗，每穗可结数百粒，所获自多，其一利也；赤种为粘，白种为糯，与各谷分软硬同，粘宜作饭，糯可酿酒，蒸馍食之易饱，其利二也；粒无粗皮，比他谷糠秕较细，计每斗可碾面八九升余，麸一二升，煮喂牲畜，尤易肥长，其利三也；单煮固可饱餐，若以粉伴麦面米、伴稻粱煮食尤美，其利四也；梗既作薪耐爨，亦能垫桥铺屋，其利五也。惟不耐久贮，即舂碾不可过多，为不及他耳。南方农人种仅二十余年，不忧饥饿，且回骤致小富，吾民何惮而不种之为？此谕，尔农民知悉。际此东作方殷，各宜觅玉米一种，深耕试种，及时薅锄，至秋后收剥，所获较别种多寡，乃自知之。将来挨村遍种，青梗如竹，绿叶如茅，不惟裨益农田，抑可点染色，令兹土者，实有后望焉！特谕。

众所周知，关于玉米是否我国本土所产向有争论。罗尔纲先生认为，"玉蜀黍本产自美洲，其传入中国约在明隆庆（公元一五六七——一五七二年）前后。明李时珍《本草纲目》对玉蜀黍已有正确记载。并言玉蜀黍'种出西土，种者亦罕'，案时珍《本草纲目》采辑始于壬子（公元一五五二年），终于万历戊寅（公元一五七八年），可知玉蜀黍之传入中国必在万历戊寅以前"[1]；陈文华先生认为"明清时期人口急剧增加，粮食需要量不断增长，原有的粮食作物满足不了人民的需要，又从外国引进了玉米……自明代万历年间引入到现在不到四百年功夫，很快就成了我国人民的主粮之一"[2]。北京农业大学王毓瑚先生所列古代主要大田作物总表指出，禾（谷、粟、稷），黍、菽（大豆）、麦等为我国主要大田作物，而在他引用的《吕书四篇》、《汜胜之书》、《四民月令》、《齐民要术》、《农桑辑要》、《王祯农书》、《农政全书》等七种农书中，只有 17 世纪徐光启的《农政全书》才有玉米的记载。[3] 此外，北京大学、北京师范大学等校编著的中国古代史教材也主此说。[4]

玉米从开始引进我国到普遍种植，一定是经历了一个较长的过程。至少我们可以看到，至乾隆二十七年，延长等地农民还没有开始种植玉米，而且，对于玉米所知甚少。而据王崇礼所言，南方开始种植玉米也不过二十多年，效果却很明显，玉米产量高，使得南方农民不忧饥饿，还能因此改善生活条件，变得富足起来。因为玉米的"十便五利"，身为县令的王崇礼专门谕令延长农民试种玉米。这条资料，对于我们了解

---

① 罗尔纲：《霍乱病的传入中国》，《历史研究》1956 年第 3 期。
② 陈文华：《中国古代农业科技史讲话（一）》，《农业考古》1981 年第 1 期。
③ 王毓瑚：《我国自古以来的重要农作物》，《农业考古》1981 年第 1 期。
④ 虽然大多学者认为玉米在我国种植的时代开始于明代，但也有不同意见。如张鸣珂先生《我国玉米的种植是明代从外国引进的吗？》一文根据河南新乡市博物馆所藏一只汉代陶鸟的烧制情况，认为玉米在中国的种植或许早在汉代就开始了，张先生的根据是，"该陶鸟的烧制，采用了用玉米芯作鸟体内范的方法，故烧成后体内玉米芯化为灰烬而成圆空腹体，在体内壁上留下了清晰的玉米芯印痕纵行 18 行……由此印痕可知，该玉米的穗轴当时已经进化到与现在基本相同的阶段，籽粒饱满稠密"。见《农业考古》1983 年第 2 期。

陕北农业经济结构变迁无疑极为重要，以此为线索，我们可以考察红薯、土豆这些如今陕北最普遍的作物都是什么时候开始引进种植的，当时情况如何，这些作物对于陕北民众产生了什么样的影响。

此外，还有个很有意思的小问题，就是在这条谕令中指出，玉米在当时也称金稻黍。绥德米脂吴堡一带，至今仍称玉米为"金稻黍"，称高粱为"稻秋"或"稻黍"，只是方言读"稻"为"tào"罢了，陕北对于玉米的不同称谓，或许是因为引进地称谓的不同，也或者是因像王崇礼这样的官员在告谕等官方正式称呼时的不同所致，无论如何，均关系于玉米最初引入陕北种植时的有关情况，值得我们进一步探究。

清初陕北地方志的修纂，开了一代风气。后此续修、重撰者代不乏人。今天依旧留存的陕北方志，既有顺治、康熙、雍正、乾隆时期的，也有嘉庆、道光、光绪朝的。统观这些方志，则可见有清一代陕北社会全方位的状况，从明清之际的朱龙叛乱，到同治年间的回民起事；从延长油矿的发现开采，到陕北各地实业、交通的逐渐兴起；年成丰歉，人民疾苦，风俗善恶，借此得以有一个较为清晰的认识，一改清代以前陕北历史文化史无所载、混沌不明的状况。更值得庆幸的是，民国时期政府也组织过一次大规模的地方志编纂工作，而这些民国时期先后修成的陕北各地方志，现在都得以完好保存。民国县志记事，有止于清宣统三年的，如民国《米脂县志》，有止于民国三年的，如民国《神木县乡土志》，也有止于民国二十年的，如民国《葭县志》，还有止于民国三十二年的，如民国《黄陵县志》等，这些方志从整体上记载了陕北从清末到民国年间的剧烈变动，如辛亥革命前后陕北社会状况、民国年间各种除旧布新、国共两党在陕北的较量等等，针对性极强，这些资料对于我们了解清末民初陕北社会、了解陕北社会的剧烈变革乃至中国革命的发生发展到走向胜利，都极为珍贵。

从 20 世纪 90 年代起，陕北地方志修纂工作又兴起了高潮。在国家的统一安排部署下，各县市都成立了编纂委员会，组织人力物力集中编写，成就斐然。新中国成立后的新地方志，在原有旧志的基础上，按照新的编纂原则修纂，着重反映新中国成立以来陕北社会的各种新变化、新情况，既体现了陕北历史的连续性，又突出了新中国成立后陕北社会翻天覆地的新变化，反映了时代的进步和现代社会的日新月异。

随着陕北社会的不断发展和人民生活水平的不断提高，陕北各乡镇编撰乡镇志的热情日益高涨，如榆林《金鸡滩乡志》、绥德《吉镇村志》等，还有许多乡镇志、村志正在编纂过程中。这些村镇志多由乡贤编撰，因为对当地情况较为熟悉，所以对于我们了解地方社会变迁、乡俗民情等极有参考价值。此外，陕北还有不少家谱家乘、宗族谱类资料，如《米脂杨家沟马氏家族谱》、《清涧县白草一里又五甲白氏族谱》、《米脂艾氏宗谱》等。如乡镇志的编纂一样，谱牒修撰现在陕北也颇为盛行，许多大姓望族都有着手编修本家、本族谱牒的举动。这些乡镇志、宗族谱牒类资料，从个案的角度为我们展示了陕北社会更为细微、生动的情节，是地方志不可或缺的重要补充。

现存明清民国方志，为我们研究陕北历史、陕北社会风俗提供了第一手资料，是我们了解陕北历史社会的入门途径。但对这些方志谱牒类资料的研究和使用还只是刚刚起步，无论是方志的整理校注，还是对方志史料的挖掘运用，都仍显得极为薄弱。已有的相关研究，多限于偶尔引述片言只语，缺乏从整体上对于这些史料的把握和研究。研习方志资料，挖掘这部分宝藏，才能使陕北历史研究不断得到深化。

第二节　陕北区域史研究

陕北是一块古老的土地。中生代时期，陕北以及整个陕甘宁地区还是温暖潮湿的鄂尔多斯盆地，盆地里满是茂密的植物和种类繁多的动物，这些曾经旺盛生长的动植物在亿万年后积淀为煤炭石油。后来，逐渐抬升的鄂尔多斯盆地又被侵蚀成丘陵。之后，随着青藏高原的隆起，喜马拉雅山脉的形成，印度洋暖湿气流从此不再北上，而西伯利亚冷高压的影响却越来越大。毛乌素的沙土粉尘在数百万年西北风的吹送下，最终堆积在隆起的鄂尔多斯丘陵地形上，形成了千沟万壑的黄土高原。疏松的黄土成为人类最早的家园。至迟在距今三万到五万年前，无定河畔已有河套人、北洛河畔已有了黄龙人，河套人与黄龙人都属于晚期智人，距今约三万到五万年。这两种代表性古人类化石的发现无可辩驳地证明，陕北高原正是人类的发祥地，华夏文明在这里曾有过漫长的孕育成长过程。

"陕北"作为一个地区、区域，有其并非固定不变但却大致明确的范围界定，是行政区划与自然地理相结合的产物，那么，陕北历史研究就可以归于区域史研究的范畴。近30年来，区域史研究的兴起已经被视作是当代中国史学研究的新趋势，一般认为这是在法国年鉴学派影响下，战后历史学目光更多地转向关注下层社会历史的学术潮流的一种表现。在这种学术兴趣下，国家或王朝的历史不再被视为历史学研究唯一的主题，历史学家更多地关心普通人的历史，而以一个较小的地区历史过程为研究对象，显然能够更细致和多方面、多层次地展示普通人的活动及其社会表现，因而更容易体现历史学家对所谓"总体历史"的追求。历史过程的单位从"国家"、"民族"转换为某个地区，体现了历史学家对"历史"的理解发生了某种根本性的改变。而且，地域史的研究取向不仅要发现地方历史中不同于"国家"或"民族"历史的某种独特性，更期望能从地方研究中发展起一套新的历史研究的话语，取代基于"国家"文化霸权的话语系统，建立新的历史研究范式和历史解释体系。[①]

我们认为，一方面，陕北是国家行政体系下的一个单元，必然会体现国家与地方的某种关系；另一方面，陕北又是一个相对独立和封闭的地理单元，由黄河与黄土高原规定的这一区域空间决定了陕北人生存生活的独特性。因此，我们主张打通地方历史与国家历史的界线，舍弃

---

① 参见刘志伟：《区域史研究中的人文主义取向》，载姜伯勤：《石濂大汕与澳门禅史》，学林出版社1999年版。

"国家"与"地方"的对立，通过对生活在陕北这一地域的人们的历史活动的描摹，展示陕北社会的历史状况与陕北人的精神世界，描摹陕北人的生活方式及文化特色，阐释陕北何以成为陕北，陕北如何得以影响中国历史的进程，进而追求一种跨越地域局限的人文主义关怀。

一、古代陕北

陕北古代史的研究，目前主要集中在秦汉、宋夏和明清时期。关于秦汉陕北的研究，则主要集中在秦汉时的历史地理、郡县建置沿革方面。众所周知，陕北位于黄河中游河套地区南部，境内众多河流大致东南向注入黄河，自北而南分别有窟野河、秃尾河、葭芦河、榆溪河、无定河、秀延河、延河、洛河等。这些河流因历史地理变迁、历代建置沿革以及各民族往来迁徙居留等原因，在不同历史时期往往有不同的名称，加之史籍记载零星分散，造成了许多舛错，引发了学界的诸多争议，如关于史籍中的圁水，究竟是现在的无定河还是秃尾河？圁水、无定河、奢延水、朔水究竟是同河异名，还是不同的河流？秃尾河、吐延水（清涧河）何以得名？与吐谷浑有无关系？再如，与水道相关的陕北高原各山脉，也往往含混不清，如桥山的地理位置在哪里，在子长还是黄陵？雕山又在哪里？搞清楚这些河流山脉的源流路径、名称演变、位置范围，对于研究陕北古代社会行政区划、军事设置、道路交通、民族往来、生活方式等都有重要意义。陕北秦汉行政区划的建置沿革，更有许多值得探讨的问题，如秦汉上郡范围如何？下辖哪些县？这些县分别在什么位置？西河郡的问题尤其值得注意，根据绥德四十铺出土的东汉画像石记载，绥德似属于西河郡，而不是惯常认为的那样属上郡，而且与西河郡相关的一系列问题恐怕也都得重新审视，如西河郡治的迁徙问题，是在东汉永和五年（140）还是更早？西河郡治最早在平定还是美稷？此外白土、雕阴、肤施、阳周这些故城分别在什么地方？所有这些问题几乎都是扑朔迷离，众说纷纭。

对这些问题考释较为详尽的吴镇烽先生，根据出土汉画像石题记，对汉代与陕北有关的若干郡县的地理位置提出了自己的看法。如关于上郡，上郡本战国时期魏国设立，领十五县，魏惠王后元五年（前330）秦魏雕阴之战魏国失败，将上郡十五县全部献纳于秦，秦国仍设上郡，治所在肤施县，两汉沿袭。关于肤施县故址，一说在今绥德县东南五十里，一说在今榆林县鱼河堡附近，而吴先生认为肤施县故址应该在今靖边县杨桥畔的龙眼城址，理由是龙眼城址在秦长城附近，且是秦直道必经之地，而其规模之大也当得上从战国一直到秦汉时期长期发展所形成的政治、军事、文化和交通的中心城镇，其他城址都不能满足这些条件。再如西河郡，也是战国魏置，文侯时吴起曾任西河守，公元前330年入秦，秦并其地入上郡。汉武帝元朔四年（前125）复置西河郡，辖区约为今内蒙古伊克昭盟东部，山西吕梁山、芦芽山以西，石楼以北及陕西宜川以北黄河沿岸地带，西河郡治所在平定。关于平定的故址，一说在今陕西府谷县西北，《中国历史地图集》将平定县治标在今陕西府谷县西北部与内蒙古准格尔旗交界的喇嘛沟内，一说平定县治在今陕西榆林县境。吴先生则认为平定县治有可能在今神木县瑶镇，瑶镇汉代遗址地处秃尾河东岸，面积约20万平米，有城墙残段及汉代遗物，更重要的是，《读史方舆纪要》引《东观记》曰："西河郡治平定县，离石在郡南五百九里。永和五年以匈奴寇掠，徙郡治离石。"而瑶镇故城东南距今山西离石市正是五百多里，里程基本相符，若是在府谷县西北就差得远了。关于圜阳、圜阴两县的考证，也随着几方绥德汉画像石的出土而有了最新进展。圜阳、圜阴俱因圜水（圁水）得名，圁水究竟是今天陕北的哪条河流，历来有不同的解释。郑樵《通志》、《元一统志》、《明一统志》、《清一统志》分别主圁水为无定河、秃尾河两说，而谭其骧、史念海先生均主圁水即秃尾河说。吴镇烽先生先前也沿用秃尾河说，但根据画像石题记，吴先生重新对此进行了详细考证，认为圁水当是今天陕北的无定河，而圜阳、圜阴则在无定河两岸，圜阴县故址应在地处无定河之南的今横山县党岔乡西杨口则附近，汉时辖区约有今横山、米脂县西部，圜阳县故址当在今绥德县无定河北岸，辖区约有今绥德、吴堡两县地。另外，经吴先生考证，汉代白土县治当为今天靖边县无定河北岸的白城子，亦即赫连勃勃的统万城所在地，汉代的鸿门县治应在今横山县无定河北岸的白界乡西，而西河郡的平周县也并不是传统认为的在今山西介休县西，而是应在今陕北米脂县。[①]

陕北一带从东汉顺帝以来被内迁的匈奴诸部占据，到北魏时才又恢复设置郡县，而北魏政权又非汉族，因而导致这一带两汉魏晋时期郡县名称、治地要么失传，要么面目全非。因此，对陕北历史地理和郡县建置沿革的梳理、研究还需要更多人来关注，且在研究方法上必须摒除成见，不仅走从文献到文献的"考证"路子，还需要进行实地踏勘，证之以考古发掘和出土文物，这样才能更加靠近历史的真实。

宋夏之争是宋史研究中的一个重要领域，因为宋夏边界的很大部分就在陕北，且双方的军事冲突与争夺也大都是在陕北境内展开的，陕北是宋夏战争的主战场，因此陕北史的研究中宋夏之争占有极重要的地位。党项族的势力从隋朝以来有所增强，活动地域也逐渐扩大。唐太宗时曾在党项居地设置三十二个羁縻州，玄宗时把拓跋部迁至庆州（今甘肃庆阳），设立静边州给予安置。唐肃宗时，为了防止庆、盐（今陕西定边）各州的党项部众追随吐蕃滋扰州县，把静边州等州府所属的党项族迁到银州（今陕西横山县东）以北、夏州（今陕西靖边县东北）以东地区居住。唐朝党项族的内迁及最后定居在银、夏各地，使党项族的社会历史进入了一个较快的发展期，与唐朝的政治、经济交往日益频繁。黄巢起义时，拓跋思恭起兵赴难，唐僖宗以战功先后任命他为权夏绥银节度使、夏州节度使（后称定难军节度使），赐军号"定难军"，领夏、银、绥、宥四州，加官太子太傅，晋爵夏国公，赐姓李。此后直至北宋初年，夏州党项族不断壮大巩固自己在西北地区的统治。太平兴国五年（980），宋太宗借李继筠去世引发党项内部权力之争的时机，向夏州派

---

① 参见吴镇烽：《秦晋两省东汉画像石题记集释——兼论汉代圜阳、平周等县的地理位置》，《考古与文物》2006年第1期。

出官员，想要取代拓跋氏直接统治夏州地区，由此开始了宋夏之间长期的冲突与战争。具体说来，现有的研究主要集中在以下几个方面。

宋夏边界问题。大致说来，宋夏在陕北是以横山为界的，横山以北，尽为西夏所有，以南则为宋有。按照民国《横山县志》，横山"即古桥山，为横山主峰，高出地面一千二百尺，与宁条梁之草梁山相连，直接宁夏诸山，横亘千余里"，而宋人经常提到的横山，仅指桥山的北部地带，并非指整个桥山地区。清人顾祖禹称"桥山南连耀州，北抵盐州，东接延州，绵亘八百余里。盖邠、宁、环、延、绥、鄜、坊诸郡县，皆在桥山之麓，宋人所称横山之险，亦即桥山北垂矣"。位于西夏境内的横山，其范围用宋将种谔的话概括，大体上包括在银、宥（今陕西靖边县境）、夏三州之内。不过这样的边界只是一个大概轮廓，由于宋辽夏金的长期对峙和变化多端的政治军事形势，仅宋夏在陕北的疆界就处在不断地变化中，其间犬牙交错，复杂多样，实在需要耐心细致地考察和比勘。①

宋夏陕北之战。宋夏之间的大规模战争从宋康定元年（1040）拉开了序幕，这一年，李元昊向宋朝边境发动了大规模进攻，史称三川口之战，这也是宋夏之间在陕北战场上的第一场激战。元昊集中兵力进攻鄜延中路，破金明寨（今延安西北），擒守将李士彬父子，乘胜围延州城。延州知州范雍急调各路宋军驰援延州，刘平、石元孙等五将会兵万余于三川口（今安塞西川河汇入延河处）时，遭遇元昊十万伏兵，全部被歼。夏军进围延州七日，后因大雪退走。延安金明以北的塞门、承平、永平、长宁等寨均被夏夺取。庆历元年（1041）夏军在取得好水川大捷后，于同年八月转而向东大举进攻麟、府二州，时知府州的党项折继闵坚壁清野，与夏军血战七日。夏军转而向北攻陷丰州，下定远寨，断绝麟、府饷道。朝廷派张亢经营麟、府，张亢单骑入府州，先后在琉璃

①　参见鲁人勇：《西夏的疆域和边界》，《宁夏大学学报》2003年第1期、杨蕤：《宋夏疆界考论》，《中国边疆史地研究》2005年第3期。

堡、兔毛川大败夏军，并修筑清塞、百胜、中候、建宁、镇川五堡，打通了麟、府之路，至此宋夏在陕北的第一次战争结束。

宋治平四年（1067），时知清涧城的种谔诱降夏驻守绥州的将领嵬名山，一举收复绥州并改筑为绥德城，夏军随后诱杀保安军守将杨定等作为报复，由此开始了第二次宋夏陕北战争。宋熙宁三年（1070），种谔谋取横山，筑罗兀城等进逼，夏军全力争夺，新筑诸堡寨皆陷，将士千余人战殁。到元丰四年（1081），宋朝遣五路大军进攻西夏，其中两路出自陕北，一度攻占了横山一线的夏、银、宥、石等州，并夺得了一些废城寨，占据了一些重要的军事交通要道，对西夏造成了严重威胁。而后徐禧、沈括等建议筑银州东南二十五里的永乐城，元丰五年（1082）永乐城筑就，西夏倾国之力，以三十万军争夺，最终永乐城陷，第二次争夺战结束。

宋绍圣三年（1096），夏军又一次大举攻宋，入鄜延，不过第三次的争战夏军已经是强弩之末了，到宋崇宁四年（1105），宋军夺取银州，童贯以李宪总六路兵事，修筑大量堡寨，最终夺取了横山，掌握了战略上的主动权，此后宋夏各因时势，不再有所牵连。

由于众多学者关注和研究，宋夏陕北争夺战的基本轮廓已经大致清晰。[①] 值得一提的是，对于宋夏战争的研究渐呈多领域、多视角的状

---

① 参见周伟洲：《五代至宋陕北的党项及宋夏在陕北的争夺战》，收入李范文主编：《首届西夏学国际学术会议论文集》，宁夏人民出版社1998年版，第70—85页；台湾三军大学编：《中国历代战争史》第五章《宋夏百年战争》，军事译文出版社1972年版；中国军事科学院主编：《中国军事通史》第十二卷《北宋辽夏军事史》，军事科学出版社1998年版；台湾江天建：《北宋对于西夏边防论集》，台北华世出版社1993年版；曾瑞龙：《拓边西北——北宋中后期对夏战争研究》，香港中华书局2006年版；吴天墀：《西夏史稿》，四川人民出版社1980年版；王天顺：《西夏战史》，宁夏人民出版社1993年版；李蔚：《简明西夏史》，人民出版社1997年版；李华瑞：《宋夏关系史》，河北人民出版社1998年版，等等。此外还有大批论文集中讨论一些具体问题，如白滨：《罗兀筑城考》，《宁夏社会科学》1986年第3期；李蔚：《宋夏横山之争述论》，《民族研究》1987年第6期；曹松林：《熙宁初年对夏战争述评》，载《中日宋史研讨会中方论文选编》，河北大学出版社1991年版；杜建录：《西夏时期的横山地区》，《固原师专学报》1992年第3期；曾瑞龙：《北宋种氏将门之形成》，香港中文大学硕士学位论文，1984年；孙昌盛：《论夏宋在河东路麟、府、丰州的争夺》，《宁夏大学学报》2005年第3期等。

态，如曾瑞龙《拓边西北》一书，即从个案研究入手，围绕北宋中后期拓边活动的内在推动力、北宋对夏外交政策与军事战略的关系、拓边战争的政治意蕴等进行讨论，为我们提供了研究宋夏战争的新视角，颇有启发性。一部分学者则对宋夏战争中的筑城与堡寨修筑、堡寨的军事和经济功能、修诸堡寨背后的战略转化等问题作了细致探讨，如吕卓民对宋代陕北堡寨进行了细致统计，指出宋夏战争期间宋在陕北修筑的堡、寨、镇和所置的军，共有 129 个，其中鄜延路有 3 军（绥德军、保安军、威德军）、1 镇（丰林镇）、7 城、31 寨、24 堡，河东路所属麟、府两州境内则有 1 军（晋宁军）、1 城、18 镇、26 堡，环庆路所属今陕北地区则有 1 军（定边军）、2 城、4 寨、10 堡。这些堡寨的修筑，不仅具有军事上的战略意义，而且因为这些堡寨的修筑多取址于道路交通通达、有良田可耕之处，因此对于后来陕北以堡寨为中心的城镇建设和进一步的开发提供了较好条件、打下了良好基础。比如，这一时期修筑的米脂寨、清涧城、吴堡寨、葭芦寨、神木寨、绥德城（军）、安塞、安定堡等，都发展为现今陕北的重要市县米脂、清涧、吴堡、佳县、神木、绥德、安塞、子长等，此外现今陕北还有三十多个乡镇所在地，溯其源均为宋代所筑堡寨。①

宋夏之争中涉及的气候、环境、经济开发等问题。程龙在《北宋西北战区粮食补给地理研究》一书中，以宋军粮食补给为中心，探讨了北宋西北战区的地理环境，作者将堡寨视作宋军后勤补给的重要保护体系，进而探讨了堡寨的外部形态和地理位置，并对北宋在西北的屯田和粮食运输进行了考察梳理，为我们进一步认识宋夏之争提供了新的视角

---

① 参见吕卓民：《宋夏陕北战争与北宋的筑城》，三秦出版社 1989 年版，吕卓民：《宋代陕北城寨考》，载《西北历史研究》，三秦出版社 1990 年版。另可参见罗球庆：《宋夏战争中的蕃部与堡寨》，《崇基学报》1967 年第 2 期，强文学、黄领霞：《宋夏战争中的乡兵与堡寨》，《天水师范学院学报》2003 年第 6 期，程龙：《论北宋西北堡寨的军事功能》，《中国史研究》2004 年第 1 期，孙伟：《北宋时期黄土高原地区城寨堡体系演变研究》，陕西师范大学硕士学位论文，2005 年，江天建：《北宋对于西夏边防论集》中《宋夏战争中对于横山之争夺》、《北宋陕西路沿边堡寨》等论著。

和领域。① 金勇强则强调了季节气候、地形地貌等环境因素对宋夏战争的影响，认为气候条件与宋夏战争有密切关系，宋夏战事的发生有明显的季节性，受天气的影响，并反过来影响当地的环境与气候。据他统计，从公元 982 年到 1127 年间，发生在春、秋之际的战争有 193 次，发生在冬季的则只有 44 次，而 11 次重大战争则有 10 次发生在春季或秋季。西夏在秋季发动战争多是为了劫掠粮食，在春季发动战争则是为了扰耕。灾害性天气有利于防守，直接影响战争的胜败。统计表明，24场与天气相关的战事中，有 11 场是因为天气的影响导致进攻一方的败退，有 6 场则因进攻一方主动利用天气的便利而获胜。战争中如火攻、破坏农田甚至人为地制造扬沙天气以利进攻等，都通过损害环境间接地影响了气候。他还从北宋黄土高原地区的生态环境状况入手分析了宋夏战争的起因，并从地貌、气候、水源、植被四个角度概况了北宋黄土高原地区的生态状况，论述了地形地貌以及气候、水源补给等与宋夏战争的关系，进而得出结论，认为尽管北宋时期黄土高原的生态环境好于今天，但它脆弱的生态环境基础无法承受战争的剧烈破坏。宋夏战争本身就是在西夏生存资源匮乏的生态背景下发生的，而长期战争对西北地区生态环境又造成了巨大破坏，频繁的灾荒、气候剧变、粮食减产、植被毁灭、黄河决口改道等都是这种破坏的具体表现。②

　　宋夏陕北之争中涉及的人物、民族等问题。范仲淹、沈括、种谔、曹玮等在陕北的作为，其边防思想、军事思想等，都有不少人涉猎，而最为引人瞩目的当属陕北武将家族研究，其中又以折氏家族的研究最为详尽。日本学者畑地正宪《五代北宋时期之府州折氏》、韩荫晟先生《麟府州建置与折氏源流》最早对折氏家族进行了开创性研究，随后戴应新先生根据考古发现的大量折氏成员墓志资料，出版专著《折氏家族

　　① 参见程龙：《北宋西北战区粮食补给地理研究》，中国社会科学文献出版社 2006 年版。
　　② 参见金勇强：《区域气候与宋夏战争》，《宁夏大学学报》2009 年第 5 期，金勇强：《宋夏战争与黄土高原地区生态环境关系研究》，陕西师范大学的硕士学位论文，2007 年。

史略》，对折氏家族进行了较为全面的研究，其公布的考古资料，也成为后来研究折氏家族必备的基本资料。① 李裕民先生发表专文《折氏家族研究》，探讨了折氏家族的兴起，及其后助后周、宋平北汉，抗击契丹，与西夏长期苦战，抗金直至最后衰落的历史脉络，指出折氏是宋代唯一一个世袭知州的家族，而宋朝廷对于折氏也有种种优厚政策。事实上，府州折氏的权限在一定程度上扩大至整个麟府路，成为麟、府、丰三州的核心，常常兼管三州军事。宋朝廷如此厚待折氏，则是因为麟府路地处辽、宋、夏交界处，而府州又是该路的核心，宋如丧失此路，河东路就会受到直接威胁，太原如有变故，势必影响宋朝的统治。麟府路又是蕃汉杂居区，党项人居多，如宋方派汉人统治，一旦处理不好民族关系，党项可能投奔西夏，麟府路就会落入夏人之手，因此最好的办法是用党项人去统治，而折氏正是最佳代表，它有相当强大的实力，足以统治该地区，又与辽、夏为世仇，绝无叛降之可能。与此同时，宋朝廷也采取了一系列措施，确保将折氏控制在朝廷手中，不致成为难以驾驭的藩镇。此外，李裕民先生还对折氏家族的经济、家风、婚姻、丧葬等问题均进行了细致考察，可以说是折氏家族研究的扛鼎之作。②

折氏家族之外，麟州杨氏、绥州高氏、种氏家族、呼延家族等也有众多学者关注，综合性的研究论著即有香港何冠环《北宋武将研究》和陈峰先生的《北宋武将群体与相关问题研究》，③ 这些武将家族大致出身西北各族，在宋辽夏金的对峙斗争中寻找生存空间并历经兴衰，因此

---

① 参见畑地正宪：《五代北宋时期之府州折氏》，日本九州大学文学部发行的《史渊》第110期；韩荫晟：《麟府州建置与折氏源流》，《宁夏社会科学》1981年试刊号；戴应新：《折氏家族史略》，三秦出版社1989年版。

② 参见李裕民：《折氏家族研究》，《陕西师范大学学报》1998年第2期。另可参见周群华：《"折家将"与辽、金和"杨家将"的关系述论》，《社会科学研究》1990年第6期，从另一角度，探讨了折氏与辽、金的关系及其与麟州杨氏的关系。

③ 参见何冠环：《北宋武将研究》，香港中华书局2003年版；陈峰：《北宋武将群体与相关问题研究》，中华书局2004年版。

民族关系问题与之息息相关，彭向前《辽宋西夏金时期西北民族关系研究》[①] 对此一时期辽宋夏金各民族的关系做了总揽全局式的观察，也颇有启发性。

以上四个方面的研究，应该说对于我们认识宋夏之争、推进相关研究的进一步深入打下了良好的基础，但即便如此，相关研究中的一些问题也仍然不容忽视，汤开建先生以熙丰时期宋夏横山之争的研究为例，他列举了十几种有关宋夏横山之争的论著，这些论著发表时间跨度也有十六七年，但是汤先生发现自己列举的这些论著中，都没有提及别人的研究成果。"是没有看见或找不到别人的论文，抑或是不愿提及或根本无视前人的研究成果呢？"这种不顾学术传承、漠视学术史发展、自说自话的学术失范状况确实应该引起所有学人的高度重视。无视前人已有成果，漠视学术史，势必不能了解学术前沿动态，导致视野狭隘、研究低水平重复，与学术研究贵在创新的精神背道而驰。汤先生提出的另一问题是史料问题，"十几位研究者对同一课题展开的研究，所采用主体史料基本相同，大都是以《宋史》、《续资治通鉴长编》为主，参照以《宋会要辑稿》与《西夏书事》等，而对当时的文集、笔记及专门的奏疏极少采用。如《司马文正公文集》至少有 3 篇以上有关宋人开拓横山的札子；《诸臣奏议》则有当时人郑獬、刘述、杨绘等人多篇有关种谔、薛向开边的奏疏；另外，《范太史集》、《韩魏公集》、《东坡全集》、《华阳集》、《画墁集》、《司马光日记》、《涑水记闻》、《梦溪笔谈》等文集、笔记中均有熙丰宋夏横山之争的重要史料。但上述原始文献中的第一手资料都很少被征引。不少治北宋史学者有一种倾向，似乎有了《长编》、《宋史》、《宋会要》的资料，一切问题都解决了。难道李焘所记北宋史事就无错误、就无遗漏吗？当时人文集、笔记中所记熙丰横山之役有大量事实与《长编》歧异，这又应作何解释？难道这种文献的相互歧异就

① 参见彭向前：《辽宋西夏金时期西北民族关系研究》，河北大学博士学位论文，2004 年。

不需要解释、不需要考辨，可以完全置之不理吗？更令人奇怪的是，从治平四年到熙宁二年记事，《长编》正好缺略，而这几年正是熙丰横山之役的主要年代，这一时间段的史料本应由杨仲良的《长编纪事本末》来填补。然而检诸上述研究论著，竟很少有人征引《长编纪事本末》者。治史者如何看待史料问题，研究一个历史问题时，应不应该将这一问题的史料全部搜集，应不应该对各种史料中相互歧异之处先进行考订、辨正再展开研究？可不可以不管原始记录有多少，找几条适合自己观点的材料就自行成文？"①

汤先生虽然是就宋夏横山之争的研究状况所做的批评，但却是所有史学研究者都应该引以为鉴的，具体到陕北历史研究方面来讲，汤先生所说的这些问题其实都切中要害。陕北历史研究中，不仅缺乏宏大的、比较的视野，更缺乏踏踏实实的考订辨正。有关史料掌握得不够充分，就似是而非随便说说，少有人做细致深入的考订工作，更少有人做具体的田野调查和实地踏勘。这里固然有许多实际的困难，但学风问题、学者对待学术研究的态度问题，显然是更大的阻碍因素。

随着金军的不断南下侵宋，宋夏之间的矛盾退居次要地位，陕北地区成了夏金周旋的主要场所。金天会二年（1124）西夏李乾顺向金奉表称藩，从此依附金朝不断扩大疆域。由于金军进攻宋朝首都汴京时，宋的精锐部队——防御西夏的西军有很多奉命勤王，加之后来金大举进攻陕西地区，给了西夏可乘之机，西夏遂不断向边境进攻，从宋、金手中夺取地盘，仅举几例：天会四年十月，攻宋麟州建宁寨，杀守将杨震；天会五年，金朝将陕西北部地区割让西夏，具体疆界为"自麟府路洛阳沟东距黄河西岸、西历暖泉堡，鄜延路米脂谷至累胜寨，环庆路威边寨过九星原至委布谷口，泾原路威川寨略古萧关至北谷川，秦凤路通怀堡至古会州，自此直距黄河，依见今流行分熙河路尽西边以限封域。复分

_____

① 参见汤开建：《熙丰时期宋夏横山之争的三份重要文献》，《宁夏社会科学》2003 年第 3 期。

陕西北鄙以易天德、云内，以河为界"；天会六年九月，攻占定边军，"悉取其诸堡砦"；天会七年七月，攻宋德靖寨（志丹县西南八十里），守将耿友谅"仅以身免"；天眷二年（1139 年），金府州知州折可求被金将撒里喝毒死，西夏乘机取府州。总之，原来北宋、西夏各占半壁的陕北，在宋退出后变成西夏与金朝平分秋色，金奄有原北宋所辖陕西之地。目前，夏、金掌控下的陕北是什么样的状态，其行政区划、经济、社会举措如何，人民日常生活与民俗信仰如何，似乎都少有人进行梳理研究。

对于明清时代陕北的研究，目前大致集中在三个方面，即明代延绥镇及陕北军事边防、明清陕北经济史以及陕北社会史。明代是在驱逐北元后建立起来的，但蒙古族的侵扰有明一代时时威胁着明朝的统治，为此，明成祖朱棣时，北方沿边设置了九个重镇，即辽东、宣府、大同、榆林（延绥）、宁夏、甘肃、蓟州、太原（山西）、固原镇，称为九边重镇，每镇均派驻重兵把守，修筑长城，防御蒙古骑兵的南下。陕北即为九边重镇之一延绥（即榆林）镇所在地，因此对于延绥镇及相关问题的研究也就成了热点，不少学者都从不同角度对延绥镇的相关问题进行过考察。如周松探讨了明初陕北军政设置、驻军数量及其腹里化倾向。所谓腹里化，是指由于山西行都司东胜等卫和宁夏诸卫从东、北、西三方面的捍蔽，明朝领有河套，延绥处在腹里，国防措施只有军政民政机构、大将防边和冬季防边等，比较简单。明代的陕北在军事地理上包括延安卫、绥德卫、庆阳卫以及后来增置的榆林卫，位于明代北边边防的中间地带，明初的腹里化倾向使得陕北边防在一段时间内相安无事。但是由于统治者对河套的战略地位重视不够，以致东胜撤卫，蒙古族入居河套并以此为根据地不断南侵延绥。在蒙古南下鄂尔多斯后，陕北边防职责日渐艰巨，其地位也日渐突出，最终导致了延绥镇的建立和边墙的修筑，对整个北边防务产生了深远影响。孙卫春认为正统以后为了应对河套蒙古军队的频繁入侵，延绥镇在"搜套"不成的情况下，于榆林建城、设卫、迁徙镇治，加强防御工事建设和调兵戍守，延绥镇由腹里迁移到了国防前沿，由腹里卫所演化成了国防重镇，国防措施也就随之发生变化。随着延绥镇军事地位的日渐加强，军队的粮饷问题也就成了陕北的头等大事，于是也有学者专门探讨延绥镇粮饷供应问题，对陕北军粮补给予以关注。①

明清时代陕北的经济问题研究，主要集中在粮食问题、盐政盐业问题的研究。由于北部边防的加强，九边各镇驻军数量不断增加，由此形成了一个庞大的军事性消费区，以延绥镇为例，延绥镇也称榆林镇，驻地在今陕北榆林，东自山西镇老牛湾，西至宁夏镇边，全长1770余里。据《明会典》记载，延绥镇额定官军数80196人，马45940匹，而且这个官军数还只是指主兵，不包括募兵、民兵、土兵等。众多的士兵与马匹需要庞大的粮饷支撑，《明会典》载，延绥镇额定粮食为屯粮65845石，民运粮280000石。所谓屯粮，指各镇屯田所产之粮，屯粮不足时，则由民众运送麦米豆草布等补给士卒，称为民运粮。延绥镇的民运粮主要由陕西、河南两地承担，但民运粮运费太高、税负太重，最终导致纳银制取代了民运税粮制，即所谓折色取代本色，后来连开中纳粮制也改为纳银。这样，各边镇饷额就逐渐变成了以银两为主的局面。再以延绥镇为例，到嘉靖末年，延绥镇饷银为民运粮折色217658两、京运银30000两、盐银265477两，合计513135两。仅一个延绥镇每年即有五十多万两白银用来购买军需，而其中粮食又是大宗，故而北方形成了庞大的粮食市场。② 赵全鹏对这个庞大的粮食市场进行了进一步分析，指

---

① 参见吴辑华：《明代延绥镇的地域及其军事地位》，见吴辑华编《明代社会经济史论丛》，台北台湾学生书局1970年版，最早见于《亚洲历史学会会议论文集》，1962年；胡凡：《论明代九边延绥镇之形成》，《中国史研究》2008年第2期；周松：《明洪武朝陕北边防及其特点》，《中国边疆史地研究》2005年第1期；孙卫春：《明代延绥镇国防措施的演变与成因分析》，《宁夏社会科学》2008年第4期；李大伟：《明代榆林建置问题探讨》，《延安大学学报》2005年第6期；肖立军：《九边重镇与明之国运——兼析明末大起义首发于陕西的原因》，《天津师范大学学报》1994年第2期；艾冲：《余子俊督筑延绥边墙的几个问题》，《陕西师大学报》1986年第1期；段琳的硕士学位论文《明代延绥镇粮饷供应地理研究》；苏明波的硕士学位论文《明代陕西三边军粮补给体系探析》等。

② 参见张正明：《明代北方边镇粮食市场的形成》，《史学集刊》1992年第3期。

出由于北部边镇粮食市场的形成，使得北部地区各省的农业经济都不同程度卷入了粮食市场，边镇大量收购粮食使得北边地区出现了广泛的粮食交换，原来自给自足的自然经济逐渐被打破，农业生产越来越被卷入商品经济当中。但是，有了粮食市场和商品粮生产并不意味着传统社会经济结构的变革，因为这个粮食市场的兴盛，并不是社会经济结构内部分化的结果，而是由于边镇消费集团的揳入，因此也必将随着兵镇消费集团的消失而萎缩，不会对社会变革起到积极作用。不仅如此，这个粮食市场还破坏了北边农业经济落后地区正常的经济发展，兵镇对粮食的消费量大大超过当地粮食供应量，导致了粮价大幅上涨，而为了满足兵镇消费需求，政府不得不投入更多的银两，这种恶性循环既干扰了北部地区正常的农业生产，又给明朝政府带来了严重的财政危机。①

不仅粮食，食盐的情况也大致如此。李三谋指出，朝廷以强制性的方式调整和确定商税的缴纳内容与程序，以期通过盐商的纳税行为来减轻国家财政压力，并达到为边疆军事服务之目的。盐业贸易被强行注入了超经济的成分，使其涂上较为浓厚的政治与军事色彩，或者说是具有了某种政治与军事的属性。食盐开中法，是当时国家计划经济的一部分，它是通过相关衙门的号召，将贩盐的商人们调动起来，使其有目的地参与到官方用品输转的活动中来。这完全是靠行政的力量控制食盐市场，并借助贩盐者的通商条件和相关设备来为国家的政治与军事服务，即用以调节军需物资供应程序，改善边防后勤局面。② 总之，明代陕北的经济问题，不论是粮食还是食盐以及其他物资，都有着一个鲜明的特点，那就是因为延绥镇设防驻军而带来的军事性和政治性，物价的起落、商品交换的盛衰都带有非经济的因素在内，因此这种畸形的不稳定的经济本身就是脆弱的，埋藏着极大的社会隐患，容易导致社会问题的

---

① 参见赵全鹏：《明代北部地区粮食市场分析》，《河南师大学报》1996 年第 1 期。
② 参见李三谋：《明代食盐贸易与边防边垦》，《盐业史研究》2006 年第 1 期。

积聚爆发。[①]

虽然很多的研究者习惯于明清连称，但实际上并不妥帖。清代较之明代，很多情况都发生了极大变化。清代幅员广阔，向为边陲的陕北变成了真正的腹里，而明代因为边防消费需求存在而促成的经济表面繁盛状况一落千丈，数百年积聚的问题统统涌现，森林植被大面积地破坏，沙化严重、气候干旱、水利失修，农业广种薄收，自然灾害频发，陕北民众开始生活在极端的贫困和无助中。康乾以来人口的增加则进一步加重了陕北地区的生存压力，走投无路的情况下，陕北人开始走出长城外去讨生活，由此形成了陕北人走西口的特有现象。走西口其实指的是陕晋等地边民到长城外伙盘地进行的一种不太稳定的移民垦殖活动。长城外伙盘地大致位于今陕西省榆林市下属的榆阳、定边、靖边、横山、神木、府谷六县区的长城以北地区和内蒙古自治区的鄂托克前旗、乌审旗、伊金霍洛旗、准格尔旗四旗南部边缘地区，这些地区均属蒙陕农牧交错地带，脆弱的生态环境与民族隔阂直接关系着陕北边民的生存方式和生存状态，值得我们深入研究。[②]

陕北的经济到了清代总体上呈现出极端落后的局面，无论是农业、手工业还是商品交换，都处在一种极为原始的状态。粮食几乎不能自给自足，食盐问题也主要成了私盐与官盐的明争暗斗。所谓私盐，是与官盐相对而言的，当指没有按照国家法律规定进行生产和销售，特别是没有纳税因而不能为国家提供法定财税收入的盐。清代前期，陕甘运司所属花马池池盐及井盐产地，是全国十一个食盐产区之一，而属于陕西定边县的花马大池盐尤为重要，陕甘运司由此每年可获数万两银的盐课收入。[③] 有了官盐，就有私盐，但是关于清代陕北盐业、盐政问题的研究，一直缺少一种高屋建瓴的研究视野，谈盐政者极言盐政之有效和积

---

①　参见肖立军：《九边重镇与明之国运——兼析明末大起义首发于陕西的原因》，《天津师范大学学报》1994 年第 2 期。

②　参见王晗：《清代陕北长城外伙盘地研究》，陕西师范大学硕士学位论文，2005 年。

③　参见林永匡：《清初的陕甘与宁夏盐政》，《宁夏大学学报》1994 年第 3 期。

极作用，谈私盐者，则又大讲盐政之废弛荒谬，对于一些本应说清楚的具体问题则往往一晃而过或略而不谈，如陕甘运司与河东官盐行销陕西有什么关系？乾隆末年实施"盐归民运，课摊地丁"后，陕北的盐业究竟是怎样一种运作方式？无论官盐、私盐，究竟对陕北人民的生活产生了什么样的影响？

总体来看，由于既缺乏对于史料的细致爬梳分析，又缺乏宏观把握，目前对于陕北明清经济方面的研究还处在一种较为粗略的状态，难免有盲人摸象之感。

对于明清陕北社会史的研究，相对来说还是较为引人注目。按照定宜庄先生的说法，社会史是一种运用新方法、从新角度对历史加以解释的史学研究范式，① 其基础问题包括人口、家庭、宗族、社会结构等，其中秦燕先生对于陕北宗族与社会变迁的研究是陕北社会史研究的代表性成果。在《明清时期陕北社会宗族的形成与发展》一文中，秦先生指出，明清时期陕北宗族的发展反映了自然生态与社会结构之间的相互作用。一方面陕北地区除了中、南部的平川、河道地带人口集中、有较大的村庄外，大多数村庄则分布在山、峁、梁、沟里，这从许多村庄的名称就可以看出，很多村庄一般保持在十几户或几十户的规模。自然环境使得陕北宗族不可能像南方宗族那样大规模地同族聚居，获得充分发展的条件，但是另一方面，宗族利用血缘、文化手段竭力争取和拓展生存空间，很大程度上以宗族为基础而又超越了宗族，形成村落文化共同体，村落共同体成为宗族依赖的合法、合理的基础，宗族共同意识借村庄得以完善和保存。② 指出陕北宗族与村落的相互依存特点，确属有识之见。此外，秦先生还对明清以来陕北人口和村庄问题进行了探讨，指出明清时期陕北地区的人口主要有两个来源，即屯防的将士和移民。明

---

① 定宜庄：《三十年来社会史研究的回顾与反思——以明清时期为例》，《历史研究》2008 年第 6 期。

② 参见秦燕：《明清时期陕北社会宗族的形成与发展》，《中国历史地理论丛》2002 年第 3 期。

代延绥镇驻防的需要，有大批士兵驻防，这些士兵大多带有家眷。到清代大批军户占籍为民，从而使大量军屯将士落户当地。陕北人口的另一个主要来源，是明清时期大量移民的涌入。移民潮从明朝初年开始一直持续到清朝中期，不断有移民迁入陕北地区，其中既有政府强制性的移民，又有民间自发的移民，而由政府组织的强制性移民主要集中在明代初年和清代初年。陕北很多家族都声称其祖上是从山西大槐树迁来的，但大多数属世代口碑相传，并未留下任何文字凭据，以致后代在续修家谱时疑窦丛生。仔细考查陕北族谱，可以发现，明清各时期迁入陕北的人口，不论是由官府组织的强制性移民还是民间自发性移民，几乎都经历了辗转迁徙的艰难，在辗转迁移的过程中，说明自己是奉命迁移和证明其国家户籍身份当然是最重要的，因此，陕北地区移民多来自山西大槐树的传说，反映了明清时期国家对陕北社会开发的控制，从各地迁入陕北的人口不断地被编入里甲制的过程，同时也就是国家控制人口的过程。这些迁入陕北的移民，大部分以聚族而居的形式建立了新的村庄，而随着人口的增加和迁居，宗族的血脉也在不断地延伸，逐渐形成一个以宗主村为中心，周围散布着多个同族村庄，血缘和地缘相结合的大网络。同时由于灾荒频发，人口迁徙频繁，村庄内部的姓氏格局也不断地发生着变化，至清末民初，主姓村和杂姓村占了较大的比重。村庄在建立的过程中逐渐形成自己的秩序和规范，其中相当一部分是以家族规范体现出来的。不仅村庄内部形成规范和秩序，村庄与村庄之间也建立起了共同的宗教象征。虽然交通不便，但这一地区的村庄并非如以往人们认为的那样封闭，不同层次的祭祀圈说明了村庄之间联系的紧密。[①]

二、近现代陕北

陕北近现代史的研究，基本延续了明清时期陕北研究的范围，大多集中在经济史和社会史领域，但鉴于陕北近现代以来的经济状况不佳，

---

① 参见秦燕：《明清时期陕北黄土高原上的村庄》，《甘肃社会科学》2007 年第 4 期。

不能在全国乃至全省的经济中起到举足轻重的作用，因此只能泛泛而论。而对具体的经济现象则又缺乏深入探讨，有关经济数据的分析不够，存在引用比较随意的现象。因此总的来说陕北近现代史的研究并不令人满意，似乎缺少标志性成果。

必须提及的是，近现代的陕北开始受到西方的关注。英国传教士司慕德先生根据自己在延安传教时的亲见亲闻，写成了《辛亥革命前后的延安》①，该书于1917年在英国伦敦出版，是第一部用英文向世界介绍延安、介绍陕北的著作，书中具体生动地描述了辛亥革命前后延安的社会状况和民众生存状态，为我们了解陕北革命发生的历史社会背景提供了珍贵的史料线索。20年后，埃德加·斯诺根据他1936年在陕北的实地考察走访，写成《红星照耀中国》（后译《西行漫记》），向全世界描述展现了陕北的大致情况，让全世界知道了陕北和陕北的民俗风情，产生了巨大反响。哈里森·福尔曼的《红色中国报道》（后译《北行漫记》），被称为《红星照耀中国》的姊妹篇，作者于1944年在对陕北和晋绥解放区实地考察访问后，也对陕北有着深刻的认知和感受。威廉·班德与其夫人合著的《与中共相处两年》（又名《新西行漫记》）是根据1943年至1944年在延安的见闻写成的，同样真实地记述了他们在延安看到的新世界。这些记者们虽然报道的主题是中国革命和中国共产党，是解放区的全新面貌，但同时又都对陕北的大致历史沿革、地理环境、民情风俗有所涉猎，从而使陕北在某种意义上走出了封闭，成为世界瞩目的焦点。司慕德、斯诺等人对于陕北的考察和描述，不再将陕北作为一个落后封闭因而带着些许神秘色彩的陌生地方，也摒除了某些探险家描述陕北时所流露的马可·波罗式的猎奇性质。尤其是斯诺的《西行漫记》发表之后，陕北这个远离城市繁华的地方，成为中国农村一个典型，成了中国最有活力、最令人向往的地方，吸引后来众多西方学者将

---

① 司慕德：《辛亥革命前后的延安》，刘蓉译，陕西人民出版社2011年版。本书英文书名为 Mandarin & Missionary in Cathay，作者英文名为 Ernest F. Borst-Smith。

自己的研究领域锁定在中国的农村、尤其是北方农村，探讨农村社会结构、地方权力、性别角色等社会史领域最为关注的话题，并产生了不少颇有影响力的学术著作。[①]

　　近现代陕北研究的最大热点，是陕甘宁边区史研究。陕甘宁边区是第二次国内革命战争时期，刘志丹、谢子长等共产党人领导下建立的一块革命根据地，它是中共在土地革命时期保留下来的唯一的根据地，成为南方各路红军长征的落脚点。1935 年 10 月，毛泽东率领中央红军长征到达陕北后，陕甘宁边区作为中共中央所在地长达 13 年之久，其中经历了抗日战争、解放战争两个重要的历史阶段，是中国共产党发展的重要时期。因此，在中国现代史和中共党史的研究中，陕甘宁边区史的研究历来备受重视，目前陕甘宁边区的有关史料整理已经涉及政治、经济、军事、科技、文化教育等多个方面，基本形成了较为完整的体系，而边区档案、报刊资料、个人回忆和日记的整理与出版，直接推动了学术界对陕甘宁边区史的研究，并取得了丰硕的成果。[②] 众多学者的研究，涉及陕甘宁边区发展历程及各个方面，如陕甘宁边区的历史地位、边区的政治史、经济史、社会史、教育史、文化史等等。[③] 但正如黄正林先生指出的那样，综观 20 世纪 80 年代以来国内陕甘宁边区史的研究，不足之处也显而易见，表现在，对资料的运用远远不够，一些资料没有引起研究者的注意，如中央档案馆和陕西省档案馆联合编辑的《中共中央西北局文件汇集》，收集了许多珍贵的资料，包括抗战时期西北局研究室对边区政治、经济等的调查和研究，许多研究者忽视了这些资

[①]　如佛里曼、毕克伟、赛尔登等：《中国乡村，社会主义国家》，社会科学文献出版社2002 年版；［加拿大］朱爱兰：《中国北方村落的社会性别与权力》，江苏人民出版社 2004 年版等。

[②]　参见黄正林：《20 世纪 80 年代以来国内陕甘宁边区史研究综述》，《中共党史研究》2008 年第 1 期。

[③]　参见房成祥、黄兆安主编：《陕甘宁边区革命史》，陕西师范大学出版社 1991 年版；雷云峰等主编：《陕甘宁边区史》，西安地图出版社 1993 年版，宋金寿主编：《抗战时期的陕甘宁边区》，北京出版社 1995 年版等。

料的价值。如果在今后的研究中，扩大研读资料的视野，必将有助于对边区史研究的深化。其次，对边区社会文化史的研究远远不够。虽然20世纪90年代后期以来，边区社会史研究受到学者的某些关注，但涉及的问题不多，而且不够深入。边区社会史的许多内容值得进行更深层次的研究，如妇女与民族觉醒、战争时期的婚姻问题、战争与社会流动、乡村社会的分化与整合、教育文化与社会变迁、社会教育与民众观念的变迁、社会控制与乡村权力重建、自然灾害与社会保障等都是值得探索的问题。另外，许多问题的研究有待进一步深化。在边区史的研究中，涉及较多的是政权史和经济史研究，但对一些问题的研究深度欠佳。如在政权研究中"三三制"最引人注目，但研究者总是在"三分之一"与"三分之二"上绕圈子。而边区民主人士李鼎铭早在1942年4月边区政府委员会第二次会议上就明确提出过"实行三三制，把数字摆出来是容易的，但主要的却在贯彻三三制的精神"。所以，在中共对边区实行绝对领导的体制下，"三三制"精神究竟如何体现出来，体现的程度如何？在"三三制"政权体制下，中共如何实现其绝对领导职能，边区如何处理党政关系的？这些问题在边区政权史的研究中是不能回避的。

陕甘宁边区史的研究中，其实还存在着一些与学术精神相悖的趋势，也需要引起大家的高度重视。这段历史过去还不过百年，有许多问题理应能得到客观的对待，但实际上却不然。牵强附会、生拉硬扯、以今论古的现象比比皆是。这样一种状况势必不能对于历史时期的现状进行客观理性的分析研究，不能真正领会具体的历史文献史料，从而无法推动相关领域研究的真正深入。

三、陕北历史专题研究

陕北历史研究方面，有若干专题性的研究极具特色，如包括长城、直道、堡寨在内的陕北历史地理研究、黄帝研究、盖吴起义研究、赫连勃勃与统万城研究、陕甘宁边区史研究、陕北宗教研究等，这些专题既具有十足的地域特色，又关系着中国历史的许多重大课题。

1. 陕北历史地理研究

中国历史地理学是在传统的沿革地理基础上建立和发展起来的，主要探讨人地关系发展规律，代表人物则是著名的历史地理学家史念海先生，其代表性著述主要反映在前后七集《河山集》中。黄土高原的环境变迁问题，是史念海先生最为关注的课题，先生认为，黄土高原的植被变迁问题、水土流失与沟壑地貌的演变问题等，都是探寻人地关系的绝好例证。在研究方法上，先生在广泛搜集并科学考辨历史文献的基础上，广泛引入了地理学的野外考察方法，与文献分析方法相结合，成功地解决了一系列黄土高原的历史自然地理问题，有着方法论上的示范意义。他关于黄土高原环境变迁的研究论文，主要收集在《河山集》二集中，后来又出版有《黄土高原森林与草原的变迁》、《黄土高原历史地理研究》等，[①] 其中关于陕北黄土高原、黄河流域的论述，堪称典范。

在史念海先生的引领下，一大批学者对于陕北的历史经济地理、历史军事地理、历史文化地理均作了有益探索，他们的研究成果启示我们，在关注陕北历史文化时，一定要注意到陕北地处黄土高原、被黄河环抱、又是农牧业交错地带的特定地理环境，这样一个独具特色的自然地理对于陕北历史社会的影响是随处可见的，因此不容我们离开具体环境而侈谈其他。[②]

属于历史军事地理范畴的长城、直道、堡寨研究，也由史念海先生较早奠基。他的《黄河中游战国及秦时诸长城遗迹的探索》、《洛河右岸战国时期秦长城遗迹的探索》、《陕西北部的地理特点和在历史上的军事

---

① 参见史念海：《河山集》，三联出版社 1981 年版，《黄土高原森林与草原的变迁》，陕西人民出版社 1985 年版、《黄土高原历史地理研究》，黄河水利出版社 2001 年版。

② 参见艾冲：《西北城市发展与环境变迁研究——立足于陕西榆林地区的考察》，陕西地图出版社 2004 年版；刘景纯：《清代黄土高原地区城镇地理研究》，中华书局 2005 年版；张萍：《谁主沉浮：农牧交错带城址与环境的解读——基于明代延绥长城诸边堡的考察》，《中国社会科学》2009 年第 5 期等。

价值》、《秦始皇直道遗迹的探索》等都是代表性作品。① 陕北北边既有秦汉长城，也有明长城，关于长城的遗址分布、走向，长城沿线村落布局、堡寨分布，长城内外生态环境等都是大家较为关心的话题，而长城沿线以及遍布陕北各地的堡寨更成为研究者关注最多的领域之一。陕北的堡寨主要是宋代以来修筑的，修筑城寨是北宋与西夏战争中的一项重要战略措施，在当时起到了却敌、御边、收复失地、安辑边民从事生产与促进西北地区经济开发等积极作用，并对其后以城寨为中心的居民点的形成产生了重要影响。吕卓民先生还指出，随着城寨的不断增多，西北边境地区的道路系统也相应发达起来，同时，北宋在西北边地修筑的城寨，虽属军事性质，但又兼理民政，在城寨周围除部署军队进行屯田之外，还尽力招募和安置蕃汉人民开辟荒闲土地进行耕种，加之城寨位置一般都选择在地理环境比较优越的地方，故经过较长时期的经营与发展之后，许多城寨逐渐发展演变成为所在区域的政治、经济中心，并能在宋后以迄于今得以继续保持区域中心聚落的地位，陕北村落布局就是在宋代堡寨的基础上逐渐形成的。②

宋代堡寨之外，明清陕北堡寨也备受研究者关注。③ 学者们通过考古勘察和文献资料的梳理，对长城沿线的营堡进行考察，认为陕北明代营堡主要分布在地势险要、交通要道、易于商业贸易、可供开垦及有水源的地区，这些营堡不仅对长城沿线的军事防御起到重要作用，也为长城沿线城镇的兴起、区域经济的发展和文化交流发挥了积极作用，为近代以来陕北地方行政区划和区域城镇中心的形成奠定了基础。可以看出，宋代堡寨以及明代的营堡正是陕北村落城镇布局和地方行政区划的

---

① 分别见《河山集》二、三、四集。

② 参见吕卓民：《简论北宋在西北近边地区修筑城寨的历史作用》，《西北大学学报》1998 年第 3 期。

③ 参见李严：《榆林地区明长城军事堡寨聚落研究》，天津大学硕士学位论文，2003 年；邓群：《明清陕西乡村古寨堡研究》，西北农林科技大学硕士学位论文，2005 年；张传勇：《明清陕西城隍考——堡寨与村镇城隍庙的建置》，《中国社会历史评论》2010 年第 11 期；杜林渊、郭新宇：《陕北明代营堡分布的特点》，《延安大学学报》2010 年第 4 期等。

基础所在，陕北农村社会的形成显然从一开始就受陕北军事地理形势的影响，因此在考察陕北社会结构和运行机制时，军事色彩显然也是必须考虑的重要因素之一。

关于秦直道的研究，则一直处在争议较多的状态。秦直道的记载最早见于《史记》，但司马迁只记述了直道的南北起讫点，并未叙述直道具体的所经之地，所以留下了千古悬念。1975 年，史念海先生在文献考证和实地考察相结合的基础上，提出了比较具体的直道路线复原方案，[①] 即秦直道南端，起始于泾、洛两河分水岭子午岭南端的秦云阳甘泉宫（今陕西淳化西北），循子午岭山脊西北行，至今甘肃定边一带，再经鄂尔多斯高原，转趋东北，越过黄河，至秦九原郡治九原县（内蒙古包头附近）。他的这一观点后被称为"西线说"，显著之点是沿途几乎没有经过任何已经确定的秦朝县级以上行政设置。十年后，画家靳之林先生徒步三千里考察秦始皇直道，[②] 随后，王开等人也纷纷探讨秦直道走向和路线。[③] 靳之林、王开等学者所复原的直道路线，虽然并不完全相同，但基本上都是通过或贴近秦汉上郡的肤施、阳周两地，大体可以将其归为一派。又因为这一派拟定的直道路线，与史先生确定的路线相比要偏东很多，可以称为"东线说"，相对而言，史念海先生拟定的路线就是"西线说"。东线说提出后，史先生撰文与诸家商榷，吕卓民也力挺史先生西线说。[④]

辛德勇对有关直道研究的上述争论进行了综述，认为到目前为止史

---

① 参见史念海：《秦始皇直道遗迹的探索》，《陕西师大学报》1975 年第 3 期。
② 见《光明日报》1984 年 8 月 19 日第 2 版。
③ 参见王开：《秦直道新探》，《西北史地》1987 年第 2 期；贺清海、王开：《毛乌素沙漠中秦汉"直道"遗迹探寻》，《西北史地》1988 年第 2 期；王北辰：《古桥门与秦直道考》，《北京大学学报》1988 年第 1 期；孙相武：《秦直道调查记》，《文博》1988 年第 4 期等。《人民日报》（海外版）也于 1988 年 6 月 24 日以《陕北发现秦直道遗迹》为题报道了这一情况。
④ 参见史念海：《直道和甘泉宫遗迹质疑》，《中国历史地理论丛》1988 年第 3 期；史念海：《与王北辰论古桥门与秦直道书》，《中国历史地理论丛》1989 年第 4 辑；史念海：《再与王北辰论古桥门与秦直道书》，《中国历史地理论丛》1989 年第 4 辑；吕卓民：《秦直道歧义辨析》，《中国历史地理论丛》1990 年第 1 辑。

念海先生的说法并未遇到强有力的挑战，但同时认为东线说成立的可能性也不是不存在。在这种情况下，切实保护好已经得到学术界确认的秦九原和甘泉宫附近的直道遗迹，再以此为参照基础，进一步深入、细致地对比考察中间地段的直道遗迹，辨识其在道路规制、施工技术以及内含文物的异同，就成为最终确定直道走向的关键措施。2009 年，陕西省考古研究院张在明研究员主持发掘了秦直道富县段，取得了重大发现，该考古项目也高票当选 2009 年度全国十大考古新发现。但是，学者们对此仍持审慎态度，认为在秦直道全程走向尚存在较大歧义的情况下，现有的发掘和研究成果尚难形成颠覆性的说法，诸多争议内容仍没有突破史先生 20 世纪 80 年代和诸考察者探讨的范围，秦直道走向问题将仍是重点难点问题，甚至是具体路段考察的前提问题，否则就会出现南辕北辙的情况。[①]

2. 黄帝研究

《史记·五帝本纪》载"黄帝崩，葬桥山"，桥山在哪里？近代的书全说是在旧中部县，即今黄陵县；北宋以前的书却说是在汉阳周县，约在今子长县境内。不管桥山在子长还是黄陵，总之都在陕北。辛亥以来到黄陵祭祀黄帝渐成风尚，2006 年黄帝陵祭典被列入国家非物质文化遗产名录。因为这样一些原因，关于黄帝的研究，就成为陕北历史文化研究中非常独特的一块。关于黄帝研究，历来主要集中在黄帝族的发祥地、黄帝族的族源、黄帝神话、黄帝与炎帝的关系以及黄帝文化等方面。2006 年叶修成先生对有关黄帝研究做过一次颇为全面的综述，指出黄帝研究可以新中国成立为界，约略分作前后两个时期，前期研究主要表现为史学上的信古和疑古之辩，而后期，诸多专家学者则进行了多学科、多角度、多层次的交流与切磋。这一综述颇为全面，观察角度也非常独特，对我们更深入、更全面了解和推进黄帝研究都有极为有益的

① 参见辛德勇：《秦汉直道研究与直道遗迹的历史价值》，《中国历史地理论丛》2006 年第 1 期；徐君峰博士相关言论，见《延安文化》2011 年第 2 期。

34

参考和借鉴作用。①

　　关于黄帝族发祥地及其东迁的路线，长久以来以徐旭生先生的见解最有影响力。徐先生认为黄帝族当发祥于今陕西北部，并从陕北顺北洛水南下，到今大荔、朝邑一带渡河，沿着中条山及太行山边逐渐向东北走。徐先生还怀疑今山西南部沿黄河的姬姓建国里，有一部分就是黄帝族东迁时留下的分族，而非西周的封国。② 对于徐先生的说法，可以说至今还找不到强有力的证据将其推翻。沈长云先生有多篇力作探讨黄帝及其部族的诸多问题，认为黄帝发祥地在陕北、晋北、冀西北这样一个"金三角"地区，黄帝部族正是周人的直系祖先，而黄帝后来成为华夏族的祖先则是一种文化现象。③ 刘毓庆先生认为黄帝出自少典，少典即小狄，为北狄的一支。黄帝号轩辕则是"合汗"、"可汗"之异译。黄帝族团最早活动于大西北与大北方，甘肃、青海一带的昆仑山即其早期的中心，其东迁路线是沿黄河北上到内蒙境内，沿阴山之阳向东而至河北北部。黄帝族作为游牧民族，因草原干旱而南下，与农耕民族炎帝神农氏在今之长城脚下的涿鹿相遇，炎、黄之战，是一场农耕民族抗击游牧民族的保卫战。这一观点也颇能给人启迪。④ 刘先生指出探讨黄帝族的起源问题，最值得关注的史料是《国语·晋语》中关于"黄帝以姬水成，炎帝以姜水成"那一段记载，寻找姬水和姜水就是炎黄研究中的难点之一。关于姬水所在地，目前至少有八种说法，但每一种说法都只能是一种假说。不过关于这一问题，至少可以有几个坐标可以参照，其一，姬水与姜水相距不应太远；其二，姬水既是黄帝族的发祥地，而黄帝为北狄或白狄，则姬水应在姜水之北；其三，至今陕北仍有不少姬姓村落，似乎很有必要对这些姬姓村落进行深入考察。

　　考古学的介入，应该是黄帝研究柳暗花明走出困境的必要途径，张

---

① 参见叶修成：《黄帝百年研究综述》，香港新亚研究所《新亚论丛》2006年第1期。
② 参见徐旭生：《中国古史的传说时代》，广西师范大学出版社2003年版。
③ 参见沈长云：《黄帝、黄帝部族与黄帝发祥地》，《文史知识》2008年第7期。
④ 参见刘毓庆：《黄帝族的起源迁徙及炎黄之战的研究》，《山西大学学报》2008年第5期。

宏彦先生的研究在这方面颇有代表性。① 在《陕北的史前文化与"黄帝文化"的考古学观察》一文中，张先生指出，黄帝因"有土德之瑞，故号黄帝"，黄帝文化应分布于中国的黄土地带、特别是黄河中游一带。因此，黄河中游的史前文化研究，就成为研究"黄帝文化"的基础，黄帝陵所在的陕北黄土高原，是探索"黄帝文化"的重要区域之一。此外，近年来的考古发掘证明，陕北有着从史前到夏商的文化发展序列，且发展水平并不低于周边其他地区，研究中国文明的起源或五帝时代文化，是不能无视这一客观事实的。因此，对陕北大量史前遗存及夏商遗存做进一步的发掘、整理、研究，排出序列，找出典型遗迹和遗存物，以此与传世文献比照参考，突破"中原中心说"，从中华文明起源的多元一体格局出发，或许在黄帝研究方面会有大的进展。

在黄帝以及五帝研究方面，赵世超先生指出有一种倾向要高度重视，提醒学者们不要迷失了自己。赵先生以炎帝、黄帝南迁并在当今受到越来越隆重的祭祀、纪念为例，告诉我们，黄帝不过是原始社会末期一位杰出的部落首领，他和他的部族活动范围大致不会超出黄河流域，而浙江缙云县黄帝文化最早也不过可以追溯到东晋，是在宗教和政治力量的推动下，才形成了以道教文化为核心的缙云黄帝文化。同样，炎帝也不过是原始社会后期一位杰出的部族首领，先秦典籍中关于炎帝的记载比之黄帝更少，只能大概推知其与黄帝族联系较为紧密，也是生活在北方黄河流域。炎帝的事迹到晋代以后逐渐丰富，是因为受到了汉代阴阳五行思想的影响，炎帝及其子孙并未真的迁到南方，而是在五行思想影响下被人为分配到南方去的，湖南的炎帝陵是宋代为宣扬火德而修建起来的。这些就是关于炎黄的基本历史事实。

历史和文化紧密相关，却并不相同。历史要靠事实说话，人物、时间、地点，丁是丁，卯是卯，无法改变；文化却是一种传统，一种心理

---

① 参见张宏彦：《陕北的史前文化与"黄帝文化"的考古学观察》，《光明日报》2007年4月5日理论版。

状态，一套表现传统心理的物化形式，可以随着学说或宗教的传播、经济和政治的演进、人口的流动和互相交往而迁移，并扩大其影响范围。文化研究理当考究源流，总结规律，探求原因，进而在尊重传统的前提下，取其精华，弃其糟粕，达到古为今用的目的。但当前的部分工作却变成了借助历史考据的方法为各地争名人。某些学者置基本事实于不顾，煞费苦心，利用晚出典籍，任意曲解，以证成其说，多半相互矛盾，有悖常态。而名人的活动区何在，也往往是诸说并出，公说公有理，婆说婆有理，即使把研究对象五马分尸、大卸八块都不敷分配。于是，中国的历史被颠倒过来，又被颠倒过去，几成一团乱麻，真可谓治丝益棼。这种违背历史主义的做法应该废止，而学者中缺乏责任心的阿世、媚俗、唯上之风也应该得到扭转。①

3. 盖吴起义、赫连勃勃与统万城研究

魏晋南北朝时期，陕北是各少数族往来驰骋的舞台，中原王朝的行政建置此时消弭无闻。这一时期陕北在史书中留下痕迹最多的应属盖吴与赫连勃勃。北魏太平真君六年（445）九月，卢水胡人盖吴聚众起义于杏城（今陕西黄陵县南），在当时产生了极大的影响。有学者认为盖吴为首的北魏初期北方各族人民联合反抗斗争，是民族压迫和阶级压迫的结果，是落后的生产方式与残酷的政治压迫经济剥削矛盾的表现，也是先进的社会制度和落后的社会制度矛盾的表现。盖吴起义不仅加强了各族人民的融合，对北魏的黑暗统治给予了一次严重打击，而且还促使拓跋魏走上了封建化道路，推动了北魏社会向前发展。②

但也有学者不认为盖吴起义与北魏的封建化有什么必然联系，③ 但却直接影响到北魏对关中地区的行政体制改革。戴卫红指出北魏为了有

---

① 参见赵世超：《拨不开的迷雾——炎帝黄帝与炎黄文化的南迁》，《重庆文理学院学报》2011 年第 2 期。

② 参见杨富华：《论北魏初期的盖吴起义》，《汉中师院学报》1993 年第 4 期。

③ 参见程健乔：《对盖吴起义与北魏封建化的一点看法》，《汉中师院学报》1994 年第 3 期。

效管理关中这一多民族杂居的地区，在尽有关中之地后，在此地既沿用了传统的州郡县地方行政体制，又采纳了前秦、后秦所置的军镇、护军体制。但在太平真君六年爆发的盖吴起义中，护军非但没有积极配合北魏政府，反而默许或支持起义，因此盖吴起义直接导致了关中地区地方行政体制的部分改变。为了有效地瓦解关中地区有可能再次集聚起来的有生反抗力量，瓦解以前由于护军制度维护的少数民族在地方行政体制上所享有的各种特殊性，加强对关中地区的控制，太武帝将关中地区的五个行政区域由护军体制变革为传统的县制，一部分郡县的区域也有所改变。羌人聚居的李润堡这一军事要镇，也由护羌戍所转变成郡，改置四县。① 但是这一说尚存一个问题，那就是杏城镇的问题。戴卫红考察了盖吴起义的范围和四条进军路线，指出抚夷、土门、三原、铜官、宜君护军正处在盖吴势力的中心，这些护军在盖吴起义时没有与北魏中央政府采取积极合作的态度，因此起义平定后护军体制被改为郡县制。但是，若果真如此，那么处于盖吴起义发源地的杏城镇，为什么在起义平息后依旧保留着军镇的行政体制而没有改为郡县？杏城镇不仅是盖吴起义的发源地，也是盖吴之前郝温起义的发源地，对于这样一个少数族叛乱起事的危险之地，当时的北魏政府为什么没有任何处置措施？这个问题，仍然有待探索。

向燕南先生则提了盖吴起义的另一个后果，那就是北魏太武帝太平真君七年（446）的第二次激烈灭佛行动。向先生指出，太武灭佛并不是人们习惯理解的那样出于佛道之争，太平真君五年（444）第一次灭佛是因为事涉刘洁、拓跋丕等人的反太武政变，而第二次灭佛则是在北魏境内民族矛盾十分尖锐并严重威胁到北魏统治的情况下发生的，是由盖吴起义直接引发的。②

比之于盖吴起义，学界对于赫连勃勃的关注要更多些。赫连勃勃是

---

① 参见戴卫红：《盖吴起义与关中地方行政体制变革》，《中国史研究》2009 年第 3 期。
② 参见向燕南：《北魏太武灭佛原因考辨》，《北京师范大学学报》1984 年第 2 期。

大夏国的创建者，在史籍中赫连勃勃最为鲜明的形象是嗜杀冷血的暴君。但是，有学者认为，对于像赫连勃勃这样的历史人物，如果我们不考虑时事而轻易得出结论，于人物而言太过单薄，于赫连勃勃而言则有失公允。铁弗匈奴遭到拓跋鲜卑重创以后，赫连勃勃逃亡后秦，周旋于多事之秋的混战时代，最终成就了大夏国一时的辉煌。因此，赫连勃勃身上必然有更鲜活、更复杂、更具内涵的品质存在。比如，建立大夏国以后，赫连勃勃的行为大都与追求"华夷一家"思想密不可分，其民族思想体系的核心内容在于努力避免国家被打上胡族政权的烙印，而正统观和民族同源观是他的主要思想武器。夷夏之辨的藩篱使赫连勃勃格外需要用正统的外衣来粉饰自己，通过颂扬大一统使"天下"在理论上归属其政权统治之下。赫连勃勃提倡民族同源思想并付诸积极实践的先例，使我们不能忽视他在积极寻求"中华一体"过程中所作出的努力。虽然赫连勃勃并没有推行亲民爱民的仁政，但从他所处的历史时代和社会环境出发，他的思想对当时以及后世的影响还是不容忽视的，在推动"大一统"格局形成的历史进程中，对其作用也应该给予全面的认识。赫连勃勃匈汉同源的观念至少证明匈汉之间存在着精神纽带，反映了赫连勃勃对华夏民族的认同，无论是中原华夏民族还是荒服少数民族都是同源异流，这无疑是赫连勃勃民族思想中积极的一面。无论赫连勃勃当初的动机是受汉文化影响后自身思想的深化，抑或是为政治服务的舆论需要，或者是自卑感使然，但从政权建设到思想文化倾向的有意标榜，客观上都推动了本民族的封建化进程，对隋唐以来"四夷一家"思想观念的产生和延伸产生了重要影响。①

赫连勃勃时期佛教的情况也颇受关注。唐高宗时期产生了赫连勃勃诛焚佛法一说，有学者认为，此一说法与赫连勃勃令僧拜己相矛盾，究其原因，是由于对刘义庆《宣验记》相关记载的割裂。赫连夏时期，既有僧人和世俗佛教信徒的存在，也有铸造佛像、修建佛塔的弘法行为，

---

① 参见胡玉春：《多视角审视下的赫连勃勃》，《内蒙古社会科学》2010 年第 4 期。

更有因战争而激化的政教冲突。赫连勃勃诛焚佛法之说不符合历史原貌，它是唐初僧人开辟的以夷夏之辨回应道教攻击而又中途夭折的新思路的遗存。[1]

公元 425 年，赫连勃勃卧病而死，死后葬嘉平陵，庙号世祖。关于其葬处所在地，众说纷纭，归纳起来有五种说法，即靖边统万城西说、山西霍山说、延川白浮图寺说、延安杜甫川说和甘肃方家沟说。据姚文波考证，山西赵城县东四十里霍山最高峰为大夏最后一个皇帝赫连定之墓，延安城南杜甫川赫连勃勃墓属于传说，陕西延川县境内白浮图寺南侧为前太子赫连璝之墓，甘肃镇原县方家沟是准太子、酒泉公赫连伦之墓，只有靖边县统万城西才最有可能是嘉平陵所在。[2]

学界探讨最多的则是赫连勃勃修建的统万城。据《晋书》卷一百三十《载记》，赫连勃勃"以叱干阿利领将作大匠，发岭北夷夏十万人，于朔方水北，黑水之南营起都城。勃勃自言'朕方统一天下，君临万邦，可以统万为名'。阿利性尤工巧，然残忍刻暴，乃蒸土筑城。锥入一寸，即杀作者而并筑之，勃勃以为忠，故委以营缮之任"。统万城建设历时七年之久，建成后城址包括外廓城、东城、西城三部分，东城和西城均略呈长方形，中间以城墙分隔。东城周长 2566 米，西城周长 2470 米，城的四角均筑有方形墩台，最高达 31.6 米。西城的四面均辟有城门，北面为平朔门，南面为朝宋门，西面为服凉门，东面为招魏门。东城东墙有凤阳门，沿招魏门、凤阳门方向有东西向中轴线穿城而过。西城西北部宫城、西城城垣有较为密集的马面。马面即是人们常说的敌台，或叫墩台，作法甚为独特，每个马面间距 50 米左右，距城墙外壁 18.8 米，宽约 16.4 米，高为 10 米，充分体现了建城时在军事防御性方面的特色。统万城建成后，勃勃赦其境内，改元曰真兴，刻石都南，颂其功德，并由秘书监胡义周执笔作赞文一篇。此时的统万城无论

---

① 参见刘林魁：《赫连勃勃诛焚佛法说证伪》，《宁夏社会科学》2010 年第 6 期。
② 参见姚文波：《赫连勃勃墓地考》，《甘肃社会科学》2008 年第 6 期。

在规模、布局及建造方法等方面，均体现出在地理位置及战略地位上的重要性，使这一时期的统万城达到空前繁荣。由于统万城控扼北魏交通西域的道路，位置冲要，勃勃去世之后，魏世祖连兴讨伐之师，竭尽全力，予以占领。唐宋之世，统万城为夏州治所，是党项、羌族平夏部的根据地，唐末，党项首领拓拔思恭助唐镇压黄巢起义有功，被赐以皇姓李氏，因而坐大，建西夏，与宋、辽抗衡，形成三足鼎立的政治形势。由于西夏与辽的勒索使宋朝穷于应付，出于军事目的，宋朝廷于 994 年下令迁民毁城，夷统万为废墟。从此这座坚城销声匿迹，埋没在茫茫的毛乌素沙漠之中。

清道光二十一年（1841），横山知县何炳勋受榆林知府李熙龄委托，前往统万城踏勘，并形成《复榆林李太守熙龄查夏州城故址禀》，较为详细记述了统万城遗址的状况。① 自何炳勋重新发现统万城后，学者们不断来此考察。中华人民共和国成立后，1956 年 9 月，陕北文物调查征集组即在统万城遗址开展调查工作。1975 年，陕西文管会前后三次考察统万城遗址，进行了测绘和试掘。1983 年 9 月，统万城遗址公布为靖边县第一批文物保护单位，1992 年 4 月，统万城遗址公布为陕西省第三批文物保护单位。1996 年 11 月 20 日，统万城遗址公布为全国第四批文物保护单位。2001 年，靖边县人民政府在陕西省文物局、榆林市人民政府等方面的支持下，开始提出统万城遗址申报世界文化遗产的设想。2002 年 4 月，陕西师范大学西北环发中心等单位提出的"统万城绿色都市恢复基地"在日本植树专家东城宪治先生的资助和技术指导下，在遗址西南沙地建立。2003 年 6 月，陕西省古建设计研究所在实地测量和考察的基础上，形成了《统万城遗址保护规划大纲》，这对于在统万城地区实施"保护优先原则"，切实开展遗址保护工作起到了积极的促进作用。根据国家文物局《文物事业"十五"发展规划和

---

① 参见侯甬坚：《道光年间夏州城故城（统万城）的调查事由》，载侯甬坚、李令福编：《走向世界的沙漠古都——统万城》，《中国历史地理论丛》2003 年 6 月专辑。

2015 年远景目标（纲要）》，有关方面正争取在 2005 年前将统万城遗址列入国家级大遗址保护展示园区，以进行更完善的保护和建设。①

如果再详细推究，统万城在北宋淳化五年（994）虽已被宋太宗下诏废毁，但仍被西夏所据，谓之"平夏城"，李继迁还迁徙绥州吏民之半入住，至元朝始废，以后未再设置州县。同时有文献记载，统万城是由西汉奢延县城改建而成的。因此，统万城有文献可考的历史可一直上溯到西汉武帝元朔年间（前 128－前 123），下延至 13 世纪后期，历时达 1400 余年。在侯仁之院士和史念海先生的推动下，围绕统万城之兴衰变迁以及由之引发的毛乌素沙地形成变化问题逐渐成为相关学科聚焦的热门课题，国外的科学家和探险家也对统万城表现出了巨大的兴趣与热情，将统万城、楼兰、高昌与庞贝、巴比伦、特洛伊等世界著名废都相提并论。目前统万城的研究，主要集中在五个方面，即统万城的发展演变历史；统万城遗址的历史文化内涵；统万城周边环境的变迁及其重建；统万城遗址文物保护规划；统万城遗址的综合开发利用。这五个方面既有各自的具体内容，又彼此相关联，共同构成一个整体性的研究课题。②

4. 陕北宗教信仰研究

陕北是一方宗教滋生的沃土，但并不仅是惯常认为的那样，因为这里地处边关、战乱频仍，饱受战乱之苦的民众转而寻求宗教的慰藉。陕北宗教兴盛的更主要原因，一是陕北生活的西北民族众多，这些民族中有很多是笃信各种宗教的，一是陕北处在佛教东传的必经之路，且毗邻道教的发源地四川。因此，从汉代以来，陕北的佛教、道教就逐渐传播开来。佛教在陕北的传入，应该与西域的龟兹人有密切联系。汉代陕北曾设有龟兹属国，治所在今榆林市境内无定河流域。汉宣帝元康元年

① 参见吴连书、田惠琴：《末代匈奴首领赫连勃勃与其建造的大夏国都统万城》，《陕西档案》2005 年第 2 期。

② 参见陕西师范大学西北环发中心编著：《统万城遗址综合研究》朱士光序，三秦出版社 2004 年版。

（前 65），龟兹王携夫人入朝，标志着至迟从这时起，龟兹人已开始与中土交往。神爵（前 61—前 58）中，郑吉征发渠黎、龟兹诸国五万人迎降匈奴日逐王至河曲，据此推知，上郡龟兹属国或当在此时出于安置较多龟兹移民的需要而设置，延至东汉未改。两汉龟兹属国的长期设置，表明该地已经成为内迁龟兹移民的固定聚居地，龟兹人的数量也一定相当可观。我们有理由推想，来到陕北定居的龟兹人一定也把自己的佛教信仰带到了陕北。至于道教，我们从陕北汉画像石上可以看到陕北盛行西王母信仰，而对西王母的崇拜正是早期道教的重要内容。目前陕北宗教方面的研究主要集中在以下几个方面：

对陕北各地石窟造像的研究。陕北所有石窟中，延安地区宋代石窟是学者们关注的焦点，1979 年开始，延安地区文化局组织有关单位，对延安地区现存的石窟寺进行了一次重点普查，并结合有关文献作了初步探讨，姬乃军先生将普查情况进行了整理，靳之林先生也有较多关注，不仅对姬乃军的调查整理有所订正，还就延安宋代石窟的艺术特色进行了探讨。[①] 除了陆续发表的有关石窟调查记和调查报告，以及概论性的论著外，对于每一处石窟的深入研究考察也逐渐展开。如孙修身先生对清凉山 2 号窟的内容就进行了细致的考辨，认为 2 号窟中的三尊佛像，不是三世佛，而应是三身佛，因为三尊佛中不见其他石窟中所见的弥勒佛，代之以左壁的文殊菩萨图，右壁的普贤菩萨图，正是各种佛教文献所说的华严三圣像：毗卢遮那佛，理智完备，居于中央；文殊菩萨主智门，位于佛之左侧；普贤菩萨主理门，位于佛之右侧。左右壁的文殊菩萨、普贤菩萨等组成的佛教故事图像内容，也并不是根据《华严经·菩萨住处品》绘成的，而是根据山西省五台山一带的中国神话故事绘成的，这就表明，至北宋时期，印度佛教已经彻底完成了中国化，从

---

① 参见姬乃军：《延安地区的石窟寺》，《文物》1982 年第 10 期；靳之林：《对〈延安地区的石窟寺〉一文的订正》，《文物》1984 年第 12 期；靳之林：《延安地区石窟艺术》，《美术》1980 年第 6 期。

宣传的内容到艺术表现形式都已经与印度佛教初来时有了很大的不同。[①] 不少学者还就延安石窟的分期、世俗化倾向及其原因，以及石窟的种类与形制、造像的组合与题材等进行了探讨，[②] 对我们研究陕北石窟极有启发意义。

总之，陕北石窟研究方面目前还有大量工作需要踏实细致去做，既有进一步普查调研保护、建立基本数据库等基础性工作，又有对于石窟分期、内容意蕴、社会背景以及佛教本身传播过程的种种演化的深入系统研究，对佛教的深入了解是我们理解陕北历史和社会的重要途径。

明清以来陕北基督教的研究。1840 年鸦片战争后，基督教又一次传入中国，这是基督教继唐代景教、元代也里可温教和明代耶稣会士后第四次传入中国。陕西省虽然地处内陆，近代以来非常封闭，但西方基督教会在陕西省也进行过大规模的传教活动，基督教的两大教派新教和天主教的许多差会都曾来到陕西并发展了大批信徒。虽然陕西近代基督教传播以三原为中心，但陕北地区也已经成为重要的传播地。基督教新教在陕西北部曾发展至府谷、神木、榆林、绥德、延安、洛川、铜川，而天主教在陕西全省的三大传教中心之一，就在陕北靖边县宁条梁。基督教传入陕西的重要原因之一，就是近代以来频发的战乱灾荒。大部分民众虽然并不十分理解基督教教义，但政治庇护、教会施舍的粮食衣物、子女上学和疾病等现实利益因素促使很多陕北人成了基督教信徒。[③] 也有学者从宏观角度对晚清至民国时期陕西基督教宣教区进行了个案研究，认为基督教在陕宣教区具有明显的功能文化区特征。各基督教差会进入陕西后，为了迅速有效开展宣教，首要工作便是明确各个差

---

① 参见孙修身：《陕西延安市清凉山万佛寺第 2 窟内容考》，《敦煌研究》1998 年第 2 期。

② 参见何利群：《延安地区宋金石窟分期研究》，北京大学硕士学位论文，2001 年；崔彬：《延安地区的宋代佛教石窟造像艺术》，《文艺研究》2010 年第 8 期；林锺妏：《陕西宋代石窟艺术世俗化研究》，台湾大学硕士学位论文，2016 年等。

③ 参见王欣瑞：《近代基督教传入陕西及陕西农民入教原因探析》，《西北大学学报》2004 年第 1 期。

会的责任地，而这块责任地就是宣教区。如英国浸信会 1891 年在三原首建教堂，之后以福音村为中心，不断向四周扩展，至民国二年已经在肤施县建立了教堂，后来一度发展到陕北北部的绥德地区。① 陕北地区之所以成为浸信会的宣教区，是因为灾荒迫使浸信会的会众由三原向北播迁，这才使得三原以北直至延安、延长、绥德、米脂等地成了浸信会的宣教区，这种空间格局是教徒们空间迁移的结果，并不是差会组织有意识的扩展。更为有趣的是，这种空间格局与当地的方言分布格局相一致，并且与交通网络密切关联。② 除了宏观论述外，也有学者就一些具体问题进行专门探讨，如刘建平对天主教在陕西的教区分布作了清理，指出 1887 年（光绪十三年）罗马教廷对陕西教区作出调整，以秦岭山脉为界将陕西分为陕西南部和陕西北部两个代牧区，陕南代牧区以汉中为中心，管辖秦岭以南的汉中府、兴安府和商州南部的教务，陕北代牧区以西安为中心，包括关中与陕北两个自然区，管理西安府、同州府、凤翔府、延安府、榆林府和乾州、鄜州、绥德州、商州北部的教务。到了宣统三年（1911），陕西北部代牧区又一分为二，分为陕西中部与陕西北部两个代牧区，其中陕中代牧区以西安为中心，包括西安府、同州府、凤翔府、乾州和商州北部，陕北代牧区含延安府、榆林府、鄜州和绥德州。后来陕北教区又改称为延安教区，主座教堂设于延安，管辖陕西北部的延安府、榆林府、鄜州和绥德州等地，该区由西班牙籍神父易兴化主教（Cae. Ibanezy Aparicio，1911—1949）主持。至 1949 年，延安教区有外籍神父 17 人，国籍神父 19 人，教友 9000 余名。③ 汤开建等则利用《教案教务档》、《清末教案》等清宫档案资料及所搜集的大量第一手材料，结合西人著作，对圣母圣心会从 1874 年到 1914 年四十年间

---

① 参见史密斯：《辛亥革命前后的延安》，刘蓉译，陕西人民出版社 2011 年版。

② 参见张晓虹：《晚清至民国时期陕西基督教宣教区研究》，《中国历史地理论丛》2006 年第 4 期。

③ 参见刘建平：《近代天主教在陕西八个教区的形成和发展》，《中国天主教》2007 年第 4 期。

在陕西三边地区（靖边、定边以及定边的安边堡）的传教活动作了较为系统的梳理，勾画出了圣母圣心会在陕西三边传教的基本概貌。① 李大海等对清末民初天主教在陕北地区的传播过程及其时空分布特征进行了探讨，指出清同治十一年（1872）比利时圣母圣心会传教士叶茂枝由边外的绥远（今内蒙古）来到陕北靖边县宁条梁镇传教，传教士进入靖边后不久，就在宁条梁镇小桥畔修建教堂，购买附近土地，转租给当地群众耕种并寻找机会向他们传教。到义和团运动爆发前，天主教会已拥有多所教堂。随着天主教传教士进入靖边并设堂传教，标志着天主教势力正式进入陕北地区开始传播，在此后 20 余年时间里，天主教势力又先后传入陕北的定边、绥德以及怀远等州县。义和团运动爆发后，陕北虽也有教案发生，但天主教的势力反而在陕北地区得到了进一步的发展，影响范围进一步扩大，神木、葭县、吴堡、延川、安定、甘泉以及延长等县亦有天主教传入。宣统三年，罗马教廷重新把陕西划分为陕北、陕中和陕南三个宗座代牧教区。陕北宗座代牧区由西班牙方济各修会负责传教，主教驻肤施县（今延安市）。从此，陕北天主教传播进入了新的稳定发展阶段，经过 20 余年时间，陕北 23 个县中已有 19 个县有天主教传入，教会在其中 15 个县设立了相当数量的教堂，教徒数量也有成倍的增长，整个陕北地区只剩下府谷、清涧和宜川、保安等县成为天主教传播的空白区域。可见清末民初陕北天主教大体呈现出由北向南传播的空间过程，而最初传入的地区也是天主教堂分布的密集地区，这些地区主要集中在西北部的靖边、定边两县，北部怀远（横山）、葭县以及绥德等地，中南部地区天主教势力则相对较弱，教堂不多。传教士深入广大乡村传教，在许多村镇建有教堂，而县城天主教势力反而不大。这样一种时空特征，与陕北内部的区域人文环境差异有很大关系，并受到

---

① 参见汤开建、马占军：《晚清天主教在陕西三边的传播》，《西北师大学报》2004 年第 4 期。

区域内民间宗教信仰习俗的影响。① 此外，也有学者从社会史和中西文化交流的角度，探讨了基督教在陕北的传播及其对陕北社会产生的影响，指出基督教兴办新式教育、设置医疗卫生机构、开创近代社会福利事业等举措，虽然出于宗教目的，但客观上为封闭落后的陕北地区带来了许多新的理念，为近代陕北社会的发展起到引导作用，一定程度上促进了该地区近代社会的变革和发展。② 此外，还有学者对陕北天主教教堂从建筑学角度进行了关注，在实地测绘、调研的基础上，分析了清末民国时期遗留至今的陕北天主教教堂的建筑风格及内外特征，尤其对清末民初延安桥儿沟教堂在建筑形式、内部空间及建筑艺术等方面进行了建筑价值分析，指出中西文化交融对陕北教堂建筑的影响及其作为宗教建筑所具有的历史文化价值，为陕北教堂建筑的保护与更新提供基础性的资料研究。③

总之，对于陕北宗教方面的研究目前尚显单薄。佛教方面的研究较多集中于佛教石窟寺本身的考察，而对于佛教在陕北的传入、传播，各个历史时期陕北佛教的发展状况、寺院经济以及佛教对陕北社会的影响等，则一直少有人涉猎，尤其是各少数民族与陕北佛教的互动情况如何，一直不甚了了。陕北道教的研究则更弱，仅限于对佳县白云山等个别道观的描述性介绍，道教作为影响陕北民间社会最重要的宗教之一，我们对其历史渊源及发展脉络却知之甚少。近代以来陕北基督教的研究虽然有不少学者关注，但仍然有很大的研究空间需要拓展。

---

① 参见李大海、吴宏岐：《清末民初陕北天主教传播过程时空特征分析》，《中国历史地理论丛》2006 年第 1 期。

② 参见吕波：《基督教与近代陕北社会》，《延安大学学报》2008 年第 3 期；王欣：《基督教传播与近代陕北社会——以三边地区为中心的研究》，延安大学硕士学位论文，2001 年。

③ 参见王莉：《清末民国时期陕北教堂建筑研究》，西安建筑科技大学硕士学位论文，2006 年；王莉、杨豪中：《清末民国陕北天主教教堂建筑研究》，《华中建筑》2007 年第 12 期；王莉、张微俊：《中西文化交融下的延安桥儿沟天主教教堂》，《中外建筑》2008 年第 7 期等。

第三节　陕北考古研究

有关陕北的历史文献资料虽然一直以来都不是特别充足，但是在陕北逐渐开展的考古发掘工作却为我们不断提供着新的材料，让我们得以对陕北的历史进行重新的认识和思考。

陕西省的近代考古，始于 1933－1935 年北平研究院徐旭生、苏秉琦先生等对宝鸡斗鸡台先周至汉代墓地和仰韶文化遗址的发掘，其后，徐旭生、石璋如先生先后对雍城、丰镐等遗址进行了考古调查，1938年，国立西北联合大学历史系还调查了西安鱼化寨等新石器时代遗址，这些开创性的田野考古工作揭开了陕西考古的序幕，此后，陕西的考古工作、考古学研究一直蓬勃发展，上自旧石器时代、下迄明清的地下遗存都十分丰富，类别则有古遗址、古墓葬、古建筑、石窟寺及石刻、近现代重要史迹等，[①]　而陕北地区的考古发掘和研究也越来越受到关注。从 20 世纪 70 年代起，尤其是 80 年代以来，有关陕北的考古工作逐渐展开，随之陆续发表了一系列的发掘调查报告，使得陕北的考古序列逐渐清晰起来。

一、陕北的先秦时期考古工作

1. 旧石器时代遗存

旧石器时代文化遗存最具学术价值的当属古人类化石的发现。1922年，法国考古学家桑志华等人，在与陕北靖边接壤的今内蒙乌审旗萨拉乌苏大沟湾旧石器遗址上，采集到一颗后来被命名为"鄂耳多斯牙齿"（The Ordos Tooth）的人类门牙及一些旧石器，这一新发现的古人类就是著名的"河套人"。1956 年考古工作者在萨拉乌苏大沟湾找到了"河套人"的遗骨化石，1963 年，中国考古研究所所长裴文中先生等人又

---

① 参见国家文物局主编：《中国文物地图集·陕西分册》，西安地图出版社 1998 年版。

在陕北横山石马圪村发现了"河套人"头顶骨化石一件。河套人是旧石器时代晚期的人类，属晚期智人，其体质已接近现代人，牙齿的大小也与现代人相似，但头骨和股骨骨壁则较厚，齿冠结构具有原始特征，属于智人中的晚期类型，且具有明显的现代蒙古人种特征。至于河套人生活的时代，学术界长期以来认定为距今大约3万到5万年，不过，随着专家对新的测年研究结果的确认，河套人的生存年代有可能提前。河套地区先后发现的"河套人"化石，对研究人类的进化过程和晚期智人的体质特征及旧石器晚期文化类型特征等有着十分重要的价值。内蒙萨拉乌苏、靖边小桥畔、横山石马圪遗址均分布在无定河上游流域，是中国境内最早发现的旧石器时代遗存。在未发现"河套人"以前，中国究竟有无旧石器时代遗存尚是未解之谜，"河套人"的发现，填补了中国旧石器时代考古的空白，掀开了中国古人类研究的帷幕。

陕北发现的另一晚期智人的代表性化石是"黄龙人"。"黄龙人"头盖骨化石1975年出土于洛河流域黄龙县曹店乡尧门河水库大坝北侧的杨家坟山南坡，该化石保留了额骨和顶骨部分，骨壁较厚，矢状脊较突出，前囟点位置较靠后，额部后倾，眶缘圆钝，为成年男性头骨，可能属于早期智人向晚期智人过渡的中间类型，距今约5万年。

金鼎人化石1991年发现于志丹县金鼎乡谢湾村广中寺的沟北岸，属于北洛河上游，热释光测定其绝对年代约与黄龙人接近，距今约五万年，属晚期智人中的较早类型。金鼎人的发现扩大了晚期智人的分布范围，丰富了古人类的研究材料，对研究早期智人向晚期智人的演化有重要意义。

"河套人"、"黄龙人"以及"金鼎人"的发现，表明至迟在距今3万到5万年前的旧石器时代，陕北已经有古人类生息繁衍，是人类最早的发祥地之一。古人类之外，陕北旧石器文化遗存，则以近些年来发掘的宜川县龙王辿遗址最有代表性。这一遗址位于宜川县高柏乡龙王辿村黄河西岸的二级台地上，底下就是壶口瀑布。该遗址发掘出土约2万余件石制品和一些动物骨骼，并发现二十余处用火痕迹，遗址年代推定为约距今 2 万年至 1.5 万年左右，更为重要的是，在众多人类活动迹象外，还发现有石磨盘和刃部有磨制加工痕迹的石铲等重要遗物。该遗址的发掘资料，对于研究北方旱地农业起源、旧石器向新石器时代过渡等重大学术课题均有重要的学术意义。另外，陕北旧石器文化有什么特点，与其他地域有何异同，特别是与北方草原地区旧石器文化究竟有着怎样的关系，还值得我们做进一步的探究。

2. 新时期时代遗存

陕北的新石器时期考古工作始于 20 世纪 80 年代，省文物局开展了全省的文物普查，神木石峁、绥德小官道等遗址开始了发掘。90 年代以后，子长栾家坪、甘泉史家湾、神木寨峁、府谷郑则峁、神木新华遗址、佳县石摞摞山、靖边五庄果梁等遗址得到了发掘。2001 年，国家文物局启动了"河套地区先秦两汉时期的文化生业与环境研究"课题，由陕、蒙、晋三省联合在内蒙中南部、陕北、晋中北地区开展调查活动，发现了大量新石器时代遗址。陕西课题组对无定河流域及相关地区进行了系统调查，在此基础上，对吴堡后寨子峁、关胡圪塔、冉和峁、高家梁、横山金山寨、拓家峁、瓦窑渠寨山、青龙山，榆林王则湾、火石梁、园西海子，子洲十里塬、三眼泉、崖窑坪、新窑上等遗址进行了发掘。通过这种方式的试掘和调查，目前已在陕北地区初步确立了以大理河流域为主要对象的新石器时代考古学年代序列，为今后研究陕北地区新石器时代文化奠定了初步基础。

陕北新石器时代晚期遗存十分丰富，遗址数量增至仰韶文化的 2 倍，分布范围也大大向北扩展。特别是榆林地区，遗址数量猛增至仰韶文化的 5 倍多。陕北此一时期遗址占全省已发现遗址的 64%，而关中仅占 34%。陕北新石器晚期遗存又可分为前后两期，前期为陕北类型，主要分布在无定河流域，以绥德小官道遗址为代表。陶器以灰陶为主，也有褐色或红棕色陶，纹饰多为蓝纹和绳纹，典型器物有喇叭口折肩罐、筒形罐、大口折腹小平底瓮、带流罐、单耳罐、敛口钵等。与庙底沟二期文化相比，不见三足器和圈足器，此外，房址中的石板居住面和红彩壁饰等，也显示出较为强烈的地域特征；后期主要为客省庄文化和石峁类型，客省庄文化主要分布于陕北南部的洛河流域，文化面貌与关中的客省庄文化相同。石峁类型则以神木石峁遗址为代表，主要分布在陕北北部黄河沿岸及其支流一带。石峁遗址的房屋多为白灰居住面的方形半地穴式，与客省庄文化相似，但墓葬中的石椁、瓮棺葬和陶器中的鼎、斝、盉等均自具特点，特别是筒形大三足瓮，与山西光社遗址和内蒙古大口遗址的同类器相同或相似，一些器物则与内蒙古朱开沟文化相同，而不见于渭水流域，因此，石峁类型应属另一系统的文化遗存。

　　需要提及的是，20世纪90年代以后，考古学界随着研究的深入，开始逐渐摒弃原来仰韶文化的概念，倾向于用仰韶时期来取代仰韶文化，并把原来界定为仰韶文化各类型的遗存改称为北首岭文化、半坡文化、庙底沟文化、半坡晚期文化和泉护二期文化，按照这一时间顺序，我们对陕北仰韶时期的文化遗存会有新的认识。陕北北首岭文化遗存目前在仅在子洲十里塬遗址采集到少量陶片，资料太少，所以有关面貌并不清楚。半坡文化早期以渭水流域为中心，之后不断向外强势扩张，在东至晋南、豫西甚至洛阳、郑州一带，北达陕北及河套的广阔地域内产生过多种类似或过渡型遗存，也或者可称为地方性变体。陕北地区的半坡遗存早些时候仅发现一些线索，如子洲十里塬、横山波罗堡、神木枣稍沟、佳县四界梁、清涧宽洲镇附近发现有此类遗存的陶器残片标本，黄龙县曹店、西山遗址也发现有少量此类遗存。2001年后，随着国家文物局"河套地区先秦两汉时期的文化生业与环境研究"课题的展开，陕北地区发现多处半坡文化遗存，这些遗存均为调查发现或混入晚期单位的半坡文化标本，主要器类有杯形口尖底瓶、尖底罐、圜底钵、盆、弦纹鼓腹夹砂罐、敛口瓮等，彩陶图案简单，仅见波折纹、宽带纹、窄带纹、平行斜线等，不见渭水流域常见的鱼纹、人面纹等。另外，有些标本反映出带有后岗一期文化因素的特征，如红彩宽带纹、折唇壶等。表明陕北地区是半坡文化的重要扩展分布区域，但文化面貌与中心区有一定区别，同时又是与西渐的后岗一期文化的接触地带。陕北南部的延安地区仅在与关中邻近的黄龙曹店、西山两处遗址发现半坡文化遗存，似乎有早晚之分。彩陶比关中地区简单，但有鱼纹图案，与陕北北部半坡遗存的文化面貌相比，这里更接近关中地区同类遗存的文化面貌。总的来说，相比关中地区而言，陕北地区半坡文化阶段的考古发掘工作仍几乎为空白，对陕北地区半坡文化遗存的研究也仅限于调查所得的零星线索，与内蒙地区同时期考古发掘的研究进展极不平衡，制约了陕北及其邻近地区此阶段文化的对比研究。

同全省其他地方一样，陕北庙底沟文化遗址数量明显多于半坡文化遗址，但陕北地区发掘过的庙底沟文化遗址仅有子长栾家坪遗址一处，其他多处遗存均为调查发现。从仅有的这些资料来看，陕北北部此阶段的文化面貌显然属于庙底沟文化的范畴，但与关中、晋南、豫西庙底沟文化腹地的遗存面貌存在一定差异，表现为陕北北部彩陶图案题材单一，仅见草叶纹、弧线三角纹、圆点纹等，缺乏中心区域常见的花瓣纹、鸟纹等种类，器类也比较少。陕北南部黄龙县发现的彩陶中有一种由四个弧线三角纹十字相连为主体的图案，为其他区域所罕见，应该代表一种区域特征。同样，由于陕北地区此阶段考古工作太少，不能提供足够的考古资料，因此对于陕北地区庙底沟文化研究的广度和深度都远远不够。

陕北地区仰韶晚期文化遗存主要发现于榆林地区，主要有靖边五庄果梁、吴堡后寨子峁、榆林王则湾、绥德小官道、神木寨峁、府谷郑则峁、横山山神楼、五龙山、子洲新窑上、石垛坪等遗址，这些遗存部分文化因素与关中等地仰韶晚期遗存文化面貌相当，同时也表现出富有地方特色的一些文化因素。陕西省考古研究院近年来在陕北开展的考古工作显示，陕北地区仰韶晚期文化遗存在面貌上与关中半坡四期文化和泉护二期文化较为接近，但在器类组合以及同类器的器形方面与关中地区同期遗存之间存在一定差别，可能代表一种区域文化类型。同时陕北北部进入仰韶时代晚期的步调可能晚于关中等地一至二个阶段，而仰韶晚期文化面貌延续至相当于关中等地庙底沟二期文化阶段才结束。需要强调的是，陕北北部地区进入仰韶晚期的较晚阶段后，突然大量出现石城聚落，这种石城多选择在三面被深沟陡坡环卫的山顶上，采用堑山成障的方法，使山坡更加陡峭险峻，并在仍削堑的土崖外包筑石壁，以形成相对封闭的空间，类似陡峭的台城。陕北目前发现最早的此类城址是吴堡县的后寨子峁遗址，筑城年代大约相当于关中泉护文化二期阶段或内蒙古中南部阿善文化较早阶段。这种石城聚落此后长时期成为陕北北部及相邻的内蒙古中南部和晋中北地区流行的聚落形态，在陕北北部地区甚至延续至商周时期的李家崖文化阶段，成为这一地域富有地域传统特征的文化现象。鉴于这些特征，陕北北部仰韶晚期很可能在文化面貌上要另外划分出新的文化类型。

庙底沟二期文化阶段的器物在陕北也多有出土，如以神木寨峁、石峁、牛定壕，府谷郑则峁，横山瓦窑渠、拓家峁、金山寨，靖边五庄果梁，佳县石摞摞山，吴堡关胡圪塔等遗址为代表，出土了一批庙底沟二期文化阶段的器物，其中关胡圪塔和瓦窑渠的房址地面和储藏室出土的陶器组合不仅丰富而且清晰可信，其年代可能比庙底沟二期文化的上限晚一个阶段，文化内涵与庙底沟二期文化有一定相似性，但区别也很明显，主要表现在其他地区均未见到的盆形斝和退化尖底瓶的共存关系上，如横山瓦窑渠的F3等，需要强调的是，由于陕北地区仰韶时代结束时间较晚，当关中地区已经进入庙底沟二期文化一段时间后，陕北及其邻近地区还在延续仰韶晚期的文化面貌，绥德小官道遗址、吴堡后寨子峁部分遗存、横山瓦窑渠F1等遗存，可能就属于这种情况，这些遗存显然不能简单归入庙底沟二期文化范畴。

陕北地区发现的相当于客省庄文化阶段的遗存，目前发掘过的主要有神木石峁、寨峁、新华、大柳塔，府谷郑则峁、连城峁，吴堡关胡圪塔、高家梁，佳县石摞摞山等，以及调查发现的清涧吕家山、延安大砭沟的陶鬲等，可以看出，考古工作主要集中于陕北北部的无定河、窟野河、秃尾河以及黄河沿岸小支流如吴堡清河沟等区域，延安地区延河、洛河流域的考古工作开展较少。长期以来，陕北地区的龙山时代文化遗存多被划归客省庄文化系统，或较多与客省庄文化进行比附。但是在以前资料和研究的基础上，结合近年对陕北北部进行的课题性调查资料，学界开始认为，陕北北部龙山晚期考古学文化可以分为若干个阶段，每个阶段又存在文化内涵和谱系特征的变化，不宜将其混合在一起而笼统地用一种或两种命名来涵盖。陕北北部庙底沟二期文化阶段后，年代最早的遗存应以吴堡高家梁 W1、佳县石摞摞山侧装双扳宽弧裆斝式鬲遗存为代表，同时包含尹达在延安大砭沟采集的侧装双扳斝式鬲和石峁遗址采集的单把斝式鬲等，这些遗存均与晋中地区汾阳杏花村 H118 器物形态接近，代表了宽弧裆斝式鬲阶段，可初步归入杏花文化早期。第二阶段应以清涧吕家山的侧装双扳宽平裆斝式鬲为代表，与杏花文化 H257 下层年代和面貌相当，可归入杏花文化中期。第三阶段以府谷郑则峁龙山时期的侧装双扳窄平裆方肩鬲及其共生遗存为代表，可归入杏花文化 H257 上层阶段，但郑则峁方肩鬲的形态已经与杏花文化中期晚段同类器出现一定区别。第四阶段以寨峁二期遗存以及石峁 H1 等为代表，大量出现的正装双扳鬲、空三足瓮、三足盉、盆形甗以及大口尊、折肩罐等因素显示出河套地区永兴店文化晚期、大口文化较早阶段对陕北北部的占领，而单把鬲的出现可能是来自客省庄文化或杏花文化的因素，至于豆、圈足盘等器类可能是来自陶寺类型晚期的因素，少量的花边鬲可能蕴含了李家崖文化花边鬲的早期因素。总之，杏花文化从这一阶段开始淡出陕北北部的文化舞台。第五阶段以新华遗址早晚两段及石峁 M2 为代表，这一期主体因素是对第三阶段大口二期文化遗存的延续和发展，并包含有客省庄文化晚期、陶寺类型晚期（扁壶、圈足罐、肥足鬲等器形）等外来因素，并出现大量葬玉，其年代下限已跨进夏纪年的门槛，标志着陕北地区龙山文化时代的结束。纵观陕北北部龙山晚期遗存的变迁，第一至第三阶段与晋中地区杏花文化早、中期存在密切联系，第四、五阶段转而表现出与河套地区永兴店文化晚期—大口文化的高度一致性，并在晚期出现了较多客省庄文化晚期遗存和少量齐家文化的因素。这些考古文化为我们进一步了解传说时代包括陕北在内的黄土高原的文化格局提供了必要的线索和资料，意义十分重大。[①]

3. 夏商周考古遗存

陕北的夏代遗存过去一直未见，1996 年陕西省考古研究所发掘榆林新华遗址，在较晚层位出土的鬲、瓿、圈足罐等陶器，及清理的一些瓮棺葬等，与当地龙山晚期石峁类型的文化面貌有一定的差别，而与内蒙古中南部、晋西北黄河沿岸夏时期文化遗存有一定的相似性，为在此区寻找同时期的文化遗存提供了参照的坐标。另有学者则认为，从文化内涵来看，陕北高原存在着狄人文化，而此文化中夏时期的遗址主要发现于安塞、延安、延川、靖边、府谷等地，代表性陶器有花边罐、鬲、三足瓮等，纹饰多见蛇形附加堆纹，时代大约相当于朱开沟文化中期（二至四段），属于北方地区的一种青铜文化。

陕北地区相当于商代前期的文化遗存，在 1987 年的文物普查中有少量发现，神木县庙火梁等遗址采集到与刘家文化早期陶鬲相似的标本。2003 年，陕西省考古研究院发掘佳县石摞摞遗址时清理出几个商代灰坑，出土陶器主要有蛇纹鬲、瓿、罐、盆和三足瓮等，但并未见到与刘家文化相似的器物出现。整体与内蒙古朱开沟遗址以蛇纹鬲为代表的"朱开沟文化"面貌较一致，加上部分县博物馆收藏的个别同类器物标本，初步将榆林地区作为该类文化的分布区当不成问题。陕西省考古研究院在安塞西坬渠遗址也发掘到类似的遗存，但从陶器形制及陶色纹饰等观察有可能略晚于石摞摞山上层遗存的年代，约进入殷墟的时间范围，两者似有传承发展的关系。这些遗存究竟能否与朱开沟文化归并？与刘家文化式陶器有什么关系？李家崖文化在多大程度上有传承关系等问题，就现有的资料尚无法给予明确的回答。

陕北地区商代遗址主要分布在黄河支流窟野河、无定河、清涧河、延河和洛河上游地区，关中盆地北部的淳化一带也有发现，这些遗存与

---

① 参见陕西省考古研究院史前考古研究部：《陕西史前考古的发现和研究》，《考古与文物》2008 年第 6 期。

鄂尔多斯草原和晋西北同类遗存的内涵基本一致，都属于北方地区的青铜文化，有学者依据考古发掘地点，将其命名为北方地区青铜文化朱开沟—石楼—绥德类型。这一区域内的陕北吴堡、绥德、清涧、子长、延长、延安、洛川、淳化和山西右玉、保德、石楼、忻县、柳林、永和、吉县等地，先后发现了40余起多数出自墓葬的青铜器，分别有鼎、簋、爵、觚、斝、甗、罍、瓿、盘、壶、勺、斗、匕、刀、剑、戈、戚、斧、镞、锛、泡等。从时代看，这些青铜器大体分为四期，可与殷墟的四期相互对应，从器类、器形和纹饰风格上看，又可以分为特征迥异的两类，一类是以鼎簋为代表的各种容器，与殷墟商文化和关中商文化具有较多共性，另一类则是带有管銎、各类兽首的青铜兵器和用具，呈现出浓郁的北方草原青铜器色彩，尤其是工具、武器中的蛇首刀、马首刀、銎刀、銎斧及金耳环等，别具特色，与晋西北黄河沿岸青铜文化风格一致，学界普遍认为属于北方草原文化系统，可能与商代的土方、工方、鬼方等文化有关。其中最有代表性的就是李家崖文化。

1983年，陕西省考古研究所在清涧李家崖发掘到一座商代城址，依山势仅筑东西城墙，面积67000平方米。发现窖穴、房址、瓮棺葬等，出土了鬲、豆、簋、甗、三足瓮、罐、盆、碗等陶器，及石器、骨器、卜骨和少量青铜兵器，并发现石刻骷髅形人像，与商周文化均有极大的差别，显示了文化面貌的独特性。该城址出土的銎内戈、骷髅形人像等，对确定陕北商代青铜器的文化归属有决定性的意义。类似的遗存也见于绥德薛家渠遗址。研究者认为这类遗存可能属于商周时期的鬼方文化，虽得到部分学者的赞同，但与可能属于一个大的文化系统的内蒙西岔、山西柳林高红等遗址的内涵分别有相似和相异的方面，要最后论定还有一些距离，还需要更多的发现来支持。

延川、甘泉县陆续出土了两批晚商青铜器，西北大学与陕西省考古研究院发掘的淳化枣树沟脑晚商遗址，均含有一定量的北方青铜器及李家崖文化因素，与早先发现的淳化黑豆嘴、彬县断泾遗址上层遗存共同显示了北方文化因素在殷墟三期阶段南下至关中北缘的信息。这些遗存虽各有特点，但与李家崖为代表的北方文化有较密切联系却是可以肯定的。特别是近年甘泉县下寺湾镇闯家沟村发现的一批商代青铜器共 57 件，计有鼎、簋、瓿、尊、罍、觚、卣等礼器 15 件，钺、戈、铃首剑、剑鞘、三銎刀、镞等兵器 7 件、马、泡饰、铃首匕、钖、筒形器等其他铜器 35 件。其中的两件铜马形制相同，形体健硕，四肢粗短，脖颈粗壮，口鼻尖削，鬃毛短，双腿挺直，长尾下垂，背部有脊线，与最初生活在北方草原地区的亚洲野马的特征非常相似，由于没有盖子，可以肯定并非容器。这是如今见到的最早的马雕塑。另外，这两匹铜马的背上，有明显的垫子。报道者认为是为骑乘用的鞍垫。传统认为，我国内地骑马一事最早开始于赵武灵王"胡服骑射"。尽管是否可以由这两匹马上的垫子得出"骑乘"结论还有待于今后更多更直接的证据（比如马鞍），但是，其重要性是不言而喻的。这批铜器的北方特征是非常明显的，比如铃首剑、铃首刀和用途不明的"筒形器"上的纹饰等等，都与殷墟所见的母题纹饰风格不类。以往见到的所谓北方青铜器，在陕北地区崂山以南资料甚少，这次的发现，无疑在空间分布上弥补了以前的不足。另外，这次发现虽因工程建设致使相关遗迹现象未能保留下来，但由于专业人员赶到现场的时间尚未过晚，从而得以判断这批铜器出自同一座墓葬。在一座墓葬中，出土 4 鼎、5 簋、1 瓿、1 尊、2 觚、1 罍、3 卣等礼器和钺这种代表统治权力的器物，显示出墓主人应有相当高的地位。至于对这些遗址墓地反映的文化面貌异同情况及与商、先周文化的具体关系等问题，需待更多发掘资料公布以后的进一步研究。

陕北的西周遗址和墓葬，一般面积较小，正式发掘的也极少，发现于陕北延长、绥德、榆林、横山等地的西周铜器，大都属于中原文化器物，少量如环首柄釜、鸟首柄削，以及带有管銎的兵器工具等，则属于这一时期北方地区青铜文化遗存。

陕北地区相当于东周时期的文物虽在不少的市、县文物馆所可见到，但经考古发掘所获的资料非常之少。较早者有米脂县张坪墓地的四座墓葬，均为南北向的长方形土圹竖穴式墓，出土有陶器、青铜兵器和工具、玉石器等，年代约为春秋早期或两周之际。墓葬形制及随葬品鬲、盆、豆、罐的组合等方面，均与关中、豫西、晋南等地两周之际周墓的特点相似，较多地反映了周文化的因素，但带扣为代表的少量器物则有春秋战国北方地区的文化特征。但即使在全盛时期的西周早、中期，周王朝势力范围尚难以企及陕北地区，到两周之际或略晚，更不可能据有其地。晋在这一时期内部纷争渐起，无暇向北方扩展，也不会是晋墓。故这些墓葬最大可能应属于北方民族的墓葬，由于长期与周文化交流，受到了强烈的影响。有些鬲有折肩的迹象，以及罐、豆等器物与晋文化的部分同类器相似，说明陕北地区与处于山西的晋国也有一定的交流。鬼方之称到春秋已不存，张坪墓地也很难讲与其有关，是否为文献记载东周时期活动于北方的赤狄、白狄之属也许应予考虑。较晚一些的有李家崖东周时期墓葬，时代范围约从春秋中期偏晚到秦代。除了晚期墓葬明显属于秦文化范畴外，更早一些的墓葬特征与秦文化明显不同，折肩鬲、带盖豆等器物与晋文化有较多相似性。按照文献记载晋三卿分公室时魏领有河西、上郡，可见陕北在此之前已为晋所有，时间范围肯定可早至春秋晚期甚至更早一些。那么，李家崖的早、中期墓有可能是晋及魏国的墓葬，但部分双耳罐等陶器有北方文化的特征，或是因此区狄族受其影响的结果。发掘报告认为早期墓属于狄族聚居时期的墓葬，也可备一说。吴堡、宜川、洛川，也发现了春秋时期晋文化的鬲棺葬和战国时期的魏国货币，安塞、志丹、吴旗、延川、子洲等地，还发现了一些战国时期的胡人墓葬或文物出土点，其遗物以鹿、虎、羊、驴、蜥蜴等造型的铜饰品、带钩、构件等最具特征。东周文化遗存的发现虽不多，但也提供了北方文化与中原文化系统的周、晋及秦等国联系的线索，是研究有关问题的重要资料。[1]

　　虽然很多工作尚有待进一步展开，考古资料也有待进一步的积累，

---

[1]　参见陕西省考古研究院商周考古研究部：《陕西夏商周考古发现与研究》，《考古与文物》2008 年第 6 期。

但仅就现已进行的考古发掘和调查工作来看，从旧石器时期到商周时期，陕北地区的考古文化呈现出丰富多彩的面貌，足以让我们对上古陕北地区有一个大概的认识。现有研究的薄弱环节，一方面在于继续加强考古发掘和调查工作，进一步厘清陕北地区考古文化序列，每一种考古文化的特点及其与周边地区各种文化的相互关系；另一方面则需要将考古发现与古史研究紧密结合起来，从古史传说时代的伏羲、黄帝，到商周的鬼方，再到春秋战国的狄族，这些传说和史实记载均显示出与陕北有密切的联系，那么，这些考古发现的遗存对于解释、补证上古史应该有所裨益，相关研究就不能满足于仅描述某种考古文化而将上古史的构建弃之不顾。

二、陕北的秦汉以后考古工作

秦汉以后的陕北考古工作，在不同时期呈现出不同面貌。长城、直道驿道、画像石墓、墓葬城址等的考古发掘均较为引人注目。长城主要有战国长城和明长城，战国长城又有秦魏两国之分。秦国北部长城即秦昭襄王三十六年（前271）为抵挡胡人入侵而修筑的，西起甘肃临洮，取西南东北走向，经陕北吴旗、志丹、靖边、横山、榆林、神木，向北到达内蒙古准格尔旗东北黄河沿岸的十二连城。经考古调查，这条长城线路在志丹县北，经靖边向东，再经安塞、子长、子洲、绥德折向北，再经米脂至榆林鱼河堡，还有一条支线。由于风沙掩埋及风雨剥蚀，秦长城遗迹保存较少。2007年由国家文物局组织实施的"长城资源调查"项目启动，2008年6月，省考古研究院在神木县西沟乡一带发现墩台遗址4处，经初步确认系战国晚期秦长城遗址，该发现为秦长城调查提供了重要线索。魏长城即魏惠王十九年（前352）所筑的河西长城，当时为防御秦国，先后两次从华阴起修筑长城，北上到韩城黄河边，其中的一段就建在黄龙县范家卓子乡与澄城县交界线上。在陕北富县，还发现了一段东南至西北走向、全长约22公里的战国长城，如陕北许多地段的长城一样，目前对于其性质并不明确。

明长城也称边墙，陕北段属延绥镇长城，大规模的修筑共有两次，即成化九年（1473）修筑的二边和成化十年所筑的大边。两道长城的走向已经基本清楚，均自内蒙古准格尔旗延入陕北的府谷，向西南，经神木、榆林、横山、靖边、吴旗、定边，进入宁夏盐池县，其中定边西部的大边长城分为内外两重，保存较好。

直道是陕西境内最著名、调查资料也较丰富的古道路之一，修筑于秦始皇三十五年（前212），南起云阳（今陕西淳化），北至九原（今内蒙古包头），至于直道的路线，如前所述目前尚有较大的争议和分歧，因此也需要更多学者投入更大的精力去研究。

陕北古道路中需要提及的，还有宋明两代的驿道遗存，这些遗存主要发现于陕北，目前可以勾画出的驿道有两线，一是延川－延安－甘泉－富县－洛川－黄陵－宜君，一是清涧－延川－延长－宜川－洛川，两线共发现烽火台160余座。这些烽火台多建于河谷两侧高地上，一般相距1.5至3公里，台体多为黄土夯筑，呈方锥台形或圆锥台形，底边或底径一般在6至12米之间，属宋绥德军、明延绥镇通往关中的主干驿道及其支线上的附属设施。这两条驿道西侧的甘泉、志丹、吴旗、安塞、子长等地，主要沿洛河、延河、清涧河上游及其支流周河、杏子河、西川河、永平川等河谷，还分布有宋代驿道上的烽火台150余座，这些烽火台大多自东南向西北延伸，指向宋夏边界，线上还存有不少北宋防御西夏的军事寨堡遗址。富县葫芦河和定边东川河两线的烽火台，则分属宋明两代陕西鄜州至甘肃庆州（今庆阳）、陕西定边至甘肃环县驿道上的附属设施。

汉代以来的墓葬和城址在陕北屡有发现，且表现出极大特色。根据考古调查成果，陕北地区分布有相当数量的西汉墓葬，只是全貌尚不明晰。到目前为止，陕北地区经过正式发掘的西汉墓葬有甘泉县鳌盖峁墓群、靖边县老坟梁墓群等。鳌盖峁西汉墓群分布于甘泉县城西北部的鳌盖峁、太平梁一带，共7座，均为竖穴墓道土洞墓（其中一座有木椁、积炭）。平面有"刀"字形及"甲"字形两类。出土器物主要有陶鼎、钫、壶、仓、灶、罐等，时代集中在西汉早期至中期。随葬特征与关中地区相差不大，只是墓室、墓道之间带有甬道的现象（M16）以及出土耳杯（M2）的现象似乎要早于关中地区。关中地区的甬道一般出现于西汉中期，而陶质耳杯随葬的现象则一般在西汉晚期或东汉早期才出现。

老坟梁墓群位于靖边县杨桥畔乡老坟梁村东约2公里处，2007年进行了勘探，共探出墓葬105座。墓葬形制有斜坡墓道土洞墓、土圹墓、砖室墓、台阶式墓道土洞墓、竖穴土坑墓等，相互间鲜有打破关系。墓群所在地面散布较多汉代陶器、板瓦、筒瓦、花纹方砖、云纹瓦当、长条形子母砖等残片。局部区域还暴露有夯土建筑基址等遗迹。从目前已发掘的75座墓葬看，墓葬多为南北向，个别为东西向。葬具多为木棺，个别有椁，葬式多为仰身直肢，少数为二次葬。单人葬居多，有零星合葬现象。随葬品一般放置于墓室入口处，有耳室者则置于耳室内。随葬品多为陶器，多数施有彩绘。器物组合主要有鼎、盒、钫、壶、奁、灶、缶、罐等。少数墓内还出土大量侍女俑及动物俑，显示出较高的丧葬等级。

张家坬墓群位于靖边县天赐湾乡张家坬沙嘴峁，2004年陕西省考古研究所联合榆林市文物研究所、靖边县文管办对其中的12座西汉墓进行了发掘。但目前仅发表1座（M3）墓葬的资料。据简报，墓葬为斜坡墓道洞室墓。平面呈"凸"字形，由墓道、壁龛、墓室三部分组成。出土物非常丰富，有陶鼎、盒、壶、仓、灶、罐、灯、扁壶、陶俑及五铢钱等，发掘者通过对比分析，认为此墓群时代在西汉中期前后。

店塔西汉墓群位于神木县店塔乡店塔村。1978年至1986年多次暴露土坑墓和洞室墓，出土彩绘鹅鱼铜灯，铜锤、印、釜、甑、鉴、扁壶、鼎、卧虎镇、狗、三官五铢，陶罐、壶、耳杯及铁剑和漆器等。其中鹅鱼灯通高54厘米、长33厘米、宽17厘米，重4.25公斤，灯体施红、白漆彩绘，部分器物属匈奴文化遗存。老坟梁、张家坬墓群出土的陶器中绝大多数都施有彩绘，与关中地区同类墓葬表现出较大差异，与靖边县老坟梁、定边郝滩等地发现的壁画内容则表现出更多的共性。张家坬墓群及店塔墓群出土的陶扁壶、鹅鱼灯、卧虎镇等为关中地区少见之器类，应有较多的匈奴文化因素。而无足陶仓与有足陶仓的共存以及无足陶仓早于关中地区出现（关中地区无足陶仓一般出现于东汉）的特征，在某种程度上反映了陕西地区西汉时期文化交流的历史背景。

西汉的龙眼城址位于靖边县杨桥畔乡杨桥畔村龙眼水库北侧。城址平面略呈长方形，东西长约 1300 米、南北宽约 600 米。城墙夯筑，现存北墙残长约 1200 米、宽 315－516 米、残高 4 米。城址其余部分被水库淹没。发现有绳纹或网纹砖、绳纹瓦、云纹瓦当、灰陶器物残片等。曾出土钱币、鹰爪形铜灯、铜镜、铜印、铜博山炉及陶质圆钱背范残块、青铜铸块等。1982 年暴露钱币窖藏，出土铜币 5 万余枚、计有西汉"半两"、"五铢"、"货布"、"货泉"、"大泉五十"、"小泉直一"、"布泉"等。此城址发现后，有学者根据《汉书·地理志》、《水经注》所记述的阳周故城的地理位置与龙眼古城"相合"，以及 20 世纪 80 年代靖边县第二次全国文物普查时曾在杨桥畔一带征集过一件上刻有"阳周塞司马"五个字的陶罐等信息，推测龙眼古城很可能就是历史上著名的上郡"阳周城"。[①] 此前多数学者认为，阳周故城应在今子长县石家湾乡曹家坬村西。关于阳周城的位置，《水经注·河水三·奢延水》条下有"（奢延水）又东，走马水注之。水出西南长城北，阳周县故城南桥山。昔二世赐蒙恬死于此"的记载。那么，只要找到奢延水、走马水和桥山的当今对应河、山，即可解决阳周城的方位问题。但遗憾的是，到目前为止，关于这一问题仍莫衷一是。王北辰、张泊等认为奢延水即无定河，走马水是今天的芦河，而史念海认为走马水是淮宁河，于是王北辰等的桥山就推理成了今天芦河的发源地白于山，而史念海的桥山成了淮宁河上游子长县曹家洼村的高柏山。不过，曹家洼村地势狭窄，交通不便，若要驻防大军，恐怕不太可能，同时考虑到杨桥畔乡老坟梁村的西

---

① 参见张泊：《上郡阳周县初考》，《文博》2006 年第 1 期。

汉墓群规模之大、有些墓规格之高，阳周故城恐怕不会离杨桥畔太远。

米家园城址位于榆林市鱼河镇米家园村榆溪河与许家崖沟河交汇处的台地上。城址大部分被黄沙埋压，平面呈长方形，南北长约 600 米、东西宽约 500 米。其北部建一郭城，南北长约 200 米，东西宽约百余米，郭城北垣略呈弧形。城垣下部夯筑，上部以片石叠砌，北墙及郭城保存较好，残高 1－2 米。城内最高处有一覆斗形夯土台，底边长 30 米、顶边长 15 米、残高 16 米，夯层为黄沙土和黏土相间而筑，台下暴露有灰层、红烧土。采集有绳纹筒瓦、板瓦、灰陶盆、钵、罐残片及铁器残片。该城一说为秦上郡故城，一说为秦长城沿线上沿用赵国要塞的驻军遗址。

目前已发现的东汉城址有多座，大部分位于陕北地区，比如榆林市红石桥乡古城界城址、鱼河镇郑家沟城址，神木县何家圪台城址、大阿包城址，府谷县大昌汗城址、石马川城址、前城城址、古城梁城址，佳县石家圪城址、横山县石刻峁城址等等，但由于仅仅做了初步的考古学调查，对其只了解大概情况。从发现板瓦、筒瓦看，时代为两汉时期应该不成问题。这些城址一般规模较小，处于山梁之上，作为边城的可能性较大。已经发表资料的城址有神木大保当汉代城址、靖边县瓦渣梁古城遗址等。大保当城址位于神木县大保当镇任家伙场村老米疙台附近。1998 年夏，为进一步了解大保当汉代画像石墓的性质及与附近城址的关系，并进行综合性的聚落形态研究，陕西省考古研究所与榆林市文管办对大保当汉代城址进行了较为全面的勘探，试掘了部分城垣及建筑遗址。城址有 5 面城墙，北城垣全长 510 米、西城垣长 410 米。在北城垣内发现大型汉代建筑遗址，平面长方形，由两条宽窄不同的夯墙及一座房基组成。城址的修建年代可到西汉晚期，废弃年代应为东汉中晚期。大保当城址的性质还不很清楚，发掘者认为很可能是东汉政府为安置附汉的南匈奴而设置的属国，大保当城址内出土的 B 型罐，小口、细颈、瘦腹，有的以磨光的黑色发亮光的暗纹作装饰，有的在肩部施波浪曲线纹，器底部大部分戳有孔或留有戳印痕，这种器物被认为是汉代匈奴文化最具特色的器物。同时有些墓葬还有以狗、羊、鹿等动物杀殉的习俗，而这一习俗也很可能是活动在这一区域内的羌人和匈奴人的遗风。[①]

石窟、造像及寺庙遗址是陕北考古中另一块非常重要的主题，整个陕西半数以上的石窟遗存都分布在陕北，其中宋代及其以后的窟又约占三分之二，它们不仅构成了佛道两教遗存的重要组成部分，也是研究南北朝以来民族交流、融合、历史发展以及书法、雕刻艺术的重要资料。北魏和北朝石窟遗存较少，主要分布在铜川和延安地区。这类窟一般规模较小，以致窟、龛难分。造像龛多为拱形和尖拱形，或饰以双莲柱龛楣。造像组合主要为一佛二菩萨，也有飞天和胡服供养人。开凿于西魏大统六年（535）的宜君县福地石窟，是中国迄今发现最早的有纪年佛道混合石窟，黄陵县的香坊石窟、麦洛安石窟均属于北朝时期，安塞县的云岩寺（原错认为云山品寺）石窟、界华寺村石窟的主窟等，属北朝晚期，甘泉县老君庙石窟、麟游县的东川寺摩崖龛像则属北魏晚期。2007年在安塞县城原真武洞石窟附近又发现具有明显北魏至西魏时期风格的石窟5座、小型造像龛数十个，造像大多风化严重，但在4号窟内有保存较为完好的浮雕佛传故事，树下诞生、九龙浴太子、阿私陀占相等画面尤为精美，为陕北地区仅存的北魏石窟佛传故事浮雕造像。

关中北部及陕北的隋唐石窟一般规模较小，较为典型的有铜川金锁关造像龛、富县石弘寺石窟、洛川寺家河石窟等，其中洛川寺家河石窟保存有罕见的盛唐以后密宗造像，颇为珍贵。但由于关中北部和陕北隋唐石窟调查工作较少，迄今还未有系统研究成果发表。

陕北宋金元各代石窟主要分布在延安地区，数量多，技法纯熟，题材更趋于写实和世俗化，成为陕西石窟艺术的又一个高峰。这一时期的石窟以佛坛窟为主，洞窟形制向仿木构佛寺殿堂形式演变，规模大者往

---

① 参见胡华强、孙莉：《神木大保当——汉代城址与墓葬考古报告》，科学出版社2001年版。

往在佛坛上建有各式屏壁或石柱，可能是早期中心塔窟的一种演变形式。建于北宋的子长钟山石窟、黄陵（双龙）千佛寺石窟、富县阁子头寺石窟、延安清凉山万佛洞石窟，以及安塞县樊庄石窟、志丹县城台石窟等各具特色，时代特征明显。其中子长县钟山石窟为典型代表。钟山石窟寺共有大小窟7座，主窟（3号窟）辟有三个窟门，中央佛坛前后八柱，坛上供奉三组16尊圆雕造像，分别为三世佛和侍立的菩萨、弟子，四壁及石柱上密布浮雕的佛、菩萨、罗汉、力士等大小造像。窟内有北宋纪年题刻多处。2002－2003年，陕西省考古研究所和西北大学文博学院联合组队对子长县钟山石窟进行全面调查，将石窟重新编号、测绘并详细记录。确认3号窟为三世佛殿、2号窟为五百罗汉殿、7号窟为十八罗汉殿，为探讨宋代石窟寺组合提供了新的资料。黄陵北宋双龙石窟的窟口开凿成仿木构的三开间廊檐，窟分为甬道和窟室两部分，窟室中央平面"凹"字形佛坛的三面均凿出接顶屏壁，坛上供三世佛，窟壁或屏壁浮雕佛、菩萨、弟子罗汉等，甬道两壁还雕有日光、月光菩萨及涅槃图，神形百态，栩栩如生。此外还有对陕北宋代石窟的一些零星调查，如2000年西北大学文博学院对安塞县毛庄科石窟的调查即为一例，发表的调查资料较为翔实。佛道合流石窟至宋代及其以后广为流行，甘泉的北宋石宫寺石窟，就是突出的实例。

1984年在对甘泉县佛、道石窟寺的调查中发现金牛祠石窟，长方形，八卦顶，后壁有佛坛，内有一圆雕卧牛，崖壁上有元代至正十五年碑刻。1988年在秦直道的调查过程中，在富县松树沟曾发现元代造像群。1991年建设西安至延安铁路过程中，在甘泉县鳖盖峁发现明清两代墓葬，其中有清代墓3座，均出有朱书买地券，年号清晰者为康熙六十一年，出土文物仅有少量瓷器和货币，但仍为我们了解清代地方葬俗提供了不可多得的资料。

借助于逐渐增多的考古发掘和调查报告，学者们对一些相关问题也展开了较为深入的探讨，对于陕北出土的玉器尤为感兴趣。早在1977年，戴应新就开始关注石峁玉器，1988年他发表《神木石峁龙山文化玉器》一文公布了石峁征集的 126 件玉器的名称、尺寸及质地等重要信息，并将其年代重新修订，认为"石峁玉器多出于墓葬，也有遗址内偶尔发现的，其时代应与遗址同时，即与陶器一样也是龙山文化的遗存。以前我们认为葬玉墓可能晚些，或许接近商代，但经多次调查和试掘，迄未发现晚于龙山时期的陶器，所以我们现在认为：石峁玉器和陶器都是龙山时期的，石峁遗址是一处规模宏大、遗存丰富的龙山文化遗址"。① 此后，关于石峁玉器的年代问题出现了多种不同观点，有龙山说、夏代说、商代说等多种。王炜林与孙周勇对于石峁玉器和新华玉器的有关研究做了综述，认为虽然石峁玉器的年代及内涵引起了学界的极大兴趣，关于石峁玉器及内涵也存在多种观点，但缺乏从考古学角度出发的系统论述，更没有从文化背景及遗物特征对其展开讨论的前例。他们就石峁玉器的埋藏性质和年代问题提出了自己的看法，认为从考古发现的角度来说，包括石峁玉器的调查者、发掘者及玉器的发现者都证实石峁玉器出自石棺葬之内，没有理由怀疑石峁玉器与遗址整体文化性质和时代的一致性，石峁玉器与石峁龙山晚期遗存显然密切相关，在这一前提下，就其绝对年代而言，石峁玉器当属于夏代遗物，考虑到本地龙山遗存的滞后性及文化面貌的连续性，将其放置于龙山晚期至夏代早期之间更为符合实际情况。若此，则石峁玉器的上限可至龙山晚期，其下限绝不能晚至商代以后。在比较分析了神木新华玉器与石峁玉器后，王炜林认为，从文化特征及分布地域上来说，新华遗存与石峁遗存属于同一族群创造的物质文化，作为代表该族群社会发展程度主要标志之一的玉制品，在器形、玉质及工艺上都表现出了较大的一致性。就器形而言，二者均以片状器物为大宗，共有的典型器物有刀、铲、圭、斧、璜等。就工艺而言，剖片现象普遍，钻孔流行，其中以实心单钻为多，多见于胚体较薄者，对钻常见于胚体略厚的器物上，无管钻实例，器物改

---

① 参见戴应新：《陕西神木县石峁龙山文化遗址调查》，《考古》1977 年第 3 期；戴应新：《神木石峁龙山文化玉器》，《考古与文物》1988 年第 5、6 期。

制现象普遍。石峁玉刀钻孔多在 3 至 5 个，其他铲类、钺、斧等多有 1 个钻孔，均系单钻或对钻。新华玉器的钻孔现象与之类似，一类为单面钻，孔壁呈马蹄形，一类对钻，两面有斜坡状孔壁。新华遗址和石峁遗址均发现了玉琮改制的玉铲，石峁还见有牙璋改制而成的石刀和玉环改制的玉璜。就玉质而言，石峁和新华玉器均以大量的蛇纹石、透闪石、阳起石为主，从肉眼观察，蛇纹石玉器多呈墨绿色和灰绿色，尤以茶褐色带黑点为典型特征，在阳光照射下其薄处显示出浓烟色，厚处呈黑色；透闪石、阳起石质地的玉器多呈黄绿色，内泛云彩形黄斑。这三类极具特征的玉器的颜色成为除器形之外，石峁玉器和新华玉器最为直观的特征。这种类似石峁风格的玉器分布范围的横向拓展，传递着一个非常重要的信息，即龙山晚期以来河套地区玉器传统的客观存在。若从考古类型学及文化谱系的角度来看，河套地区南部一带龙山时代晚期遗存与夏代早期遗存之间没有明显、剧烈的嬗变，属于同一支考古学文化，其文化面貌不同于中原地区和周边其他同期遗存而独具特色，但同时又吸收和融合许多外来因素，其突出特征之一就是高度发达的玉器文化。①

2016 年，沈长云先生借助石峁考古最新发掘资料，认为既然这些玉器多藏于石峁古城的墙体里面，则可以证明"石峁玉器的年代不晚于古城的建成年代，也就是前 2300 年"，而且，"玉兵及其他玉器在石峁及周围地区的大量涌现，正可以作为黄帝部族活动在陕北地区的证据"。②

从 20 世纪 30 年代以来，在陕北、晋西北的南流黄河两岸地区相继出土了数量较多的青铜器，由于在这些青铜器遗存中既有典型的中原式青铜器，又有数量较多的北方系青铜器，所以引起了众多学者的关注，

---

① 参见王炜林、孙周勇：《石峁玉器的年代及相关问题》，《考古与文物》2011 年第 4 期。
② 参见沈长云：《石峁是华夏族祖先黄帝的居邑》，见《"黄帝陵是中华文明的精神标识"学术交流会论文集》。

邹衡、张长寿、郑振香与陈志达、戴应新、刘军社、吕智荣、朱凤瀚、李伯谦等多位学者对其分期、年代、文化因素构成、族属等问题进行过详细的讨论，其中尤以李伯谦先生的讨论最为详细、深入，他将这批遗存命名为"石楼—绥德类型"青铜器，并结合甲骨金文考证后指出，这批遗存是与商文化并行发展、互为影响、长期与商王朝处于敌对状态可能包括工方在内的诸敌对方国的遗存。这一认识的取得无疑极大地推动了对这批青铜器遗存的研究，为多数考古学者所接受，对学界影响极深。1992 年在内蒙古文物考古研究所召开"中国古代北方民族考古文化国际学术研讨会"时，俄国学者瓦廖洛夫依据器物彼此共存和不共存，分析其成套关系，从而将这些青铜器分成两个器物组群，并依据最初发现的县名分别将其命名为石楼类型和保德类型。沃浩伟根据这种认识再次考察了这批青铜器，分别将石楼类型和保德类型分成三期，其中石楼类型第三期的年代大体与保德类型第一期相当，同时他还认为，石楼类型在第三期时可能受到了保德类型的压力而西渡黄河，迁到了陕东北一带。蒋刚、杨建华认为根据目前材料来看，瓦廖洛夫和沃浩伟得出的认识都是可取的，因为不同的器物组合表明了人们不同的观念和信仰，所以两人从器物组合研究的角度进一步论证了两个铜器类型的区分，通过对石楼类型和保德类型的比较分析，认为石楼类型铜器与保德类型铜器各自所代表的人群有着不同的观念、信仰。石楼类型居民至少是贵族阶层，接受的是商人的以爵、瓠等青铜酒器为代表的礼制信仰，他们利用中原的礼制来规定人与人之间的等级关系，工具和装饰品的发达可能表明，石楼类型居民的生活相对较为安定、祥和。而保德类型居民没有接受中原的礼制信仰，中原礼器对他们而言仅仅是一种奢侈品而已，他们崇尚的是武士精神，战功是确定其人与人之间等级关系的准则，战争可能在整个社会发展中经常存在，人们通过战争向中原居民掠夺奢侈品，整个社会居民可能过着相对不安定的生活。同时，蒋刚等还就这两个铜器类型与周边青铜文化的关系做了考察，认为石楼类型铜器居民可能与中原商人有着相同或相似的礼制信仰，到了晚期其礼制信仰又受到了周人礼制传统的强烈冲击，但是，在居民的日常生活层面又与中原商周文化有着本质区别。保德类型在观念、信仰和文化面貌上与中原商周文化都存在本质的不同。石楼类型铜器居民与中原商周文化的联系更为密切，而与更北的欧亚草原的青铜文化联系十分稀少。恰恰相反，保德类型铜器居民与欧亚大草原的青铜文化在文化渊源和联系上更加密切，而与中原商周文化的联系相对较少。①

　　蒋刚还在《山西、陕北及内蒙古中南部夏商西周时期青铜文化的演进》一文中，通过对这一区域考古遗存的深入分析，进一步探讨了陕北青铜文化格局在夏商周时期的变迁情况，并描述了这一地区青铜文化的演进历程。他认为朱开沟文化、李家崖文化（包括石楼类型铜器）、保德类型铜器、西岔文化无论在陶器还是在铜器上都与中原夏商西周文化存在明显的差异，而他们之间在陶器、铜器方面却存在明显的一致性。李家崖文化中的肥袋足鬲、三足蛋形瓮、截面为逗号形的石刀、小口折肩罐上云雷纹装饰等都是对朱开沟文化的继承。西岔文化的房屋建筑技术、制作陶鬲的工艺技法，以及 A、C 型双扳鬲、鼓腹罐、鼓腹盆、豆、长方形弯身刀、骨铲等，均可从朱开沟文化中找到来源。陶扁绳纹装饰及领、及足根也是他们的共同风格。就铜器而言，他们最具特色的主要是一些环首刀、铃首剑、管銎斧、直线纹、锛等武器工具以及耳环等饰品，这些都是明显区别于中原系青铜器的典型北方系青铜器。单从年代上看，在吕梁山地及其以西以北的鄂尔多斯、河套地区，夏商西周时期存在朱开沟甲类遗存—朱开沟文化—李家崖文化、西岔文化、保德类型铜器群这样一个考古学文化序列。但是，在这个考古学文化序列中，年代有别的任何两个考古学文化之间在主体文化因素上都有本质区别，都没有明显的承继性。由此来看，这个地区的北方青铜文化的演进进程无疑是断裂性的，新的考古学文化的产生主要是由于新的外来人群

---

　　① 参见蒋刚、杨建华：《陕北、晋西北南流黄河两岸出土青铜器遗存的组合研究》，《文物世界》2007 年第 1 期。

的出现，这也从一个侧面反映出，这个地区在夏商西周时期人群迁徙频繁，新的外来人群不断来到这个地区。已有的考古迹象表明，在这个地区的上千年的文明进程中，变化最大的莫过于在早、晚商之际。夏至早商时期，这个地区是一种相对统一的文化格局，整个社会相对较为稳定、祥和，农业在居民的经济生活中占据绝对优势地位。晚商至西周时期，这个地区出现分裂，众多考古学文化相继出现在这个地区，各自占据一个区域，互相处于竞争、抗衡的状态，战争可能经常发生，整个社会显得相对分离和动荡，农业虽然还是居民经济生活的主要形式，但是并非占据绝对优势，人们对畜牧业变得越来越依赖。①

蒋刚提到的石楼类型铜器群与李家崖文化的关系问题，也是一个学者们高度关注的问题。目前，学术界多将石楼类型铜器群归属于李家崖文化，主要依据是，二者存在的时间、空间重合；李家崖文化出土高圈足敞口陶簋与石楼类型铜器群中的直线纹铜簋比较相似；李家崖文化有从东向西的发展态势，石楼类型铜器群也有这种发展态势，二者具有明显的一致性。虽然目前还没有发现石楼类型铜器与李家崖文化陶器共存的明显例子，但是考虑到绥德沟口、清涧寨沟、李家崖等遗址先后既出土李家崖文化陶器又出土石楼类型铜器的现象来看，将石楼类型铜器归为李家崖文化应该是比较符合实际的。而依据考古学文化与族属对应关系研究的理论与实践来看，将李家崖文化推定为鬼方的遗存是比较合理的，至少部分李家崖文化属于鬼方遗存。值得注意的是，从属于李家崖文化的清涧李家崖、绥德薛家渠、柳林高红等遗址出土日用陶器来看，包含的商文化因素十分稀少，这可能表明商文化与李家崖文化的文化交流主要集中在上层贵族之间。《易·既济》、《易·未济》、《诗·大雅·荡》、古本《竹书纪年》等传世文献中记载了中原王朝与鬼方规模较大的战争，从李家崖文化日用陶器中缺乏商文化因素，而青铜器中具有较

① 参见蒋刚：《山西、陕北及内蒙古中南部夏商西周时期青铜文化的演进》，《中国历史文物》2008 年第 5 期。

多商文化因素来看，这种战争的目的可能主要是中原王朝要取得对鬼方的政治统属关系，而不是文化统属关系。所以，打败鬼方后，商人就如《史记·殷本纪》中所记的将其分封为"鬼侯"。从这一点来看，在晚商时期，商人与鬼方的关系颇似商人与周人的关系。

　　李家崖文化是否在族属上属于鬼方文化，学者们尚有不同意见。如宋亦箫就认为，能将李家崖文化与鬼方对应的证据尚嫌不足，他认同鬼方主要生活在晋南的说法，在综合了文字、文献、体质人类学和考古学等方面的材料，并分析了鬼方的渊源、流向等相关问题后，得出结论，认为商周时期活动于晋南一带被名之为鬼方的族群，是一支印欧种族人群。他们是早在五帝时代前期就已东迁而来并在尧舜时期部分迁离西去的吐火罗民族（汉籍名之为大夏、虞氏等）遗留下来的后裔。春秋战国时期，他们被改称赤狄，继续活跃于以晋南为中心的北中国，成为当时的一股强大势力。后在以"晋灭赤狄潞氏"为标志的华夏国家重重打击下，分崩离析如盐入水，逐步融入了华夏民族。① 宋亦箫认为鬼方是印欧人种吐火罗人的后裔，这一结论颇具有启发性。考古文化与春秋时期文献记载相结合的方法也颇值得借鉴，循着这一思路，春秋时活跃于陕北的白狄，与赤狄在种族上是否一致，白狄与赤狄的关系如何，白狄与李家崖文化有没有一种先后相承的关系，等等，都值得学界进一步思考。开阔眼界，不囿于成见，充分运用多种方法，才是促进鬼方及其相关问题研究的正确思路。杨建华就对李家崖东周墓和白狄的关系进行了探讨，通过对陕北清涧李家崖文化古城周围的套场坪、峰家塔和星星原三座土丘上发掘的一批东周墓葬和秦墓葬中两种文化性质的陶器的研究，认为双耳罐与三足鬲具有北方文化因素。根据李家崖墓地的年代和古代文献可以确认，这批墓葬是东周时期河西白狄的遗存，而且随葬陶器的文化性质和文献都印证了白狄与晋国有着密切的联系。李家崖墓葬中的双耳罐与三足鬲在战国时代的广大长城沿线都有分布，尽管数量不

---

　　① 参见宋亦箫：《鬼方种族考》，《晋阳学刊》2008 年第 4 期。

多。这种分布反映了春秋中期到春秋战国之际白狄的东传。双耳罐在东周时期的来龙去脉，向我们暗示了李家崖墓葬的居民与南流黄河两岸商末周初北方文化的承袭关系，又可能是太行山以东冀北狄人的祖先。在陕北的春秋到战国时期的狄人以北，还存在着使用具有欧亚草原文化风格的鄂尔多斯青铜器的居民。秦昭王在战国晚期建立秦长城时，秦国的政治疆域已经囊括了陕北地区，但是从文化上看，战国晚期的陕北仍然是狄文化与胡文化的并存，真正在文化上的统一是在秦帝国时期。①

三、陕北汉画像石研究

随着数量众多的汉画像石墓葬的清理发掘，陕北汉画像石的研究也逐渐成为热点之一。陕北是汉画像石的富集地之一，目前，已有榆阳、神木、米脂、绥德、吴堡、清涧、子州、靖边等 8 个县区出土有汉画像石，共存汉画像石 905 块。然而学界对于陕北汉画像石的关注相对来说比较少，陕北区域画像石研究与山东、河南、四川相比，都还比较薄弱，需要更多的学者来参与研究工作。

陕北画像石的发现基本上是新中国成立后的事，新中国成立前发现的很少。1920 年前后，陕北出土的"故雁门阴馆丞西河圜阳郭仲理之椁"和"圜阳郭季妃"画像石首次在《艺林月刊》上披露出来，这是陕北发现画像石的最早记录，但是没有明确的发现地和出土墓葬。20 世纪 40 年代绥德也曾发现画像石。但这个时期由于国内战乱纷争，学术研究萎靡，对陕北画像石墓科学的考古发掘和研究几乎没有。1949 年后在陕北榆林地区的绥德、榆林、子洲、米脂、神木、靖边、清涧、吴堡等地陆续发现了一批画像石墓，出土画像石 700 多件，加上历年收集的画像石，使陕北画像石的总数达到 900 多件，成为全国几个发现画像石的主要地区之一。目前发现的画像石大都集中在东汉中期永元二年（90）到永和五年（140）之间，即东汉政府统治这里的时期，没有如河

---

① 参见杨建华：《陕西清涧东周墓与"河西白狄"》，《考古与文物》2008 年第 5 期。

南和山东汉画像石一样的发生、鼎盛、衰落的完整的发展轨迹。

陕北画像石的发现和研究是以各种发掘简报和调查报告资料的发布为基础展开的。各类简报或报告资料对陕北汉画像石墓的出土和发掘情况作了详细介绍，对所出土画像石进行了详细描述和基础性的释读，为我们研究陕北汉画像石提供了第一手重要资料。尤其是《神木大保当汉代城址与墓葬考古报告》是第一部关于陕北汉代画像石墓及其相关城址进行综合勘察的田野考古报告，书中发表了 1996－1998 年对大保当汉代墓地及城址考古的全部资料，详细记录了包括 14 座画像石墓在内的 26 座汉墓，并以墓葬为单位，全面、系统地介绍了画像石的组合及内容，并收录有大保当汉墓出土的人骨及动物骨骼的研究报告、画像石颜料分析报告和出土木头碳 14 测年报告等，对于全面认识汉代我国北方地区的社会历史、民族关系及生态环境等问题具有重要参考价值。2009 年出版的《米脂官庄画像石墓》对 2005 年发掘的三座米脂官庄画像石墓进行了最为翔实的报告，不仅对墓葬形制和随葬品详细报道，更对三座墓葬出土画像石做了细致介绍，拓本和线摹本俱全，并对画像石的制作工艺、内容题材、艺术成就进行了总结概述。此外，还对官庄历年发现的画像石进行了一次系统整理和著录，资料价值也极为珍贵。

在此基础上，有关陕北汉画像石的图录类专著陆续问世。这类著作对汉画像石进行收集和著录，并多用拓片形式加以介绍，使人对画像石全貌产生直观的了解和认知。如由陕西省博物馆编的《陕北东汉画像石刻选集》，是第一部较系统介绍和研究陕北汉画像石的专著，该书不仅把陕北汉画像石的分布区域、出现时代、产生背景、布局结构、艺术风格、雕刻技法等作了全面的分析，并对汉画像石题材内容也作了论述考证。《陕北汉代画像石》一书则收集了 1987 年以前出土的 640 块画像石，并按县区作了编排，附有图版说明，同时对秦汉时期陕北地区的地理沿革、画像石内容分类、雕刻手法等相关问题也有介绍，为画像石研究提供了珍贵的原始资料。此外，类似的著录性研究文献还有《陕北东汉画像石》、《绥德汉代画像石》、《绥德文库·汉画像石卷》等，这些著作大都图文并茂，同时也进行一定的分析和论述，是考察陕北汉画像石重要的参考资料。① 随着陕北汉画像石资料的累积和整理，相关研究也随即展开。从研究的内容来看，大致可以分作综合性研究和专题性研究两大类。

综合性研究要从对汉画像石的整体研究说起。众所周知，汉代画像石的最早研究是从对汉画像石的收集和著录开始的，随着汉代画像石墓的大量发掘，画像石的数量日益增多，研究汉代画像石的高水平论著不断面世，这些研究成果涉及汉代社会生活的方方面面，反映了汉代人的鬼神信仰和理想追求，为研究汉代的政治经济、思想文化、社会风俗、书法绘画和雕刻艺术诸方面提供了丰富而又重要的实物资料，弥补了文献记载的缺漏。翦伯赞先生认为"除了古人的遗物以外，再没有一种史料比绘画雕刻更能反映出历史上的社会之具体的形象"，正因如此，汉画像石"是一种最具体、最真确的史料"，"几乎可以成为一部绣像的汉代史"。②

新中国汉画像石的研究肇始于 1954 年曾昭燏主持山东沂南北寨村汉画像石墓的发掘与研究。从此以后，大量考古调查发掘的新资料以各种不同的方式公之于世，规模不等的综合著录式图册相继出版，研究论文数以百计，还出现了专门研究区域汉画像石的著作，大大推进了汉画像石的研究工作，为以后汉画像石研究的深入奠定了良好的基础。沈颂金、吴曾德、刘太祥、杨爱国等都对汉画像石研究领域进行过全面的回顾和综述，描述了汉画像石研究的变迁以及各种研究方法的得失，为广

---

① 参见陕西省博物馆编：《陕北东汉画像石刻选集》，文物出版社 1959 年版；李林等主编：《陕北汉代画像石》，陕西人民出版社 1995 年版；《陕北东汉画像石》，陕西人民美术出版社 1985 年版；李贵龙、王建勤主编：《绥德汉代画像石》，陕西人民美术出版社 2001 年版；《绥德文库·汉画像石卷》，中国文史出版社 2004 年版。

② 翦伯赞：《秦汉史·序》，北京大学出版社 1983 年版。

大学者了解这一领域提供了最基础的框架线索。① 巫鸿《国外百年汉画像石研究之回顾》② 则对国外的相关研究状况进行了梳理，指出国外的汉画像石研究从早期的综合著录式研究开始，之后则逐渐发展出理论化的倾向，特别是当所研究的画面没有直接文字证据的时候，对它们的解释就需发展为不同理论或假说之间的辩论，如"特殊历史现象论"，持此说的学者认为汉画像均表现特定历史人物或事件并与墓主的生平身份直接相关。然而实际情况是，汉画像石的题材总是会大规模地重复出现，因此动摇了这一假说的基础，于是发展出一种调和论，持此论者认为某种画面总是先为特定的人或事而创造出来，然一旦创造出来，就可能不断被模仿，成为具有某种象征意义的典型，这一典型又有可能被进一步加工修改以表现新的特定历史现象。与"特殊历史现象论"截然不同的则是象征主义的解释方法，根据这种理论，某一画面的真正含义并不在于具体描绘的物象而在于其内涵的潜在意念。为发掘这种意念或意识结构，研究者必须深入理解汉代的宇宙观、生死观以及葬礼仪式的内在逻辑性。一般说来，主张象征主义的学者大多在两个基本层面上分析汉画。一是进行图像学分析，把一组汉画看成丧葬礼仪的一个有机组成部分。二是试图发掘画面蕴含的象征意义，并把这种意义与当时社会上的宗教思想加以联系。此外，也有学者主张用社会学的方法来解释汉画，提出在丧礼极盛的汉代，制作和展示画像本身就是一种宣传教育的方式，而这种宣传教育和自我表现是通过特选的题材和画像的风格来实现的。巫鸿先生自己提出了"中层研究"的方法论，认为以往对汉画的分析往往多在高低两个层次上进行，低层研究专注于对单独画像的形式内容分析，而高层研究则关注宏观汉画的发展以及与社会、宗教、意识

---

①　参见沈颂金：《汉画像石研究概述》，《中国史研究动态》1993 年第 1 期；吴曾德等：《汉代画像石的发现与研究》，《中原文物》1996 年增刊；刘太祥：《汉代画像石研究综述》，《南都学坛》2002 年第 3 期；杨爱国：《五十年来的汉画像石研究》，《东南文化》2005 年第 4 期。

②　参见巫鸿：《国外百年汉画像石研究之回顾》，《中原文物》1994 年第 1 期。

形态的一般性关系。中层研究应专注于代表性的墓葬、享堂或茔域，细致分析题材的选择、题材之间的联系以及装饰部位的意义。他认为这种研究应成为汉画研究的基础，一方面可以显示流行题材在特定墓葬建筑中的特殊意义，另一方面又可突破宏观的社会学解释，把画像与墓主及其家庭的地位和思想进行确实有据的联系。总之，在中国学界对汉画发掘、整理、报道的基础上，西方学者经过百年的努力，汉画研究在西方形成了一个专门的美术史领域，与青铜器研究、佛教艺术研究、书画研究平起平坐，相辅相成。西方学者在汉画研究中的理论方法探索与建树，也应该对国内学者的相关研究起到促进作用。

在众多影响较大、较有代表性的综合性研究论著中，信立祥先生的《汉代画像石综合研究》值得关注。信立祥先生依据考古类型学和年代学的综合分析，把汉代画像石的分布划为五个区域：一是山东全境、江苏省中北部、安徽省北部、河南省东部和河北省东南部；二是以南阳市为中心的河南省西南部和湖北省北部；三是陕西省北部和山西省西部；四是四川省和云南北部；五是河南省洛阳市区周围。此外，在关于汉画像石题材分类方面，信先生认为若按照研究者人为、直观的分类方法，很容易割裂各画像石之间的有机联系，因此主张应当透过表象去探究内涵，依据汉代人的宇宙观念去解析画像含义。汉代人认为宇宙是由高低不同的四个层次构成的，最高的是上帝所居的天上诸神世界，其次是西王母所居昆仑山为代表的仙人世界，再下是死者生前所居的现实人间世界，最下是死者灵魂所居的地下世界，宇宙正是这四个世界密切联系的统一体，因此画像石题材内容也应该依此分作天上世界、仙人世界、人间现实世界、地下灵魂世界四类。这些见解在画像石研究中均产生了重要影响。

陕北是汉画像石分布的重要区域之一，除了各种发掘报告、调查资料以及著录性著作外，这些年陆续发表的综述性著作主要有何正璜先生的《陕北东汉画像石概述》，论述了陕北画像石的时代和区域分布，并对画像石的雕刻技法和艺术风格作了首次分析；信立祥的《陕西、山西画像石综述》从历史概况、发现过程、制作方法、图像内容、雕刻技法、艺术特色等各个方面介绍了陕北和晋西北的画像石，书中收录了陕北出土的代表性画像石，并附有文字说明，解释图像内容。此外，康兰英、李林、张欣等分别对陕北画像石出土概况、画像石题材内容、技法与风格、历史社会背景、新中国成立后40年间的陕北汉代画像石的发掘情况、画像石制作以及图像结构和风格等作了分析论述，是入门及深入研究必不可少的参考资料。①

陕北汉画像石的专题性研究涉及了陕北画像石研究的方方面面。首先应该提及的就是陕北画像石的题材纹样问题。关于陕北汉画像石的题材，陈孟东先生早在1987年就指出陕北汉画像石题材丰富，包括反映农业、畜牧业、狩猎、出行宴饮、建筑、日常生活、舞乐百戏、宗教神话和历史故事在内的八大类，并结合有关历史文献资料，对于这些题材进行了释读和说明。②李贵龙先生则进一步指出，陕北画像石题材中神话题材雷同，历史故事数量较少，而反映当时社会生活的题材则比较多，特别是表现当地农牧业生产、充满田园情趣的画面大量出现，这在全国各地的画像石中独树一帜。另外值得一提的是，在少数横额石上，出现了多幅人、狐狸、羊、鸡交配的图像，以及对于龙、虎、牛、羊等雄性动物生殖器官的刻意描绘，这些表现人、动物交配的题材，与当时人们的生殖崇拜观念有关，表现人的性行为是企盼子孙延绵、家业昌盛，表现动物的交配则是希望六畜兴旺。李贵龙先生还指出陕北画像石的边栏纹饰往往占整个画面的二分之一，与主题画面平分秋色，反映了汉代陕北人艺术追求和审美观念的独特性，它不光是为了审美的需要，

---

① 参见何正璜：《陕北东汉画像石概述》，《陕北东汉画像石刻选集》，文物出版社1959年版；信立祥：《陕西、山西画像石综述》，中国画像石编辑委员会：《中国画像石全集·陕西、山西画像石》，山东美术出版社2000年版；康兰英：《陕北东汉画像石综述》，《中国汉画研究》（第2卷），广西师范大学出版社2006年版；李林：《陕北汉代画像石述论》，《人文杂志》1999年第4期；张欣：《规制与变异——陕北汉代画像石综述》，《中国汉画研究》（第2卷），广西师范大学出版社2006年版。

② 参见陈孟东：《陕北东汉画象石题材综述》，《文博》1987年第4期。

更主要的是为了衬托、深化、升华主题画面，也就是强调了汉代陕北丧葬文化的核心——长生不老、成仙升天的思想。代表性纹饰则有绶带穿璧纹、祥云纹，祥云纹又有各种不同形式，珍禽瑞兽、羽人嘉禾巧布其间，或凝练厚重，或流畅飘逸，无不想象大胆新奇，构图华丽完美，技艺娴熟自如，令人赞叹不已。[①]

概说之外，许多学者对陕北画像石中一些具体题材进行了深入探讨。最受关注的首当西王母。西王母在汉画像石中是最为普遍的题材之一，众多学者都对此有过关注，李锦山先生在分析了汉画像石中各种不同西王母形象后，根据构图内容将西王母题材的汉画像石分作六类，即西王母与侍奉仙人、西王母与灵禽瑞兽、西王母与侍奉仙人及灵禽瑞兽、西王母与东王公、西王母与得道仙人、其他。李先生认为西王母题材在汉画像石上的出现并不是孤立的，是汉代崇道媚仙大气候下的产物，反映了一定的观念形态，尤其值得注意的是，西王母题材画像石还似乎受到了佛教的影响，无论其坐姿、神态甚至个别须弥状宝座，均与佛教有着某种联系，那么，西王母题材的画像石或许是西来佛教与东方道教相融合的艺术产物。[②]李贵龙先生认为西王母所在的山不是写实的崇山峻岭，而是汉代人心目中虚幻的神山仙境，而西王母则是仙境的主神。汉代人情有独钟地崇拜西王母昆仑山仙境，把西王母昆仑山仙境，以相对一致，较模式化的图像纹样，刻绘在墓室固定有规律的位置，目的不是为表现一种神话传说，而是把心中敬仰的神灵，刻画在墓门上，作为神坛来敬奉。汉代人长生不死的思想充斥头脑，相信人的肉体死亡，灵魂不死。敬奉西王母神坛，则亡灵可以得到西王母的导引，经过昆仑山升天成仙，从人间世界到达昆仑山仙界，过比人间更幸福、自由的生活，达到延续生命，生命永恒的目的。这种神坛敬仰是当时人们的

[①] 参见李贵龙：《绥德汉画像石概说》，见《绥德文库·汉画像石卷》，中国文史出版社2004年版。

[②] 参见李锦山：《西王母题材画像石及其相关问题》，《中原文物》1994年第4期。

一种精神寄托，从中可以印出汉代人对人生的思考与追求。[①]

李凇先生对陕北汉画像石中的西王母图像做了分期研究，指出西王母是陕北画像石中最普遍、最重要的神祇图像，在考察了永元八年（96）的杨孟元墓、永元十二年（100）的王得元墓、永初元年（107）的牛文明墓、熹平四年（175）的牛产墓等众多陕北画像石后，认为西王母像的变化有这样一些规律，即从西王母独尊到西王母与仙人共存再到西王母与东王公平分天下；西王母从戴胜到不戴胜到一般妇人形；从没有华盖到华盖出现；从基本正面角度到三分之二侧面的相对而坐；云柱从弯曲到分节的直形。在进一步讨论东王公出现、两位神祇角度转变、有翼西王母以及铺首下方独角兽的出现后，李凇先生将陕北汉代西王母图像整理成了一个形式上有逻辑关系的序列，其发展线索又可以表述为六种相对递进的样式，即 1）西王母独尊，基本正面；2）西王母独尊但辅以仙人对饮，基本正面；3）东王公出现并和西王母地位对等，全正面；4）有翼西王母东王公出现、正面；5）有翼像转为三分之二侧面；6）无翼，三分之二侧面。从图像发现数量看，第 1）、2）两种最多，都出现在永元年间左右，风格明确而稳定，可称之为"永元模式"；第 5）、6）两种数量居其次，样式也基本稳定，可归为一类，虽基本上无明确纪年，但考虑历史背景等原因，基本上可以确定在永和年间，因此可称之为"永和模式"；第 3）、4）种数量很少，可看作是过渡形式。李凇先生对西王母图像分期的研究，对于我们重新认识陕北画像石有重要的指导意义。[②]

巫鸿等学者则指出，西王母在汉代画像石中大量出现，是受到了印

---

① 参见李贵龙：《绥德汉画中西王母神坛图浅析》，见《绥德文库·汉画像石卷》，中国文史出版社 2004 年版。

② 参见李凇：《从"永元模式"到"永和模式"——陕北汉代画像石中的西王母图像分期研究》，《考古与文物》2000 年第 5 期。

度佛教艺术的影响。① 巫鸿先生认为，偶像式构图是与东周以来早期中国人物画的情节式构图相对而言的，它有两个特征，即对称性构图和中心偶像的正面化。表现在西王母画像上，西王母图像成了画面的中心，并且两侧还有信徒夹侍。这种新的构图方法，约在公元 1 世纪开始流行，它来源于印度佛教艺术，后者在使用对称性构图来表现信徒崇拜的场景方面，有着悠久的传统。而绥德田鲂墓、四十铺和军刘家沟的西王母画像石中的西王母与侍者的构图确实可以看作是"偶像式"，若按巫鸿先生的见解，则陕北画像石的西王母题材同样也是受佛教艺术影响的，体现了佛教东传时与中国传统文化的融合情况，这一结论也与李锦山先生的看法不谋而合。

陕北画像石中的牛首、鸡首像是另一个大家关注的题材。对鸡首人身和牛首人身形象的身份判定，有陈宝神、仙人王子乔、堪坏或生肖神、墓室守门人、西王母、东王公及西王母、东王公的使者、侍者和替代者等多种说法。若是考虑到陕北画像石中的佛教因素的话，关于鸡首像、牛首像或许还可以有另外一种解释。汉代人的弥勒信仰是众所周知的，而与弥勒下生有关的最重要人物就是鸡头国的国王，所以鸡或者鸡头就抽象成弥勒下生的象征性标志。与鸡首像相对的牛首像，则或许属于印度婆罗门信仰的神兽，也或是佛教地狱的狱卒阿傍。总之，陕北汉画像石中牛首鸡首像的出现，显然并不仅是一种巧合，需要进一步研究。

伏羲、女娲是中国上古神话传说中的重要人物，汉画像中，伏羲女娲也是一组出现频次最高的对偶神，对汉画像石中伏羲女娲形象的研究，既是汉画研究的重要内容，也是伏羲女娲神话研究的重要内容，同时对于我们了解汉代社会思想也是极为难得的材料。孙周勇先生指出在陕北地区出土的画像石中，女娲伏羲均分立于两侧的门柱，这一布局略

---

① 参见巫鸿：《论西王母图像及其与印度艺术的关系》，李凇译，《艺苑》1997 年第 3、4 期；李正晓：《中国早期佛教造像研究》，文物出版社 2005 年版。

异于全国其他地区发现的汉代画像石。① 过文英博士对陕北伏羲女娲图像进行了梳理，将陕北画像石中的伏羲女娲图像分布分为墓门主导形象以及小尺寸形象这样两种样式，墓门主导式样中，又有两种情况，一种以裴家峁、张家砭、刘家湾汉画像为代表，伏羲女娲刻于左右门柱，无西王母，可见伏羲女娲为唯一主导神；另一种情况则以绥德四十铺田鲂墓为代表，伏羲女娲刻于左右竖石上栏，横额石则有西王母形象，这种样式中，伏羲女娲虽不是唯一的主导神，但也是相当重要的神祇。在第二种小尺寸式样中，伏羲女娲显然只是作为装饰的神仙祥瑞出现的，既有刻在柱石上的，也有刻在横额石上的，图像并无明显特征。② 陕北画像石中的伏羲女娲形象究竟是什么意义，各家并没有特别的说明，大致都认为伏羲女娲是被尊为人类的始祖神，同时又是生殖崇拜的偶像。也有人认为伏羲女娲的图像资料还不够多，且缺乏对比，因此其图像意义还不能够较为清晰地阐释出来。常金仓先生认为伏羲、女娲和洪水神话是大禹治水的派生或翻版。伏羲、女娲都是战国文献中新出现的人物，没有任何记载可以证明他们的故事传自史前社会，因此只是战国方士取材于历史而编造的神话。③ 常先生的这一论断是极富启发性的，有助于我们进一步研读陕北画像石中伏羲女娲的图像意义。史称大禹出西羌，那么大禹的治水故事，应该是羌人引以为豪并代代相传的，若伏羲女娲神话果真是方士们依据大禹治水故事而编造的，那么伏羲女娲也一定更容易为羌人所接受。绥德裴家峁、张家砭、刘家湾汉三处画像石，墓门横额石正中都刻画一只昂首挺立的羝羊，而伏羲女娲则分立于左右竖石。这样的一种布局显示了墓主对于羊的崇拜，而羌族正是视羊为偶像的。也就是说，伏羲女娲在陕北画像石中的出现，表现了汉画像石与羌族存在着某种联系。

---

① 参见孙周勇：《陕北汉代画像石神话题材》，《考古与文物》1999 年第 5 期。
② 参见过文英：《论汉墓绘画中的伏羲女娲神话》，浙江大学博士学位论文，2007 年。
③ 参见常金仓：《伏羲女娲神话的历史考察》，《陕西师范大学学报》2002 年第 6 期。

在陕北的汉画像石中，常常可以看到各种各样以树形图案为内容的画像题材，从目前的发现情况来看，这种题材不仅占了相当大的比例，而且一般都处于非常显要的位置，汉代人情有独钟地选中这类题材，在当时一定有其深刻的文化社会背景。王炜林先生对这类神树题材进行了研究，他将神树分为四类，A类神树的枝叶繁茂，主干不明显，在其周围或饰云气、或饰蔓草，其间夹杂翼龙、飞虎等神禽异兽；B类由主干和两个一高一矮的枝干组成，其下为山峰。从目前发现看，大部分神树为此类，神树主干大致呈S状，其上西王母盘坐正中，在西王母的两旁，分别刻绘有捣药的玉兔和羽人侍从等，主干上经常附有三叶仙草，有的还缠绕有翼龙、飞虎及祥云等，两个枝干的顶端，或是安详恬然的神鸟，或是机警敏锐的神鹿，或是腾空飞跃的仙狐，动静结合，相得益彰；C类神树主干粗硕，其形状虽亦呈S形，但枝干不明，一般也没有三叶仙草等点饰，显得明晰单调，个别在主干上刻绘有朱雀、神鹿等；D类神树主干肥硕丰满，略呈S状，无枝干，主干上有规律地刻绘出数枚小圆叶，从主干的形态上看，这种神树有点像生长在印度、非洲及我国广东等热带地区的一种奇异的树——面包树。对于这四种分类是否存在年代或地域上的关系还不很明确，但从这些神树的位置和构图来看，它们的性质是一致的，王先生认为陕北汉画像石上的神树就是昆仑山的象征，是当时人们想象的亡灵赖以升天的必经之路。[①]

车马出行图，也是汉画像石中最常见的题材之一，陕北画像石此类题材的图像尤其为多。按照信立祥先生的考释，汉代墓室中的车马出行图，按其图像学意义，大体可以划分为两类。一类以内蒙和林格尔东汉晚期壁画墓中的车马出行图为代表，其特征是用车马出行图来表现墓主人生前的仕途经历，在该墓的前室四壁和中室的东壁到南壁，用多幅车马出行图描绘了墓主人生前从"举孝廉"、"郎"、"西河长史"、"行上郡属国都尉"、"繁阳令"到"使持节护乌桓校尉"的仕途升迁经历，而在

---

① 参见王炜林：《陕北画像石中的树形图小议》，《考古与文物》2003年第5期。

重门阀阅历的东汉晚期，墓室中不惜篇幅地满绘这种升官图，其目的无疑是为了炫耀墓主人的高贵身世。因这类车马出行图一般都有墨书榜题，其图像学意义一看即明。但汉代墓室中经常性地、大量出现的并不是这种表现墓主人生前仕宦经历的车马出行图，而是另一类车马出行图。这类车马出行图有两个显著特点。一是位置固定，一般都配置在墓室前室、中室的门额、横梁或壁面上部以及墓门的门额等较高位置上。二是这类车马出行图一般都没有榜题文字，少数有榜题文字的图像也无法直接根据其文字含义了解其图像学意义。在以往的研究中，这两类车马出行图常被混为一谈。与第一类车马出行图相比，第二类车马出行图显然在汉代墓室画像中具有特殊的意义。但出行的目的地究竟是何处，画面上没有任何表现。这种只表现行进场面的出行图，几乎占了汉代墓室画像中车马出行图的绝大多数，是一种最常见的表现形式。在少数墓主车马出行图中，出行的目的地被表现出来，米脂官庄画像石墓墓门门额上的车马出行图就是一例。画面的中央为一高大的亭子式建筑，亭内空寂无人，亭子两侧各有一名面亭拱手而立的侍者，两人身后各有一列由一名导骑和一辆辎车组成的车马行列向亭子式建筑驰来。绥德王得元墓前室西壁门额石的车马出行图中，画面中央为一建在高台上的双层楼阁，楼阁二层墓主夫妇左右相向而坐，楼阁右侧由一名导骑、二名从骑、一辆辎车和一辆铧车组成的车骑行列正自右而左向楼阁行进。很显然，在这两幅图中，画面中的亭子式建筑和楼阁正是墓主车马出行的目的地。信先生根据山东出土三组有榜题的车马出行图考证，认为画像石上的亭子式或楼阁式建筑，应该称作"都亭"，汉代的"都亭"，是政府在郡、县治所设置的、供往来官吏临时住宿的驿馆。而画像中的"都亭"，则只能是现实人间世界的某个与墓主有密切关系的地方——祠堂。在当时人们的思想观念中，这种祠堂，对墓主灵魂来说，并不是永久性住宅，而只是在祭祀日为了接受子孙祭祀才必须去的地方。就这点来说，墓地祠堂只不过是墓主在另一个世界中相当于驿馆的临时性住处或休憩场所，因此也可将墓地祠堂称作是"都亭"。而在墓室画像中把祠堂称作"都亭"，应与两汉时期盛行的、由国家为功臣勋戚建造墓地祠堂的风气有着直接的关系。根据《汉书》和《后汉书》的记载，西汉的霍光、张安世，东汉的马援、张翁等人的墓地祠堂都是由国家建造的，由国家为死者建造墓地祠堂，无论对死者还是死者家族来说，当然都是一件值得炫耀的事情。在当时人们的观念中，肯定认为这种由国家为死者建造的墓地祠堂，与墓主人生前利用过的"都亭"一样，备有供墓主人由地下世界往来祠堂接受祭祀时所用的车马和应享用的祭品。①

信先生的这一观点有很大影响，不过由于选取的材料有着明显的地域性，能否用来解释所有画像石中的车马出行图，还需要我们进一步进行思考。具体到陕北画像石中的车马出行图，其分类及图像学意义是否均与信先生的解释毫无二致，我想还需要更多的学者参与到研究与考释中来。

陕北汉画像中展示了汉代陕北人的农业畜牧狩猎生活。从陕北画像石来看，涉及农业生产的题材十分广泛，比如牛耕、翻地、播种、拾粪、除草、收割等，从春耕到秋收的农业全过程都有栩栩如生的反映。例如牛耕图，既有绥德县汉墓、白家山汉墓、米脂官庄牛文明墓的二牛抬杠式，也有绥德王得元、黄家塔汉墓的采用短直辕的一牛拉犁耕地图，显示陕北已经采用了较为进步的牛耕技术；再如白家山汉墓的翻地图，表明深耕细作已在陕北得到普遍应用，拾粪图则表明陕北人已经重视积肥、施肥；点籽下种的图像，表明汉代陕北已经应用了精粒播种技术，既节省种子，也便于禾苗的定苗。这些众多的农业题材的生动刻画，反映出汉代陕北农业的发达程度，这些春种秋收的农业生产活动直到今日仍在陕北随处可见。农业与畜牧、狩猎并重，反映了汉代陕北经济结构的特色。

对陕北画像石的研究，到目前为止，关于其所属时代、图像内容、雕刻技法、艺术特色、地方色彩，以及与其他地方画像石之间的异同和

---

① 参见信立祥：《汉代画像中的车马出行图考》，《东南文化》1999 年第 1 期。

联系都取得了不同程度的研究成果。一些研究达成了共识，如对其所属时代和雕刻技法的分析；有些方面取得了成果，但仍存在争议，主要是对某些具体图像内容的释读；有些研究还有待于进一步深入，如其艺术渊源以及和其他地方画像石之间的关系；有些研究还没有展开，如陕北画像石各区之间的关系及其相互影响等。其中陕北画像石的来源问题、陕北画像石中的佛教因素问题仍需要进一步探讨，对汉代陕北的社会面貌、社会生活、农业生产、民族问题，以及汉代陕北地区人们的宇宙观、人生观、精神状态、民俗事象等的认知和研究，也需要充分利用陕北汉画像石这一珍贵图像资料，继续深入。杨爱国先生提出的画像石研究的方向性意见，需要我们时时记取，如加强对画像石的考古学基础研究，对汉画像石资料记录应注重原石照片和线描图，使资料的记录更加准确清晰，避免误导学者；考释无榜题的图像内容时，要充分考虑到图像所在的位置及其意义；研究汉画像必须充分考虑汉代的思维、思想特点，考虑汉代丧葬礼俗的特点，不能仅凭我们今天的逻辑整体去理解古人；对汉画像石进行艺术史研究时，要充分考虑到它本身的整体性，不宜将其分割以适应西方或自己新造的哲学或美学术语；最后，必须加强画像石与汉代其他坟墓艺术的比较研究，从综合比较中推进画像石研究的进一步深入。[①] 这些建议，在陕北画像石研究中应该具有更重要的指导作用。

第四节　陕北民俗文化研究

民俗，简单地说就是民间风俗，指一个国家或民族中广大民众所创造、享用和传承的生活文化。民俗起源于人类社会群体生活的需要，为民众的日常生活服务。民俗一旦形成，就成为规范人们行为、语言和心理的一种基本力量，同时也是民众习得、传承和积累文化创造成果的一

---

① 参见杨爱国：《五十年来的汉画像石研究》，《东南文化》2005 年第 4 期。

种重要方式。民俗之民，指民间、民众，与官方对应，俗则指风俗，是人民群众在社会生活中世代传承、相沿成习的生活模式，也是一个社会群体在语言、行为和心理上的集体习惯。[1] 按照高丙中先生的观点，民俗按照惯例可以分为六大类，即物质民俗（包括物质生产民俗和物质消费民俗）、节庆民俗、民俗观念（包括民间信仰、民间智慧、民间价值观）、人生礼仪、游艺民俗（包括游戏和表演类民间艺术）和民间文学。若是按照学科发展的角度来分类，民俗则可以分作四个综合性的领域，即历史民俗、区域民俗、民族民俗以及非物质文化遗产。[2] 陕北民俗文化正是隶属于区域民俗领域，地方特色与地方传统是其灵魂所在。

　　陕北民俗文化的研究，应该追溯到延安时期。1942 年 5 月，毛泽东亲自主持召开了著名的延安文艺座谈会，这次会议，对后来党的文艺政策的制定和文艺工作的健康发展产生了非常深远的影响。文艺座谈会后，毛泽东又向延安鲁迅艺术文学院师生发表讲话，号召大家走出"小鲁艺"，到"大鲁艺"（指广阔的社会生活）中去。之后，大批文艺工作者深入陕北农村采风，向民间艺术学习，仅鲁艺一家收集回陕北民歌数千首，学校成立了专门研究机构。文艺工作者热情整理修改陕北民歌，改革提高陕北秧歌，边区掀起了热火朝天的新秧歌运动，陕北秧歌扭遍了全国，陕北民歌唱红了神州。1945 年何其芳、张松如编辑出版了第一本《陕北民歌选集》，以后，还出版了李季选编的《陕北信天游》，严辰选编的《陕北顺天游》等。延安文艺工作者，对陕北文化的收集、整理、研究，做出了卓越的开创性的贡献。20 世纪 80 年代，文化部组织进行了全国民间文化"八大集成"的收集整理工作，又一次促进了陕北民间文化的普查和研究，取得了丰硕的成果。

一、陕北民歌研究

　　陕北民歌的收集整理起始于延安时期。1939 年，鲁迅艺术学院音

---

① 参见钟敬文：《民俗学概论》，上海文艺出版社 2006 年重印本。
② 参见高丙中：《民俗学的学科定位与学术对象》，《温州大学学报》2011 年第 6 期。

乐系高级班发起成立了"民歌研究会"，开始采集挖掘陕北民歌，到
1942 年研究会已收集民歌上千首，并油印了两集《陕甘宁边区民歌》。
何其芳、张松如编的《陕北民歌选》则是延安文艺座谈会以后编选的第
一部民歌选集，当时除在鲁迅艺术学院任教的何其芳、张松如之外，程
钧昌、毛星也参加了部分工作。他们从陕北农村调查搜集得来的一千多
首民歌中选录了各种形式有代表性的民歌 406 首，附曲调 97 首，1945
年先由晋察冀新华书店出版，后在东北、上海等地多次重印。1950 年 9
月，何其芳又作了校勘和注释，并撰写了《论民歌》的专文作为代序，
列入中国民间文艺研究会主编的"民间文学丛书"重新出版。20 世纪
40 年代的民歌采集虽然受时代局限在选择时有所偏颇，也留有很多遗
憾，但却保存了上千首极具价值的陕北民歌，在陕北民歌研究史上具有
重要意义。[1] 80 年代以后，关于陕北民歌的研究渐趋兴盛，除了收集整
理，对陕北民歌的分类和理论阐释被众多学者关注，如张智斌先生从生
存环境、创作主体、文化土壤、传播途径和艺术特色等五个方面考察了
陕北民歌的起源、发生和艺术手法，并将陕北民歌的具体表现形式分为
"信天游"、"小调"（又分为一般小调、丝弦小调）和号子三类，这与以
往有些研究的分类略有不同。通常认为陕北民歌体裁多样，曲调纷杂，
可分为劳动号子、信天游、小调三类，其中劳动号子又有打夯歌、采石
歌、吆牛歌、打场歌等；信天游分为高腔和平腔；小调有通行小调（抒
情歌、叙事歌、诙谐歌）、社火歌曲（秧歌、船曲、灯曲）、风俗歌曲
（迎亲歌、酒曲、祈雨调、神官调）、丝弦小调（榆林小调、二人台、道
情、碗碗腔）、大型套曲（洛川套曲、审录），等等。也有人研究认为，
陕北民歌形式上可分为六大类，即信天游、小调、劳动号子、歌舞曲、
风俗曲和宗教曲，其中以信天游和小调多见。不过在作者看来，体裁分
类上的大同小异并不影响对陕北民歌艺术特质的理解。这些自成体裁又
各具特点的民歌，都从各方面反映了社会生活，唱出了陕北人民的苦乐

---

[1]　参见王红妮、赵建斌：《陕北民歌研究综述》，《延安大学学报》2007 年第 6 期。

和爱憎，并且随着社会制度的改变，民歌的内容和形式也发生变化。这种变化，反映在内容上表现了新的社会生活和新的人物形象，同时也使各种体裁具有了新的意义。此外张先生还从内容、形式、产生和传播等方面分析了陕北民歌的审美特点，并且就二十多首经典陕北民歌进行了分析研究，阐释了陕北民歌的人文内涵和文化价值。[①] 赵季平先生认为张智斌的这部著作深入而系统地从陕北民歌的历史渊源、人文内涵、审美特点等多方面进行了整体性的研究，可以更好地帮助读者系统地领略陕北民歌的精髓与魅力，加深对陕北民歌的理解与洞悉，对促进陕北民歌文化"香火"的代代相传也会起到有力的推动作用，极有利于陕北民歌的广泛传播和深入研究。刘育林先生主编的《陕北民歌通论》从陕北民歌的内涵和外延、体裁分类和内部区划对陕北民歌进行了界定，探究了陕北民歌形成的历史文化背景、陕北民歌的题材内容及其文学特征、音乐特征和演唱方法。此外还阐述了陕北民歌与陕北方言、周边民歌的关系，系统论述了陕北民歌从传统民歌、革命民歌到新民歌的承袭和创新等，[②] 可以说是一部系统详细论述陕北民歌的力作，与张智斌先生的著作各具特点，平分秋色。

通论性著作之外，不少学者从历史社会的角度探讨陕北民歌的来源及其与社会变迁的关系。高杰先生探讨了陕北民歌源流，认为远在汉代以前陕北地方流传的《上郡歌》、东汉及魏晋南北朝之际几首著名的民歌如《胡笳十八拍》、《木兰辞》、《敕勒歌》等就或产生于陕北，或从陕北周边地区传唱出来，都与陕北有着直接或间接的联系。从信天游体式的流传线路和历史话语痕迹等方面来看，陕北信天游最晚应该兴起于元末明初，许多信天游曲子中所惯用的"一十三省"的地域概念和"奴"这个女性自称都有着鲜明的历史印记，因为中国历史上从元代开始才将全国划为十一个行省，明代初年扩建为十三个行省，同时，有"一十三

---

① 参见张智斌：《陕北民歌通论》，中国社会科学出版社 2010 年版。
② 参见刘育林：《陕北民歌通论》，陕西人民出版社 2010 年版。

省"这个历史名词的民歌中，几乎都是表现在"一十三省"范围里的爱情故事，说明这些民歌是在元末明初这一行政建置的历史背景上传唱出来的。而民歌中女性自称为"奴"，也与元末明初小说中妇女普遍自称为"奴"的现象相一致。① 牛冬梅则认为，陕北信天游中普遍存在的三音节歌词现象与突厥语言给突厥民歌旋律造成的影响有关，就民歌的文辞结构、旋律形态方面，陕北信天游与古代突厥民歌有着无法抹去的亲缘关系。作者指称的突厥语诸民族主要有匈奴、敕勒、突厥、回鹘等，突厥语中存在着大量三音节词，而这种语言的格律又极大影响了突厥民歌的旋律，因为语言是音乐最直接的决定因素，歌词是曲调的先行者，在很大程度上制约着音乐的发展，语言中大量的三音节词出现，决定了突厥民歌的旋律发展势必就要配合它而出现适合三音节的旋律，突厥人在长期的汉化过程中，逐渐放弃了自己的民族语言，改说汉语，然而他们心灵深处由突厥语言长期影响下产生的旋律是不易改变的。旋律中过去三音节歌词的部分，在使用汉语演唱时，由于汉语多为单或双音节，产生了缺少一个音节的心理不满足感，为了达到民族集体记忆中歌唱的心理惯性，歌手们在随时需要的时候，添减歌词的字数，更好地表情达意，最终凝定成我们今天看到的，在信天游歌词中不规律出现的三音节词现象。此外，突厥民歌中最典型的一种曲式结构就是上下句，而陕北地区的信天游也正是上下句构成的。② 梁严冰从历史学和社会学的视野对陕北民歌所展现的近现代陕北社会进行了深入研究，指出中国近现代史上的重大事件在陕北民歌中都有所反映，如鸦片战争及鸦片给陕北人带来的危害、捻军和回民起义、19 世纪 70 年代中后期的大灾荒、1928－1930 年代的西北大旱灾、五四以后马列主义阶级斗争学说等在陕北的传播等等。同时，陕北民歌对近代陕北民众社会生活及晚清民初社会

---

① 参见高杰：《陕北信天游源流疏》，《延安大学学报》1998 年第 4 期。
② 参见牛冬梅：《陕北信天游与古代突厥民歌亲缘关系之比较》，《交响—西安音乐学院学报》2007 年第 1、2 期。

变革有着生动的描述与反映，对陕北、陕甘边革命根据地及陕甘宁边区军民生活和斗争也有翔实的记述。陕北民歌以"口述史"的形式记录和描述了近现代陕北社会的发展和历史变迁，给人们展现了一个更加多姿多彩的近代陕北社会生活画卷，为我们了解中国近现代社会的急剧变革以及新与旧、中与西互相激荡、互相影响的时代特征提供了全新的视野。[①] 杨利重点关注了同治年间回民起义、三边教案、辛亥革命在陕北民歌中的反映，同时也考察了陕北民歌中灾荒、移民、社会陋俗等等，使得晚清民初陕北的历史演进过程逐渐清晰起来。[②] 陕北民歌来源于鲜活的现实生活，因此既是陕北近代史的一部百科全书，又是民众日常生活状态的真实反映。

从民俗角度、文学艺术角度研究陕北民歌也是陕北民歌研究的重要内容。陕北民歌中涉及的社会民俗与物质民俗，包括了陕北社会生活的方方面面，衣食住行、人生礼仪、婚姻爱情、岁时年节、宗教信仰等等，可以说民歌中的民俗事象为我们提供了了解陕北社会百态的翔实资料，而对于陕北民俗的理解和体察，也是我们欣赏陕北民歌所必备的文化背景。众多学者对陕北民歌中赋比兴艺术手法的运用极为关注。韩世琦先生系统阐释了陕北民歌对赋比兴艺术手法的继承和创新，指出这些艺术手法和陕北的风土民情、自然风貌紧紧地融合起来，或者直抒胸臆，或者类附作比，或者借物起兴，无不生动贴切，饶富风趣。尤其是比兴手法在"信天游"中运用得最娴熟，成为"信天游"所具有的鲜明艺术特征。除此以外，陕北民歌还广泛运用夸张、连锁、双关等手法，写人状物抒情，无不给人留下鲜明生动的印象。信天游的"兴"具有两大特征：一是上句只借物以起兴，与下句歌意了不相关，但可从韵脚、语势上引起下文，所谓"起兴"，是信天游"兴"的初级形态，带有原始性；二是上句未全为比而借物取兴，与正义相关，所谓"比兴"，可

---

① 参见梁严冰：《陕北民歌中的近代陕北社会》，《延安大学学报》2009 年第 3 期。

② 参见杨利：《近代陕北民歌与陕北社会变迁》，延安大学硕士学位论文，2010 年。

塑造鲜明的艺术形象，激起人们广泛的想象，标志着信天游"兴"的成熟，是信天游"兴"的富于艺术性的高级形态。刘育林认为陕北信天游"兴"的发展，不是高级形态取代初级形态，而是同时并存，可见信天游"兴"的历史悠久，根深蒂固。张亚玲通过比较陕北民歌和《诗经·国风》中草木比兴与鸟类比兴，认为陕北民歌和《诗经·国风》在比兴手法的使用上具有明显的相承关系，这既是民歌本身创作和传播的必然要求，又与模仿有关，这一继承模仿恐怕并不是相隔几千年后才发生的，而可能是"古已有之"并一直传承到现在的。因此，从艺术发展的内部规律来看，陕北民歌作为比兴艺术在当代的活标本，具有较高的历史、文学价值。同时，由于时间推移、反复使用以及文人和民间歌手的不断加工润色，陕北民歌的比兴内容更为广泛，形式更为灵活。张坚也认为陕北民歌在艺术脉络上传承了《诗经·国风》的赋、比、兴创作手法，托物传情，以物拟人，直抒衷肠。陕北民歌歌词一般为上、下二句七言体，与《诗经》的四言四句体迥然不同，但它在七言体基础上所作的灵活变通的处理，却与《诗经》一脉相承，就此而言，陕北民歌是对《诗经》的一种新的传承与发展。学者们不约而同注意到了陕北民歌与《诗经》的某种关联，对我们深入探究陕北民歌的背景渊源以及艺术手法都是极有启发性的。①

陕北自古以来即为多民族聚居的边郡之地，多维文化的交融、荟萃，使陕北地方语言独树一帜，丰富多彩又独具个性，陕北方言与民歌的关系也有不少学者探讨。张俐认为陕北民歌是陕北人用自己的语言抒情达意、表露心声的独特方式，民歌中原汁原味的陕北方言的运用，自

---

① 参见辛雪峰：《陕北民歌中的民俗事象考察》，《交响—西安音乐学院学报》2003 年第 1 期；韩世琦：《略谈陕北民歌的表现手法》，《延安大学学报》1985 年第 3 期；刘育林：《信天游"兴"简论》，《延安大学学报》2008 年第 4 期；张亚玲：《陕北民歌草木比兴与〈诗经·国风〉的相似性》，《沈阳大学学报》2008 年第 5 期；张亚玲：《〈诗经·国风〉与陕北民歌鸟类比兴之比较》，《湖南工业大学学报》2010 年第 3 期；张坚、张智斌：《试论陕北民歌对〈诗经〉艺术手法的传承》，《青海社会科学》2007 年第 6 期等。

然无矫饰，使其显示出特有的魅力，散发着浓厚的黄土高原的气息。陕北方言在陕北民歌的创作和流传过程中，起着不可低估的作用，正是陕北方言使得陕北民歌具有了独特的地域性和民族特色，而这也是陕北民歌能够广为流传的重要原因之一。① 张军等从方言地理学角度对陕北民歌进行了考察。按照方言学界的划分，把"山西省及毗连地区有入声的方言"从官话方言中独立，称为晋语，大致包括山西省的大部分地区以及与山西省毗连的内蒙古中西部、陕西省北部、河北省西部等地区。陕北地区的方言大多在有入声这一点上具有一致性，故称其为晋语陕北方言，但富县、宜川、洛川、黄陵、黄龙以及定边等地方言中的入声已舒化，所以被划入中原官话区。晋语陕北方言又可以划分成几个方言片：吕梁片（包括绥德、子洲、米脂、佳县、吴堡、子长等地），五台片（包括府谷、神木等地），大包片（包括榆林、横山、靖边等地），志延片（主要是清涧、延川、志丹、安塞、吴旗等地，也包括延安、甘泉的大部分）。陕北方言分区与民歌色彩分区具有非常一致的对应关系，晋语陕北方言区大致涵盖的就是"陕北民歌色彩区"，而划入中原官话区的富县、洛川、黄陵、黄龙、宜川等县的民歌则属于关中色彩区。方言和民歌在地理分布上的一致性具有深层的历史文化根据。如果说历史上的行政区划、近代的人口迁移和流动，以及封闭型的地理环境，是晋语区形成的外部原因，那么民歌与方言一样作为地域文化的一种形式，同样受这些历史文化因素的规约。特别是联系到近代西北人口流动的历史背景，我们可以推断：陕北民歌、内蒙古西部汉族民歌与山西中北部民歌属于同一谱系。陕北民歌形象生动，感情炽烈，与歌词大量使用比兴、白描等形象化的艺术表现手段有关。此外，陕北方言本身的"生动形式"为民歌增添了不少艺术感染力。陕北方言在构词形态上有一种很重要的形式，就是重叠。重叠是汉语比较普遍的词汇语法现象，但与其他方言区不同，陕北方言的重叠不仅范围广泛，涉及名词、动词、形容

---

① 参见张俐：《论陕北方言在陕北民歌中的作用》，《西北大学学报》2006 年第 5 期。

词、量词、副词等，而且形式多样、功能丰富，在语法、语义和语用各个层次都有独特效果。陕北民歌中重叠最主要的作用就是"生动化"，即让普通词语附带上小巧可爱、亲切可人、惬意可心等意味，是一种爱昵的使用。在重叠的基础上，陕北方言还发展出大量节奏齐整、意义鲜明、色彩丰富的四音格词。四音格词不仅通过构词语素来表达丰富的意义，而且其构词形式本身就有约定俗成的"词外之意"。比如，"A 格 BB"式具有积极色彩，表达褒扬喜爱之意，与之相对，"A 不 BB"则含有贬斥或消极之意。总之，这种运用方言地理学对陕北民歌的研究，是非常有益的尝试和探索，促使我们进一步思考陕北文化区形成的历史脉络，以及这一文化区内各种文化表现形式如陕北方言、陕北民歌等的内在联系。[①]

　　学者们在具体研究的同时，也对如何弘扬陕北民歌进行着深入思考。梁向阳指出，陕北民歌作为陕北文化的一个组成部分，在与战时政治文化联姻的过程中，使得陕北文化的"民族化"、"大众化"特点显现出来，从而得到全面的挖掘与呈现。随着中国革命的胜利，以《东方红》为代表的陕北民歌成为革命的颂歌，唱向全国各地，而最能表达人民胜利时代激情的陕北秧歌、陕北腰鼓，随着解放大军的进军步伐，传遍全中国。陕北大秧歌、陕北腰鼓、陕北信天游这些原来纯民间的文艺形式，也渐渐走向广场，最后走进庙堂，进入全中国乃至整个世界的视野。延安时期陕北民歌的彰显之路告诉我们，提高陕北民间艺人的地位，对于推广陕北民歌将起重要作用，而文艺工作者利用陕北民歌的传统文艺形式开展大规模的文艺创作活动，深入民间对陕北民歌进行系统整理与研究也起着关键性作用。[②] 吕政轩、张军则指出，随着歌者的锐减、听众的大面积流失、作品缺乏超越与创新以及老一代歌唱家的相继

---

①　参见张军：《语言学方法与陕北民歌研究》，《榆林学院学报》2006 年第 5 期。

②　参见梁向阳等：《从"民间"到"广场"："延安时期"陕北民歌的彰显之路》，《西南民族大学学报》2006 年第 3 期。

逝去，既蕴含丰富的思想内涵又蕴含着深厚的文化价值的陕北民歌正面临着逐渐走向消亡的艰难处境。陕北民歌是特定社会生活背景下的一种特定的艺术产物。随着社会的进步和时代的变迁，某些产生并发展陕北民歌的社会生活背景也随之而逐渐淡化。就劳动发生说来看，一些产生陕北民歌的劳动方式现在或已消失或已退化（如赶脚、打夯、推磨、打场），就仪式发生说来看，出行、跳火、请神等仪式在当今社会已基本不复存在，保锁、过关、上梁等仪式虽还在一定程度上在一定的地区存在着，但其仪式形式也已逐渐趋于现代化和简单化，因而很少有人在这样的仪式上唱民歌了。随着交通的便利和信息化的发展，世界变小了，人与人之间的距离拉近了，旷野之歌也就自然不便再随意吼起来了。至于那些在特定的历史条件下产生的真实故事和真实事件也必然会随着时间的推移而变成一种历史的陈迹。此外，功能的弱化大大削弱了陕北民歌发展的动力。传统陕北民歌的社会功用集中表现为劳动性（如劳动号子和那些反映劳动过程和劳动场面的民歌）、排忧性（如那些大量存在于陕北民歌中的诉苦歌、苦难歌和相思歌）和娱乐性（如在游戏中产生的酒曲、酸曲以及那些表现男女相爱相悦的民歌）。这一时期的陕北民歌与人们的日常生活融为一体，相依相存，可以说生活就是民歌，民歌就是生活。这就赋予传统的陕北民歌一种强有力的社会功能，这一社会功能渗透到社会生活的方方面面，影响着人们的一言一行。20世纪30、40年代，随着革命力量的日益壮大和革命形势的迅猛发展，传统民歌逐渐被革命民歌所取代，陕北民歌的社会功用也随之发生了重大转变。革命民歌的社会功用集中表现它的宣传性、歌颂性和记事性。与前两个时期相比较，新时期陕北民歌的社会功能已明显削弱了，由于生产劳动的现代化和人民生活水平的日益提高，传统民歌所固有的那种劳动性、排忧性和诉苦性自然会随之而丧失。至于革命民歌所表现出来的宣传性、歌颂性和记事性，那也是特定历史时期的一种特殊功用，这种特殊的功用也必然会因时代的变迁而不再发挥作用。因此，陕北民歌的社会功用便逐渐缩小到其单一的娱乐性，而且还受到了电影、电视和流行歌曲等众多现代娱乐形式的有力冲击。面对这样的困境，似乎只有走产业化的发展路子，才能抢救、保护进而弘扬陕北民歌。①

陕北民歌的研究虽然日渐受到关注，研究领域也不断拓宽和深入，但是，目前存在的问题也仍然十分突出。对陕北民歌做高水平的深入分析者固然有，但重复、雷同之论也为数不少。相当多的论述还仅囿于感性认识的情感抒发，经验描述与音乐形态分析较多而少理论概括和反思；研究彼此缺乏交流，研究的质量和水平发展不平衡；基于文艺学视角的分析梳理篇章较多，而多学科交叉研究不足，尤其是人类学、民族学、社会学和文化学的缺席，致使陕北民歌研究裹足不前。反观陕北民歌的研究现状，一个不容忽视的理论缺陷即在于，研究者常从知性的表象的角度去提出问题，而缺乏真正具有哲学维度的问题思考。一些研究者习惯于以经验的或实证的研究方式分析文本，表面上似乎提出并解答了某一相关问题，其实并没有触及问题的实质。其深层原因在于尚未确立起民歌研究的"问题意识"。胡友笋认为，有价值的民歌研究的"问题"，必然是基于现实人文关怀，依照当下现实语境的"表现自己精神状态的最实际的呼声"。民歌研究如果与人无关，与现实无关，与人的思想无关，对人和社会没有价值，其生命力必将随之枯竭。②

二、陕北说书、道情、秧歌研究

陕北说书是陕北民间说唱艺术，是陕北劳苦大众苦难的、爱情的、抗争的史诗。其内容反映民间生活和劳动群众对生活的看法，其形式则有一人坐唱、两人对唱或多人走场演出等，主要乐器有三弦和曲项琵琶，流传范围主要在陕甘宁晋蒙交界地区，至今仍保持着许多古老原始

---

① 参见吕政轩、张军：《陕北民歌抢救与保护的必要性与可行性探析》，《宁夏大学学报》2007 年第 3 期；张智斌：《论陕北民歌的功能性在当代社会衰微及对策》，《西北大学学报》2008 年第 2 期。

② 参见胡友笋：《陕北民歌研究：问题意识与文化视野》，《人民音乐（评论版）》2010 年第 3 期。

的演唱形式和传统曲目，是研究陕北地域文化的活化石。陕北著名的说书艺术家韩起祥从 20 世纪 30 年代起，将陕北说书推陈出新，在解放区乃至全国引起了极大反响。20 世纪 80 年代以来，文艺工作者对陕北说书进行了系统的整理，以编撰《民间艺术集成》为契机，陕西省曲艺集成办组织延安、榆林两地文艺工作者，深入乡村，采录了大量录音资料，先后编撰出《陕北说书音乐集成》、《中国曲艺志·陕西卷·延安地区分册》。① 陕北说书艺术家曹伯植先生数十年如一日，从事着陕北说书的挖掘、整理、创作、研究，既是身体力行的说书艺术家，又是陕北说书的理论研究者，《曹伯植陕北说书文集》（八册）② 的出版，为陕北说书研究的进一步开展奠定了坚实基础，其中《陕北说书概论》探讨了陕北说书的渊源和发展历程，分析了陕北说书的艺术特色、音乐、说书套路和流派，对陕北说书的分类进行了梳理，附录中对陕北说书的组织和人物、说书书目、牌曲唱腔以及口愿书、盲艺人的生存状况都有全方位的描述，对陕北说书的整体情况做了系统整理研究。孙鸿亮《陕北说书研究》及系列论文对相关主题进行了学术探讨，尤其对陕北说书中的口愿书、庙会书进行深入研究。口愿书也简称"愿书"、"家书"，与"会书"（庙会书）相对应，是陕北民间说书的主要形态之一。口愿书的演唱场所一般在村民家中，由许愿或还愿的村民（事主）邀请艺人至家中设坛演唱。请书的目的通常是为了感谢神灵对家人的佑护，兑现事前承诺，报答神恩，祈福禳灾。通过三个个案田野调查，孙鸿亮认为陕北农村口愿书具有相对固定的仪式行为和说唱程序，仪式和说唱的结合，使艺人成为人与神沟通的媒介，赋予说唱"通神"和"娱神"的功能；同时，陕北农村口愿书与民俗宗教生活联系紧密，是民众向神灵许愿、还愿、报答神恩的行为方式，具有明显的民俗宗教特色，反映了陕北农

---

① 参见党音之主编：《陕北说书音乐集成》，1990 年油印本；王毓华主编：《中国曲艺志·陕西卷·延安地区分册》，延安地区文化文物局 1993 年内部印刷。

② 参见曹伯植：《曹伯植陕北说书文集》，陕西人民出版社 2010 年版。

村多神灵信仰以及民众祈保平安、消灾免难的心理，口愿书依托于乡村民俗宗教活动，而乡村民俗宗教活动中又少不了说唱，二者相辅相成，发生互动而共同展示着陕北地域文化特色；陕北农村口愿书仍然保持着古老民俗活动的遗风，具有原生态性，对我们认识、研究传统说唱文学具有参考价值。庙会书是陕北说书的另一种形态，作为民俗宗教活动的组成部分，庙会书具有相对固定的仪式行为和说唱程序，赋予说唱浓郁的宗教气息，是人们敬神、娱神、祈求护佑的一种行为方式，从中折射出陕北农村村民的民俗信仰和文化心理。庙会书的具体仪式过程则包括请神、参神、演唱书文、安神、送神等。请神是庙会活动开始前的仪式行为，即奉请三界诸神来会场接受供养。请神通常由艺人团体中技艺水平较高的弟子代替师傅进行。艺人怀抱三弦，在庙会会长的陪同下，走进殿门。会长先点香焚表，艺人单膝跪地，朝神像叩拜，之后便拨动三弦开始说唱。作为宗教仪式，请神的内容最为神秘，据说不能为外人闻见，否则不灵验，因此请神多用闭口诀，即艺人口念，三弦不弹曲调，只伴节奏，急促而连续，可闻其声而不知其所云，时间五到十分钟不等，有详有略。艺人每称一神号，会长则焚表、奠酒。请神仪式结束，艺人叩头直身站起，再朝神像施礼，然后走出庙门。因为请神是陕北农村庙会书和口愿书必需之仪式，艺人为了争夺书场，长期以来，仅师徒口耳相授，不轻易外传。与请神不同，参神则需开口演唱，并伴以三弦、笛子、二胡等乐器。由于参神处于书场的开端，因此艺人较慎重。若为数人组合说书，则一般由主说者（即师傅）或水平较高的弟子说唱。参神开始通常唱："丝弦一响震天堂，参天参地参五方。香焚在炉中蜡点在台，满堂的诸神我们参起来。"接着便按神灵的高低大小，依次参拜，先参玉皇大帝、王母娘娘、佛祖、观音菩萨、真武祖师、八洞神仙，后参东海龙王、山神土地、本庙主神。参神充分反映了陕北农村多神灵信仰的特征。在参神过程中，会长仍不断上香焚表。参神结束时，通常唱："满把黄香炉中焚，七十二位灵神都参动。不干不净多担承，免弟子无罪论古人。"仪式便暂告结束，接着正式开场，演唱书文。

每场书说完之后还需安神，即将神灵暂时安至神位，午饭后再接着说唱下一场。安神通常紧接书场结束语，唱词较简略，如"诚心会长把香点，烧香奠酒安神灵。把大神小神都安定，香烟起来把坛围紧。到了下午用罢饭，弟子庙前再把神敬"，但也有复杂的，即按神灵高低大小，将诸神一一安住，并祈求神灵保佑、赐福会众。送神与请神相对应，是庙会活动结束前最后的仪式，形式与请神相同，会长燃香焚表，艺人怀抱三弦，单膝跪地，闭口默唱，恭送诸神返回本位。以上仪式行为中，请神、送神位于整个庙会活动的始末，一次庙会活动仅请神一次、送神一次，而参神、安神则位于书场的头尾，每场书都必须有此仪式。一次完整的陕北庙会书就是由请神、送神和若干场说唱及其仪式（参神、安神）共同构成。①

陕北道情是另一种颇受喜爱的民间艺术形式。"道情"原是以唐宋时期的道教故事为主要内容的一种说唱艺术，道情使道教走向民间，它的形成是一个不断发展的历史过程。道情在东汉叫"道歌"，到宋代是类似"鼓子词"的说唱，到了明代才产生以讲述道教故事为主的道情剧。作为一种说唱形式，"曲辞道情"应是在唐代产生的，而作为叙事意义上的道情则是从明代才有的。关于道情产生的思想渊源，应该追溯到汉晋之际人性的觉醒，此一时期，人的情感受到了普遍重视，得以自然展现，人生的意义不再仅仅是立德立功立言，不再仅仅是修身，那些使得人生充满趣味的种种情感体验，同样也是人生的意义所在。丰富情感的率性表达，使人们摆脱了虚伪束缚，回归到了真实自由的生活本身。由于"重情"之风盛行，强调"情性"便成了魏晋以来文学上的最大特色之一，在思想文学艺术等领域显出了巨大影响。诸种情感之中，"道情"受到了时人关注。魏晋以来，玄学大盛，《老》、《庄》、《易》都

---

① 参见孙鸿亮：《陕北说书研究》，天津人民出版社 2011 年版；孙鸿亮：《仪式和说唱：陕北农村口愿书田野调查》，《西安文理学院学报》2008 年第 4 期；孙鸿亮：《陕北乡村庙会书调查与思考》，《社会科学论坛》2009 年 2 月下学术研究卷。

强调自然运化，而"自然"即是"道"，道本无名，只是为了让人更好领会而"强为之名"。玄学在发展过程中与佛教逐渐融合，而道教在开创之始也是与佛教相互依托，早期的道教徒称为道士，早期的佛教徒也称为道士，因此，无论是玄学名士还是佛、道徒，都以"道"作为自己清谈论辩讲说的基本概念，又由于当时重情之风盛行，因此对于"道"的崇尚理解领悟即可称为"道情"，道情就是与人情、世情、俗情相对而又超迈于人世俗情的玄远之情，吟味道情者，既有道教徒，也有佛教徒，更有众多玄学名士。唐代以后，随着道教的兴盛，"道情"逐渐为道教徒所专擅，成为道家弘道宣教、抒发道心、警醒顽俗的一种形式，正如明初宁王朱权在《太和正音谱》中指出的那样："道家所唱者，飞驭天表，游览太虚，俯视八纮，志在冲漠之上，寄傲宇宙之间，慨古感今，有乐道倘佯之情，故曰道情。"① 但是直到宋元时期，"道情"虽有了向可供演出的说唱艺术发展的趋势，其主要形式却都是歌诗，明清以后才脱离了宗教气息显示出活泼的世俗情态，发展成为广受欢迎的民间艺术形式。明清以来道教在陕北得到了迅速发展，各地都广设道观，尤以佳县白云山道观最为著名，香火之旺、信徒之多，数百年来为西北之最，这样一种信仰的吸引力，使得陕北道情逐渐在民间生根发芽，成为广受欢迎的民间艺术形式。

陕北道情又称为"闹红火"、"闹丝弦"、"闹五音"、"闹会会"。作为陕北地方戏曲剧种之一，按其流行地域和艺术特点划分，可分为神府道情、三边道情、清涧道情和东路道情。神府道情是指民国初年从山西临县等地传入府谷、神木等县与本地语言、民歌等相结合而发展起来的道情，三边道情是指从甘肃陇东一带，通过皮影、社火等途径传入定边、靖边、横山等县与本地的语言、民歌相结合而发展起来的道情，清涧道情也叫西凉调，指流行在清涧、子长、子洲、绥德等地的道情，东路道情也叫新道情，起源于横山，主要流行于陕北中部。目前道情尚处

---

① 朱权：《太和正音谱笺评》，姚品文点校笺评，中华书局 2010 年版。

在搜集整理阶段，郝震川先生历经数十年，采集了道情唱段、牌曲数百首，并将具有代表性的唱段、曲牌、击乐谱等整理成册，对于保存弘扬陕北道情都极有意义。①

陕北秧歌是汉族地区民间舞蹈秧歌的代表性流派之一，又叫"闹秧歌"、"闹社火"、"闹红火"。它既是陕北节庆活动中一切民间文艺的总称，又可指秧歌舞队在广场进行的集体歌舞表演形式，是最受关注的广场表演艺术之一。陕北秧歌主要分布在今榆林市、延安市所属的绥德、米脂、佳县、吴堡、子洲、清涧、延川、子长、安塞、志丹、吴旗等县及宝塔区、榆阳区。秧歌的起源问题一直备受学者关注，或说秧歌起于南方插秧之歌，属于劳者歌其事；或说秧歌应为阳歌，源于上古人类的太阳崇拜；王克明则认为秧歌应为禓歌，其源头应是古代的傩仪。傩是一种意仪式化、制度化的巫术活动，它继承巫术的力量和方法，靠强烈的声音节奏和发散的舞蹈形式聚合能量，达到超自然的境界，实现沟通人神、安定人间的目的。

王杰文通过详细的民俗志记录说明，陕北、晋西的年节仪式就是时间的"通过仪式"，季节转换的周期性与仪式表演的周期性直接相关，伞头秧歌作为年节期间展演的最为重要的仪式性表演活动，其潜层性意义与结构性功能断然不会外在于年节这一时间情境；因此秧歌，包括伞头秧歌，与中国传统年节期间所举行的傩仪、迎春仪式、元宵灯节仪式之间存在着密切的联系。通过展示伞头秧歌展演的一般程序及其妆饰、动作、语言等表演体系，深入描述、分析了伞头秧歌表演活动中所展演诙谐性与创造性以及其中所体现的颠覆性意义，从而总结出伞头秧歌的象征性意义与结构性功能，即伞头秧歌作为陕北、晋西年节展演的庆典，作为一种"类狂欢现象"，其中同时具有诙谐狂乱的成分，又

---

① 参见郝震川：《清涧道情》，西安地图出版社 2002 年版；杨树强：《清涧道情》，2002 年印行；温燕：《陕北道情的初步研究》，《美与时代（下半月）》2010 年第 1 期等。

有礼仪性、整肃性的因素。① 郭冰庐等学者则考察了陕北秧歌的宗教性，如保宁堡的踢鼓子秧歌、谒庙秧歌都是直接服务于祀神、娱神的目的，不仅保宁堡，陕北其他地方的秧歌也无不如此，陕北各地闹秧歌都首先要谒庙，秧歌队先到庙里敬神，祈求神灵保佑。谒庙后，秧歌队在伞头的带领下挨门逐户、逐一不漏地进行演出，祝贺主人五谷丰登，财源茂盛，人丁兴旺，多福多寿。各家各户排门演出结束之后，便进行扎场子演出，先是"走"大场子，然后秧歌队的全体成员席地而坐，围成一个圆圈，进行"小场子"表演和其他民间娱乐性节目的演出，八仙过海，各显其能，但不管怎样欢愉寻乐，敬天敬地敬神占据着首要位置。佳县保存下来的"二十八宿秧歌"，更具有驱傩的一些遗风，属于广大百姓祭祀土地、谷神，祈求驱妖降魔、消灾免难、风调雨顺、国泰民安的一种活动。在闹秧歌中占有很重要地位的"转九曲"，不仅属于正月十五闹元宵的一种娱乐活动，更成为道教做斋醮的一种文艺表演，这一活动在陕北最大的道教圣地白云山及其相邻地区颇为盛行。陕北秧歌浓重的宗教色彩还表现在它的服饰和队形等多个方面，秧歌的表演、服饰以及队形图案都带有强烈的宗教意识，秧歌表演者身着的五彩衣、腰间围系的五彩绸、头上戴着的五色帽，队形图案中的"八卦阵"、"太极图"，打击乐中的"五槌"，动作变化中的"五步"都属于"阴阳五行"的反映，这些都给陕北秧歌注入了深厚的文化内涵和宗教哲学意义。"吃班饭"也是陕北秧歌中宗教色彩极浓烈的活动，"班饭"指闹秧歌的人共同就餐的饭。事主家为了祈求神灵帮助达成某一种愿望，便在神面前烧香磕头许下了这顿"班饭"。吃班饭时，凡参与秧歌活动的人相聚一堂，共同吃这顿"神饭"。饭毕，秧歌队要在事主家的院子里举行还愿仪式，"烧香领牲"（杀牲口祭神）并进行秧歌表演。十五闹元宵时，秧歌队重新进庙敬神，以示对神始终如一的信赖，傍晚时分，秧歌队登

---

① 参见王杰文：《陕北、晋西的"伞头秧歌"——民众的诙谐与乡土社会的秩序》，北京师范大学博士学位论文，2004 年。

上附近最高的山顶，点燃火塔，围着火塔狂舞放歌，让火光照耀四周，让歌声传遍四方，祈求今年有一个好的年景。总之，陕北秧歌保存和显示出的宗教色彩，正是其特点之一。①

传统陕北秧歌在20世纪40年代得到了改造，这一历史演变被称为"新秧歌运动"，对于新秧歌的关注和研究因此便成为陕北秧歌研究的一个热点。李静对新秧歌运动进行了较为深入研究，认为延安的新秧歌运动并不是一场单纯的文艺运动，在很大程度上它更近于一场政治运动，它的发生与政党的意识形态诉求密切相关，是1942年"讲话"对延安文艺生态进行了规约整肃之后发生的。1943年新年期间，延安鲁艺的师生在学校附近老百姓的麦场里开始尝试秧歌表演，以鲁艺编演秧歌剧《兄妹开荒》为发端，延安的许多机关团体也纷纷成立了秧歌队，学跳秧歌舞，创演秧歌剧，整个边区就此形成了艺术家与普通群众广泛参与、热情合作的态势，而且这种表演形式显然并不独限于年节期间，而是被作为一种庆祝仪式或宣传手段广泛推广到了边区的各个地方，以新秧歌为代表的艺术形式在这个不寻常的春天真正开启了一个"表现新的群众的时代"。李静还对"新秧歌"运动作了进一步的文化阐释，指出以传统秧歌为基础并加以改造而成的"新秧歌"，是传统陕北秧歌与中国共产党的文化策略遇合的产物，它借助民族民间艺术形式，表现工农兵生活，实现文艺大众化，进而进行无产阶级意识形态建构，从而赋予了传统民俗活动以全新的艺术职能和社会功能。"新秧歌"去除了传统秧歌所着重表现的荤、丑等诙谐滑稽元素，为"表现新的群众的时代"艺术注入了革命、阶级、进步等象征性内涵。这些自内容到形式的改造置换并不仅仅意味着一种"新民俗"活动的诞生，更隐含着借助对传统民间艺术的改造达到最终瓦解传统民间思想和生活秩序，实现革命的意识形态渗透到民间社会的目的。在种种文化使命的规约下，经过改造的

---

① 参见郭冰庐：《陕北保宁寺祀神活动及社火——秧歌考察》，《北京师范大学学报》1993年增刊；王继恩：《浅议陕北秧歌中的宗教色彩》，《美与时代》2004年第7期（下半月）。

陕北秧歌不再是属于民间的狂欢了，它已衍化成为特定意识形态进行政治宣传和民众动员的革命仪典，无处不在的能指与所指装点着它，就仿佛一个"复杂的、符号性的织绣"，"它们构成了仪式的单位或'分子簇'并贯穿于整个文化展演之中"，"社会关系便在这些物质结构里面充满着意义。那些符号排列程序和方式不仅表现为功能结构，或简单的媒介体制，而且还具有完整意义上的政治代言人的角色"。"新秧歌"虽然源于民间，但最终却成为实施革命文化策略、进行意识形态宣传的载体，它从民间狂欢衍化跃升为红色仪典的演变过程，不仅呈示了 20 世纪政治权力之于民间以及特定民俗活动的深刻影响，也表现了政党、民间以及知识分子在其所共在的话语场域中彼此互融互动的复杂关系。李静还对"新秧歌运动"做了全方位的整体观照，将新秧歌运动的学术史分作三个阶段，即 20 世纪 20－50 年代，研究的初始阶段，20 世纪 80 年代对于以前单一研究思维模式的质疑和反思阶段，20 世纪 90 年代以后研究的多元视角和深入拓展阶段。尤其是 90 年代后，随着更多资料的发掘和理论创新，有关研究日益显示出多元性，研究者不再纠缠于以往单一思维模式下关于延安文艺价值的判断，而是将延安文艺研究置于中国革命文艺的发展的历史链条中，在宏阔的文化视野中，描述延安文艺的发生、发展的具体语境，阐释其独特的作用。同时，研究者开始运用比较研究的方法，对其民间化和大众化特征产生的文化根源予以揭示。此外，还从知识分子的文化性格角度，剖析延安时期知识分子在特定政治思想规约和改造背景下的民间文艺实践。正是在这种多元化的学术语境中，延安民间文艺包括新秧歌运动被再次发现，并开始以全新的视角、方法陆续进入许多学者的研究视野。一些港台及海外学者的研究成果较同一时期国内学者的研究来看更值得关注，他们视角独特，理论方法新颖，在观点的阐释上较少拘束，在资料的发掘和利用上较之国内学者毫不逊色甚或有超越之处，尤其是他们对政治意识形态与民间文化之间关系的关注，更是国内学术界颇感棘手的敏感话题。虽然他们所研究的论题与特定意识形态密切相关，但一般多能避免先入为主式的价值判断，仍注重学理的分析和史料的支持，而这恰是国内学者曾经十分缺失的，因此他们对研究对象秉持论而有据的客观精神，很值得国内的研究者借鉴参考。①

新秧歌运动中的"民间"问题，成为许多学者关注的焦点。所谓"民间"，陈思和先生有独树一帜的阐释：第一，它是在国家权力控制相对薄弱的领域产生的，保存了相对自由活泼的形式，能够比较真实地表达出民间社会生活的面貌和下层人民的情绪世界；虽然在政治权力面前常常以弱势的形态出现，但总是在一定限度内被接纳，并与国家权力相互渗透……它有着自己的历史和传统。第二，自由自在是它最基本的审美风格。第三，独特的藏污纳垢的形态。概括起来，下层人民的情绪世界、自由自在的审美风格、藏污纳垢的形态，三者结合起来就构成了一般所称的民间。② 根据这样的理解，文贵良认为，20 世纪 40 年代延安根据地秧歌剧的改造，是民间被政治的改造，这种改造成为当时话语建构的一种具体形式。秧歌剧的改造有四个特色，当下日常化、文化符号的意识形态化、集体化运作、民间方言和意识形态语词的相互渗透。新秧歌剧题材的日常化和主题的教育性使得大众参与新秧歌剧成为可能。一方面，大众的要求、愿望、疑惑在新秧歌剧中得以展现，另一方面，大众本身对这种演出做出了自己的反应，大众把秧歌剧作为自己生活的表现，要求秧歌与现实的真实一致。文化符号的意识形态化即是新秧歌剧要让大众认识并服从话语权威的意向，也要使大众对自身"说"和"做"的"应然"有明朗的肯定，因此，新秧歌剧的文化符号设计都要体现话语权威的意向，如传统秧歌中伞头所举的伞被置换为镰刀就是显

---

① 参见李静：《关于延安"新秧歌运动"研究的回顾与反思》，《青海师范大学学报》2009 年第 3 期；李静：《论 40 年代延安新秧歌运动的发生语境》，《青海师范大学学报》2010 年第 6 期；李静：《"新秧歌"作为仪式的符号象征与话语建构——20 世纪 40 年代延安"新秧歌"运动的文化阐释》，《青海社会科学》2011 年第 2 期。

② 参见陈思和：《民间的浮沉——对抗战到文革文学史的一个尝试性解释》，《上海文学》1994 年第 1 期；陈思和：《民间的还原——文革后文学史某种走向的解释》，《文艺争鸣》1994 年第 1 期。

例。集体化运作则有两层含义，首先是指秧歌剧本的集体创作，即知识者面对话语权威的意向，面对工农兵的需求，暂时没有找到自己合适的言说方式，而原有的言说方式已经不适合这个话语场的氛围，但是新的话语方式还没有建构，于是在这个转换时期，集体创作既成为一种快速的创作方式，又成为一种政治保险系数很高的言说方式；其次则是指秧歌演出的集体组织，即秧歌的演出不再是一件纯粹的娱乐事件，不是一种群众的自发行为，秧歌的主题和宣传任务要符合拥军、生产、教育、防奸等主题，主题和唱词要经过队长的同意，这意味着队长作为行政人物已经具有了对艺术品的筛选和评判的最高权力，而秧歌表演中硬性穿插的临时讲话，意味着宣传明显地凌驾于艺术之上，这没有高度的组织力量和绝对的权力是做不到的。如果说新秧歌的题材来自日常生活，主题来自权威话语，那么只有言说的方式是用陕北方言，但方言也与大量的意识形态词语互相渗透。总之，民间已经被政治进行了全方位的改造。① 袁盛勇则以延安时期对民间艺人的改造为例，说明"民间"是如何被意识形态化的，如延安县政府对"说书和书匠采取了正确的态度——不是硬禁止，也不听其自流，而是积极地进行改造"，其中尤其把说书艺人韩起祥列为争取和教育的重要对象，主要是尽力去"改变他的思想，具体地帮助，奖励他编新书，发挥他的创作才能"，经过一段时间的帮助和教育，他在思想上取得了积极进步，并且很快按照政府有关部门的引导创作和说唱了不少新书，根据他在自编"说书宣传歌"中的交代，他在将近一年的时间里，共编了《红鞋女妖精》、《反巫神》、《阎锡山要款》等十二本（篇）说唱新书，其中还对编唱新书的缘起、目的等做了简要说明："文协、鲁艺、县政府，奖励我来说新书，新书说的是什么？一段一段宣传人。"末了还对同行表明了他的意愿："希望一般说书人，学习新书要实行！"上述所言"一段一段宣传人"，他在另外一个说书场合是这样表达的："过去说旧书，去年自编新书到乡间，为的

① 参见文贵良：《秧歌剧：被政治改造的民间》，《华东师范大学学报》2004 年第 3 期。

是帮助革命作宣传……"可见，他的思想已经接受了意识形态化的改造，说书在他那里也就随之成为一种可以用来进行政治意识形态宣传的民间艺术样式了。总之，"民间"的意识形态化在延安时期是个非常突出的现象，1942 年后延安文艺中的意识形态化"民间"在逻辑起点上正是从新的意识形态话语和政权机构收编和改造民间艺人开始的。[①] 毛巧晖同样探讨了权威话语对"民间"的改造，指出新秧歌剧中，权威话语缔造了一个全新的"民间"，是"民族主义精英、知识分子和政治家，利用旗帜、游行、大会一类的仪式和符号，来解决把异己人口整合于社会的问题，培养他们的国民国家的认同感"。但是，"民间"并不仅仅是指一个文化空间，它还意味和象征着民族固有的深层文化，它是表层文化的母体，源源不断地向表层文化输送丰富的养料，而表层文化也无时不从中吸收有利成分以壮大自己的肌体，加强自己的底蕴。在新秧歌剧中，权威话语通过知识分子对"民间"的主体以及生活文化进行了重塑，但忽视了秧歌的深层含义，即秧歌中所蕴含的民族固有之深层文化，新秧歌剧的创作，也摒弃了秧歌作为民族民间的一种文化存在的意义和历史性格，忽视了它存在的缘由以及对社会发展的影响，这样，对于"民间"的缔造只是体现在民间主体以及秧歌剧的内容方面，而作为民族深层文化的本质含义则严重缺失，这是我们在当前发掘弘扬民族文化时不能不记取的历史经验教训。[②]

三、陕北民间信仰研究

陕北民俗文化的研究中，有许多领域尚属刚刚起步，其中最生动、最复杂、与民众生活最为紧密的民间信仰，还很少有人涉猎和深入研究。葛兆光先生调查研究后得出的一些结论为我们认识民间信仰提供了

---

① 参见袁盛勇：《延安文人视域中的"民间艺人"——从一个侧面理解延安时期的"民间"》，《文艺理论研究》2006 年第 4 期。

② 参见毛巧晖：《新秧歌运动：权威话语对"民间"的缔造》，《中华戏曲》2008 年第 1 期。

非常耐人寻味的角度，他指出，第一，民间信仰与活动已经从地下转入地上，并且迅速向 50 年代以前的状况恢复。从内在原因上看，是民间信仰在平民思想中始终不绝的延续，在没有真正的文化提升之前，支撑信心的信仰及其形式终究要由隐而显；从外在环境上看，这是由于对弘扬传统文化发扬爱国主义的意识形态的误解、观光旅游形式为主的"文化搭台经济唱戏"的需要和民间一直需要支持信心与精神的信仰的现实三方面合力促成的。第二，传统民间信仰的基本形式依然顽强地传续下来，并且仍旧是一般民众的信仰主要的表达与实现方式，比如李景汉当年在定县调查时所描述的请大仙、信卜筮、看风水、讲禁忌等等以及敬造庙宇、供奉神像、岁时祭祀、举行庙会，各种仪式和方法竟然与数十年前完全一样。第三，除了回民地区的伊斯兰教外，在相当多汉族地区流行的信仰都缺乏经常性、宗教性的组织形式，多数是一种临时性实用性的参与活动，因此很难说这些参与者是佛教、道教、基督教还是什么宗教，也很难精确地统计出他们的数字。对于民间信仰表现出的混杂性，葛兆光先生认为根本不必追问他们信仰哪个宗教，因为对于中国的平民尤其是乡村的平民来说，他往往没有在组织上加入某一个宗教，也没有在理念上坚定地认同某一个宗教，因为他没有信仰一个排他性宗教的必要。到寺庙、道观及各种供养神鬼的地方去祭祀还愿的个人，按照人数多寡为序，是为了以下目的：1. 治病求医，常常是有了难以治愈的疾病，或无钱买药治病；2. 求生子孙，多数是女性，尤其是多次生育女孩者；3. 求发财，多数为男性，因为他们承担了更多的经济压力。作为个人行为，这些目的也许可以包含中国平民的大部分生活理想，但是，对于中国普通民众影响更大的，是作为集体性质的民间信仰活动，这种集体的民间信仰一方面与实际需要相关，如求雨的仪式，一方面与历史的传统相关，如祭鬼的活动，近来也有一些与集体的荣誉与安全相关，比如家族集体捐资修庙，正如台湾的瞿海源等人在《民间信仰与经济发展》的调查报告中显示的，台湾民间的信仰功利性很强，它以"灵验"为本位，追求的是"有求必应"，要解决的是家人平安、身体健康、事业顺利等等实际问题，对于所信仰的神灵与教义，却常常有"认知上的暧昧"，大陆情况也差不多。在对民间信仰的研究方面，存在着不容忽视的问题，正如葛兆光先生指出的那样，并不是没有人在研究民间信仰，以"民间信仰"为名的著作说少也不少了，问题是这些著作中的相当大一部分，都是在如数家珍似的开列各种民间节日习俗、风土习惯、仪式方术，一二三四，甲乙丙丁，河南河北，陕西山东，当然这也很有必要，但是现在更需要的是追寻这种信仰的背后，理解民间生活的观念。一个社会，正处在急剧的变化中，几千万人离开了土地，还有几千万人离开了熟悉的职业，他们生活的稳定背景一旦突然消失，他们靠什么支持他们的生活信心？过去有成建制的组织在维系人与人的关系，再早有家族、家庭在协调人与人的关系，在一个互相认可的关系网罗中人有安全感，如今被抛掷在外的人靠什么来获取安全感？过去有日出而作日落而息的秩序，也有上班下班领薪水过日子的秩序，有正副课、科、处、局、部构成稳定的升级秩序，也有队、社、区、县、省形成地域的管辖秩序，可是当这种秩序渐渐瓦解，人们靠什么保持对秩序的依赖和对生活的满足？"生存"、"家庭"、"幸福"这些看上去不起眼的词语，其实构成了人们生活的大半内容，也形成了社会观念的基本核心，那么日益成为人们生活一部分的民间信仰，在支持人们的信心、安全感和满足感上有什么作用，它又如何建构人们对于"生存"、"家庭"、"幸福"的观念？而且，仅仅说到这一层也还是不够的，20世纪以来，韦伯关于宗教伦理与现代化的一系列论著已经把问题推向了深入，我们不能不继续追问，这种民间信仰及其影响下的观念与精神，是否有助于现代经济的发展，是否有助于更趋合理的人际关系的形成，是否能够成为一种新的社会保障和心理支持系统。当然，正如相当多的学者所指出的，韦伯理论使得一种把传统与现代的对立起来的假设变成了似乎是不言而喻的事实。但是，如果要证明这种假设只是假设，中国传统可以在现代化进程中进行转化，或者说现代化的进程中包含了对传统的发明或对历史的追认，那么，我们首先需要对中国的民间信仰进行分析，证明它所构成的观念与行为系统有助于认同现代化的社会秩序，也有助于促进经济运作的现代形态的形成；如果要证明民间信仰是一种对抗现代性的力量，它与科学、理性以及现代式的社会格格不入，那么，也需要对民间信仰及其背后的观念系统、行为模式和风俗习惯进行分析。可惜的是，这种研究现在多数是由洋人在做，中国人不是不能做，而是因为中国的学者缺乏经费，而一次稍大规模的调查与分析，就要数以十万计的费用，也是因为中国的民间信仰研究常常习惯于现象的描述，甚至在一些民间信仰的调查研究中还不自觉地流露出一种与洋人相似的，偏于把玩和猎奇的心态。可是，正处在从传统向现代转型的动荡中的是中国，中国的利钝成败，关系着自己的命运，对于别人来说，可能中国只是一个取样分析的区域，是一个与它们不同的社会的样品，而对于我们来说，它的未来将是我们的一切，如果我们的学者仅仅注意到经典上的历史，而对真正实存的中国生活缺乏了解，我们将只能接受命运的摆布而无法掌握自己的命运。①

　　除了理论上的思考，陕北民俗研究还需要更多的学者起而践行。我们需要对于历代撰述的记叙民俗生活的民俗文献进行充分挖掘和整理，这些民俗资料可以包括两个方面的内容，一是历代文人的有关民俗的记录，如岁时记、风土记、地方民俗志、全国风俗志、笔记小说、竹枝词等，一是各种民众生活的活态文献，如民间唱本、宝卷、水利册、碑刻、家谱、契约文书等。② 其中如民间唱本类文献在陕北有着丰富的蕴藏，如民歌、道情、说书、秧歌等，而目前对于这类活态文献，我们的搜集、整理、研究还远远不够。期待着更多的有识者、有志者加入到陕北民俗的研究中来。

---

① 参见葛兆光：《认识中国民间信仰的真实图景》，《寻根》1996 年第 5 期。

② 参见萧放：《历史民俗学建设的意义、实践与规划》，《温州大学学报》2011 年第 6 期。

第二章　黄帝及其部族

司马迁《史记·五帝本纪》称"黄帝崩，葬桥山"，2005年，"黄帝陵祭典"被列入国家首批非物质文化遗产名录，之后，每年清明节，都要在陕西省黄陵举行隆重盛大的国家公祭活动，黄陵人以自己是人文初祖黄帝的守陵人而自豪。那么，黄帝与陕北究竟有着什么样的联系？

第一节　黄帝族的发祥地

史籍中有关黄帝及其部族活动的文献记载主要有以下几种：

一、《史记·五帝本纪》：

1. 与炎帝战于阪泉之野。三战，然后得其志。

2. 蚩尤作乱，不用帝命。于是黄帝乃征师诸侯，与蚩尤战于涿鹿之野，遂禽杀蚩尤。

3. 西至于空桐，登鸡头。

4. 北逐荤粥，合符釜山，而邑于涿鹿之阿。迁徙往来无常处，以师兵为营卫。

5. 黄帝崩，葬桥山。

二、《逸周书》卷六《尝麦解》第五十六：

王若曰："宗掩（掩）大正，昔天之初，［诞］作二后，乃设建典，命赤帝分正二卿，命蚩尤宇于少昊，以临四方，司□□上天未成之庆。

蚩尤乃逐帝，争于涿鹿之河，九隅无遗。赤帝大慑，乃说于黄帝，执蚩
尤杀之于中冀。以甲兵释怒，用大正顺天思序，纪于大帝。用名之曰绝
辔之野。乃命少昊请〔清〕司〔马〕鸟师，以正五帝之官，故名之质。
天用大成，至于今不乱。"

三、《国语·晋语四》：

昔少典娶于有蟜氏，生黄帝、炎帝。黄帝以姬水成，炎帝以姜水
成。成而异德，故黄帝为姬，炎帝为姜。

以上几种史料涉及的地名有 1）涿鹿、2）阪泉、3）釜山、4）空
桐、5）桥山、6）中冀、7）姬水等。其中，涿鹿也写作"浊鹿"，上谷
涿鹿县，今河北省张家口市涿鹿县，阪泉在河北省涿鹿县矾山镇上七
旗，釜山在河北省涿鹿县保岱镇，中冀在河北保定；空桐，也写作崆
峒，在今甘肃平凉；桥山、姬水在今陕北地区。

关于桥山，《汉书》卷二十八下《地理志》上郡条载：

上郡，秦置，高帝元年更为翟国，七月复故。匈归都尉治塞外匈归
障。属并州。户十万三千六百八十三，口六十万六千六百五十八。县二
十三：肤施，有五龙山、帝原水、黄帝祠四所。独乐，有盐官。阳周，
桥山在南，有黄帝冢。莽曰上陵畤。

《集解》引《皇览》曰："黄帝冢在上郡桥山。"《索隐》也称："地
理志桥山在上郡阳周县，山有黄帝冢也。"值得注意的是，秦汉上郡除
了阳周桥山有黄帝冢，肤施还有黄帝祠四所，可见陕北地区与黄帝的密
切联系。

以后虽有《括地志》称桥山在甘肃真宁县，但学者们已多有指正，
认为上郡阳周县的桥山就是现在陕西黄陵的桥山。根据《国语》的记
载，我们知道，黄帝的母亲部族是"有蟜氏"，"桥山"应该是有蟜氏活
动的中心地带或与有蟜氏有某种关系的地方，黄帝葬于桥山，或许是归
葬其母系之族，遵循的当是母系社会的习俗。此外，与黄帝同出有蟜氏
的炎帝部族生活在姜水，即今天的宝鸡一带，可以推知黄帝部族所在地

当与这一地区相距不会太远。

根据这些文献线索，学者们对于黄帝族的大致活动范围，都作出了相应的判断，如徐旭生先生认为"看古代关于姬姓传说流传的地方，可以推断黄帝氏族的发祥地大约在今陕西的北部。它与发祥在陕西西部偏南的炎帝氏族的居住地相距并不很远"，他指出黄帝族从陕北顺北洛水南下，到今大荔、朝邑一带东渡黄河，跟着中条及太行山边逐渐向东北走。徐先生还怀疑今山西南部沿黄河的姬姓建国里，有一部分就是黄帝族东迁时留下的分族，而非西周的封国。① 沈长云先生认为"冀西北、晋北及其与陕北交界一带地方皆应看作是黄帝与其部族活动的地域……我们说黄帝活动在从冀西北到陕北一带地区，是没有问题的"②。陕北、晋北和冀西北地区，被苏秉琦先生称为文化的"金三角"：

我们曾把从河曲、岱海到晋北、冀北称为又一个"金三角"，因为这里不仅是中原仰韶文化与北方红山文化结合的花朵，又是中原距今五千年前后一次巨变的风源，还是鄂尔多斯青铜文化的摇篮……对燕山南北长城地带进行区系类型分析，使我们掌握了解开这一地区古代文化发展脉络的手段，从而找到了连接中国中原与欧亚大陆北部广大草原地区的中间环节，认识到以燕山南北长城地带为重心的北方地区在中国古文明缔造史上的特殊地位和作用。中国统一多民族国家形成的一连串问题，似乎最集中地反映在这里。③

苏秉琦先生将包括陕北在内的"金三角"看作是"连结中国中原与欧亚大陆北部广大草原地区"的中间环节，是他从考古实践中得出的卓见，所谓的"内亚"视角，应该是与苏先生的这一看法一脉相承。

总之，从文献记载来看，黄帝及其部族的发祥地和主要活动范围，应该在陕北及其附近地区。

---

① 参见徐旭生：《中国古史的传说时代》，广西师范大学出版社 2003 年版。
② 参见沈长云：《黄帝、黄帝部族与黄帝发祥地》，《文史知识》2008 年第 7 期。
③ 苏秉琦：《中国文明起源新探》，三联书店 1999 年版，第 48、50—51 页。

第二节　黄帝族的族源

一、与黄帝族源有关的文献记载

1.《国语·晋语四》：

同姓不婚，恶不殖也；狐氏出自唐叔，胡姬，伯行之子也，实生重耳，成而俊才。

2.《国语·齐语》：

（齐桓公）西征攘白狄之地，至于西河。

3.《左传》成公十三年晋吕相绝秦书：

白狄及君同州，君之仇雠，而我之昏姻也。

4.《山海经》：

有北狄之国。黄帝之孙曰始均，始均生北狄。——《大荒西经》

黄帝生苗龙，苗龙生融吾，融吾生弄明，弄明生白犬，白犬有牝牡，是为犬戎。——《大荒北经》

5.《史记·匈奴列传》

（白狄）居于河西圁、洛之间。

6.《说文》：

黄帝居姬水，以姬为氏，周人嗣其姓。

7.《潜夫论·志氏姓》：

隗姓赤狄，姮（姬）姓白狄……姮（姬）即犬戎氏，其先本出于黄帝。

从以上材料可见，黄帝是姬姓部族，上一节我们已经说到陕北地区是黄帝族最初的大致活动区域。可以进一步佐证的是，《左传》、《国语》均提到晋国的婚姻部族有一河之隔的犬戎和白狄。《国语》称晋献公娶大戎狐姬而生重耳，韦昭注称"狐氏，重耳外家，与晋俱唐叔之后，别在犬戎者"，认为狐姬为犬戎，《左传》则称之为白狄，并且明确白狄与秦同处一州，在陕地。陕北子长县今仍有地名重耳川，当是其流亡之初逃亡母家的历史遗留。《山海经》则列出了世系，更明确指出白狄（北狄）、犬戎均为黄帝之后，《潜夫论》也称白狄、犬戎姬姓，其先本出于黄帝。由此可见，黄帝族应是西方、北方犬戎、白狄及周族的祖先，周人、黄帝与犬戎、白狄属于同一族群。反过来，北方戎狄尤其是白狄及周人的活动区域，也即是黄帝族活动的主要区域。齐桓公攘白狄至于"西河"，"西河"指今晋陕间黄河西岸之地，指的是齐桓公把东迁的白狄一直赶回老家。司马迁更明确白狄居于圁、洛之间，圁也写作圜，圁水即今无定河，洛则是渭水支流北洛河，圁洛之间这片区域正是今天的陕北地区。

二、考古学角度所见的黄帝族

1. 徐中舒先生认为"姬周族出自过去的白狄族，而白狄实居住在今陕北、晋北一带的黄土高原"。[①]

2. 邹衡先生认为姬周族出自陕西东北及晋西一带，他说先周文化就其人群组成来说，主要包括三大集团，其中第一个集团就是"来自东北方（陕东、晋西）的姬周集团"，并补充说，这个集团"主要是指□（天）族，另外，□族、□族也应该属于此集团。在此集团中，又以天族中的天鼋氏为主体，她可能就是文献上所见的黄帝族"。其他两个集团是指"来自西方的姜姓集团"和另一些来源复杂的居民集团（包括夏、商遗民）。[②]

3. 光社文化与先周文化

光社文化是分布于今陕西北部、内蒙古中南部及山西西部、西北部一带的青铜文化，时代约当中原夏王朝的晚期及商朝时期。以其分布于商西北方向并显示出与商文化不同的特征，学者或视之为北方狄族文

---

① 徐中舒：《先秦史论稿》，巴蜀书社 1992 年版，第 115—119 页。
② 邹衡：《夏商周考古学论文集（续集）》，科学出版社 1998 年版，第 255—260 页。

化。学者们又将其分为三个类型，即以内蒙古中南部河套地区为中心的朱开沟类型、以陕东北及晋西黄河两岸一带为中心的李家崖类型和以晋中太原、忻定盆地为中心的光社类型。其中朱开沟类型与李家崖类型年代前后相接，关系密切，具有一定的承袭关系，因此也有称其为朱开沟—李家崖文化者。而且，学者们的研究表明，关中先周文化与光社文化之间相同或相类似之处，主要发生在先周文化与李家崖文化之间。[①]

4. 李家崖文化

先周文化主要分布在关中地区西部到陇东地区。大约在商代晚期同李家崖文化发生过直接和间接的联系，如李家崖文化中的折肩罐，在风格上接近于先周文化的同类器物。另一方面李家崖遗址出土的陶豆、侈口柱状实足鬲与沣西地区出土的西周早期的陶豆和铜鬲形制接近。在绥德薛家渠遗址还出土过一块羊肩骨，有灼无钻，凿为长方形，接近西周早期卜骨。这不仅说明李家崖文化的下限有可能晚到西周初年，而且表明了李家崖文化曾经与西周文化发生过联系。[②]

5. 石峁遗址

2011 年，陕西省考古研究院等文博考古部门对位于陕西省神木县高家堡镇洞川沟附近的石峁遗址进行区域性系统考古调查，在这里发现了一处规模巨大的石砌古城。最近，通过对该城址的进一步调查及重点发掘，确认这座古城由"皇城台"、内城、外城三座基本完整并相对独立的石构城址组成，总面积达 410 余万平方米，年代在龙山晚期至夏代早期阶段，是目前所见中国史前时期最大的古城址。结合这里以前发现的数量庞大的精美玉器及其他文物考古现象，专家们纷纷表示，这座古城的发现，为中国文明起源及形成的多元性和发展过程提供了全新的研究资料。至其具体性质，专家或认为它是当时"北方一个很大的集团"，

---

① 参见沈长云：《周族起源诸说辨证》，《中国史研究》2009 年第 3 期；尹盛平：《周原文化与西周文明》，江苏教育出版社 2004 年版，第 89—92 页。
② 参见宋新潮：《殷商文化区域研究》，陕西人民出版社 1991 年版，第 116 页。

或一个"酋邦"势力范围控制的中心，也有称之为"一处区域性的中心"的。

石峁遗址属于朱开沟文化，朱开沟文化基本属于一种农耕文化，尤其在它的早期阶段，而石峁古城的始建年代正值朱开沟文化的早期。这里涉及朱开沟文化分布区域早晚期地理环境的变迁问题。学者研究，当朱开沟文化的早期，其所赖以生存的自然环境尚为森林草原景观，降水量也较多，是较适宜于农业经济的发展的，考古发现也证明其时朱开沟的农业生产已发展到较高的程度。[1] 只是到了它的后期，才因这个地方的气候变得越来越干冷，致使其自然环境向典型的草原景观转化，当地的经济也才变为半农半牧经济，而这已相当于商代开始的时期了，我们不能以后例前，说黄帝时期这里的人们就是从事畜牧业经济，甚至是"游牧经济"。可以设想，正是这样一种气候环境的变迁，才促使居住在这里的黄帝族后裔——一部分白狄族人和周人的东徙南迁，才有了后来周人在渭水流域的崛起并建立周王朝，也才有了以周人为主导的中原各古老部族的大融合暨华夏民族的形成。从这个角度看，石峁古城作为周人祖先黄帝族的居邑，也可称得上是华夏民族的发祥地。[2]

另外值得注意的是，石峁考古队还发现，在石峁古城周围数十平方公里范围内，共有十多个小的古城遗址，其面积从几万平方米到十几万平方米都有，也就是说，石峁古城并不是一座孤城，它是古城群落中尤为宏伟巨大的一座，应该具有中心的意义。还有，从石峁古城向北100多公里，即是朱开沟，向南200多公里，即是李家崖，作为朱开沟—李家崖文化的中间地带，石峁也应该有其特殊的意义。

6. 考古学上对应的陕北"黄帝时代"

黄帝因"有土德之瑞，故号黄帝"，黄帝文化应分布于中国的黄土

---

[1] 参见田广金、郭素新：《北方文化与匈奴文明》，南京凤凰出版社2004年版，第261—263，300—301页。

[2] 参见沈长云：《石峁古城是黄帝部族的居邑》，《光明日报》2013年3月25日；沈长云：《再说黄帝与石峁古城》，《光明日报》2013年4月15日。

地带、特别是黄河中游一带。据陕西省文物普查资料，全省共发现史前时期遗址 4200 余处，其中陕北的延安、榆林达 2000 余处，因此，黄帝陵所在的陕北黄土高原，是探索"黄帝文化"的重要区域之一。按照部分学者观点，黄帝时代的考古学文化对应的是仰韶文化，并把黄帝时代的年代框架界定在距今 6000 年至 5000 年前后的仰韶文化中晚期。那么，依据目前公布的调查数据看，陕西发现的仰韶文化遗址最多，达 2040 余处，主要分布在关中和陕北南部的延安地区，两地相加达 1774 处，其中耀县石柱塬遗址，面积竟达 300 万平方米，是目前仰韶文化分布区面积最大的遗址，而河南全省发现的仰韶时期遗址（包括大河村类型文化）共 633 处，其中豫西地区 153 处，目前尚未发现面积超过 100 万平方米的特大型遗址。因此，渭水及其支流泾、洛河流域，理应是仰韶文化的主要分布区和中心所在，而黄帝陵所在的陕北南部的延安地区，属洛河中上游。调查表明，这一带是仰韶文化的重要分布区之一，已发现遗址 545 处，而被认为是"黄帝故里"的河南新郑，仅发现仰韶文化遗址 9 处，最大的一处面积仅 10 万平方米。因此，如果把仰韶文化与"黄帝文化"联系起来的话，黄帝陵所在区域的考古学文化，理应是探索"黄帝文化"的不可忽视的重要地区。另一种观点则赞同以黄帝为首的"五帝时代"相当于考古学上的龙山时代（约距今 5000 年到 4000 年），随着考古发现与研究的不断深入，黄帝时期的发明创造，几乎都可在龙山时代的遗存中得到印证，因此这一观点受到越来越多的认可。若以此论，陕西共发现龙山时代遗址 2200 处，其中陕北占了 64％，而且这一区域龙山时代文化既同关中周边同时期文化相互影响，又显示出许多地域性特点，如数量较多的石城堡、窑洞式的民居和大型聚落、极具地域特色的三足陶瓷和大量精美的玉器等，近年来还发现有夏商时期的遗存，有着从史前到夏商的文化发展序列。无论"黄帝时代"在考古学上对应的是仰韶文化中晚期，还是龙山时代，陕北都有大量的相应遗存。因此对陕北大量史前遗存及夏商遗存做进一步的发掘、整理、研究，排出序列，找出典型遗迹和遗存物，以此与传世文献比照参考，从中华文明起源的多元一体格局出发，或许在黄帝研究方面会有大的进展。①

沈长云先生对石峁古城的年代与黄帝部族的关系问题，也进行了论述：

古城的发掘者不止一次声称，石峁古城建成的年代不晚于公元前2300年；黄帝作为我国进入文明前的一位部族首领，其生活的年代自应在我国第一个早期国家夏建立前不久。夏建立在公元前21世纪，则说黄帝部族生活在石峁古城建成的公元前2300年前后，应是没有什么问题的。②

其实，当我们对陕北地区史前时期的各遗址进行整体观照并与周边地区进行对照后，便会发现，陕西关中及陕北南部延安地区，已经密集分布着仰韶文化，并发展到较高程度，这种繁荣一直持续到龙山时代，稍有变化的则是，龙山时代陕北的繁荣超过了关中。结合石峁古城的发现，似乎可以认为，同在陕西的姬、姜部族，姜姓部族早期发展曾优先于姬姓部族，他们发展了相对精细的较高水平的农业，姜嫄和后稷的传说就是其代表。但后来居于北边的姬姓部族崛起，超过了姜姓部族，其原因，则可能是黄帝族较早发展形成了有效的政权管理体制和社会动员组织方式，由此在部族战争中所向无敌，最终形成为天下之宗。③ 按照这种理解，石峁古城作为"为天下宗"的黄帝的统治中心，似乎是合情合理的。至于包括其后裔周人在内的黄帝族后来逐渐南迁，应该主要是由于气候环境的变迁。

---

① 参见张宏彦：《陕北的史前文化与"黄帝文化"的考古学观察》，《光明日报》2007年4月5日理论版。

② 沈长云：《石峁是华夏族祖先黄帝的居邑》，《"黄帝陵是中华文明的精神标识"学术交流会论文集》，西北大学思想所印，2016年4月1—5日。

③ 参见李禹阶：《黄帝与古代中国的政治文明》，《"黄帝陵是中华文明的精神标识"学术交流会论文集》。该文引长沙马王堆二号汉墓出土的战国佚书《十六经·立命》：昔者黄宗（帝）质始好信，作自为象，方四面，傅一心。四达自中，前参后参，左参右参，践五（位）履参，是以能为天下宗。

第三节　有关黄帝的几个问题

一、黄帝与天鼋、天兽

《国语·周语下》伶州鸠对周景王称：我姬氏出自天鼋。

商周青铜器中如天鼋父癸卣、敕书鼎等，有由"天"与"龟鳖"组成的"天鼋"图案，郭沫若认为该图形文字旧释"子孙"不妥，实则应为国族之名，即是天鼋，亦即轩辕，轩辕为天鼋之音变，是部族图腾转而为国族之名号和氏族族徽，杨向奎、于省吾、邹衡、王晖等均赞同其说。

不仅有天鼋族，邹衡先生还从金文中发现了天族、天兽族。《姓考》中有"天，黄帝臣天老之后"的说法，《天姬自作壶》的铭文证明天族为姬姓。根据青铜器出土时代及地望，邹衡认为天族早期曾居住在陕北绥德，再迁至泾渭地区的岐山、扶风、长武一带，而黄帝墓正在绥德与岐山之间，则黄帝族早期活动地域也许就在洛河东北一带，往后才发展到泾渭地区。此外，《五帝本纪》称黄帝"教熊罴貔貅貙虎，以与炎帝战于阪泉之野"，邹衡将搜集到的天兽族族徽分为六大类，如 1）天兽鼎、2）天兽妣辛簋、3）天兽父丁鼎、4）天兽鼎、5）天兽父已瓻、6）天兽父丁爵等，认为这些不同族徽的氏族正是黄帝所率的六大氏族。[1]

除了天鼋、天兽这些青铜器出土于陕北到关中各地，最近石峁古城还出土有石雕蟾蜍，一块圆形的石头，正中雕刻头和四脚均清晰可见的蟾蜍，这个造型，让我们很自然想到陕北汉画像石横额中常见的表示月亮的图形，正与此相同。

---

[1]　参见邹衡：《夏商周考古学论文集》（第二版），文物出版社 2001 年版，第 340 页。

二、"黄帝"称谓

《尚书·禹贡》：黑水、西河惟雍州。弱水既西，泾属渭汭。漆沮既从，沣水攸同。荆、岐既旅，终南、惇物，至于鸟鼠。原隰底绩，至于猪野。三危既宅，三苗丕叙。厥土惟黄壤，厥田惟上上，厥赋中下。厥贡惟球、琳、琅玕。

帝，按照沈长云先生的解释，就是生民对于死去祖先的敬重称呼，《礼记·曲礼下》称"措之庙，立之主曰帝"可以为证。那么，黄帝，就是居住在黄土高原上的部民们的"帝"。

三、黄帝二十五子

《国语·晋语四》司空季子曰：

同姓为兄弟。黄帝之子二十五人，其同姓者二人而已，唯青阳与夷鼓皆为己姓。青阳，方雷氏之甥也。夷鼓，彤鱼氏之甥也。其同生而异姓者，四母之子别为十二姓。凡黄帝之子，二十五宗，其得姓者十四人为十二姓。姬、酉、祁、己、滕、箴、任、荀、僖、姞、儇、依是也。唯青阳与苍林氏同于黄帝，故皆为姬姓。同德之难也如是。昔少典娶于有蟜氏，生黄帝、炎帝。黄帝以姬水成，炎帝以姜水成。成而异德，故黄帝为姬，炎帝为姜，二帝用师以相济也，异德之故也。异姓则异德，异德则异类。异类虽近，男女相及，以生民也。同姓则同德，同德则同心，同心则同志。同志虽远，男女不相及，畏黩敬也。黩则生怨，怨乱毓灾，灾毓灭姓。是故娶妻避其同姓，畏乱灾也。故异德合姓，同德合义。义以导利，利以阜姓。姓利相更，成而不迁，乃能摄固，保其土房。今子于子圉，道路之人也，取其所弃，以济大事，不亦可乎？

"黄帝父子异姓的传说也就是溯论先秦时代母系家族制度的重要原始史料"[①]，一方面固然可以这样理解，但另一方面，我们如果从春秋

---

① 杨希枚：《先秦文化史论集》，中国社会科学出版社1995年版，第251页。

战国秦汉以来的许多西北部族的历史来看，所谓"同生而异姓者"，其实更多是部族发展壮大的一种自然情形，同父异母或是同母异父的兄弟们在长大以后，即面临着部族资源的分配与继承问题，斗争中失败的一方往往远徙他方，另立名号，成为不同的姓族。继承原来部族资源的则传承了原有的姓氏名号，他们与别立出去的兄弟部族被视为异姓异德异类，可以通婚，却有着各自的利益。从黄帝族的姓氏记载我们可以窥见，史前时期姓族分离本是最为常见的。少典娶于有蟜氏，而所生黄帝炎帝异姓，别为姬姜两个部族；黄帝之子二十五宗，实是四母之子，别为十二姓，也就是黄帝之后，又别为十二个部族。其中方雷氏之甥青阳，即少昊，是黄帝妻嫘祖所生，文献记载，嫘祖为西陵氏之女，或称方雷氏。西周金文证明确有"方雷"的方国，这说明西周时这一方国部族仍然存在，其地在陕西的洛河流域，[①] 属今天的陕北延安地区。青阳与夷鼓皆为己姓，则是这两部联合为己姓部族。姬姓青阳为玄嚣，与苍林氏同于黄帝，皆为姬姓，则是他们继承了黄帝部族的主体资源和政治权力，其他兄弟都是分散别立出去的，有些可能是后来组成黄帝部族联盟的主力，也有些可能从此成为敌对的方国势力。

四、黄帝、炎帝与蚩尤

《山海经·大荒北经》载：

蚩尤作兵，伐黄帝，黄帝乃令应龙攻之冀州之野。应龙畜水，蚩尤请风伯雨师纵大风雨。黄帝乃下天女曰魃，雨止，遂杀蚩尤。

炎黄两部族联合讨伐蚩尤的传说，见于上引《逸周书·尝麦》。李学勤《〈尝麦〉篇研究》指出"《尝麦》有可能是穆王初年的作品"，王晖也认为"《尝麦》最后写成时代应为西周后期。这就是说炎帝、黄帝

---

① 参见王晖：《考古学视阈下黄帝部落研究》，《"黄帝陵是中华文明的精神标识"学术交流会论文集》，西北大学思想所印，2016 年 4 月 1—5 日。

两个部族联合讨伐蚩尤的传说故事，至少在西周晚期已经广泛地流传开了"。① 值得注意的是，《尝麦》篇称"蚩尤乃逐帝"，赤帝求助于黄帝，才有了"执蚩尤杀之于中冀"。《山海经》也称黄帝蚩尤之战的起因是"蚩尤作兵，伐黄帝"。综合两条史料，可以看出，《史记·五帝本纪》称"轩辕之时，神农氏世衰，诸侯相侵伐，暴虐百姓，而神农氏弗能征，于是轩辕乃习用干戈，以征不享，诸侯咸来宾从"是有所依据的，蚩尤侵伐赤帝、黄帝以及其他部族，而神农氏不能主持公道平息战乱，于是最终有了炎黄联合击败蚩尤的事情。

黄帝与炎帝部族的战争也值得注意。前面说到，黄帝部族大约活动在陕北、晋北、冀北的北方地带，由于气候以及黄帝部落逐渐强大等原因，出现了黄帝族的南迁，于是和原本同源共祖、在对外征战中多有联合的炎帝部族出现了利害冲突，战争变得不可避免。贾谊《新书》称"炎帝者，黄帝同母异父兄弟也，各有天下之半。黄帝行道而炎帝不听，故战于涿鹿之野，血流漂杵"，《列子·黄帝》也称"黄帝与炎帝战于阪泉之野，帅熊、罴、狼、豹、貙、虎为前驱，雕、鹖、鹰、鸢为旗帜"。除了部族相争，炎黄之战或许还有另外的象征意义，即"黄帝族作为游牧民族，因草原干旱而南下，与农耕民族炎帝神农氏在今之长城脚下的涿鹿相遇，炎、黄之战，是一场农耕民族抗击游牧民族的保卫战"②。

五、黄帝纪年

从光绪二十九年（1903）起，清末革命派的刊物有以黄帝降生之年为元年进行纪年的做法。因黄帝生年无明确文献记载，因此当时使用的几种黄帝纪年略有出入，如《黄帝魂》以 1903 年为黄帝 4614 年，《江苏》等报刊则以该年为黄帝 4394 年。宋教仁以北宋邵雍《皇极经世》和清代《通鉴辑览》等书为依据，推定 1905 年为黄帝纪元 4603 年，中

---

① 王晖：《古史传说时代新探》，科学出版社 2009 年版。
② 刘毓庆：《黄帝族的起源迁徙及炎黄之战的研究》，《山西大学学报》2008 年第 5 期。

国同盟会的机关报《民报》创刊即以此署年，并在首页刊出黄帝像。武昌起义后，湖北军政府采用了黄帝纪年，各省政府也随之采用。后来革命党人讨论成立共和政府，认为用黄帝纪年与民主共和的宗旨不合。因此孙中山就任临时大总统后，即电告各省都督："中华民国改用阳历，以黄帝纪元四千六百九年十一月十三日，为中华民国元年元旦。"① 宣告黄帝纪年用至辛亥十一月十二日（1911 年 12 月 31 日）止，1912 年元旦起改从阳历。

第四节　黄帝何以成为中华民族的人文初祖

《国语·周语下》有这样一段记载：

皇天嘉之，祚以天下，赐姓曰"姒"、氏曰"有夏"，谓其能以嘉祉殷富生物也。祚四岳国，命以侯伯，赐姓曰"姜"、氏曰"有吕"，谓其能为禹股肱心膂，以养物丰民人也。……此一王四伯，岂繄多宠？皆亡王之后也。唯能厘举嘉义，以有胤在下，守祀不替其典。有夏虽衰，杞、鄫犹在；申、吕虽衰，齐、许犹在。唯有嘉功，以命姓受祀，迄于天下。及其失之也，必有慆淫之心闲之。故亡其氏姓，踣毙不振；绝后无主，湮替隶圉。夫亡者岂繄无宠？皆黄、炎之后也。唯不帅天地之度，不顺四时之序，不度民神之义，不仪生物之则，以殄灭无胤，至于今不祀。及其得之也，必有忠信之心闲之。度于天地而顺于时动，和于民神而仪于物则，故高朗令终，显融昭明，命姓受氏，而附之以令名。若启先王之遗训，省其典图刑法，而观其废兴者，皆可知也。其兴者，必有夏、吕之功焉；其废者，必有共、鲧之败焉。

这段话中最值得注意之处，是提到了古代之王伯皆为"黄炎之后"，而能够得天下为后人所怀念追想的条件是，"唯有嘉功，以命姓受祀，迄于天下"。那么，黄帝及其部族的"嘉功"，就是我们必须关注的。

---

① 《孙中山全集·第二卷·改历改元通电》，中华书局 1982 年版。

首先，黄帝族已经建立起了一系列的政治组织制度。《左传》昭公十七年载：

邻子来朝，公与之宴。昭子问焉，曰："少暤氏鸟名官，何故也？"郯子曰："吾祖也，我知之。昔者黄帝氏以云纪，故为云师而云名；炎帝氏以火纪，故为火师而火名；共工氏以水纪，故为水师而水名；大暤氏以龙纪，故为龙师而龙名。我高祖少暤挚之立也，凤鸟适至，故纪于鸟，为鸟师而鸟名：凤鸟氏，历正也；玄鸟氏，司分者也；伯赵氏，司至者也；青鸟氏，司启者也；丹鸟氏，司闭者也。祝鸠氏，司徒也；鸤鸠氏，司马也；鸤鸠氏，司空也；爽鸠氏，司寇也；鹘鸠氏，司事也。五鸠，鸠民者也。五雉为五工正，利器用、正度量，夷民者也。九扈为九农正，扈民无淫者也。自颛顼以来，不能纪远，乃纪于近。为民师而命以民事，则不能故也。"仲尼闻之，见于郯子而学之。

黄帝为云师而云名，虽没有具体记录，但以少暤氏以鸟名官类比，可知"为云师而云名"说的是以云名官，设官分职，统领众事。政治组织的相对成熟，说明此时黄帝族已经开始跨入了文明的门槛。

其次，黄帝族取得了武力征伐的巨大胜利。文明相对成熟的部族，当时并不只有黄帝族，炎帝、共工、太暤、少暤都发展起了相应的政治组织模式，但这些部族却在最终的武力征伐中衰败下来，只有黄帝族，屡战不败，成为不折不扣的战神。不仅有上面说到的阪泉之战、涿鹿之战，还有其战胜青帝、白帝、赤帝、黑帝等四帝的传说，银雀山汉简《黄帝伐赤帝》称黄帝在东南西北分别战胜了青赤白黑四帝，《孙子·行军》也曾经提到"黄帝之所以胜四帝"，"今天看来，也许在黄帝的时代还没有青帝、白帝、赤帝、黑帝这些说法，但是黄帝到东南西北进行的战争最后征服了四方却得到了考古学上的证明"。[1] 此外，与黄帝有关的资料中，往往也可见刑德、征伐等与武力相关的说法，如张家山汉简

---

[1] 王晖：《考古学视阈下黄帝部落研究》，《"黄帝陵是中华文明的精神标识"学术交流会论文集》，西北大学思想所印，2016年4月1—5日。

《盖庐》讲"黄帝之征天下也"，《尉缭子·天官》载梁惠王问尉缭子曰"吾闻黄帝有刑德，可以百战百胜，其有之乎"，《黄帝四经》有"凡戮之极，在刑与德"、"春夏为德，秋冬为刑，先德后刑以养生"等。战无不胜的最后结果，大约类似于《尚书·舜典》所称"流共工于幽州，放驩兜于崇山，窜三苗于三危，殛鲧于羽山，四罪而天下咸服"，于是有"黄帝四面"的说法：

子贡曰："古者黄帝四面，信乎？"孔子曰："黄帝使合己者四人，使治四方，不计而耦，不约而成，此之谓四面。"①

黄帝四面，就是最后可以统辖四方，为天下宗，这样的结果是经由流血漂杵百战百胜才得来的。

关于黄帝为什么能成为华夏之祖，学者有两种解释殊途一致。王晖先生认为，黄帝出于华族，华族最初可能活动在以华山为中心的陕西一带，《史记·秦本纪》称少典氏有女名"女华"可以为证。华族文化以"圆点勾叶纹彩陶和小口尖底瓶为特征"，这种花瓣纹图案属于仰韶文化庙底沟类型，后来随着黄帝族四方征伐的胜利，庙底沟文化得以大扩张，被征服部落接受了花瓣纹，表示自己臣属于华族，黄帝人文始祖的地位就这样确定了下来。②

沈长云先生认为华、夏二字音通用，而夏有大的意思，周人在反商斗争中常常自称"夏"，以显示自己作为西方盟主的声威。周灭商后，分封诸侯，各封国就称作"诸夏"，以后的文献又称之为"诸华"，或华夏连称。至于华夏诸族的共同祖先，当然就是周人的祖先，也就是黄帝。换句话说，黄帝本为姬周族的始祖，周人统治了天下，并以周人为主导，融合其他各部族，发展为新的华夏民族共同体，因此黄帝也就变成了整个华夏民族的始祖。

---

① 《太平御览》卷七九又三六五引《尸子》。

② 王晖《考古学视阈下黄帝部落研究》，《"黄帝陵是中华文明的精神标识"学术交流会论文集》。

黄帝作为中华民族的人文初祖，历经数千年，除了历史的成因外，还有人文的原因，其中最重要的我们可以举三条来说。

一、史家认可黄帝为华夏之祖

源远流长的史学传统对于凝聚中华民族、传承中华文明向来起着重要作用。《史记》创"本纪"以序历代帝王，十二本纪以五帝本纪开篇，而五帝又以黄帝为首，这一创制意义重大。"古史传说从伏羲、神农到黄帝，表现了中华文明萌芽发展和形成的过程。《史记》一书沿用了《大戴礼记》所收《五帝德》的观点，以黄帝为《五帝本纪》之首，可以说是中华文明形成的一种标志。"[1] 从《史记·五帝本纪》开始，历代史家著通史，多沿袭这一成法，如《通典·序》称"故采五经群史，上自黄帝，至于我唐天宝之末"，《文献通考·帝系考一》称"帝号历年，首列黄帝"。因为史学家的认可和史书的广泛传播，"自从盘古开天地，三皇五帝到如今"就成了我们中华民族叙述自己初始历史的基本模式。

二、历史上许多个人和民族自认黄帝为始祖

1. 《国语·鲁语上》载："故有虞氏禘黄帝而祖颛顼，郊尧而宗舜。夏后氏禘黄帝而祖颛顼，郊鲧而宗禹。"则是有虞氏、夏后氏奉黄帝为祖。

2. 战国齐威王自认黄帝为始祖

齐侯因咨镦铭文：

唯正六月癸未，陈侯因咨曰：皇考孝武（桓）公恭哉！大（谟）克成。其惟因咨扬皇考，（昭）（緟）高祖黄啻（帝）、休嗣（桓）、文，朝（问）诸侯，（答）扬厥德。诸侯寅荐吉金，用作孝武（桓）公祭器镦，以登以尝，保有齐邦，世万子孙永为典用。

---

[1] 李学勤：《走出疑古时代》（修订本），辽宁大学出版社 1997 年版，第 41 页。

齐威王的田齐氏就是西周春秋时在陈国的妫姓陈氏，但文献中提到妫姓陈氏最早的先祖是颛顼、虞舜，并无言及黄帝。如《左传》昭公八年史赵云："陈，颛顼之族也。岁在鹑火，是以卒灭，陈亦如之。……自幕至于瞽瞍无违命，舜重之以明德，置德于遂。遂世守之。及胡公不淫，故周赐之姓，使祀虞帝。"那么，齐威王以黄帝为高祖，究竟有无根据呢？

王晖先生对这一问题有过精辟分析，他指出，《国语·鲁语上》载"有虞氏禘黄帝而祖颛顼，郊尧而宗舜"，《大戴礼记·帝系》称帝舜的世系为黄帝——昌意——帝颛顼高阳——穷蝉——敬康——句芒——蟜牛——瞽叟——帝舜重华，这说明"禘黄帝"在有虞氏的祀谱中是存在的，但西周春秋时陈国只能祭祀帝舜，却是由周礼规定的。《尔雅·释天》称"禘，大祭也"，《礼记·大传》称"礼，不王不禘。王者禘其祖之所自出，以其祖配之。诸侯及其大祖"，《礼记·丧服小记》也称"王者禘其祖之所自出。以其祖配之"。也就是说，西周春秋时陈国作为诸侯，只能祭其祖，而不能祭其祖所自出。战国中期齐威王已为诸侯霸主，俨然王者自居，所以用"禘黄帝"这一周礼中最高的祭祀等级来表明自己的身份地位，应该讲，与八佾舞于庭实是同一性质。僭越与否可另当别论，黄帝作为高祖却并不是冒认的。[1]

3. 秦楚均以黄帝为祖

《史记·秦本纪》载"秦之先，帝颛顼之苗裔"，秦景公一号大墓出土石磬铭文称"高阳有灵，四方以鼏"，说明秦也是以黄帝为自己先祖的。屈原《离骚》称自己"帝高阳之苗裔兮"，则楚与秦一样也自认为黄帝后裔。秦景公公元前537年去世，屈原公元前278年去世，尤其是秦景公，远在春秋时期，说明传说中的黄帝世系自有古老渊源和真实素地，并非全是战国开始的"百家言黄帝"的思想运动塑造所致。

---

[1]　参见王晖：《古史传说时代新探》，科学出版社2009年版。

4. 王莽新朝追溯初祖为黄帝

新莽量器铭云："黄帝初祖，德币于虞；虞帝始祖，德币于新。"《汉书·王莽传》王莽自述世系"予以不德，托于皇初祖考黄帝之后，皇始祖考虞帝之苗裔"。东汉以来，今文学家多斥之为伪。徐中舒先生则以齐威王追溯世系为例，认为"今出土陈侯因咨敦竟以黄帝为陈氏高祖，与莽说合，此可证莽说并非全无所本"。王晖先生同意这一看法，认为这是一个祭礼等级问题，王莽未称帝之前是不能提及"初祖"黄帝的，更不能以禘礼去祭祀黄帝，不然就触犯僭越的大逆之罪；王莽称帝之后又不能不追溯"黄帝初祖"，不能不以禘礼去祭祀黄帝。这种情况也不能以伪造家谱视之。[①]

5. 北魏及诸多游牧民族以黄帝为祖

《魏书·序记》载：

昔黄帝有子二十五人，或内列诸华，或外分荒服。昌意少子，受封北土，国有大鲜卑山，因以为号。其后世为君长，统幽都之北，广漠之野。畜牧迁徙，射猎为业，淳朴为俗，简易为化，不为文字，刻木纪契而已。世事远近，人相传授，如史官之纪录焉。黄帝以土德王，北俗谓土为托，谓后为跋，故以为氏。

此外，《魏书·卫操列传》称"魏，轩辕之苗裔"，《北史·魏本纪》也称"魏之先出自黄帝轩辕氏"。这些记载，固然可以认为是出于政治需要的附会，但是，考虑到黄帝部族的族源及其发祥地，或许也有所依据。即便是附会，也可见到这一时期，黄帝已经具有一种巨大的文化凝聚力。

其他如《晋书·慕容廆载记》称"其先有熊氏之苗裔"，《晋书·姚弋仲载记》称"其先有虞氏之苗裔"，《晋书·赫连勃勃载记》勃勃自称"朕大禹之后"，可见各族都是以黄帝苗裔自称的。

除了正史的记载，我们还可以从出土墓志中体会拓跋及各族人祖述

---

① 参见王晖：《古史传说时代新探》，科学出版社 2009 年版。

皇帝的真实表述，如《北魏故侍中太傅领司徒公录尚书事北海王（元祥）墓志铭》称"纂乾席圣，启源轩皇，婵联万祀，缅邈百王"，《魏故宁陵公主墓志铭》称"遥源远系，肇自轩皇"，《魏故持节后将军肆州刺史和（邃）君墓志铭》称"其先轩皇之苗裔"，《大魏车骑秘书郎侯（憎）君墓志铭》称"其先盖黄帝之苗裔"，《大齐魏（懿）翊军墓志铭》称"盖轩辕黄帝之苗裔"，① 《王（真保）司徒墓志铭》称"实轩辕之裔，后稷之胄"，② 《安伽墓志》称"其先黄帝之苗裔，分族因居命氏"，③ 《元洪敬墓志》称"帝系传绪，轩辕启基，衣裳以治，兵甲兴师"。④

经过魏晋南北朝的熔铸，黄帝为各族各系的始祖已经不言而喻，唐宋以后，姓氏谱牒之学大盛，而均本于五帝，郑樵《通志·三皇纪》称"黄帝在位百年，五帝三王，皆黄帝之裔也"，《辽史·世表》称"炎帝氏、黄帝氏子孙众多，王畿之封建有限，王政之布濩无穷，故君四方者，多二帝子孙，而自服土中者本同出也"，马端临《文献通考·帝系考·皇族》称"盖古之仁者世禄，而五帝三代之世系，未有不出自黄帝者也"。黄帝作为人文初祖的文化认同已经没有疑义了。

三、历代帝王和政府的祭祀

对黄帝的祭祀，大概从黄帝死后就已经开始了，《竹书纪年》称黄帝崩，其大臣左彻"削木为黄帝之像，帅诸侯朝奉之"，《汉书·地理志》称上郡肤施有黄帝祠四所，《史记·封禅书》称秦灵公曾"作吴阳上畤，祭黄帝"。不过，见于记载的第一次到桥山黄帝陵祭祀的则是汉

---

① 参见赵超《汉魏南北朝墓志汇编》，天津古籍出版社 1992 年版，第 54、57、207、210、467 页。

② 参见秦明智、任步云：《甘肃张家川发现（大赵神平二年）墓》，《文物》1975 年第 6 期。

③ 参见尹申平等：《西安发现的北周安伽墓》，《文物》2001 年第 1 期。

④ 参见罗新、叶炜：《新出魏晋南北朝墓志疏证》，中华书局 2005 年版，第 176 页。

武帝。《史记·武帝本纪》载元封元年冬,汉武帝自云阳出发,北经上郡、西河、五原,出长城,登单于台,至朔方,耀兵北境,旌旗千余里,"还,祠黄帝于桥山。"《史记·封禅书》则称:

遂北巡朔方,勒兵十余万,还祭黄帝冢桥山,释兵须如。

武帝先是耀兵北境,回来的路上才登上了桥山,告祭这位百战百胜的先祖,自然意味深长。桥山此时有无黄帝祠不得而知,但当时人是知道这里为黄帝冢的,因此才有武帝和大臣的对话。

武帝这次登桥山祭祀黄帝冢开启了后世帝王祭祀黄帝的"汉故事",王莽即位,为黄帝立"太初祖庙",规格最高,《汉书·王莽传下》称"九庙,一曰黄帝太初祖庙……太初祖庙东西南北各四十丈,高十七丈,余庙半之"。

唐代宗大历四年(769),"坊等州节度使臧希让上言,坊州有轩辕皇帝陵阙,请置庙,四时享祭,列于祀典。从之"。[①] 可知从此时起,在桥山置黄帝庙,并将黄帝祭祀正式列入祀典。宋太祖开宝五年(972),令有关官员负责修葺前代帝王庙,其中就有坊州黄帝庙,大约当地官员借此次诏令,将黄帝庙址由原来的桥山西麓移建于今址,并由名臣李昉撰写了《黄帝庙碑序》,[②] 官方祭祀绵延不绝。

值得一提的是,祭祀黄帝陵往往还有祭文,现在可见最早的是明代朱元璋洪武四年(1371)的祭文,内容如下:

皇帝谨遣中书管勾甘,敢昭告于黄帝轩辕氏:朕生后世,为民于草野之间。当有元失驭,天下纷纭,乃乘群雄大乱之秋,集众用武。荷皇天后土眷佑,遂平暴乱,以有天下,主宰庶民,今已四年矣。君生上古,继天立极,作烝民主,神功圣德,垂法至今。朕兴百神之祀,考君陵墓于此,然相去年岁极远;观经典所载,虽切慕于心,奈禀生之愚,时有古今,民俗亦异。仰惟圣神,万世所法,特遣官奠祀修陵,圣灵不

---

① 《文献通考·宗庙考》记此事于唐代宗大历五年。
② 见民国《黄陵县志》。

昧，其鉴纳焉！尚飨！①

此后历明清至民国，官方多有祭陵，民国肇造，孙中山先生遣代表团致祭黄帝陵，并写有"中华开国五千年，神州轩辕自古传。创造指南车，平定蚩尤乱。世界文明，唯有我先"的简短祭文。1937年，国共两党共祭黄帝陵，毛泽东也写有祭文：

中华民国二十六年四月五日，中华苏维埃政府主席毛泽东、人民抗日红军总司令朱德、敬遣代表林祖涵，以鲜花时果之仪致祭于中华民族之始祖轩辕黄帝之陵，而致词曰：

赫赫始祖，吾华肇造。胄衍祀绵，岳峨河浩。聪明睿知，光被遐荒。建此伟业，雄立东方。

世变沧桑，中更蹉跌。越数千年，强邻蔑德。琉台不守，三韩为墟。辽海燕冀，汉奸何多！

以地事敌，敌欲岂足？人执笞绳，我为奴辱。懿维我祖，命世之英。涿鹿奋战，区宇以宁。

岂其苗裔，不武如斯：泱泱大国，让其沦胥？东等不才，剑屦俱奋。万里崎岖，为国效命。

频年苦斗，备历险夷。匈奴未灭，何以家为？各党各界，团结坚固。不论军民，不分贫富。

民族阵线，救国良方。四万万众，坚决抵抗。民主共和，改革内政。亿兆一心，战则必胜。

还我河山，卫我国权。此物此志，永矢勿谖。经武整军，昭告列祖。实鉴临之，皇天后土。

尚飨！

数千年前孕育黄帝及其部族的陕北高原，始终与中国历史的发展密切相关。

---

① 见民国《黄陵县志》。

第三章　汉画像石与汉代陕北

　　陕北是汉画像石的富集地之一，目前，已有榆阳、神木、米脂、绥德、吴堡、清涧、子洲、靖边等8个县区出土有汉画像石，共存汉画像石905块，成为全国几个发现画像石的主要地区之一。陕北画像石的发现基本上是新中国成立后的事，新中国成立前发现得很少。1920年前后，陕北出土的"故雁门阴馆丞西河圜阳郭仲理之椁"和"圜阳郭季妃"画像石首次在《艺林月刊》上披露出来，这是陕北发现画像石的最早记录，但是没有明确的发现地和出土墓葬。从20世纪40年代以来，陕北陆续发现和出土了大量的汉画像石，尤其以无定河流域的绥德、米脂为最。起初陕北人因修窑动土等挖出的汉画像石，并没有人特别稀罕，因为陕北人认为这些出自墓室的东西，是属阴的，而阴宅的东西生人没法利用，不吉利。但这些挖出的画像石又着实是比较好的石材，扔了可惜，于是往往会有老乡把画像石垒了猪圈或厕所。不过，20世纪初甲骨文、敦煌文书、清内阁大库档案等史料的大发现，引发了学者们对于史料的高度关注，史料范围也在逐步扩大，于是，汉画像石也逐渐进入了学者们的视野，成为了解汉代历史文化的最重要的实物资料之一，陕北汉画像石也由此越来越引起人们的极大兴趣。正如北大汉画研究所的朱青生教授所说：绥德汉画是古代留下来的消息，文字漫漶之后，风沙抹去了地面上的遗址。千年的形象、万古的怅恨和人间的敬仰，保留在墓道里的石刻彩画之中，让后人由此追溯自己的祖先。而且步步深究，甚至可以把人性不变的本质，在无言的图画之间体验。绥德汉画像是中国汉画的一个重要组成部分，绥德消息与其他汉画一道，给我们今天一种可能，由此我们可以重新建造汉家雄风、大国渊源。① 更因为关于陕北的文献资料特别稀少，所以陕北出土的大量汉画像石就成为我们探究陕北历史文化渊源的最重要凭借。目前发现的画像石大都集中在东汉中期永元二年（90）到永和五年（140）之间，即东汉政府统治这里的时期，没有如河南和山东汉画像石一样的发生、鼎盛、衰落的完整的发展轨迹。

第一节　陕北汉画像石的来源

陕北、晋西北画像石的来源问题，一直很受大家关注。陈根远先生1993年便撰文《陕北东汉画像石渊源》，认为陕北汉画像石来自山东，②后来又屡申此说，认为陕北东汉画像石不是原生，而是引进，它的来源就是山东。其重要证据之一就是"郭君夫人画像石题记"。我们先看看陈根远先生的论述：

1995年，《陕西汉代画像石》刊载1980年发现于绥德四十里铺的汉画像石墓材料，原石现存绥德博物馆。为研究陕北东汉画像石来源提供了重要信息。墓中纪年石上阳刻"大高平令郭君夫人室宅"，清楚表明墓主人的丈夫郭某曾任山东高平县的县令。而高平在东汉属山阳郡，在今山东邹县西南，这里是画像石的中心之一，石工巧匠享有盛誉，时人每以能延请到高平石工为家人建造画像石墓而引以为豪，远近不同的人们都到高平延请画师石工，并待若上宾，可见高平名工影响之广。而高平石工之盛名或说高平刻石之传统绝非一日之功。大高平令郭君夫人墓画像石从风格考察当刻于永元元年（89）至永初二年（108）陕北画像石的繁荣期。比前述两个由山东高平工匠参与建造的画像石约早五六

---

① 朱青生：《绥德消息》，见《绥德文库·汉画像石卷》，中国文史出版社2004年版，第512页。

② 陈根远：《陕北东汉画像石渊源》，《中学历史教学参考》1993年第8—9期合刊。

十年，这些画像石皆由减地平面阳刻技法刻成，且减地较浅，减地部分用刻刀浅浅铲去。而研究表明，在山东减地平面阳刻技法滥觞于章帝（76—88）以前甚至可至两汉之交，故此我们有理由相信，早在和帝时期（89—105）山阳郡高平县已有了善于石雕的传统，在丧葬方面，当时该地盛行画像石墓，而且减地平面阳刻又是最时兴的刻法。故其间在高平任县令的原籍西河郡（今陕西绥德）的郭某妻子去世，郭县令于是按照当时的归葬传统，按照当时引领丧葬时尚的山东画像石墓样式，聘请自己任职的高平石工到家乡西河郡为亡妻修建画像石墓，是自然而然的事情，是另一种意义上的"衣锦还乡"。而就是在陕北人到山东做官、贸易、山东人到陕北实边之类的人员交流中，在山东已经流行约 200 年的汉画像石传到了盛产石板的陕北地区。①

这块画像石既然是陈根远先生山东来源说的重要依据之一，因此我们有必要对这块刻石进行一些详细了解。

郭君夫人画像石题记，1980 年 5 月在绥德县四十里铺乡四十里铺村出土，今存绥德县博物馆。砂质岩，为汉墓前后室过洞之中柱石，上有横额，并有左右竖石。中柱石高 134 厘米，宽 19 厘米，厚 6 厘米，宽边框，上饰几何纹图案，内为剔地浅浮雕，阳刻篆书，共 1 行 10 字，文曰"大高平令郭君夫人室宅"。②

郭君曾任高平令是无疑的，那么，高平就是山东的高平吗？为了确定"高平"在哪里，我们需要做一些考证。

根据《汉书·地理志》上、下所记，西汉时有三地曾被称为"高平"。其一，兖州山阳郡（武帝建元五年别为郡）有橐县，王莽时改称高平；其二，临淮郡（武帝元狩六年置）有高平侯国，王莽时改称成丘；其三，安定郡（武帝元鼎三年置）有高平县，为郡治所在，王莽时改称铺睦。

---

① 陈根远、王艺：《陕北东汉画像石的来源问题》，《陕西日报》2005 年 10 月 21 日。
② 康兰英主编：《榆林碑石》，三秦出版社 2003 年版，第 18 页。

根据《后汉书·郡国志五》，东汉时有两个地方被称作"高平"。其一，山阳郡有高平侯国，故橐，章帝更名；其二，安定郡有高平县，县有第一城。

前后汉比照，西汉临淮郡的高平侯国到东汉时已经省减，西汉山阳郡的橐县，王莽时一度改称高平县，到东汉章帝时更名橐县为高平，其实是恢复王莽时名称，不过《郡国志》称其为侯国，那么侯国长官应是高平相，而不是高平令。由此综合来看，东汉时有高平县的，在永和五年（140）以前其实只有安定郡，也就是说，陕北这位大高平令，只能是安定郡高平县的高平令，而安定郡高平县治所，即今天的宁夏固原。①

郭君夫人画像石题记中提到的高平既是安定郡高平县，那么当然不能作为西河郡的郭君曾在山东任职的证据，也就谈不到郭君将山东的石匠延请到陕北为其夫人修筑画像石墓。那么，汉代陕北人有没有去山东当令长丞尉的？我们也考察一下。

东汉西河、上郡辖地，大致即为今天陕北所在地。严耕望先生根据史传碑刻所见三百六十余任地方令长丞尉之籍贯，列出《汉代知籍县长吏表》②，在这个表中，三百六十任令长丞尉中，出自陕北的只有一位，名叫樊玮，上郡白土人，据《白石神君碑》，樊玮曾任常山郡元氏左尉，③ 常山郡属冀州。严先生未见的可知籍贯的县长吏还有几例，今据文献及出土汉画像石、碑铭以补之：

宋人洪适《隶续》卷十二，录有汉末太尉刘宽的两位门生，属于陕北人外任地方官：

---

① 吴镇烽先生亦持此说，参见其《秦晋两省东汉画像石题记集释——兼论汉代圜阳、平周等县的地理位置》，《考古与文物》2006年第1期。另按，严耕望先生《秦汉地方行政制度》一书附表中，列有汉末服虔（河南荥阳人）曾任山阳郡高平令，又《三国志·魏书·满宠传》称满宠山阳昌邑人，"守高平令"，则或是汉末曾改高平侯国为县而文献失载。
② 严耕望：《秦汉地方行政制度》，台湾"中央研究院"历史语言研究所1990年版。
③ 洪适：《隶释·隶续》隶释卷三，中华书局1986年版。

1. 陕令上郡奢延郭硕升公

2. 良乡长西河圜阳田植君长

陕为弘农郡属县，良乡则为幽州涿郡属县。

据《鲜于璜神道碑》有"上郡王府君察孝"语，[①] 鲜于璜为渔阳郡人，则王府君亦为外任地方官的陕北人。另《仓颉庙碑》[②] 有"朔方太守上郡仇君察孝，除郎中、太原阳曲长"，则仇君亦为陕北人：

1. 渔阳郡守上郡王氏

2. 朔方太守上郡仇氏

陕北所出汉画像石所见外任之陕北人，除上举郭君曾任安定高平令外，尚有六位：

1. 乐君画像石题记（98），1974 年 10 月出土于绥德县四十里铺乡四十里铺村前街，原石现存绥德县博物馆，为墓室后室口中柱石，高121 厘米，宽 17 厘米，厚 9.5 厘米，阳刻篆书 1 行，共 15 字，文曰："徐无令乐君永元十年造作万岁吉宅"。

2. 王威画像石题记，1983 年出土于陕西绥德县黄家塔 4 号墓，原石现存绥德县博物馆，为墓室横额，长 193 厘米，宽 38 厘米，中间为汉印形式的正方形竖排列三行阴刻篆体，文曰"使者持节护乌桓校尉王君威府舍"。

3. 牛季平画像石题记（139），1978 年出土于陕西米脂县城郊官庄村，原石现存米脂县博物馆，为墓室前后室间立柱，高 106 厘米，宽13 厘米，阴刻隶书 1 行 32 字，文曰"永和四年九月十日癸酉河内山阳尉西河平周寿贵里牛季平造作千万岁室宅"。[③]

4. 辽东太守画像石题记（90），1983 年 8 月出土于陕西绥德县黄家塔 7 号墓，原石现存绥德县博物馆。东耳室横额，长 178 厘米，宽 38

---

① 张传玺：《东汉雁门太守鲜于璜碑铭考释》，《北京大学学报》1984 年第 2 期，第 50—第 51 页。

② 王昶：《金石萃编》卷十，中国书店影印本。

③ 康兰英主编：《榆林碑石》，三秦出版社 2003 年版，第 5、17、15 页。

厘米，左边阴刻篆书，文曰"辽东太守右府"；西耳室横额，长191厘米，宽38厘米，前后两端有题记，均减地阳文，字体略呈鸟虫篆，右边文曰"辽东太守左宫"，左边分两行，第一行文曰"永元二年大岁在卯造"，第二行文曰"巧工王子□作"。

5. 郭仲理画像石题记，1920年前后发现于陕北境内，原石现藏北京大学，为墓门横额，长164厘米，宽34厘米，减地雕刻。画面下栏中有阴刻隶书题记，文曰"故雁门阴馆丞西河圜阳郭仲理之椁"。[①]

6. 木孟山画像石题记，2005年出土于陕西米脂县官庄村，原石现存榆林市文研所，为二号墓室中柱石，高162.5厘米，宽16.5－12厘米，厚7.5厘米，阴刻篆隶混合书体铭文1行30字，文曰"故大将军掾并州从事属国都尉府丞平周寿贵里木君孟山夫人德行之宅"。[②]

以上十二人，均为上郡、西河郡人，即今陕北人，他们都曾任职他乡。郭君任职的高平县在安定郡，乐君任职的徐无县在右北平郡，其他几处如辽东、雁门、朔方、常山、渔阳也均属边郡，河内山阳虽属司隶，但《汉书·地理志上》称"东太行山在西北"，而且牛季平任山阳尉显然也是主管军事；护乌桓校尉，西汉武帝时置，《后汉书·张奂传》注引《汉官仪》称"乌桓校尉屯上谷郡宁县"；木孟山则历任大将军掾、并州从事、龟兹属国都尉府丞等职。总之，以上诸位陕北籍官员均任职于西北边地，且以担任军职为多。

以画像石题记与严耕望先生所做统计进行对照，同样可以发现，汉代上郡、西河郡人几乎不太可能任职于现今山东地区的郡县。这也与严先生总结的汉代官吏任职籍贯分布情况相符合。严先生称，汉代"中央任命之各级监官长吏不用本籍人——刺史不用本州人；郡守国相等不用本郡国人；县令长丞尉不但不用本县人，且不用本郡人"，但是，虽不

---

① 李贵龙：《绥德文库·汉画像石卷》，中国文史出版社2004年版，第96—105、488—490页。

② 榆林市文物保护研究所、榆林市文物考古勘探工作队：《米脂官庄画像石墓》，文物出版社2009年版，第80—84页。

用本籍人，却往往"以邻近郡国为多"①。以上诸位陕北人大多任职邻近的西北诸边郡，任职内郡者，最远亦不过司隶所属弘农陕县、河内山阳。了解了这一点，也就知道汉代陕北人是很少有机会到山东去做官的。这种情况也与汉代"关东出相关西出将"的谣谚相吻合，关西之人多以军事武职见长，所以多在边郡各地沙场驰骋，而很少有机会莅临文化繁盛的关东各地。

除了以上几例曾在邻近郡县任职外，大部分有题记铭文的汉画像石墓主都属于当地郡县属吏或普通百姓，并不曾外任他乡。也罗列在下：

1. 田魴画像石题记（92）。文曰：西河太守都集掾圜阳富里公乘田魴万岁神室。永元四年闰（三）月廿六日甲午，卒上郡白土。五月廿九日丙申，葬县北鸲亭郡大道东高显冢营。哀贤明而不遂兮，嗟痛淑雅之夭年。去白日而下降兮，荣名绝而不信。精浮游而踉跄兮，魂飘摇而东西。恐精灵而迷惑兮，歌归来而自还。掾兮归来无妄行，卒遭毒气遇凶殃。

2. 杨孟元画像石题记（96），西河太守行长史事离石守长杨君孟元舍。永元八年三月廿一日作。

3. 王得元画像石题记（100），永元十二年四月八日，王得元室宅。

4. 郭元通画像石题记（100），永元十二年，西河府史郭元通吉宅。

5. 郭稚文画像石题记（103），永元十五年三月十九日造作居，圜阳西乡榆里郭稚文万岁室宅。

6. 任孝孙画像石题记（104），永元十六年三月廿五日甲申，西河太守掾任孝孙之室。

7. 张文卿画像石题记（104），西河圜阳张文卿，以永元十六年十月，造万岁堂张公寿堂。

8. 王圣序画像石题记（104），王圣序万岁室宅。永元十六年十二

---

① 参见严耕望：《秦汉地方行政制度》，台湾"中央研究院"历史语言研究所1990年版，第357、347页。

月一日祖下。

9. 田文成画像石题记（106），西河太守掾圜阳榆里田文成万年室。延平元年十月十七日葬。

10. 牛文明画像石题记（107），永初元年九月十六日，牛文明于万岁室。长利子孙。

11. 司马衬红画像石题记（138），永和三年四月廿日，司马衬红张宅舍。

12. 贾孝卿画像石题记，西河太守盐官掾贾孝卿室宅。①

这些有题记的画像石墓主，大多为郡县属吏或普通平民，他们未曾外任，却也都使用了画像石墓，显然他们并不方便从山东聘请工匠来陕北修造画像石墓，也很难认定是受到了山东画像石墓的影响。

综上所述，东汉永和五年（140）以前，能被称为"高平"的只有山阳郡的高平侯国和安定郡的高平县，因此，1980年绥德出土的"大高平令郭君夫人室宅"画像刻石中的郭君，只能是与陕北毗邻的安定郡高平县令，其县治即今宁夏固原；东汉地方守令任职虽有极严格的籍贯限制，但大抵遵循就近原则，边郡尤其如此，因此西北边郡之人很少有机会到兖豫一带任职。持陕北东汉画像石山东来源说者，认为陕北籍人到山东一带任官因此将山东汉画像石带入陕北，这一论据是站不住脚的。

一个地方的丧葬习俗是在漫长的历史中逐渐形成的，除非遇到行政、法令或军事的重大变革，一般不会受到偶然因素的左右。汉画像石是服务于丧葬礼仪的，它的兴起应该有其自身的原因。另外，我对于陕北东汉画像石的"山东来源说"产生质疑还另有原因。首先，陕北汉画像石相对稳定的位置规律与山东汉画像石不同；其次，两地画像石题材内容不同；再次，两地画像石装饰纹样的主要特点不同；最后，陕北画像石若果然是受山东影响而起的，那么至少应该有个过渡期，过渡期汉

---

① 以上12例均见康兰英《榆林碑石》。

画像石的诸多方面应该更多具有山东画像石的特点，但统观陕北汉画像石，从其娴熟的雕刻技法、优美的构图来看，其强烈的独特个性不能不给人留下深刻印象，很难想象是刚操此业的石工所能胜任的。由于史料所限，我们虽不能断言陕北汉画像石墓为何在这一时期兴起，其原生的动因是什么，但却可以大致排除其来自山东等地的可能。

第二节　陕北汉画像石中的佛教因素

近年来不少学者都对陕北汉画像石作了较为细致深入的研究，其中香港中文大学王苏琦博士通过对汉代早期佛教图像与西王母图像的比较，认为早期佛教图像实践与西王母图像有着密切联系。他把早期佛教图像分为三类：A类，佛坐像或佛立像；B类，与佛教教义、实践相关的图像或象征物，如佛塔、力士、莲花、白象等；C类，与佛教有关的外围图像以及吸收一定佛教图像元素的混合式图像，如胡人俑、白毫人物等。具体到陕北，王博士认为陕北区的西王母图像集中于东汉中期，该地区并无早期佛教图像分布，如同河南一样，因为后来不再流行西王母图像，所以陕北也成了早期佛教图像的空白地带。[①] 我们认同早期佛教图像与西王母图像有密切关联的观点，不过，根据王博士对于早期佛教图像的分类，认为陕北地区无早期佛教图像分布的结论似乎值得商榷。陕北地区目前确实未见明显的佛坐像或佛立像，但B类和C类早期佛教图像却是有的，我们可以统称之为佛教因素，试稍作分析阐释。

一、关于陕北汉画像墓所用的石材

巫鸿先生在谈到汉代墓葬艺术的质料象征意义时，注意到了"中国人对石头的发现"：

---

① 参见王苏琦：《汉代早期佛教图像与西王母图像之比较》，《考古与文物》2007年第4期。

公元前 2 世纪至公元 1 世纪这段时间在中国美术史上有着特殊的意义：在这两百年中，中国人发现了一种新的艺术与建筑材料——石头。在此之前，庙与墓按惯例均为木结构，汉代以前的墓地也绝少设置石碑或石像。甚至连雄心勃勃的秦始皇也似乎满足于以陶土抟塑兵勇，用青铜铸造马车。但自公元 1 世纪，各种各样用于丧葬的纪念性建筑与墓仪，如阙门、碑、祠堂、人兽雕像等，大量采用石材建造。……从来忽视用石头作为建筑材料的中国人这时似乎突然"发现"了石头，并赋予石头新的意义。①

韩国的李正晓博士同样也注意到了汉代石构建筑的突然流行：

先秦时期的宫殿和陵墓等建筑都缺乏大型石雕。但是到汉代大型石雕艺术品和石构建筑却突然流行起来，如西汉长安城中的牵牛、织女石像和霍去病墓冢上的石雕群像，东汉墓前的石阙、石柱、石人和石兽，以及以石材砌筑的大型多室画像石墓等。②

石质材料在汉代以来的突然流行，一方面是因为"它和当时中国文化中的某些相当本质性的概念发生了联系。汉代丧葬艺术和神仙崇拜中的三个相互关联的概念——死、成仙、西方——都和石头发生了联系"，另一方面则"与有长期建造石质建筑和雕刻历史的印度文化有关"，③而"目前所知中国年代最早的佛教雕塑品，正是出现在山东、四川等地的东汉墓室石刻中"④。

石质材料的流行情况，在汉代的陕北也不例外。陕北"无定河流域发现的画像石墓大多为石室墓，如米脂、绥德境内发掘的 18 座墓中仅两例为砖筑，其余均为石砌"⑤。更值得一提的是，神木大保当发掘的

---

① 巫鸿：《"玉衣"或"玉人"——满城汉墓与汉代墓葬艺术中的质料象征意义》，见《礼仪中的美术：巫鸿中国古代美术史文编》，三联书店 2005 年版，第 132 页。
② ［韩］李正晓：《中国早期佛教造像研究》，文物出版社 2005 年版，第 17 页。
③ 巫鸿：《九鼎传说与中国古代美术中的"纪念碑性"》，见《礼仪中的美术：巫鸿中国古代美术史文编》，三联书店 2005 年版，第 65 页。
④ ［韩］李正晓：《中国早期佛教造像研究》，文物出版社 2005 年版，第 17 页。
⑤ 《米脂官庄画像石墓》，文物出版社 2009 年版，第 110 页。

汉画像石墓全部是砖筑，而只在墓门安装一组画像石。[1] 陕北汉画像石墓存在的这两种情况似乎印证了汉代石质材料在陕北的"突然流行"：陕北早些的墓葬原本是砖筑为主的，当用石材砌筑墓室的做法突然流行起来后，无定河流域因为石材资源的丰富、易取，墓室以及墓门很快便使用了石头砌筑；而神木大保当一带因少有石材分布，所以仍然用砖砌筑墓室，但某种观念信仰的流行，驱使着这里的人们不惜费工费力从外地运进石材，并将稀少珍贵的石材用于最为显眼重要的墓门，这种折中的砌筑方式尤其反映了石质材料在墓葬建筑中的重要性。但是，砌筑石室墓的石材却被加工为砖形，因此"从墓室内侧看，壁面如同砖筑"[2]，这一情形表明，砌筑画像石墓的工匠们此时还更为熟悉砖头而不是石头。可以作为对照的是，巫鸿先生注意到满城汉墓1号墓中的石室也有类似的特征，"建造这间石室的人显然是木匠，他们对各种木工活很熟悉，对石工的技术却知之甚少。在建造这个石室时，他们先把石材切割打磨成又薄又窄的石板，就像一块块木板一样。然而技术的原始性正说明当时石建筑还刚刚产生，以及人们为了完成整个墓葬的象征意义对修建一个石室的迫切需求"。[3]

陕北多石，从旧石期时代以来，陕北先民们就开始广泛使用石材，石峁古城等都大量使用石头。石头在陕北的使用本来并不稀奇，但在墓葬中的突然流行，却似乎表明陕北地区与山东、四川等地一样，一方面此一时期发生了信仰上的某种转变，另一方面或许就是印度文化的影响已经开始深入到民间，并且渗透到了民众的生活当中。

---

[1] 陕西省考古研究所、榆林市文物管理委员会办公室：《神木大保当——汉代城址与墓葬考古报告》，科学出版社2001年版。

[2] 《米脂官庄画像石墓》，文物出版社2009年版，第110页。

[3] 巫鸿：《"玉衣"或"玉人"——满城汉墓与汉代墓葬艺术中的质料象征意义》，文物出版社2009年版，第134—135页。

二、陕北画像石中的西王母形象

关于西王母的原始资料，主要集中在《山海经》、《穆天子传》、《竹书纪年》、《汉武帝故事》四部著作中，《庄子》、《荀子》中也都提到西王母。西王母传说经历了漫长的演变过程，到汉代，西王母成为民间崇拜的宗教偶像，也是民间信仰中最具影响力的神祇，西汉末年还以西王母崇拜为中心爆发了一场大规模的群众运动。《汉书·五行志》载：

哀帝建平四年（前3）正月，民惊走，持藁或棷一枚，传相付与，曰行诏筹。道中相过逢多至千数，或被发徒跣，或夜折关，或逾墙入，或乘车骑奔驰，以置驿传行，经历郡国二十六，至京师。其夏，京师郡国民聚会里巷阡陌，设祭张博具，歌舞祠西王母。又传书曰："母告百姓，佩此书者不死。不信我言，视门枢下，当有白发"。至秋止。

对于西王母的信仰和崇拜，汉画像上的反映十分突出。陕北汉画像石所见的西王母形象，李凇先生将之划分为"永元模式"和"永和模式"，"永元模式"是以永元八年（96）绥德杨孟元墓、永元十二年（100）绥德王得元墓、永初元年（107）米脂牛文明墓为标本的，这一模式中，戴胜西王母的独尊地位减弱，但东王公尚未出现；"永和模式"没有纪年画像石参照，李凇先生以绥德刘家湾画像石为典型，这一模式中，出现了东王公，西王母从正面像转为侧面像，独角兽不再流行。此外，李凇先生还讨论了绥德四十铺和军刘家沟的两块特殊西王母画像石，这两块画像石中，西王母正面端坐于横楣石的一侧，左右或跪或立拿麦穗的青鸟与侍者、金乌、玉兔等。李凇先生认为该图像或受山东影响，"可看作是陕北主流图像之外和之前的一种样式，它大体产生在永元模式之前或与永元模式部分重合"。①

李凇先生的分期甚为令人信服，然仍有几处可以进一步商讨。李凇

---

① 参见李凇：《从"永元模式"到"永和模式"——陕北汉代画像石中的西王母图像分期研究》，《考古与文物》2000年第5期。

先生当时或许未见 1997 年出土的永元四年（92）绥德田鲂墓画像石，因此才感慨上述那两块"特殊"的画像石"在陕北缺乏对照性难以释读"。田鲂墓画像石与军刘家沟画像石构图基本相同，外栏为十字穿璧纹，东西为日月轮，西王母戴胜拥袖，正面端坐，另一端一男子乘坐三鸟驾驶的无轮云车正向西王母方向奔去，中间则是歌舞图。不同之处在于，田鲂墓画像石中间的内容更为丰富，有羽人骑鹿，有抚琴、吹笙、抛丸、倒立、跳舞、杂耍的图像，军刘家沟这部分内容则是各色灵兽在击筑、抚琴等，且简略得多，四十铺则干脆省略了歌舞部分。将这三块画像石对照起来看，我认为属于同期同式，即都是永元四年前后的作品。歌舞部分的变化只是根据墓室横额大小及整体构图需要而做的调整。最重要的是，田鲂墓画像石西王母两侧的侍者基本对称，左边两位立侍者，右边两位，一为立侍者，一为跪侍的青鸟，但与立侍者等高，手中各持物品，青鸟手中为树枝状物，正是巫鸿先生所称的"偶像式"构图；[1] 四十铺画像石左侧为持树枝的青鸟，右边为两位持树枝的侍者，看似不对称，实则是为了与右侧竖石均刻画两人的布局相一致；同样，军刘家沟画像石西王母左右两侧各一跪侍者，持树枝的青鸟则退至右边较远的地方，而与中间各种歌舞的动物融为整体。可见，这三块画像石中的西王母与侍者的构图确属"偶像式"。

这几幅画像石或被解读为东王公会西王母，或被解读为墓主死后升仙谒见西王母。[2] 我认为，田鲂墓、军刘家沟的画像石内容，表现了

---

[1] 巫鸿：《论西王母图像及其与印度艺术的关系（续）》，李凇译，《艺苑》1997 年第 4 期。巫鸿先生认为，偶像式构图是与东周以来早期中国人物画的情节式构图相对而言的，它有两个特征，即对称性构图和中心偶像的正面化。表现在西王母画像上，西王母图像成了画面的中心，并且两侧还有信徒夹侍。这种新的构图方法，约在公元 1 世纪开始流行，它来源于印度佛教艺术，后者在使用对称性构图来表现信徒崇拜的场景方面，有着悠久的传统。

[2] 参见李林等：《陕北汉代画像石》，陕西人民出版社 1995 年版，第 145 页图版解说；李贵龙：《绥德文库·汉画像石卷》，中国文史出版社 2004 年版，第 116、378 页图版解说；李凇：《从"永元模式"到"永和模式"——陕北汉代画像石中的西王母图像分期研究》，《考古与文物》2000 年第 5 期。

《汉书·五行志》记载的民众行诏筹和歌舞祠西王母的情景，反映的正是西汉以来民众的西王母信仰和崇拜。墓主田鲂只有"公乘"民爵，是地位较低的普通掾吏，他的墓室中刻画有西王母崇拜内容，可见这一信仰在陕北民间是很流行的。田鲂墓右竖石还有一男子右手持树枝状物，做向上追赶乘车男子状，若与横楣石连起来看，俨然惊走奔驰状，与《汉书》记载正相符合，他们手里拿的树枝状物，显然并不是灵芝，而是《五行志》所说的行诏筹的信物——藁或椒。

另外一个要讨论的话题，则是西王母的羽翼造型。李凇先生指出，"西汉的西王母像没有翼，王莽时期也无翼，东汉初期变为正面姿势后，逐渐出现了双翼"，并把有翼西王母像的流行大致框定在公元 110－140 年。[1] 陕北画像石中，从永元模式后的过渡期到永和模式，带羽翼的西王母像出土了不少，李凇先生似乎不认为这跟佛教有什么联系，但也并未明确解释，西王母为什么会出现羽翼造型？李正晓博士指出，西王母的羽肩和龙虎座与大月氏文化有一定的关系。陕北画像石的西王母造型，至今似未见坐于龙虎座的，但西王母的羽翼造型却十分奇特，除了少数羽翅与其他地区画像石所见相似，大部分羽翼都类似刺状物，呈弧形向外向上发散，若涂红彩，则更如燃烧喷射的火焰。而且最为别致的是，有这种火焰状羽翼的西王母头上往往会有外缘或内缘有锯齿状装饰的华盖，这样的造型，让我们不得不关注月氏的传统文化及其影响。

大月氏自进入大夏以后逐渐接受了佛教，此后一直是向中国传播佛教的最重要的西域国家之一。而月氏在皈依佛教之前信奉祆教，且流行太阳神崇拜。"太阳神的演变与早期佛像有密切的关系。当太阳神出现在新疆拜城克孜尔早期石窟天象图中，已是佛教的神像了。"大月氏建立的贵霜帝国曾经统治过阿富汗巴米扬地区，巴米扬东大佛窟顶中脊和佛头周围残留着壁画，内容正是太阳神赫利奥斯驾战车图，表现的是太

---

① 李凇：《从"永元模式"到"永和模式"——陕北汉代画像石中的西王母图像分期研究》，《考古与文物》2000 年第 5 期。

阳神守护着释迦牟尼佛。"太阳神穿长袈裟，头后有圆光，身后是太阳，太阳直径与太阳神身高相等，太阳外沿有锯齿状的光芒辐射纹。战车有栏板，车下安有双轮，车前有四头驾车的有翼白天马，表明太阳神战车是在天空驰骋。太阳神两侧靠下部位各有武士一人，武士背后有硕大的双翼。"[1] 太阳外延的锯齿状光芒辐射纹，与陕北汉画像石中西王母的锯齿状华盖如此相似，好像西王母的华盖就是从巴米扬壁画的太阳图截取而来，可以推想，即虽然西王母还大致是传统形象，但其图像志内涵却有了显著的变化：她不再仅仅具有长生不死的力量，还肩负起了太阳神的某种使命，此种形象的西王母即便不是阿弥陀佛本身，[2] 至少也如太阳神那样，是佛的最重要的守护神。因此，头顶有锯齿状华盖的西王母形象，可以认为是受佛教影响出现的新造型，锯齿状华盖或许就是太阳光芒纹的中国式变异。如果再考虑到西王母的所谓羽翼，那其实更像是四射的火焰，[3] 我们对这一认识将更有信心。

三、陕北画像石中的牛首、鸡首形象

关于陕北汉画像石中牛首鸡首形象，叶舒宪先生有过论述，认为牛头人对应的是西王母，鸡头人则对应东王公，并运用他称之为"第四重证据"的图像资料，论证这种对应是如何发生的，他的结论是，"陕西的绥德和神木等地汉画像石中的牛头西王母对鸡头东王公的造型，就是这样一种在东汉仙话想象的背景下，先秦神话经过后人的文化再造而变

---

[1] 参见［韩］李正晓：《中国早期佛教造像研究》，文物出版社 2005 年版，第 28、154、155 页。

[2] 学者们一般认为阿弥陀佛起源于太阳神，其中主张印度本土说者，认为阿弥陀在梵文中应该是"不死、甘露"之意，所谓阿弥陀，实际上就是对佛陀的异称，阿弥陀佛的意义是"无限的不死的生命之佛"，对阿弥陀佛的崇拜，实际上就是对佛陀本身的崇拜。本人赞同这一观点，认为正是印度佛中阿弥陀佛这种"无限的不死的"含义，与汉代中国人认为西王母是永恒不死的含义相一致，才使得佛教初传中国时，得以将佛教内容依附于中国原有的神仙形象中，佛教也正是在这种与中国传统相结合的基础上，逐渐为中国人所认识和接受，并最终完成了中国化。

[3] 如神木大保当 M9 西王母躯体四周刻绘有数支刺状物，涂红色，似烈焰。

异的产物"，神话再造的内在根据则是牛角具有"再生能力"。① 另有学者则认为，"汉画像艺术中牛首人身神怪形象体现了汉代人对母的崇拜。汉代人认为牛是阴性、母性的动物。在汉画像中出现的牛头人身神怪的神性之一就是沟通阴阳，而另一个便是从母崇拜中延伸出的土地崇拜，预示着生命的循环，反映了古人希望土地多产、家业兴盛等愿望"。②

从神话学的角度解释或许有一些启发性，但汉代社会已是文明高度发达，即便有"再造"的可能，总觉用神话学的象征意义来理解汉画像石中的牛首鸡首像，似乎在搞穿越，相隔太过遥远。

我们认为，陕北汉画像石中的牛首鸡首像并不等同于西王母东王公，它们是不同于西王母东王公的独立神像。我们以叶先生引用到的神木大保当 M16 墓门画像石组合图为例，即可以明白这一点。这组画像石中，戴胜西王母正面端坐于门楣上栏偏左侧，左门柱石内栏上为牛首像，右门柱石内栏上为鸡首像。牛首鸡首像与西王母同时出现，说明牛首像并不是西王母；另外，根据李凇先生的分期，此画像石只有西王母没有东王公，尚属"永元模式"，则可以肯定此时出现的鸡首像也不可能是东王公。

那么陕北汉画像石中较为普遍出现的牛首鸡首像，究竟是什么呢？我认为，与汉代人的弥勒信仰有关。文献所见弥勒信仰首见于支娄迦谶译出的《道行般若经》，是公元 178－189 年间译出的。"中国的弥勒信仰，自佛教传入后，东汉晚期即已开始……其特征是以抱着鸡或身边有鸡，来表示弥勒已下生到鸡头国。"③ "《阿含经》中，释迦佛预言五十七亿六千万年后，这个世界人寿增至八万岁，国土严净，人心和善时，弥勒菩萨从兜率天降生人间，生于鸡头（又作翅头）城中。父名修梵

---

① 参见叶舒宪：《牛头西王母形象解说》，《民族艺术》2008 年第 3 期。

② 参见李姗姗、茌攀：《论汉画像牛首人身神怪像中的母崇拜和土地崇拜》，《南京工程学院学报》2010 年第 2 期。

③ 铂净：《乐山大佛研究中心"首届弥勒大佛学术研讨会"召开》，《世界宗教研究》2011 年第 1 期。

摩、母名梵摩越。弥勒成人不久即出家学道，在出家的当夜，即于龙华树下成佛。人天喜悦，前往听法，初会九十六亿人得阿罗汉，第二会九十四亿人得阿罗汉，第三会九十二亿人得阿罗汉。'弥勒所化弟子，尽是释迦文佛弟子'，其中最著名的就是鸡头国的国王——转轮圣王蠰佉，也就是前文提及的阿逸多比丘的后身，率八万四千大臣出家，证阿罗汉果。"① 根据佛经，因为与弥勒下生有关的最重要人物就是鸡头国的国王，所以鸡或者鸡头就抽象成弥勒下生的象征性标志。著名的山东沂南北寨村画像石墓中室八角柱北面石刻上，正是一位双手捧鸟的佛。根据温玉成先生的看法，"此图也由下向上展开。最下端的鸟首翼龙，可能是西域最崇拜之神兽（格里芬？），其上的翼牛，则是婆罗门信仰之神兽，因为弥勒下生于婆罗门家，父亲妙梵是位婆罗门主。再上的力士，应是鸡头国国王佉儴，他所配的宝剑可以证明他的身份。另一种解释是，弥勒前世众为国王，名昙摩流支。'力拔一树'的树，乃是龙华树，弥勒下世后，曾在龙华树下三次会众说法也。最上之佛，捧一鸟，正表示他已下世到鸡头国，鸟者，鸡也"。② 温玉成先生这一看法说服力极强，我们可以相信陕北汉画像中的鸡首像，正是鸡头国王，用以表示弥勒佛的降生。需要注意的是，陕北画像石中出现鸡首像的时间显然早于东汉晚期，鸡首人身的造型与山东等地比起来也极富特色。这样的特征似乎在提醒我们，陕北的弥勒信仰不仅有自己的地域特色，流行时间也要比中土其他地方早一些，至少东汉中期——永元至永和时期，已经出现并体现在丧葬活动中。其中的缘由，或许与早在陕北居住生活的龟兹人有关。

与鸡首像相对的牛首像，或许如温玉成先生推测属于印度婆罗门信仰的神兽，也或是佛教地狱的狱卒阿傍。《五苦章句经》称"狱卒名傍，牛头人手，两脚手蹄，力壮排山，持钢铁叉"，《楞严经》卷八称"见大

---

① 哈磊：《〈阿含经〉中的弥勒菩萨》，《禅（网络版）》2005年第2期。
② 参见温玉成：《公元1至3世纪中国的仙佛模式》，《敦煌研究》1999年第1期。

铁城，火蛇火狗。虎狼狮子，牛头狱卒，马头罗刹。手执枪槊，驱入城门，向无间狱"。田鲂墓左竖石刻画的牛首人身像，外八字脚正面站立，与初期的佛立像并无二致，下方则是戴尖顶帽的胡人，加上横楣石上正面端坐的西王母，所有这些都显示出与佛教的某种联系，告诉我们牛首像应该是佛教中的某一角色。而常见的牛首狱卒与鸡首国王相对，正如画像石构图中常见的日月相对一样，表示生与死、善与恶、黑暗与光明、苦难与幸福俱在的大千世界。画像石中的布局构图，寓意墓主人摆脱了地狱之苦，正走向弥勒指示的净土。这种佛教因素与西王母不死信仰的相结合，显示出宗教带给人的安慰与希望更进一步：人们不仅可以有望长生不死，还可以有望幸福快乐地长生不死。

还需要提及《山海经·西次三经》的一段记载：

又西北三百五十里，曰玉山，是西王母所居也。西王母其状如人，豹尾虎齿而善啸，蓬发戴胜，是司天之厉及五残。有兽焉，其状如犬而豹文，其角如牛，其名曰狡，其音如吠犬，见则其国大穰。有鸟焉，其状如翟而赤，名曰胜遇，是食鱼，其音如录，见则其国大水。

这段记载让我们看到，西王母的陪伴者中，原本就有一只牛角兽和一只鸟，有意思的是，牛角兽带来的是祥瑞——庄稼丰收，红鸟带来的则是灾异——水灾。陕北汉画像石中牛首鸡首像的出现，显然并不仅是一种巧合。如同西王母的羽翼和锯齿形伞盖一样，汉代的陕北人巧妙借用了西王母身边的牛角兽和鸟的形象，但却并不是原封不动地照搬，而是与佛教因素相结合，赋予了它们佛教的新的意义，不同的是，原本预示祥瑞的牛角兽成了地狱的狱卒，而原本预示灾异的那只鸟反倒成了希望的象征。这样一种置换，同样显示了佛教初传时是如何借用本地传统进而被接纳成长的。

四、陕北汉画像石中的其他佛教因素

1. 狮子

神木大保当 M16 左门柱石外栏，有一头作下山状的雄狮，鬃毛倒竖，翘尾腾足；绥德延家岔汉墓前室南壁右边石刻一狮子昂首张口，举右前爪；绥德延家岔汉墓前室东壁横额内栏，有驾驶云车的三狮，狮车上置一面建鼓；米脂官庄 M2 后室南壁横楣石，有三头驾驶云车的狮子。

2. 大象

神木大保当 M24 门楣，画面中心为一头身涂白彩的大象，边上一象奴，头戴胡帽，着左衽袍，左手持钩，右手拿一物如球状，面对大象双腿略分而立；米脂官庄 M2 后室北壁右图，一头在祥云中面向左方静立的大象，长鼻下拉，鼻头上卷，短尾后翘，腿足粗壮；绥德黄家塔出土永元二年的辽东太守墓，后室口横楣石左端中间有一仙人骑象图，大象前腿腾空，长鼻前伸，与一天马对峙。

狮子原产于非洲和印度，是印度佛教的象征物和护法灵兽。狮子在中国先秦文献中称为"狻猊"，在汉代文献中则写作"师子"。学者们早已指出，狮子传入中国，大致与佛教传入中国同时同步。用"师子"来取代"狻猊"，"这其中当隐藏着一个重要的史实，那就是正在东汉时期佛教在中国传播并日益受到重视，附丽于佛教的狮子自然也受到信徒的礼遇，尊称为'师子'"。[1] 象为佛教七珍之一，因其体大力大，个性温和，为佛教所推崇，其中又尤以白象为上。佛陀骑象入胎，普贤菩萨坐骑即为白象，而神木大保当 M24 门楣中心的大象，正是身涂白彩，显然是白象，这幅画像石的左门柱石上则是肩有羽翼、头戴冕冠的西王母正面端坐，让我们联想到和林格尔壁画中的白象和西王母。陕北画像石中狮子和大象的出现，自然并不是偶然和无意识的，它们属于佛教的象征物，这些佛教的因素反映了佛教在汉代陕北的传播。

佛教约创立于公元前 6 世纪末，到孔雀王朝第三代阿育王（前304—前232）时才盛行于印度，并被奉为国教。阿育王广建巨大的覆钵状佛塔，并将敕令和教谕刻于摩崖和石柱之上，从此佛教遍传南亚次

---

① 参见刘自兵：《佛教东传与中国的狮子文化》，《东南文化》2008 年第 3 期。

大陆的很多地区，并向印度的周边地区传播。我们有理由相信，印度佛教文化一定很早就已经开始影响到中国，尤其是地处中国西边的秦国，阿育王时对于佛教的大力弘扬，使得这种影响扩大并加速。据《法苑珠林》、《广弘明集》载，秦穆公时曾获一石佛，秦始皇时曾有外国沙门来访事。[①] 虽然这些记载的真实性尚值得怀疑，但我们一定会记得秦国有过石鼓文，正是秦穆公时代的作品，而秦始皇的爱好之一便是刻石记事。秦人对于石头的这种特别关注，或许应该"与有长期建造石质建筑和雕刻历史的印度文化有关"。秦汉以来，随着佛教影响的逐渐加强，石头的不朽特性，加上佛教赋予的永恒意义，使得石头最终与长生不死发生了联系，这种信仰一旦建立，便逐渐渗入到了丧葬文化。因此，作为秦人故地的陕北出现石室墓或用石材装饰墓门，本身就体现了佛教因素的渗透。

陕北画像石中的西王母形象，是最重要的体现佛教因素的载体，虽然她也是道教因素的载体。陕北汉画像中西王母形象的分期，我大致认同李淞先生的分法，需要补充的是，即在永元模式同期或更早，有一类西王母画像反映的是西汉以来行诏筹、歌舞祠西王母的民众信仰，这一信仰至东汉永元年间至少在陕北依然流行。不同的是，这一具有原始道教形态的民众信仰此时已经受到了佛教的某些影响，如西王母正面端坐的形态，"偶像式"的构图方式，周围飞翔的羽人和看似随意出现的狮子或大象。

从永元后期直至永和年间，陕北画像石中西王母的形象发生了很大的变化，从佛教因素来考虑的话，主要体现在火焰形羽肩和锯齿边缘形华盖。而这些因素又表明，此时的陕北佛教已经相当流行，而且陕北的佛教更多受大月氏的影响，弥勒信仰较盛。月氏对于中国佛教的深远影

---

① 李昉等：《太平广记》，中华书局2003年版，第616—617页。该书卷93引《法苑珠林》言及穆公遇石佛事；释道宣《广弘明集》（南普陀在线—太虚图书馆藏）卷11言及秦始皇与沙门事。

响，我们可以看两段文献记载：

《魏书·释老志》：及开西域，遣张骞使大夏还，传其旁有身毒国，一名天竺，始闻有浮屠之教，哀帝元寿元年，博士弟子秦景宪受大月氏王使伊存口授《浮屠经》，中土闻之，未之信了也。

《牟子理惑论》：牟子曰，昔孝明皇帝梦见神人，身有日光，飞在殿前，欣然悦之。明日博问群臣，此为何神？有通人傅毅曰："臣闻天竺有得道者，号曰佛，飞行虚空，身有日光，殆将其神也。"于是上悟，遣使者张骞、羽林郎中秦景、博士弟子王遵等十二人，于大月氏写佛经四十二章，藏在兰台石室第十四间。时于洛阳城西雍门外起佛寺，于其壁画，千乘万骑，绕塔三匝，又于南宫清凉台及开阳城门上作佛像。明帝存时预修造寿陵，陵曰显节，亦于其上作佛图像，时国丰民宁，远夷慕义，学者由此而滋。[1]

《魏书》这段记载，是目前所见最早的佛教传入中国的明确记载，中国所见第一部佛经《浮屠经》是由大月氏王使伊存口授的。《牟子理惑论》所记著名的永平求法，所至之处正是月氏国，《孝明皇帝四十二章经》也是在月氏国译写的。可以确信，佛教最初传入中国时，一定带着月氏的深深印迹，陕北汉画像石中西王母形象为我们证实了这一点。西王母的火焰形羽肩及其有着锯齿状外缘的华盖，都透露了属于大月氏的文化信息。

还需提及的是龟兹。

根据学者们的研究，早期传入中国的佛经是先从印度语译为龟兹语，再由龟兹语也即乙种吐火罗语译为汉语的，同时因为文献明确记载最早的《浮屠经》和《四十二章经》是在月氏国经由月氏人译写出来的，我们可以确信大月氏与龟兹使用的是同一种语言——吐火罗语。更由于汉晋时的龟兹为丝路北道大国，中亚及印度诸国与中国的往来必经之路，因此，大月氏在东向传播佛教以及后来东迁途经西域时，一定是

---

① 见梁僧祐《弘明集》（南普陀在线—太虚图书馆藏）卷一。

走北道经过龟兹，其对龟兹的影响也就不言而喻。虽然我们不确定龟兹佛教究竟起于何时，[①] 但至少应大致与大月氏皈依佛教时间同步。

要说的是，汉代陕北曾设有龟兹属国，治所在今榆林市境内无定河流域。据《汉书》记载，汉宣帝元康元年（前65），龟兹王携夫人入朝，标志着至迟从这时起，龟兹人已开始与中土交往。神爵（前61—58）中，郑吉征发渠黎、龟兹诸国五万人迎降匈奴日逐王至河曲。据此推知，上郡龟兹属国或当在此时出于安置较多龟兹移民的需要而设置，延至东汉未改。两汉龟兹属国的长期设置，表明该地已经成为内迁龟兹移民的固定聚居地，龟兹人的数量也一定相当可观。我们有理由推想，来到陕北定居的龟兹人一定也把自己的佛教信仰带到了陕北，事实上，就在无定河边绥德米脂的画像石中，我们清楚看到了画像石人物不同于汉代流行的独特发式，所以，陕北佛教传入的时间应该不会晚于中原地区。不过，因为大月氏与龟兹在语言和宗教信仰等方面的相互影响和极大相似性，我们暂时分不清陕北汉画像石中西王母的永和模式到底是受月氏影响多些，还是受龟兹影响多些，抑或是二者共同作用的结果？这一问题还有待进一步探讨。

最后，陕北汉画像石中西王母形象从永元向永和模式的变化，显示了陕北传统西王母信仰的逐渐减弱，相应地，佛教因素则在一步步加强，而且陕北此一时期开始流行的佛教信仰，显然深受大月氏或龟兹的影响，弥勒信仰较盛，且有着祆教的太阳神崇拜痕迹。不过，所有这些佛教因素仍然还是附着于道教题材之上，并夹杂着诸如氐羌民族的各种原始信仰，以及汉民族的主流文化影响。陕北汉画像石显示的这种包容性或者说是混沌性，正反映了汉代陕北文化的多元特色。

---

① 《梁书·刘之遴传》载刘之遴收集的古物中有："外国澡罐一口，铭云：元封二年，龟兹国献"。汉武帝元封二年为公元前109年，澡罐即净瓶，为佛教僧侣所用器皿，似可表明公元前1世纪左右佛教已经传入龟兹。

第三节 画像石中的汉代陕北

一、西河、上郡与汉代陕北行政区划建置沿革

陕北一带从东汉顺帝以来被羌人及内迁的匈奴诸部占据，到北魏时才又恢复设置郡县，而北魏政权又非汉族，因而导致这一带两汉魏晋时期郡县名称、治地要么失传，要么面目全非，幸赖陕北汉画像石的发现，可以使我们对汉代陕北的郡县建置沿革有了大概了解。

以西河、上郡为例。《汉书·地理志下》关于西河、上郡的记载如下：

上郡，户十万三千六百八十三，口六十万六千六百五十八。县二十三：肤施，独乐，阳周，木禾，平都，浅水，京室，洛都，白土，襄洛，原都，漆垣，奢延，雕阴，推邪，桢林，高望，雕阴道，龟兹，定阳，高奴，望松，宜都。

西河郡，户十三万六千三百九十，口六十九万八千八百三十六。县三十六：富昌，驺虞，鹄泽，平定，美稷，中阳，乐街，徒经，皋狼，大成，广田，圜阴，益阑，平周，鸿门，蔺，宣武，千章，增山，圜阳，广衍，武车，虎猛，离石，谷罗，饶，方利，隰成，临水，土军，西都，平陆，阴山，觬氏，博陵，盐官。

《后汉书·郡国五》则载：

上郡，十城，户五千一百六十九，口二万八千五百九十九。肤施，白土，漆垣，奢延，雕阴，桢林，定阳，高奴，龟兹属国，候官。

西河郡，十三城，户五千六百九十八，口二万八百三十八。离石，平定，美稷，乐街，中阳，皋狼，平周，平陆，益阑，圜阴，蔺，圜阳，广衍。

《汉书》所记为西汉平帝元始二年（2）的数据，《后汉书》所记为东汉顺帝永和五年（140）的数据。在近一百四十年的历史变迁中，我

们看到东汉中后期的上郡、西河与西汉末相比有了很大不同。上郡西汉末辖二十三县，东汉顺帝时只剩十城，西河郡西汉末辖三十六县，到东汉顺帝时只剩十三城。户口数也变化显著，上郡由原来的十万余户、六十余万人口缩减为五千余户、不足三万人口，西河郡由十三余万户、近七十万人口缩减为五千余户、二万余人口。仅从户口数来看，可以用"生民百余一"来形容。

《后汉书》称其所录仅限东汉以来郡县改易的情况，《汉书·地理志》中有而本志不载的县名，都是光武帝并省了的，前无今有的，则是东汉增置的，郡下所列第一个县，就是郡治所在地。由此来看，上郡是少了原来的十四个城，增置了候官，西河则少了二十三个城，并无增置，所少二十三城中，只有大成（大城）改属朔方郡，其余都不再见于史籍。

西河郡，最早由战国魏置，魏文侯时吴起曾任西河守，公元前330年入秦，秦并其地入上郡。汉武帝元朔四年（125）分上郡北部置西河郡。因为曾入秦为上郡，于是学者们往往将陕北在秦汉时的建置笼统归入上郡。如郑汝璧等纂修的明《延绥镇志》中，称绥德州"汉为雕阴县，又为雕阴道，以地在雕阴山北，故名，属上郡。东汉为雕阴城"，称米脂县"汉为上郡地"，称吴堡县"汉为上郡地"；清乾隆《绥德州直隶州志》称绥德州"秦为上郡地，汉改上郡为翟国，旋复故，王莽曰增山，后汉仍为上郡"；到光绪《绥德州志》仍称绥德州"东汉复为上郡，隶并州，治肤施，领十城"。

因为文献资料缺乏，陕北各县在秦汉时的行政建置归属，我们一直就是这样含含糊糊地称引大概。现在，通过对陕北出土汉画像石的梳理比对，我们对这一问题的认识将会明朗不少。我将陕北出土有墓志铭文的画像石和全部画像石的分布做了粗略统计，列为表1和表2。

表1 陕北汉画像石墓主籍贯表

墓室纪年	墓主	墓主籍贯	墓主身份	出土地点
永元二年（90）	辽东太守		辽东太守	绥德黄家塔
永元四年（92）	田鲂	圜阳富里	西河太守都集掾、公乘	绥德四十铺
永元八年（96）	杨孟元		西河太守行长史事、离石守长	绥德苏家圪坨
永元十年（98）	徐无令乐君		徐无令	绥德四十铺
永元十二年（100）	王得元			绥德城关
永元十二年（100）	郭元通		西河府史	子洲苗家坪
永元十五年（103）	郭稚文	圜阳西乡榆里		绥德五里店
永元十六年（104）	任孝孙		西河太守掾	绥德四十铺
永元十六年（104）	张文卿	西河圜阳		绥德白家山
永元十六年（104）	王圣序			绥德黄家塔
延平元年（106）	田文成	圜阳榆里	西河太守掾	绥德四十铺
永初元年（107）	牛文明			米脂官庄
永和三年（138）	司马衬红			清涧贺家沟
永和四年（139）	牛季平	西河平周寿贵里	河内山阳尉	米脂官庄
延光三年（124）？	木孟山（夫人）	平周寿贵里	大将军掾并州从事属国都尉府丞	米脂官庄
	王威		使者持节护乌桓校尉	绥德黄家塔
	贾孝卿		西河太守盐官掾	清涧贺家沟
	郭仲理	西河圜阳	雁门阴馆丞	陕北
	郭君（夫人）		大高平令	绥德四十铺

表1中，我们可以看到，明确墓主为西河圜阳者，墓地在绥德县四

十铺、五里店、白家山，墓主明确为西河平周者，墓地则在米脂县官庄。其他如出土画像石较多的黄家塔、子洲苗家坪等，都与前述各地相距不远，可以推知，以绥德为中心，外及子洲、米脂、吴堡、清涧一带，应该属于东汉的西河郡，又因圜阳、平周均为从西汉沿袭而来未变之县，所以也可以认为，西汉时上述地区也属于西河郡。

　　表1中我们还发现，圜阳地界东至白家山与吴堡相接，北至四十铺与米脂接，到米脂官庄则已经是平周县。从圜阳所在的大致范围及无定河在此区域的走向来看，圜阳所在地均处于无定河以东以北，这就给我们一个极大启示，使我们得以重新讨论圜阳、圜阴的地望所在。

　　圜阳、圜阴俱因圜水（圁水）得名，圁水究竟是今天陕北的哪条河流，历来有不同的解释。郑樵《通志》、《元一统志》、《明一统志》、《清一统志》分别主圁水为无定河、秃尾河两说，而谭其骧、史念海先生均主圁水即秃尾河。现在，根据出土画像石所示，圜阳无疑是在无定河北绥德东北境内，那么，圁水（圜水）自然就是指无定河，吴镇烽先生先前也曾主张圁水为秃尾河，但根据画像石题记重新考证，认为圁水当是今天陕北的无定河。与圜阳相联系的则有圜阴，按照古人山南水北为阳、反之为阴的地理命名原则，圜阳既在无定河北岸，则圜阴当在无定河南岸。吴镇烽先生认为圜阴县故址应在地处无定河之南的今横山县党岔乡西杨口则附近，汉时辖区约有今横山、米脂县西部，[①] 民国《米脂县志》的修纂者高照初等则认为圜阴为横山县之响水堡。[②] 响水堡与杨口则均在横山县无定河南岸，两地相去不远，可以视为此两说都认为横山县无定河南岸一带都是两汉圜阴县辖地。不过，我认为，地名命以阴阳，一般应是相对的，一阴一阳两地不应该相距太远。圜阳既在绥德无定河东北，圜阴或应在绥德无定河段以西以南，亦即今绥德县西南部分

---

① 参见吴镇烽：《秦晋两省东汉画像石题记集释——兼论汉代圜阳、平周等县的地理位置》，《考古与文物》2006 年第 1 期。
② 参见高照初等：民国《米脂县志·舆地·沿革》，影印本，第 638 页。

及清涧、子洲一带。绥德黄家塔在无定河南，现今出土几方画像砖铭文均未有提及墓主籍贯的，虽不能推定即为圜阴所在地，却也可以存疑，以待进一步考证。上面提及牛季平、木孟山墓地所在米脂官庄，虽在无定河南岸，但画像石铭文确言其地为平周县，若如吴镇烽、高照初等观点，则是圜阴、圜阳之间隔着平周县，且横山境内无定河大致东西向，而米脂绥德境内无定河大致为东南向，圜阴、圜阳命名时所参照的圜水不应该是走向大不相同的两段。

西河郡治所平定县，多认为在今内蒙古伊金霍洛旗东南，吴镇烽根据《读史方舆纪要》引《东观记》"西河郡治平定县，离石在郡南五百九里。永和五年以匈奴寇掠，徙郡治离石"的记载，以平定与离石的距离为参照，认为平定县治有可能在今神木县瑶镇，瑶镇汉代遗址地处秃尾河东岸，面积约 20 万平方米，有城墙残段及汉代遗物，更重要的是，瑶镇故城东南距今山西离石市正是五百多里，里程基本相符。[①]

西河郡还有美稷，《后汉书·南匈奴传》载：

（建武二十六年）冬，前畔五骨都侯子复将其众三千人归南部，北单于使骑追击，悉获其众。南单于遣兵拒之，逆战不利。于是复诏单于徙居西河美稷。因使中郎将段郴及副校尉王郁留西河拥护之，为设官府、从事、掾史。令西河长史岁将骑二千、弛刑五百人助中郎将卫护单于，冬屯夏罢。自后以为常，及悉复缘边八郡。

南单于既居西河，亦列置诸部王，助为扞戍。使韩氏骨都侯屯北地，右贤王屯朔方，当于骨都侯屯五原，呼衍骨都侯屯云中，郎氏骨都侯屯定襄，左南将军屯雁门，栗籍骨都侯屯代郡，皆领部众为郡县侦罗耳目。

可见美稷是安置内附南匈奴的，不仅南单于庭设于此，连使匈奴中郎将也驻于美稷，美稷均认为在今内蒙古准格尔旗纳林，应该是西河郡

---

① 参见吴镇烽：《秦晋两省东汉画像石题记集释——兼论汉代圜阳、平周等县的地理位置》。

的最北端。这样，两汉西河郡黄河以西部分的大致范围我们就可以勾勒出来：北至美稷，即今内蒙古准格尔旗一带，南至清涧，西界则到子洲、横山一带，东至吴堡，包括绥德、米脂、佳县、榆林、神木、府谷等陕北各县。

表 2　陕北汉画像石地域分布表

绥德	四十铺、寨山、延家岔、五里店、张家砭、刘家湾、城关镇、黄家塔、裴家峁、呜咽泉、赵家铺、党家沟、义合、路沟、后思家沟、崔家沟、苏家圪坨、贺家湾
米脂	镇子湾、党家沟、孙家沟、官庄、尚庄、张兴庄
吴堡	李家源
子洲	苗家坪、淮宁湾
清涧	折家坪、贺家湾
神木	大保当、柳巷村
横山	古城界、党岔
靖边	寨山
榆林	古城滩

表 2 中陕北画像石集中出土的这些地区，正与我们勾勒的西河郡黄河以西部分大致重合。西河郡在西汉时辖县多，人口众，东汉虽然缩减，但美稷、平定、平周、圁阴、圁阳等重要县城直至永和五年（140）都还在东汉政府控制之下。不过西河郡的变化显然很大，最显著的则是由内郡变而为边郡。

东汉北境，有缘边八郡、缘边九郡之称，除上引《南匈奴传》外，如《后汉书·光武帝纪下》建武二十六（50）载：

南单于遣子入侍，奉奏诣阙，于是云中、五原、朔方、北地、定襄、雁门、上谷、代八郡民归于本土。

《资治通鉴》卷五十四《汉纪四十六》桓帝延熹元年（158）十二月：南匈奴诸部并叛，与乌桓、鲜卑寇缘边九郡。

《后汉书·张奂传》："寇掠缘边九郡，杀略百姓。"

所谓缘边八郡，是指云中、五原、朔方、北地、定襄、雁门、上谷、代等八郡，八郡基本上为南匈奴所居。南匈奴南迁后，东汉政府最终将其单于庭安置在美稷，并派使匈奴中郎将同驻美稷监护南单于，西河长史则帅步骑二千五百人协助中郎将卫护单于。南单于则在徙居美稷后，将韩氏骨都侯、右贤王等诸部王安置在除上谷之外的七郡戍卫。但南单于既已徙至西河，王庭所在西河郡自然属于单于亲自戍卫的地区，西河郡便也成为边郡，所以有桓帝时的缘边九郡之称。《后汉书·南匈奴列传》史臣论感慨窦宪等大破北匈奴后却更立了一个北单于，而不是"还南虏于阴山，归西河于内地"，遂使匈奴坐大，为害边境。

与西河毗连的上郡，目前还没有画像石可以供我们展开新的讨论。但既然西河郡的大致范围已经确定，那么上郡的大致范围也是可以勾画出的。《汉书·地理志下》称"安定、北地、上郡、西河，皆迫近戎狄，修习战备，高上气力，以射猎为先"，可知上郡东北接西河，西北与安定、北地为邻，则今陕北横山、靖边、定边一带及延安地区，大致当属上郡辖区。

总之，我们所能够知晓的西河郡和上郡在汉代的情况大致如上所述，西河郡包括了今绥德、米脂、子洲、清涧、吴堡、佳县、榆林、神木、府谷等在内的陕北北部靠近黄河的广大区域，西边或许达到横山、靖边一带，与上郡毗连。上郡则在西河郡的以西以南，包括今横山、靖边、定边一带及延安地区。西汉时西河郡尚属内郡，并不与匈奴、鲜卑、乌桓等直接冲突。东汉南匈奴内附后，汉政府最终将南单于庭置于西河美稷，并设使匈奴中郎将卫护南单于，从此西河郡亦成为边郡。窦宪等大败北匈奴后，并未及时将南匈奴北迁，导致了西河、上郡等北部边郡最终陷于匈奴、羌胡等手中。由于缘边战事频繁，加之东汉政府的军事及综合实力渐为衰弱，导致西河、上郡所辖县城不断缩减，户口死亡流迸严重，到东汉中后期，西河、上郡可以用地旷人稀来形容了，东汉政府对此地的控制力越来越弱，终至丧失，陕北社会的生活又开始了新的内容。

二、汉画像中的伏羲、女娲与陕北的羌人

伏羲、女娲是中国古代神话传说中的重要人物，很多学者就伏羲、女娲资料的搜集整理做过许多工作，也试图对伏羲女娲神话传说进行解释说明。汉画像中，伏羲女娲也是一组出现频次较高的对偶神，对汉画像石中伏羲女娲形象的研究，既是汉画研究的重要内容，也是伏羲女娲神话研究的重要内容，同时对于我们了解汉代社会思想也是极为难得的材料。

陕北汉画像中所见的伏羲、女娲图像，与山东、河南、四川等地的画像石、画像砖中所见伏羲女娲图像，有着显著的不同。全国其他地区发现伏羲女娲画像，大多头戴冠帽，身着宽袖大袍，合刻于一石之上，蛇身躯体紧紧缠绕，而陕北地区画像石所见伏羲女娲并无合刻一石的情况，更没有交尾缠绕状，陕北伏羲、女娲大多分刻于墓门左右立柱，或是出现在门楣、横额的两端。这种独特的分立对称布局显示了陕北画像石的鲜明特色，引发了不少学者的关注。[①]

陕北画像石中的伏羲女娲形象究竟是什么意义，学者们有不同的争论，大致都认为伏羲女娲是被尊为人类的始祖神，同时又是生殖崇拜的偶像。但这样的解释显然太过宽泛，无法说明陕北画像石中伏羲女娲的特别意义。我们认为，要想解释陕北画像石中伏羲女娲形象的内涵，必须跳出画像本身，从画像石墓的主人和建造者入手，这些当时的陕北人的信仰应该才是我们理解伏羲女娲画像的关键。

陕北伏羲女娲画像大致有两类，一类是作为主神刻画的，一类则是作为祥瑞装饰的小尺寸刻画。在作为主神的画像中，又有两种情况极具特色，一种情况可以绥德四十铺田鲂墓为代表，伏羲女娲刻于左右竖石

---

① 参见孙周勇：《陕北汉代画像石神话题材》，《考古与文物》1999 年第 5 期；过文英：《论汉墓绘画中的伏羲女娲神话》，浙江大学博士学位论文，2007 年。

上栏，横额石则有西王母形象；另一种情况则以裴家峁、张家砭、刘家湾汉画像为代表，伏羲女娲刻于左右门柱，横额正中是一只昂首挺立的羝羊。与西王母同在的情况我们前面已有所涉及，显示了陕北此时流行的西王母信仰。后一种伏羲女娲与羝羊同时出现的情况值得我们特别注意。

伏羲女娲与羊共同出现在墓门构图中，显示了二者之间必然有着某种密切联系。众所周知羊是与羌人有关的，但伏羲女娲跟羊有什么渊源呢？

伏羲在《周易》里已有记载，《周易·系辞下》：

古者包牺氏之王天下也，仰则观象于天，俯则观法于地，观鸟兽之文，与地之宜，近取诸身，远取诸物，于是始作八卦，以通神明之德，以类万物之情。作结绳而为网罟，以佃以渔。

这里伏羲是一位有创作之功的古帝王，到晋王嘉《拾遗记》里伏羲有了明确的形象和神通：

禹凿龙关之山……至一空岩，深数十里，幽暗不可复行，禹乃负火而进……见一神，蛇身人面。禹因与语，神即示禹八卦之图，列于金版之上，又有八神侍侧。禹曰："华胥生圣子，是汝耶？"答曰："华胥是九河神女，以生余也。"乃探玉简授禹，长一尺二寸，以合十二时之度，使量度天地。禹即持执此简以平定水土，蛇身之神，即羲皇也。

根据这段记载，伏羲蛇身人面，且有一把可以量度天地的玉简，伏羲把这一神物给了大禹，而大禹则依仗着玉简的帮助才最终平定水土，成就了千秋功业。[1]

关于女娲，《山海经·大荒西经》称"有神十人，名曰女娲之肠，化为神"，语焉不详，但感觉女娲是神人之祖。到东汉应劭《风俗通义》

---

[1]　禹凿龙门遇伏羲，龙门上溯及陕北延川县乾坤湾，此地有村名"伏羲河"，当地传说，伏羲在此睹黄河乾坤湾而作阴阳八卦。这一传说，可与《周易》、《拾遗记》的记载相互参照，略可窥见上古传说之一斑。

里，则明确女娲是一位创造人类的大神：

俗说天地开辟，未有人民，女娲抟黄土作人，剧务，力不暇供，乃引绳于泥中，举以为人。故富贵者，黄土人也；贫贱凡庸者，绳人也。

伏羲、女娲，原本是两个独立的神，伏羲与女娲联系起来，见于成书于汉武帝初年的《淮南子·览冥训》：

然犹未及虑戏氏之道也。往古之时，四极废、九州裂，天不兼覆，地不周载，火滥炎而不灭，水浩洋而不息，猛兽食颛民，鸷鸟攫老弱，于是女娲炼五色石以补苍天，断鳌足以立四极，杀黑龙以济冀州，积芦灰以止淫水。苍天补。四极正。淫水涸。冀州平。狡虫死。颛民生。背方州。抱圆天。和春阳夏。杀秋约冬。枕方寝绳……考其功烈，上际九天，下契黄垆，名声被后世，光晖重万物，乘雷车，服驾应龙，骖青虬，援绝瑞，席罗图，黄云络，前白螭，后奔蛇，浮游消摇，道鬼神，登九天，朝帝于灵门……

文中的虑戏氏即是伏羲，是伏羲命女娲补天，然后万民赖之以生。于是伏羲女娲共同成为人类的救世主。常金仓先生对伏羲女娲的相关材料进行考证后，指出伏羲女娲及相应的洪水神话是大禹治水的派生或翻版，[①] 这一论断有助于我们进一步研读陕北画像石中伏羲女娲的图像意义。我们知道，大禹出西羌，那么大禹的治水故事，应该是羌人引以为豪并代代相传的，若伏羲女娲神话果真是方士们依据大禹治水故事而编造的，那么伏羲女娲也一定更容易为羌人所接受，陕北汉画像石中的伏羲女娲，似乎恰恰为此提供了一个有力的佐证。

首先，陕北画像石所见伏羲女娲图像，未见交尾或相拥状，只是作为对偶神一左一右独立出现，说明汉代陕北人并不像山东等地那样，认为伏羲女娲有某种明确的婚姻交媾关系，陕北画像石中，人以及动物的交媾图屡见不鲜，却单单没有将伏羲女娲放在一起，更没有交尾图，这显然不能视作是一个偶然，而是墓主及其家属以及工匠们的有意选择；

---

① 参见常金仓：《伏羲女娲神话的历史考察》，《陕西师范大学学报》2002 年第 6 期。

其次，裴家峁、张家砭、刘家湾汉画像石墓门区域出土资料完整，可以为我们解读伏羲女娲图像意义提供第一手资料。这三处画像石的共同特征在于，墓门横额石正中刻画一只昂首挺立的羝羊，而伏羲女娲则分立于左右竖石。这样的一种布局显示了墓主是将羊视作自己的崇拜偶像的，而羌族正是视羊为偶像的。也就是说，我们可以认为这些画像石墓的主人是羌人，他们将本民族喜爱的吉祥物安排在墓门横额石正中，并将与本民族英雄人物大禹紧密相连的伏羲女娲作为陪侍的主要神祇。除这几个地方外，四十铺、延家岔、黄家塔、米脂官庄等地出土大量的伏羲女娲左右竖石以及对于羊的重点着力刻画，都在告诉我们，伏羲女娲在陕北画像石中的出现，表现了汉代生活在陕北的羌人对于这两位神祇的崇拜，而这种崇拜又是与大禹密切联系在一起的。

上述裴家峁、张家砭、刘家湾伏羲女娲画像石构图朴拙，伏羲女娲均是典型汉代人形象，冠带袍服，拥袖而立，裴家峁和刘家湾的伏羲女娲甚至蛇尾两侧还附有鼠爪，状类陕北人称为"蛇鼠子"的蜥蜴。此外，伏羲女娲尚未有其他经天纬地的神通，既不持规矩，也不擎日月，神态憨厚，温和朴实。这一组图像应该在陕北画像石的分期上至关重要。伏羲女娲与羊一起构成中心图案的，应该是陕北画像石中较早的类型；之后伏羲女娲开始持规矩、配日月，并与西王母一起构图，则应是另一类型，说明西王母信仰开始渗透，因而羊不再作为主神出现在横额正中了；再往后，随着西王母信仰的演变和佛教因素的逐渐渗透，伏羲女娲也不再作为主要神祇出现，而是退化为小尺寸的祥瑞图案留存在画像石中。

从画像石得出的伏羲、女娲与陕北羌人习俗相联系的观点是否可信，还需要我们做一些文献资料的梳理工作。先看《后汉书·西羌传》一部分史料：

永初二年（108）羌人反叛：

滇零等自称"天子"于北地，招集武都、参狼、上郡、西河诸杂种，众遂大盛。

永初五年（111）：

羌既转盛，而二千石、令、长多内郡人，并无战守意，皆争上徙郡县以避寇难。朝廷从之，遂移陇西徙襄武，安定徙美阳，北地徙池阳，上郡徙衙。百姓恋土，不乐去旧，遂乃刈其禾稼，发彻室屋，夷营壁，破积聚。时连旱蝗饥荒，而驱蹙劫略，流离分散，随道死亡，或弃捐老弱，或为人仆妾，丧其太半。

元初四年（117），任尚与马贤并兵击溃北地狼莫后：

于是西河虔人种羌万一千口诣邓遵降。

元初五年（118）：

邓遵募上郡全无种羌雕何等刺杀狼莫，赐雕何为羌侯。

永宁元年（120）春：

上郡沈氏种羌五千余人复寇张掖。

延光元年（122）：

虔人种羌与上郡胡反。

从永初二年开始的羌人叛乱，延续十余年，导致安定、北地、上郡三郡内迁，史称"自羌叛十余年间，兵连师老，不暂宁息。军旅之费，转运委输，用二百四十余亿，府帑空竭。延及内郡，边民死者不可胜数，并、凉二州遂至虚耗"[1]。并州首当其冲者即是上郡、西河，从《西羌传》的零星记述中，可以看到上郡、西河有许多羌人都参与其中。西河郡的虔人种羌仅降者就有一万一千人，可见其种落之盛。

到顺帝永和年间，包括陕北在内的整个西北形势更为严峻。《后汉书·南匈奴列传》载永和五年（140）夏：

南匈奴左部句龙王吾斯、车纽等背畔，率三千余骑寇西河，因复招诱右贤王，合七八千骑围美稷，杀朔方、代郡长史。……秋，句龙吾斯等立句龙王车纽为单于。东引乌桓，西收羌戎及诸胡等数万人，攻破京兆虎牙营，杀上郡都尉及军司马，遂寇掠并、凉、幽、冀四州。乃徙西

---

① 《后汉书·西羌传》。

河治离石，上郡治夏阳，朔方治五原。

南匈奴左部的这次叛乱，发生在西河、上郡、朔方等郡，最终导致了三郡郡治的内迁。叛乱中，南匈奴"西收羌戎及诸胡"，可见西河、上郡等地的羌人在南匈奴叛乱中再次卷入。其实早在永和元年前后，种羌、白马羌、烧当羌等羌人反叛已是此伏彼起，到永和五年南匈奴左部叛乱时，"且冻、傅难种羌等遂反叛，功金城，与西塞及湟中杂种羌胡大寇三辅，杀害长吏"。[①] 可见，从陇右及至朔方、上郡、西河，整个西北边境都处在羌人和南匈奴的叛乱之中，上郡、西河等地的羌人此时大都起而响应，《西羌传》称永和六年"于是东西羌遂大合"，《资治通鉴》卷五十二汉顺帝永和六年（141）录用了这条史料，称：

春，正月，丙子，征西将军马贤与且冻羌战于射姑山，贤军败，贤及二子皆没，东、西羌遂大合。

胡三省注曰：

羌居安定、北地、上郡、西河者，谓之东羌；居陇西、汉阳，延及金城塞外者，谓之西羌。

胡三省的说法，陈琳国先生作了详细的考证，认为：

东羌是指分布在安定以东，包括西河、上郡、北地等郡的羌人。胡三省关于东羌的定义的概括是准确的，因为他只是言简意赅地为《资治通鉴》作注，不可能充分加以说明。这些羌人并非西羌东迁，而是春秋战国以来就一直居住在当地。他们同西羌一样，也是以种落的形态存在。因为没有出现强有力的羌豪，各种落之间不相统一。在匈奴统治蒙古草原时，他们从属于匈奴；在匈奴衰落后，东汉朝廷征发他们为骑兵参与作战。直到滇零据北地反叛，他们才因响应滇零而崭露头角，走上历史的前台。见之于史的东羌种落有上郡沈氏种、上郡全无种、西河虔人种。又有效功种，元初四年（117），中郎将任尚募效功种羌号封刺杀滇零子零昌，封号封为羌王。其种在北地，疑为东羌。另文献明确称东

---

① 《后汉书·西羌传》。

羌的岸尾种、摩螫种则不知原居何郡。[①]

也就是说，上郡、西河等地的羌人原本就居于此地，他们本就是陕北的主人，汉时被称为"东羌"，以与湟中陇右的"西羌"相区别，他们以种落的形态存在，各有名号，笼统称呼时便被称为"杂种"，与匈奴等合称时为"羌胡"。

永和羌叛，比起永初羌叛规模更大，加之南匈奴的叛乱，更使得上郡西河等地的羌人屡屡躁动，《后汉书·张奂传》载永寿元年（155），张奂迁安定属国都尉：

"初到职，而南匈奴左奥鞬台耆、且渠伯德等七千余人寇美稷，东羌复举种应之，而奂壁唯有二百许人，闻即勒兵而出。军吏以为力不敌，叩头争止之。奂不听，遂进屯长城，收集兵士，遣将王卫招诱东羌，因据龟兹，使南匈奴不得交通东羌。诸豪遂相率与奂和亲，共击奥鞬等，连战破之。……羌豪帅感奂恩德，上马二十匹，先零酋长又遗金镶八枚。奂并受之，而召主簿于诸羌前，以酒酹地曰：'使马如羊，不以入厩；使金如粟，不以入怀。'悉以金马还之。"

这一条史料与永和五年史料合起来看，会发现上条资料所称的"羌戎"这次有了明确的称谓"东羌"，南匈奴左奥鞬台耆寇略西河美稷，而所谓"东羌复举种应之"，可见东羌就是西河羌人，胡三省、陈琳国所见极是。又王卫将军据守龟兹，意图阻断南匈奴与东羌的联系，可见东羌的势力极大。永寿四年（158），"零吾复与先零及上郡沈氏、牢姐诸种并力寇并、凉及三辅。会段颎坐事征，以济南相胡闳代为校尉。闳无威略，羌遂陆梁，覆没营坞，寇患转盛，中郎将皇甫规击破之。五年，沈氏诸种复寇张掖、酒泉，皇甫规招之，皆降。事已具《规传》"。[②] 延熹九年（166）春，"鲜卑闻奂去，其夏，遂招结南匈奴、乌桓数道入塞，诱引东羌与共盟诅。于是上郡沈氏、安定先零诸种共寇武

---

① 参见陈琳国：《东羌与西羌辨析》，《史学月刊》2008 年第 4 期。
② 《后汉书·西羌传》。

威、张掖，缘边大被其毒"。① 可见，鲜卑、南匈奴、乌桓往往会在入塞寇边时，招引上郡、西河的东羌，而东羌诸种也会借着鲜卑、匈奴等的叛乱而聚众起事，上郡东羌，因西联西羌，东接西河诸羌，又易于交通鲜卑、匈奴，因此势力尤盛。永初羌叛以来，东汉政府正是在西北各族连绵不断的叛乱、骚扰、寇掠中，逐渐失去了对于西北地区的控制，虽有虞诩复安定、北地、上郡三郡的建议，终于也未能扭转颓势，到东汉末，上郡、西河等地最终没于羌胡之手。

有一段记载我们特别关注一下，《后汉书·段颎传》永康元年（167）：

西羌于此弭定，而东羌先零等，自覆没征西将军马贤后，朝廷不能讨，遂数寇扰三辅。其后度辽将军皇甫规、中郎将张奂招之连年，既降又叛。桓帝诏问颎曰："先零东羌造恶反逆，而皇甫规、张奂各拥强众，不时辑定。欲颎移兵东讨，未识其宜，可参思术略。"颎因上言曰："臣伏见先零东羌虽数叛逆，而降于皇甫规者，已二万许落，善恶既分，余寇无几。……计东种所余三万余落，居近塞内，路无险折，非有燕、齐、秦、赵从横之势，而久乱并、凉，累侵三辅，西河、上郡已各内徙，安定、北地复至单危，自云中、五原，西至汉阳二千余里，匈奴、种羌，并擅其地，是为痈疽伏疾，留滞胁下，如不加诛，转就滋大。"

这段史料提及东羌种落共约五万，降于皇甫规者二万，余三万余落。以一落五口计，东羌约二十五万口。我们回到前面上郡西河等的人口数，永和五年（140），并州西河郡有户五千六百九十八，口二万八百三十八；上郡有户五千一百六十九，口二万八千五百九十九；凉州安定有户六千九十四，口二万九千六十；北地有户三千一百二十二，口一万八千六百三十九。四郡总计户二万零八十三，口九万七千一百三十六。而元始二年（2）以上诸郡的户口数分别是西河郡，户十三万六千三百九十，口六十九万八千八百三十六；上郡，户十万三千六百八十三，口

---

① 《后汉书·张奂传》。

六十万六千六百五十八；安定户四万二千七百二十五，口十四万三千二百四十九；北地户六万四千四百六十一，口二十一万六百八十八。四郡总计户三十四万七千二百五十九，口一百六十五万九千四百一十一。

两相比较，一百三十八年间，四郡户数总计减少三十二万余，口数减少一百五十余万。仅上郡、西河两郡，减少二十二万九千余户，一百二十五万六千余口。这些减少的户口，固然有兵乱灾荒导致的人口死亡流迸，但更主要的则是这些地区原来处在汉政府控制之下的众多羌胡脱离了政府，不再是编户齐民了。东汉末，仅东羌就有约二十五万人口，而政府户籍统计中，安定、北地、上郡、西河四郡的总人口才不过九万七千余口，即是明证。推而及之，其余那些减少的人口恐怕都是匈奴、鲜卑、乌桓等其他各族了。

羌族，尤其是东羌，既是上郡西河的原住民，那么众多的汉画像石墓中一定也有为数不少的羌人墓葬，他们把自己喜爱崇奉的羊，把与自己民族英雄大禹有关的伏羲女娲刻绘在墓葬中，自然也是情理中的事情了。

三、汉画像中展示的汉代陕北社会生活

陕北汉画像总体风格是写实的，这与山东汉画像的情形大异其趣。巫鸿先生在对山东苍山东汉墓的详细考察中，认为苍山墓中送葬行列的图像具有浓厚的象征意义，这些车马行列象征了死后旅程的两个阶段，第一个阶段起自祖庙而止于墓葬，第二个阶段起自墓葬，然后被期望着离开墓葬而抵达天堂，两个阶段的转换则是通过车马方向从面向墓内到面向墓外的变化而完成的。[①] 但是，我们考察陕北汉画像中众多的车马出行图，扑面而来的都是浓浓的生活气息，很难看出其中有什么"象征

---

① 参见巫鸿：《从哪里来？到哪里去？——汉代丧葬艺术中的"柩车"与"魂车"》，见《礼仪中的美术：巫鸿中国古代美术史文编》。

意义"。尤其是米脂官庄木孟山夫人墓①中的画像更向我们说明了这一点。

该墓前室南壁横楣石左右两端有榜题，"诸郡太守待见传"，表明了画像的名称和主题。横楣石整个画面分为三部分，两端分别刻画一庭院，院中有高瓴大屋，每屋内分别刻待见的四位郡守形象，并在人物上方的屋檐上用隶书阴刻两行八字并涂红彩，标明太守所在郡及本人籍贯姓氏，左端屋内左二人上方可见"太原太守扶风法君"、"雁门太守颍川□君"榜题，右二人上方刻字无法辨识，右端屋内四人上方刻字也无法辨别。横楣石中间部分刻画八位太守的车马，均为二马牵驾的轺车，各轺车上方阴刻二行六字，标注车马主人，尚可辨识者有"五原太守车马"、"朔方太守车马"、"上郡太守车马"、"定襄太守车马"。

榜题所见的太原太守扶风法君，按《后汉书·匈奴列传》载，安帝延光三年（124）"以太原太守法度代为（度辽）将军。……冬，法度卒"。史籍中未见其他法姓太原太守，而史籍记载扶风确为法姓郡望。《后汉书·法雄传》称：

法雄，字文强，扶风郿人也，齐襄王法章之后。秦灭齐，子孙不敢称田姓，故以法为氏。宣帝时，徙三辅，世为二千石。

《法真传》称：

法真字高卿，扶风郿人，南郡太守雄之子也。……年八十九，中平五年，以寿终。

《三国志·蜀志》：

法正字孝直，扶风郿人也。祖真，字乔卿。父衍，字季谋。

综合以上史料可见，扶风法氏，两汉时有法雄、法真、法正。法雄永初三年（109）被征为青州刺史，讨伐海贼张伯路。在州四年，迁为南郡太守，元初中卒于官，则法雄之死在公元114年至119年之间。法真为法雄之子，卒于中平五年，上推其当生于和帝永元十二年（100），

---

① 详细情况参见《米脂官庄画像石墓》第45—93页。

法正疑为法真之孙，传称其祖真，字乔卿，恐为高卿之误。太原太守法度卒于延光三年（124），其时法真已经 24 岁，可知法度比法真为早，为法雄同辈。

法度延光三年以太原太守代为度辽将军，其年冬卒于度辽将军任上，可知木孟山夫人墓葬必在东汉安帝延光三年之前。又，榜题有雁门太守颍川□君字样，为我们确定该墓葬的时间上限提供了重要线索。史籍所见东汉雁门太守有三，光武帝时有郭凉，时间较早可不论，皇甫嵩的父亲皇甫节也曾任雁门太守，但皇甫氏为安定人，因此也可排除。《后汉书·南匈奴列传》载另一位雁门太守庞奋，称永元七年（95）"以雁门太守庞奋行度辽将军……十二年，庞奋迁河南尹"。庞奋籍贯不详，永建元年（126）有辽东太守庞参代为（度辽）将军，庞参为河南缑氏人，不知庞奋是否与庞参同宗族？若同族，则亦是河南人而非颍川人。此外，庞奋雁门太守任至永元七年便已改为行度辽将军，与法度任太原太守的最后一年延光三年（124）相距时间有点过长，所以庞奋也不可能是木孟山夫人墓画像石中所提及的雁门太守。

根据《武清东汉鲜于璜墓简报》披露，"汉故雁门太守鲜于君碑"铭文称，鲜于璜于永初元年（107）拜雁门太守，"到官视事，七年有余"，并于延光四年（125）卒，享年 81 岁。那么，鲜于璜离任时应在永初七年至元初元年（113－114）之间。鲜于璜晚法度一年而卒，生前两人恰一为太原太守、一为雁门太守，原本最有可能是那位汉画像石中所图画的雁门太守，不过根据碑文，张传玺先生已考释鲜于璜为渔阳郡人，[①] 那么这个推论也不能成立。

根据这些信息，加上我们考虑木孟山的"大将军掾"的头衔，只有两种可能，一是庞奋由雁门太守转为行度辽将军之后，鲜于璜拜雁门太守之前，也就是公元 95 年至 107 年之间，还有一位雁门太守，这位雁门太守为颍川郡人，且其时法度已被任命为太原太守，也就是说，我们

---

① 参见张传玺：《东汉雁门太守鲜于璜碑铭考释》，《北京大学学报》1984 年第 2 期。

可以把木孟山夫人墓的年代断至 95 年至 107 年之间，即东汉和帝永元七年至安帝永初元年之间，这个时段内，史籍可见者或有朔方太守王彪，云中太守耿夒，[①]；另一种可能则是，元初元年鲜于璜离任至延光三年（114－124）间，另有一位颍川籍雁门太守。

画像石中的八位太守，可确定的就有太原太守、雁门太守、五原太守、朔方太守、上郡太守、定襄太守六位，其中太原太守应为扶风法度，雁门太守为颍川郡某君，其余不详。已明确的六郡均为并州诸郡，我们知道，并州下辖九郡，分别是上党、太原、上郡、西河、五原、云中、定襄、雁门、朔方，西河郡是木孟山州里，按照东汉习俗，西河郡守与木孟山理应有君臣之分，因此"待见"太守中不应有西河郡太守，那么其余那两位就应该是上党太守和云中太守。并州辖下的八位太守齐集西河，为木孟山夫人之丧致祭，可见木孟山的威势或影响力极大，他历任"大将军掾"、"并州从事"、"属国都尉府丞"，这个大将军，延光三年之前应该只有邓骘和窦宪。窦宪永元元年（89）勒石燕然后拜为大将军，永元四年（92）以罪死；邓骘永初元年（107）为大将军，建光元年（121）以罪死。木孟山有着大将军掾的身份，且能让八郡太守前来吊丧，则要么在永元四年窦宪死以前，要么在建光元年邓骘死以前。但前面已经说到，公元 95 年至 107 年虽是可能的木孟山夫人去世的时段，却恰是窦宪已死、邓骘尚未封侯。这样，我们似乎可以得出，木孟山夫人之死大约在元初元年鲜于璜离任至建光元年（114－121）之间。[②]

木孟山为夫人营葬，就把八太守前来致祭的这一盛事刻画在墓中，而且除了墓中的图像外，在最显著的墓门横楣石上，这八位太守连同他

---

① 《后汉书·南匈奴列传》载"永元十二年（100）庞奋迁河南尹，以朔方太守王彪行度辽将军"，则此年前王彪为朔方太守，又，永初五年（111）"梁慬免，以云中太守耿夒行度辽将军"，则此年前耿夒为云中太守。

② 《米脂官庄画像石墓》发掘报告整理者认为大将军可能是邓骘，邓骘任大将军约在永初二年（108）十一月至永初四年（110）十月间。参见该报告第 84 页。

们的侍从一溜排开端坐正中。这样的做法显然是在炫耀死者的哀荣及其家门的显赫，那些繁复浩荡的车马也只是显示当时的排场，是陕北人更重视现世生活的写照，很难说有什么"象征意义"。其实与此大致相似的还有和林格尔壁画，和林格尔壁画榜题中有"西河长史所治离石城府舍"，则该墓主任离石长史时已在永和五年（140）西河郡治迁至离石后，墓主生前先后举孝廉、为郎、西河长史、行上郡属国都尉、繁阳令，直至使持节护乌桓校尉，壁画将墓主一生仕宦经历图画出来，用意与木孟山夫人墓中的八郡太守待见图一样，夸耀的意味极明显。

正因为陕北画像石更倾向于这样一种写实的风格，使得我们可以通过画像石的题材内容来观察汉代陕北社会的大致情形。

李贵龙先生在对陕北汉画像石题材内容的研究中，已经指出，汉代陕北是农业发达、畜牧业昌盛。[①] 陕北汉画像石中，涉及农业生产的题材十分广泛，诸如牛耕、翻地、播种、拾粪、锄草、收割等等，都有反映。尤其是牛耕图，既有二牛抬杠、一人扶犁的形式，也有一牛挽犁、一人扶犁的形式，反映了陕北耕作技术的成熟和不断进步，同时大量细致逼真的农业生产活动画像也显示了陕北当时的生产生活是一种农牧兼宜的状况，汉画像上生动的图像刻画让我们更容易地理解虞诩《复三郡疏》中的描述：

《禹贡》雍州之域，厥田惟上。且沃野千里，谷稼殷积，又有龟兹盐池以为民利。水草丰美，土宜产牧，牛马衔尾，群羊塞道。北阻山河，乘陇据险。因渠以溉，水舂河漕。用功省少，而军粮饶足。故孝武皇帝及光武筑朔方，开西河，置上郡，皆为此也。[②]

虞诩的描述告诉我们汉代的朔方、西河、上郡，也就是今天陕北一带，生产生活方式是农牧业兼而有之，这种情况，一方面跟当时的地理

---

① 参见李贵龙：《历史踪迹留贞石——绥德汉画像石题材鉴赏》，见《绥德文库·汉画像石卷》。

② 参见《后汉书·西羌传》。

气候条件有关，另一方面则跟当时居住在这里的民众的民族构成有关。汉族、羌族都是擅长农业的，而匈奴、鲜卑、乌桓等民族则以畜牧为主，羌族也往往畜牧为业，因此当时的生活方式便呈现出多元的状态。既有春种秋收、积粪耕耘的农业活动，又有放牛养马、拦羊喂鸡的畜牧业活动，既有炊米煮饭，也有烧烤肉串，孩子们在草地上玩着"抓子"① 的游戏，显示出一种充实、丰富、生动的生活状态。

汉代陕北人的形象也值得我们关注。画像石中显示，官吏、贵族等上层人士一般戴冠，或巾帻，交领长袍宽袖，妇女衣裙曳地，门吏侍从或拥彗，或持戟，或佩剑，或捧物，或捧笏簪笔，武官冠插鹖尾。下层民众多短衣着裤，或椎髻，或散发，或巾帻，比较随意，要以便捷为原则。需要特别提出的是妇女的发型。陕北画像石所见妇女发型，一种以田鲂墓墓门侧石所刻画的发型为代表，头上是三个高耸的发髻，呈"山"字形，从该女子着装及有女侍者在旁侍立的情况看，应是一位上层贵族妇女，发型相当讲究，似乎梳理起来也不容易，不知有无假发帮助定型；另一种可以延家岔汉墓横楣石正中女性发型为代表，头发向后挽一个发髻垂在颈脖处，这种发型应该是一种较为休闲的风格，便于打理；出现最多、最普遍的发型则是垂髾髻。

关于垂髾髻，沈从文先生有过特别关注。沈先生在分析《女史箴图》临镜化妆部分时，指出图中梳头宫女发式，于云髻峨峨后下垂一髾，这在西汉墓壁画中经常出现，传世宋摹《列女仁智图》中也反复出现。先生并以洛阳卜千秋墓壁画妇女的垂髾髻发式为例，说明这种垂髾髻式样，较早出现在西汉时，东汉却少见，而魏晋之际在东北、西北墓画中又经常出现，成为这一时期下层妇女发式特征。魏晋之间的例子，

---

① 陕北绥米一带叫"吃鳖"，把猪羊腿关节上的骨头经过简单处理后用作玩具，玩时先将一子抛起，在其落下之前将撒在地上的其余"子"，按照正、背、竖等规定顺序，依次摆放一遍，最后将所有"子"全部抓入手中，这期间，上抛的子不能落地，凡没接住就算"坏了"，换对方来玩。东汉画像石上的这一玩法，20世纪七八十年代，在陕北依然很流行，女孩子们能玩到把手指都磨破了，仍乐此不疲。

除了《女史箴图》，沈先生还列举了两个，一是嘉峪关魏晋间墓彩绘画像砖妇女的垂髾髻，一个是辽阳三道壕汉墓壁画中婢女的垂髾髻。沈先生认为这种流行在西汉的垂髾髻，东汉少见，而魏晋间又经常出现在东北、西北一带的原因，在于东汉末年三国时，中原地区长期战乱造成社会萧条，而唯有东北西北未经战乱的边沿地区，封建割据官僚和豪强坞主，活着时尚能利用习惯势力，维持原来生活方式，即到死后，或也尚能在丧葬制度中勉强保持一点汉代规模。①

沈从文先生应是未能见到陕北汉画像石，所以会有以上的发现和推论。我们根据陕北汉画像中妇女普遍梳垂髾髻的实际情况，可以对沈先生的看法做些补充。首先，垂髾髻东汉时仍在陕北普遍流行，说明这种起于西汉的妇女发式，并非东汉少见，而是一直为两汉妇女所钟爱，至少包括陕北在内的北方妇女应该一直较为青睐这种发型，甚至连西王母、女娲有时候也被刻画妆饰成垂髾髻；② 其次，从梳这种垂髾髻妇女的形象来看，并非只在下层妇女间流行，而是也包括上层妇女，正如巾帻，上至王公，下及士庶，都可以使用；最后，魏晋间东北西北各地重又出现这种垂髾髻，说明这种发式在北方一直流行到魏晋时期，中原地区这种发式趋于消失，则与战乱有极大的关系，另外也有魏晋逐渐统一后，南方等地流行式样的影响。

最后补充一点关于帽子的情况。陕北汉画像石中男士除了梁冠、巾帻较为普遍多见外，还有一种尖顶帽也非常显眼。如绥德田鲂墓门左竖石就有一戴尖顶帽男子形象，绥德刘家湾一号墓、延家岔汉墓、黄家塔汉墓、王得元墓，神木大保当一号墓、二十三号墓等，也都可以看到另一种戴尖顶帽的男性人物形象，其中尤其以刘家湾一号墓前室南壁画像石的形象最为典型。其他几处图像含义不太明显，所以研究者有不同释

---

① 参见沈从文：《中国古代服饰研究》，上海书店出版社 2005 年版，第 167—169、201—204 页。

② 如绥德王圣序墓竖石上刻画的西王母，绥德大瓠梁汉墓中的伏羲女娲残石，均见《绥德文库·汉画像石卷》。

读，如神木大保当一号墓，报告者认为该图是说唱图，说此人"服襜褕，戴进贤冠，手执一物作说唱状"①，黄家塔画像石中戴尖顶帽者，说者认为是主人在迎迓宾客，故伸手作延请状。② 不过，刘家湾一号墓前室南壁横额上显示的画面形象，与其他几处极为不同。横额右端，一戴尖顶帽者拥袖端坐，与另外一位戴冠或着帻者相对而坐，两人身后各自有侍者服侍左右，可见这两人身份都较高，不可能是说唱艺伎之类。该墓左竖框上格，亦是戴尖顶帽者袍服拥袖端坐，左侧有立侍者。③ 据此综合分析，我们认为戴尖顶帽者应当是羌胡豪贵，这种不同于汉人冠帻的尖顶帽，应该是其民族的传统服饰。这样的认识也与前面我们得出的结论一致，即陕北汉画像石墓应该有不少属于羌胡人的墓葬，因此自然会有反映其日常衣着的图画。尖顶帽与宽袖袍服是那样自然地穿戴在一个人身上，为我们展示了汉代陕北因不同民族杂居共处而形成的文化融合。

从汉代陕北来看，这一地区生活着众多民族。尤其是羌人，在所谓的"羌乱"之前，原本就是汉朝北境的编户齐民，很多人大概就是所谓的六郡良家子，承担着汉朝的兵役徭役，战乱时，则被征发组成羌骑。作为汉朝的边境，陕北一直担当着"缓冲地带"的功能，这里既是政府安置内附匈奴、乌桓、鲜卑等族民众的理想地区，又是徙内郡民众实边的目的地。因此无论对于内亚游牧各族来说，还是对于中原农耕民众来讲，这一地区都有着特殊意义，它的开放、多元因而成为其鲜明特色。观察汉晋以来的历史变迁，这一地带是不容忽视的。

---

① 参见《神木大保当：汉代城址与墓葬考古报告》，第38页。
② 参见《绥德文库·汉画像石卷》，第279—280页。
③ 参见绥德县博物馆编：《陕西绥德汉画像石精品选集》（该选集未正式出版），第47页。

第四章　明清以来的陕北历史

近代陕北，大致成型于明代以来。从行政区划到居民构成、风俗信仰等，都奠基于明代。明清易代，而陕北并未有大的变动，相沿至20世纪。陕北民歌能够追溯的较为明晰的历史痕迹，都起自明代至于清代康乾，如民歌"一十三省的女儿哟，就属兰花花好"，十三省的建置，始自明代。"金稻黍出个红缨缨，坐在那地畔想亲亲"，金稻黍即玉米，清乾隆时才开始在陕北引进推广种植。陕北现有的一些墓志碑铭、姓氏谱牒，也大都是把家世渊源上推至明洪武初，多数大家族的发达都由明代一脉相承，至于清代、民国。因为六七百年代代相承，虽生活内容各有不同，而大家族得以在较为稳定的历史长河中逐渐形成，构成了陕北社会的基础。因此，明清以来的陕北历史，必须首先关注陕北大姓世族的崛起。

第一节　陕北姓氏概略

陕北姓氏是千百年历史演进过程中留下的历史文化痕迹，考察陕北现有主要姓氏的源流、分布及其特色，可以帮我们拨开历史的尘埃和迷雾，重新了解陕北历史上人口迁移、生存状况、生活方式、民族融合以及社会变迁的诸多具体细节。每一个姓氏都关联着陕北先民的生存奋斗史，是当今陕北人追根溯源、认祖归宗的真实依凭。从历史中抽绎出的关乎每个人的生动细节和真实故事，才是我们热爱家乡乃至热爱祖国、寻求文化认同的基础所在。

我们这里所指的陕北，包括现今榆林、延安两市所辖区域。1996年撤地设市以来，延安市下辖宝塔区和延长、延川、子长、安塞、志丹、吴起、甘泉、富县、洛川、宜川、黄龙、黄陵 12 个县，82 个镇，81 个乡，3 个街道办事处，3386 个村民委员会，95 个社区居委会，总面积 36712 平方公里，共有人口约 227 万；榆林市下辖榆阳区和神木、府谷、横山、靖边、定边、绥德、米脂、佳县、吴堡、清涧、子洲 11 个县，112 个镇，110 个乡，7 个街道办事处，5613 个村民委员会，137 个社区居委会，总面积 43578 平方公里，总人口约 335 万。

根据陕北各地方志、宗族家谱以及历次人口普查数据，陕北主要姓氏约有 300 多种，列举如下：

艾、安、白、卜、曹、崔、柴、常、成、韩、马、郝、孙、张、李、刘、高、杭、雷、黄、伍、陆、冯、蔡、麻、纪、阎、苏、钟、侯、叶、郑、辛、胡、吴、文、朱、杨、赵、彭、徐、田、时、兰、任、梁、秦、方、陶、传、戴、史、薛、景、牛、许、吉、贺、余、汪、霍、贾、温、陈、花、郭、柳、姜、周、孟、姚、党、宋、沈、拓、折、延、呼、彪、续、敕、苗、米、黑、耿、康、袁、鲍、魏、蒲、慕、石、何、丁、武、姬、雒、封、董、钱、祁、蒋、鱼、范、谢、杜、林、蔚、庞、童、强、井、靳、申、乔、惠、邢、尚、豆、胡、吕、宫、罗、匙、师、凡、亢、邵、代、邓、逯、弓、仁、鲁、樊、褚、段、唐、席、加、于、潘、成、宁、严、岳、燕、路、韦、巩、栾、卢、天、万、巳、南、车、屈、梅、相、泰、裴、毕、尉、尤、孔、金、边、钞、关、长、江、聂、智、施、盛、夏、程、齐、邱、寇、甄、冷、左、焦、毛、潭、庄、和、行、刀、殷、解、柯、葛、杰、茹、元、侠、詹、穆、玉、言、育、沙、龙、向、谷、冠、尹、柏、祝、年、胜、恩、色、龚、涂、蒙、肖、狄、奕、楚、新、晋、薄、克、需、芦、欧、铜、洛、仲、乐、断、青、初、东、岩、针、忠、郇、慧、雇、单、方、游、阴、阳、章、晏、符、闵、牟、曾、娄、扁、连、思、云、訾、渠、应、商、皮、甘、汤、池、郎、铁、逍、勾、鄂、楼、郜、冀、翟、湛、俎、虢、莫、滕、扢、蕲、廖、暴、卞、仇、熊、萧、郗、蓬、宓、符、燕、沙、欧阳、宇文、第五、呼延

一、陕北主要大姓分布

陕北各地，张、王、刘、李，均为大姓，人数最多，遍及各区县。此外各县区大姓又往往各不相同，如：

延长：呼、郝、冯、白、王、阎、康、孙、黑、郭、崔、高、周、杨

延川：梁、曹、高、杨、冯、马、白、贺、郝、樊、呼、惠、任、董、田、阎

子长：白、高、郭、薛、杨、曹、冯、杜、郝、贺、景、马、赵

安塞：高、谢、冯、郭、谭、赵、陈、拓

志丹：胡、曹、同、赵、徐、牛

吴起：齐、高、宗、蔺、许、武、马、袁、韩、贺、赵、白、杨、陈、梁、郭

甘泉：高、贺、宋、白、魏

富县：柳、丁、马、冯、田、白、卢、安、孙、成、任、段、吉、宋、陈、杨、罗、赵洛川：杨、屈、党、冯、雷、孙、赵、韩、侯、郑、马、杜、田、白、安、史、成、贠

宜川：袁、宋、马、薛、呼、贺、韩、强、赵、任、兰、罗、丁、范、牛、呼

黄陵：寇、杨

榆阳区：解、尤

神木：杨、贺、贾、韩、高

府谷：折、尤、苏、杨、齐、崔

横山：高、曹、韩、杨、白、马、周、陈

靖边：赫、宇、温、任

定边：高、郭、强、闫、呼

绥德：马、郝、霍、蔡、安、艾、白、申、党

米脂：高、艾、常、杜、贺、吕、牛、罗、郝、董、冯

佳县：乔、高、曹、马、任、贺、白、康、阎、冯、雷、常、薛、赵、屈、付

吴堡：薛、慕、丁、辛

清涧：白、惠、师、郝、杨、康

子洲：马、苗、艾、安、汪、乔、钟、霍、冯、吴、栾、周、韩、郭、高、蔡、拓

二、陕北姓氏来源

1. 土著居民

因为民族文化心理和各人理解的不同，土著并不很好界定。按照子州县志编委会的看法，明朝以前在本地居住的可以称为土著居民，我们采纳此种意见，暂定明朝以前即在陕北生活居住的民众为土著居民。

陕北为人类发祥地之一，晚期智人的代表河套人、黄龙人已在陕北生息繁衍。考古发掘也证实从旧石器时代以来陕北各地就密集分布着人类居住点。不过秦汉以前因史料阙如，难以详考。汉代以后，借助传统史料以及汉画像石和墓志碑铭等，可以略微考见一些姓氏的大致情况，对于我们了解陕北姓氏源流有所助益。

汉代画像石所见陕北姓氏：田、杨、乐、王、郭、任、张、牛、司马、贾、木[①]

隋唐五代前墓志碑铭所见陕北姓氏：叱奴、梁、僖、刘、贾、王、徐、安、张、杜、任、薛、敬、辛、权、牛、药、郭、胡、曹、马、杨、拓跋、武、李、臧、蔡、孟、卫、娥、高、陈、白、破丑、毛、何、和

---

① 参见《绥德文库·汉画像石卷》、《米脂官庄画像石墓》等。

明代前墓志碑铭所见陕北姓氏：康、何、邓、宗、折、王、李、贺、刘、曹、张、白、冯、凌、乔、董、郭、许、袁、牛、孙、樊、戴、元、员、景、孟、胡、边、井、皇甫、洪、景、猴、黎、闫、呼延、屈、史、石、何、雷、韦、顾、金、强①

明代以前，陕北地区的豪门大姓有迹可考的，如夏州（今靖边）的鲜卑宇文氏、党项族李氏、府州（今府谷）党项族折氏、麟州（今神木）杨氏等。

2. 因仕宦而定居

如黄陵、洛川土基的刘姓系宋代鄜坊安抚使（治所在今鄜城村）刘宣之苗裔，洛川后子头乡作善、屈家河屈姓系元代行军大元帅屈林由湖北汉阳定居洛川后的后裔；党氏系元时鄜州牧党魁辞官寓居洛川后的后裔；洛川永乡东汉寨冯姓系明代耀州冯进美寓居此地繁衍而来；据洛川黄章乡太平村出土的《大唐西州岸头府故果毅都尉杨君敏墓志》载，杨敏系弘农（今华阴）杨氏后裔，其先祖杨绍西魏大统四年（538）任鄜城郡守，宦居洛川二十多年，其后代亦落籍洛川。②

子洲巡检司傅姓是傅瑛之后，傅瑛明时由河北定居此地（见傅瑛墓志铭）；三川口朱姓，本安徽舒城人，也因戍边而定居此地（见镇川《朱氏宗谱》）；周家崄因清朝有贵州游击周天相，因此至今境内周姓颇多；车家沟姬姓即是其祖姬光远从江南仕宦定居此地（见姬氏宗谱）；光绪《绥德州志》载，明时大小理河川有杨天云、郭正、张炳、袁钦、赵世相五个百户所，其后代也定居今子洲、绥德等地。③

米脂老艾家，原籍四川，一世祖从四川仕宦陕北，后定居米脂、子

---

① 参见康兰英：《榆林碑石》，三秦出版社2003年版。

② 参见洛川县志编纂委员会编：《洛川县志》。《杨敏墓志》称其曾祖为杨提，北周时仍任至鄜城郡守；祖父杨荣官至隋卢泸邛三州刺史，主理一方军政；父亲杨谊为隋左亲卫旅帅；杨敏则为唐果毅都尉。可见杨氏西魏以来世为鄜州大族，志文所称洛川县南，指旧治，即今洛川旧县镇，葬地太平村，在旧县镇南，仍沿用唐时旧名。

③ 参见《子洲县志》。

洲等地；米脂吕氏，先祖吕世光原籍汉中西乡县塌坡原，明万历年间任榆林总兵府千总，后解甲归田定居吕家硷，至今已传15代，后人分布在吕家硷、袁家砭、峁疙瘩、三里楼、杜家沟和城关镇。[①]

延长罗子山乡石佛村赵姓，相传原籍山西，后来延长居官，家眷及仆役随同定居延长，全都姓赵，现为延长一大家族。[②]

横山镇李家坬村李氏，先祖李实，来自江右，于成化年间赴榆林卫，莅任后荫其子孙，袭职者五世。明末动乱，其后裔乃携眷隐于怀远堡北郊，遂家焉；响水曹氏，始祖曹兴，原籍河南滑县人，明宣德时，官绥德卫后所指挥使，诰封武德将军，其后代支派遂繁衍于怀远（今横山）。[③]

3. 因民族融合变迁而落籍

陕北境内春秋战国有狄族、义渠，秦汉有羌族、匈奴、龟兹，之后相继有鲜卑、乌桓、吐谷浑、党项、女真、契丹、蒙古及西域各国人等在此居留生活，许多少数民族还在陕北建立了政权。因此，在融合汉化过程中，许多民族原有的姓氏都发生了改变，演化为汉姓。试举几例。

洛川县境内屈、党、雷、折、井诸姓族源多为羌族：雷氏为羌中大姓，出自羌族累姐种，以种名首音为氏；党为嘗姓之音讹，为西羌党项种；折乃莫折（莫者）氏省称；弥乃弥姐氏省称；屈乃屈男氏省称；井为罕井氏省称。

北魏以至北周，陕北为鲜卑族所统治，其部族聚居村落为数甚多。洛川县境内薛、侯、苟、费、何诸姓分布地集中，据《魏书·官氏志》载，鲜卑叱干氏改为薛氏，胡古口引氏改为侯氏，若干氏改为苟氏，费连氏改为费氏，贺拔氏改为何氏；安塞蔡阳坪村的拓氏，即为拓跋珪之后裔，取其首一字为姓。

---

① 参见《米脂县志》。
② 参见《延长县志》。
③ 参见《横山县志》。

陕北是匈奴内迁的主要安置地之一，因此匈奴各部都有姓氏遗留。如富县、洛川成姓较为集中，当是匈奴屠各成氏的后裔。北魏时另有鄜城屠各董羌，今洛川土基镇桥章村、善定村距鄜城仅数里，多系董姓，当为董羌后裔。屠各居于河西者，尚有刘氏、乔氏、张氏。刘氏自刘渊入主中原改姓，原为屠各种独孤部，以部为氏，孝文帝时改姓刘氏，魏末又复旧姓，也有未复者，故匈奴刘氏、独孤氏并见。故而直至今日陕北刘姓、张姓、乔姓以及另外的匈奴大姓呼延氏、郝氏等均多有分布。夏州贺遂氏，本稽胡族，晋初赐姓呼延，北魏赐姓贺遂氏，省为贺姓。另，河西稽胡尚有曹氏、白氏，今陕北亦多有分布。

元时达鲁花赤武威将军员不花夕督洛川，后改姓员，今朱牛乡、百益乡员姓当源出于此。廉姓，原系蒙古族，《元史·布鲁海牙传》载，布鲁海牙被任为廉访使，当日恰逢其子出生，便以官职为氏，取名廉希宪，子孙后代皆姓廉。

4. 因屯军、驻防落籍

民国《横山县志》云："横山地处塞上，明属边卫，土著居民多由晋、豫军籍防屯而来。"《延绥揽胜》云："按《明会典》，延绥居天下九边之一，地当蒙套防御冲要。当时经制官兵计五万五千三百七十九员名，马、骆驼三万三千一百五匹。延边各营堡为守瞭军、马兵、步兵等名目。各营堡多者二三千名，少者七八百名不等，故其地土著人民，皆自晋、豫、鲁、燕各省防屯抽调而来，今之沿边各县田赋百户诸名，均系当年统兵军官人员（如马昂为延绥总兵、白堂为宁夏总兵）。每百户下，各有军头数人，认负粮额若干，承办催科，皆明代军籍之遗制。迄后绿营兵制消失，散兵为民，大地主渐失其所有权，而田赋丁粮，始归人民分纳。"[①]光绪《绥德州乡土志》云："溯前明洪武以来中山侯汤和、颍川侯傅友德防御延绥。所部士卒非旧日伍旅即新迁难民，嗣立绥

---

① 参见曹颖僧：《延绥揽胜》，榆林市黄土文化研究会、政协文史委 2006 年印本，第 45 页。

德卫各隶各屯，自是外来居民，皆成绥德土著矣。"清涧石台寺刘姓，原籍南昌，明时戍边，落户清涧；清涧惠家，始祖惠甫，相传宋末元初来自江南吴县（今属江苏），元兵入侵，将"五家十房"之族驱散，遂投元军，元人定鼎，落籍清涧南沟；清涧军家屯一支朱姓，祖籍江南庐州（今安徽合肥），明时军屯，落籍本县；清涧榆湾则吴氏，明代入籍，为明绥德卫世袭指挥使、凤阳府寿州（今安徽寿县一带）人吴信（宣德）、吴鉴（正统）后裔。①

5. 移民

陕北明代以前为边塞，地旷人稀，因此往往成为各种移民的迁入地。明时曾多次移民于本境，以后还有陆续迁移来者。本地不少家族相传皆来自山西大槐树下。子洲双湖峪李姓和米脂泰安里二甲李姓同宗，据说明时从山西迁来（见李氏族谱）；马蹄沟栾姓也是从山西迁来的（见马蹄沟乡土志）；马家沟岔米脂申平里张姓，明初从山西临县迁来（见张氏宗谱）；老君殿张家坪张姓，"前明末自晋之洪洞，卜居县（清涧）西绥平里，迨今十有数世"（见张氏族谱）；米脂刘氏来自山西洪洞大槐树，多分布于姬家岔、刘盘沟、小寺子、后印斗、泥沟、刘家沟等村；米脂杨氏、井氏和城关王氏（一世祖王始元，已传22世）也来自大槐树下；清涧师家园则村和县城师姓，鼻祖师安（1060－1110），本名杨安，原籍华阴，东汉弘农杨氏——太尉杨震后裔，北宋时迁入本境；清涧刘氏，远祖刘宽（120－185），弘农华阴人，东汉太尉，后代迁山西永和县大桑壁村，宋元之间徙居青涧迁骞儿一里五甲枣坪则；霍家，洪武初年由霍山（今山西霍县）迁居绥德、清涧、安定；延长罗子山乡益枝村，因系山西李姓一支，移居延长得名一枝；延长安河乡芙蓉村为移民纪念原籍山西芙蓉村得名；张家滩镇于家村魏姓相传由山西大槐树下迁移而来；府谷傅家墕刘家，其祖于明成化二年（1466）由山西洪洞迁来，以农为业，后散居陕北各处；苏氏，明洪武四年由浙江迁

---

① 参见《清涧县志》。

来，居县城，清代共出进士 3 人，举贡甚多，后人口繁盛，散居四乡；府谷皇甫乡红泥寨王家，于明成化二年由山西洪洞迁来，出总督王继谟，清代出举贡甚多；府谷傅家墕乡狮子城杨家，先祖杨卯，山西忻州人，于明初迁来；横山高镇乡刘楼村墓志载刘氏于明朝末从山西大槐树迁来，高镇乡的高氏则是原迁米脂，后来又到高镇定居。

陕北姓氏除以上来源外，尚有流放贬谪及充边犯人落籍陕北者，《延绥揽胜》称"并清厘陕人，伍籍罪谪者，悉数徙往榆林"，如北魏太尉拓跋丕因罪谪居洛川太尉里（疑为今槐柏乡拓家河村，现为水库淹盖），子孙遂家于此。此外，陕北人不善经商，因此山西、河南及山东等地经商、行医以及从事各种手工业和小手艺的人，也往往定居陕北，成为陕北人。

三、陕北姓氏特点

陕北明代以前一直是边塞要地，清代虽为腹里，却属荒寒贫瘠之地。战乱灾荒、军屯驻防、移民实边、民族融合等诸多原因使得陕北姓氏来源复杂多样，形成了鲜明的特点。

1. 同姓聚居

过去，陕北各地同姓者，多聚居一村一地。如米脂全县 731 个自然村，其中以最初居住人口姓氏命名的有 378 个，像马家园子、王家湾、何家岔、姜兴庄、姬寨子、折家圪捞、杨岔、李家坪、白家硷、艾家圪等。延长全县 792 个村庄，以姓氏得名者 338 个，以呼姓得名的村较突出。绥德马家砭马姓、张家砭张姓、柳家庄柳姓、丁家沟丁姓；子洲张家寨张姓、师家坪师姓、冯家渠冯姓、西庄吴家山吴姓、周家崄周姓、苗家坪苗姓、郭家畔郭姓、邱家坪邱姓、姜家湾姜姓、曹家沟曹姓、钟家崄钟姓；米脂高家沟高姓、李家站李姓、吕家硷吕姓；清涧郝家墕郝姓、白家老庄白姓、杨家山杨姓、康家湾康姓等等，仍是同姓人口聚居者较多。

同姓聚居，一方面显示了华夏民族聚族而居的传统习俗，另一方面，也是各少数民族以种落、部族为单位聚居习俗的反映。步入现代社会后，人口流动性增强，过去独姓人口的村落逐渐减少，现在多数村庄都是诸姓人口共居。

2. 各族民众汉化改姓

陕北长期以来都是各族民众相互融合的大舞台，因此，各民族的痕迹都在现今的姓氏和地名中有所留存。如匈奴贵族呼延氏，长期在陕北生活，至今延长呼家川、宜川呼家窑子、神木呼家渠等，都是呼姓聚居地，其他县市也往往有之。长期流传中，有保留原"呼延"姓氏者，也有简称"呼"或"延"的。鲜卑拓跋氏，今陕北多简为单姓"拓"，读音 tà，当为拓跋连读；折娄氏改姓折。在陕北建立大夏国的赫连勃勃，其后代改单姓"赫"。匈奴屠各部独孤氏改姓"刘"。鲜卑慕容改为慕，宇文改为宇；匈奴贺遂氏改姓贺；羌族屈男氏改姓屈、罕井氏改姓井、钳耳改姓王；出自西域诸胡国的姓氏则有龟兹白姓、康居康姓、安息安姓、米国米姓、石国石姓、何国何姓、史国史姓、曹国曹姓、毕国毕姓、西突厥罗姓、疏勒裴姓、车师国车姓等。这些源出各民族的姓氏，也往往成为陕北的大姓望族，使得陕北姓氏构成特色鲜明。

3. 同姓分户

陕北同姓者中，有分户和不分户两种情况。分户即同姓不同宗，如马、王、刘、黄、郝、李、白、田、张、雷、高等姓；不分户则为同姓同宗者，称为"自家"，如霍、申、梁、赵、党、蔡、朱、夏、吉等姓。不分户者，同姓不婚，分户者，不同门户之间同姓可以通婚。

绥德马姓分户的情况较为典型，分别有崖马、川马、山马、渠马四大家族，马家分户，其实是用妥协的方式解决了当时面临的生存繁衍困境，体现了人类的生存智慧，我们后面还会提到。除此之外，分户还有其他情况。如米脂常姓，先祖祖籍安徽怀远县，畏惧明成祖朱棣对常遇春后裔诛九族，迁来米脂后将弟兄分隶两甲，故常氏有"七甲常"、"十甲常"之别；米脂高氏，相传祖上兄弟两人，兄安分守己，弟好惹事端，兄畏惧株连，经官另立门户，从此高姓有"东高"、"西高"之别；

米脂艾氏分"老艾"、"小艾"，小艾先祖贺旺，被官府逼迫，由山西逃难米脂，卖砂锅为业，入籍姓艾，后代为"小艾家"，原本籍艾氏称为"老艾家"；清涧白氏有五甲、九甲、后九甲之别，后九甲原籍米脂，明朝初叶白斌经商来清涧，附籍九甲白氏，谓后九甲，因后字不雅，改称又九甲；府谷刘姓分三户，县川刘家为老户，傅家塌刘家于明成化二年（1466）由山西洪洞迁来，新民刘家祖籍延安临城等。

分户所谓的同姓不同宗，有的是有血缘关系的，因种种原因而分门别户；更多的则是本就没有血缘关系，如米脂小艾，本姓贺，因附籍老艾而改姓，再如清涧又九甲白姓，虽与九甲白姓同姓，却也并无血缘关系。

总之，陕北姓氏来源复杂，除明代以前土著居民外，另有因仕宦、屯兵驻防、移民、从事工商业者、贬谪流徙等原因落籍本地者，因各民族融合定居本地者是陕北姓氏的另一主要来源。陕北多同姓聚居、各族人民汉化改姓较为普遍、同姓分户现象较多，则是陕北姓氏的鲜明特点。

第二节　陕北纪姓渊源考略

因为历史的原因，陕北的居民组成十分复杂，各个历史时期会有不同的人口构成，族属多样，众寡不同，各有差异。元末明初以来，因为明军的北征驻防，陕北成为九边重镇之一，长期的部队驻防和兵民分治，改变了陕北居民的构成，从明代开始形成的大姓望族，一直延续未绝，影响至于近现代。本节以陕北纪氏为个案，观察陕北明代以来大姓世族形成的历史轨迹。

陕北榆林、延安、绥德、子洲、横山、靖边、定边及内蒙乌海等地分布着为数不少的纪姓人口。兹根据榆林南郊三岔湾、绥德张家砭乡五里湾村出土的三方纪氏墓志，以及《延绥镇志》、《绥德州志》等方志资料，试对陕北纪姓作一考察。

榆林南郊三岔湾出土了两方纪氏墓志，一为《纪溁墓志铭》，一为《纪溁及妻阎氏合葬墓志铭》，现存榆林市红石峡文物管理所；1991 年出土于绥德县张家砭乡五里湾村的《纪洪及妻李氏合葬墓志铭》，今藏绥德县博物馆。三方墓志均已在《榆林碑石》中有著录，为方便行文，侈录铭文于下。

1. 纪溁墓志铭录文

明故封征仕郎中书舍人纪翁墓志铭

光禄大夫上柱国少傅兼太子太傅吏部尚书武英殿大学士知制诰兼经筵官石淙杨一清撰

光禄大夫柱国太子太保户部尚书兼武英殿大学士国史经筵官京口靳贵书

荣禄大夫太子太保礼部尚书兼文渊阁大学士知制诰经筵国史官东莱毛纪篆

锦衣千户纪君世椿谒余，为其父封中书舍人容庵翁请撰墓志铭。予弘治间与翁之兄故太仆少卿宗直交。后因与翁子世梁、世楹并世椿、世禄通还往，且总制陕西。稔闻翁行谊有可述者，铭不忍辞。按：翁讳溁，字宗太，别号容庵，世为凤阳蒙城淳化乡人。高祖讳二翁，国初隶大将军麾下，戍绥德卫，子孙遂家于绥。生子信，信生璊，号澹庵，翁父也。纪氏自二翁以医名，出而治疾，往往有奇验。翁少从澹庵，能世其业。每居善药，凡负疴求疗者，不问疏亲贵贱，致之辄往。投之剂无弗愈者，且不责报。故人人德之，至称为纪一贴云。镇巡边备诸当路，多忘贵势，礼接之，或赠之诗文，奖与甚重。孝慈友爱，出于天性。理家政，以勤俭为族人先。壮强时，商游淮扬间，克力干蛊，家日饶裕焉。尝慨然以万金让其昆弟。有无赖子加之非礼，容弗与较。乐为义举，遇贫不能婚丧者，出赀助之。旅困无所于归者，资给遣之。负贷不能偿者，辄焚其券。盖虽不废货值，而恒持信义，义名满江湖，彻于朝省，子姓化之。有弗尔者，人曰：独不愧容庵乎？榆林卫学宣圣庙灾，翁蹙然谓：事莫急于此者矣。遂市材木百余株，鸠工庀物，以倡导一方之人，厥工用成。成化辛卯，应例输边，授七品散官。弘治乙丑，以世梁贵，被敕封征仕郎、中书舍人。又以世椿武阶，诰封武略将军、锦衣千户。正德九年七月五日，以疾卒于家置正寝，距其生正统己巳，得年六十有六。配阎氏，封宜人，有淑行。子男四：世梁其长，终于太常寺丞。次世椿。次世楹，累军功，拜都指挥佥事，充右参将，分守延绥。次世禄，扬州卫带衔指挥使，今为少卿。公后女三：长适游击将军、都指挥朱銮。次适延安卫都指挥周瑭。次适绥德卫千户周文臣。男孙九，女孙一。墓在榆林三岔山之原。其葬则卒之年九月十一日也。铭曰：

不泊于利，而徇之义。善不以伐，才而不试。纪有世业，日精轩岐。翁得其传，厥闻四驰。博施廉取，以遗厥子。诜诜膝前，惟金与紫。有丘岿然，榆阳之原。春秋霜露，百祀弗谖。

志盖篆书：大明故封征仕郎中书舍人纪翁墓志铭

2. 纪渼及妻阎氏合葬墓志铭录文

诰赠锦衣卫副千户纪君配太宜人阎氏合葬墓志铭

赐进士出身荣禄大夫少傅兼太子太傅提督十二团营侍经筵兵部尚书晋阳王琼撰

特进光禄大夫柱国太傅兼太子太傅新宁伯奉敕提督十二团营军务兼提督五军营总兵官掌后府事侍经筵滁阳谭祐书

驸马都尉雁门崔元篆

赠锦衣副千户纪君既没之四年，其配太宜人阎氏卒于家。其子锦衣正千户世椿，具状乞铭其墓。按状：纪氏所居延安府绥德州，古朔方，地近胡，故其地豪杰，多以战功显于时。纪氏先以儒医显，至车驾君，族益盛。车驾君生子温，致位太仆少卿，倜傥好义，名动京国。温弟渼，赠锦衣君也，能以勤俭治家事。其父车驾君、其兄太仆君得专心仕业，无内忧。太宜人出同郡望族，生而庄静聪颖，动契内则，父母爱之，尝相谓曰：是子不凡，将来福履非吾辈所及也。自归锦衣君，多内助。节缩用度，供备甘旨，舅姑宜之。车驾君先逝，张宜人寡居，太宜人事之尤谨，独得其欢心，待太宜人亦独厚。妯娌因不平或加侵语，太宜人不与计较，后皆悔过谢服。弘治乙丑，以子太常寺丞世梁贵，敕封孺人。壬申，以世椿贵，封安人。丙子，进封太宜人。天性孝慈，主祀事必躬必亲，敬以将事。诲爱诸子，不生疾患。子在外，亲制衣寄之。族里有贫乏者，随宜赈给，不少吝。晚年神清气和，明眸黑发。每节令暨生辰宴会，子孙满前，太宜人乐甚。太常典礼，最为清秩。今之锦衣，古执金吾官也。武官三品以上，充将帅守边，亦异常等。太宜人四子，皆跻□仕，金紫杂沓，非积德深厚，能致是乎？正德丁丑二月初十日，忽不乐，遂自处分后事，至终不乱。距其生正统丁卯九月初七日，享年七十有一。卜以卒之年四月二十五日，于城南三岔河之阳，启锦衣君之窆而合葬焉。子男四：长世梁，先卒，娶丁氏，封孺人。次世椿，娶丁氏，封宜人。次世楹，镇守山西副总兵，娶黄氏。次世禄，指挥使，娶朱氏。女三：长适协守延绥副总兵朱銮。次适延安都指挥周瑭。次适千户周文臣。孙男九：文炳、文焌、文燧、文焰、文烨、文焰、文炀、文炜、文□。孙女一。铭曰：

繁惟纪氏，居古朔方。德厚流深，厥族用昌。父兄昆季，一门金紫。力行仁义，天祐福祉。岔河之阳，幽宫是藏。勒石铭文，百世之光。

志盖篆书：诰赠锦衣卫副千户纪君配太宜人阎氏合葬之墓

3. 纪洪及妻李氏合葬墓志铭录文

明故文林郎宁阳县尹纪君孺人李氏合葬墓志铭

光禄大夫柱国少师兼太子太师吏部尚书太原王琼撰

山西雁门第三关游击将军都指挥佥事古徐窦銿篆

昭勇将军绥德卫掌印指挥使凤阳朱□书

纪氏之先，居凤阳蒙城乔木之家。有曰二翁者，精于医术。洪武初，从魏国公徐达南北征伐，茂著勇略。及天下平定，设边防胡，乃仍前代之旧，于绥州建卫，聚兵守焉，翁进选列。于白沟河有功，为昭信校尉，遂为绥州起家之祖。积德行仁，其后官爵渐昌。翁生政。政生琛，业儒，为绥州廪膳生。配王氏，指挥王锐之女。早逝未仕。生子洪，是为文林郎。早入郡庠，好学循礼，德业日进，有司以例贡于礼部、卒业成。弘治庚申，谒选吏部，除冀州判官。佐理郡事，贤能有芳誉，升定陶县尹。政治宽平，民有诵声。御史荐其廉能，调宁阳大邑。清慎廉敏，久而不渝，邦人式之，诚为当代良有司也。君先配郝氏，右布政郝渊之之女，有淑德。生女一，适副总兵官崔天爵，此郝孺人之所出也。君继室李氏，指挥李伯俊之女，助夫训子以道。生子四：长世棠，国子生。娶阎氏、吴氏，亡；丁氏，生女一，幼。次世楠，娶阎氏。次世标，娶刘氏。次世榛，为绥州廪膳生，娶刘氏。标生子三：长文□，娶安氏；次文□；次文煦，幼。女一，幼，未字。榛生子四，俱幼。女四，长适指挥应袭罗江，其三女幼，皆李孺人之所出也。纪君德业晖焕，名播仕版，先逝。诸子事孺人，克尽孝道，宜无忧者。而孺人以未亡人自处，未尝忘薰砧焉。今嘉靖癸未闰四月初十日卒，寿六十。其子世棠等，谨卜嘉靖丁未三月初九日，复合葬于五里湾之原，因先君之窆而附焉。孙茂才坚状世棠丐予为铭，棠诸父少卿纪君温，琼之故人也，铭奚敢辞。铭曰：

雄哉绥州，秦为上郡。移家自南，克昌其运。夫宰大邑，厥有声闻。妇助其贤，子承其训。全福令终，天与弗靳。西山之原，体魄之隐。

志盖楷书：明故文林郎纪公李孺人合葬墓志铭①

一、纪氏来源

陕北纪氏源出安徽凤阳蒙城，明洪武初家于绥德。绥德起家之祖名叫纪二翁，初从魏国公徐达征战。徐达所部明军攻占陕北的军事行动较为顺利，洪武二年（1369）五月，"丁酉，指挥朱明克延安，遂以明守之"②，随后据守绥德的元将孔兴败走，被其部将斩首，"绥德、葭州守

① 以上录文均见康兰英主编：《榆林碑石》，三秦出版社2003年版。
② 参见《明太祖实录》洪武二年五月，南京影印国学图书馆传抄本。

将孙知院、孔荣、关二俱诣大将军徐达降。达调指挥章存道、朱明等收集各镇官军，分守之"。① 至此，陕北已基本收复。随即对陕北进行了相应的军政设置，分别设置延安府、延安卫。洪武二年"指挥李恪招抚人民复业，知府徐武赍印开设，复为延安府"②，十月，"置延安卫，命怀远卫指挥使许良领兵守之"。③ 绥德方面，孔兴死、其部将归附后，"是年仍为绥德州，领米脂一县，隶延安府，编户十里，今七。又设绥德卫，领左右中前后五所，隶陕西都司"。④ 可见与延安一样，绥德彼时建置也是有州有卫，军民分隶。洪武六年，大将军汤和置绥德卫指挥使司，迁江南上江之军于其地，立屯田法戍之。⑤ 碑文称"于绥州建卫，聚兵守焉，翁进选列"，纪二翁大约正是这一时期成为绥德卫的一名屯田士兵。"于白沟河有功"，则是指建文二年（1400），靖难之役中明成祖朱棣与建文帝的白沟河决战，这场决战中，绥德卫、延安卫应该都是站在了明成祖一边，不少人都因此而获军功。二翁正是在此战中立有战功，被擢升为昭信校尉，为陕北纪氏家族以后的发展奠定了基础。

明初跟随朱元璋起兵的大批安徽籍将士，在北进征战蒙元的过程中，逐渐分散据守在北方，纪二翁因军屯而定居就是大批外来将士入住陕北的一个典型例子。不仅是普通士兵，还有各级将领也因此留驻陕北，如汤和将军、傅友德将军，均是安徽人，洪武年间先后驻守延绥。正如清光绪《绥德州乡土志》所称：溯前明洪武以来中山侯汤和、颖川侯傅友德防御延绥，所部士卒非旧日武旅即新迁难民，嗣立绥德卫各隶各屯，自是外来居民皆成绥德土著矣。不仅明初，蒙元与明朝的对峙几乎与明朝相始终，加之东胜撤卫，延绥成了国防前沿，战事因之绵延不

① 参见《明太祖实录》洪武二年五月辛酉。
② 参见（明）马理、赵廷瑞修纂：《陕西通志》，董健桥等校点，三秦出版社 2006 年版，第 407 页。
③ 参见《明太祖实录》洪武二年十月丁酉。
④ 参见明万历《延绥镇志》卷一《建制沿革·绥德州》。
⑤ 参见清光绪《绥德州志》卷五《纪事》引《延绥镇志》。

断，调军屯戍也就成了常态。这些入军籍的将士，其父母兄弟妻儿、僮仆婢妾等往往随之迁来陕北，逐渐落户生根，成为现今陕北人口的重要来源之一。

二、陕北纪氏家族世系概览

根据上录三方墓志及《绥德州志》的记载，我们可以基本梳理出纪氏家族从始祖纪二翁以来的世系承续，列于下：

一世祖　纪二翁，洪武初家于绥，昭信校尉，以医名。

二世祖　纪信

　　　　纪政

三世祖　纪瓛，纪信之子，号澹庵。以子温封兵部车驾司郎中。至车驾君，族益盛。

　　　　纪琛，纪政之子，业儒，为绥州廪膳生，配王氏，指挥王锐之女。早逝未仕。

　　　　纪璿，正统九年举人，官兖州府同知。军籍。

四世祖　纪温，纪瓛之子，字宗直，绥德卫人，成化乙酉举人。榆林卫地近边，人鲜知学。余子俊为巡抚，奏设卫学官，以礼聘为师。温规格严整，经指授者多成立。谒铨，授吏部司务。士无问识不识，皆知有纪司务。升太仆寺少卿，综理周密，咸中条节，不避劳勤。卒于官。

　　　　纪渶，纪瓛之子，字宗太，别号容庵，少从澹庵，能世其业，号称"纪一贴"。以子世梁贵，敕封征仕郎、中书舍人。又以子世椿武阶，诰封武略将军、锦衣副千户。

　　　　纪洪，纪琛之子，成化年岁贡，官至宁阳知县，封文林郎

　　　　纪澜，成化年岁贡。

　　　　纪濂，弘治十四年举人，官至盐山县知县，军籍。

五世祖　纪世梁，纪渶之子，太常寺卿

　　　　纪世椿，纪渶之子，锦衣卫指挥

纪世楹，纪潆之子，官至雁门副总兵

纪世禄，纪潆之子，

纪世棠，纪洪之子，正德年岁贡

纪世楠，纪洪之子

纪世标，纪洪之子

纪世榛，纪洪之子，嘉靖年岁贡，官龙德训导

纪世懋，弘治年岁贡

纪世相，南乐知县

六世祖　纪文炳，纪潆之孙，

纪文焌，纪潆之孙，嘉靖十三年举人（绥德州志称之温孙）

纪文燧，纪潆之孙，

纪文焰，纪潆之孙，

纪文烨，纪潆之孙，

纪文炤，纪潆之孙，

纪文炀，纪潆之孙，

纪文炜，纪潆之孙，嘉靖二十二年举人，官周府长史（绥
德州志称之温孙）

纪文爌，纪潆之孙，

纪文採，纪世标之子

纪文奎，纪世标之子

纪文煦，纪世标之子

纪文烺，嘉靖年岁贡，军籍

七世祖　纪凤鸣，纪温曾孙，嘉靖十九年举人，庚戌进士，官至长
芦盐运使

以上即陕北纪氏可考人名世系，从洪武二年（1369）到嘉靖十九年
（1540），绵亘近二百年，人丁兴旺，满门金紫。纪氏之为陕北望族，可
见一斑。

三、纪氏家族特点

1. 纪氏隶绥德卫，属军籍。明洪武初年，陕北即有州有卫，军民分隶。以纪氏所在绥德为例。洪武初编民户十图为民籍，其制以一百一十户为一里，推丁多者十人为里长，余百户分隶十里，岁役里长一人管摄一里之事。定屯卫五十百户，为军籍，其制以五千六百人为一卫，一千一百二十人为一所，一百一十二人为百户所。每百户所设总旗二名，小旗十名，管领钞束，通以指挥使等官领之。万历之前隶军籍者户口失记，万历年间，绥德民一千一百一十二户，一万四千二百七十口，屯五千三百八十户，四万三千五百三十口。① 军籍者不仅户口人数多，占有耕地也优于民户，仍以万历年数字计，民户夏秋地共占一千二百三十三顷九十六亩，卫屯地则有五千六百九十八顷四十亩。② 因此，军籍意味着更高的身份，享有更多更好的土地，以及更少的赋税。

因为隶属军籍，纪氏家族中直至第四世，仍多以武职显达者，如纪世楹累军功，拜都指挥金事，充右参将，分守延绥，后官至山西副总兵；纪世椿为锦衣正千户；纪世禄曾任扬州卫带衔指挥使等。不仅如此，他们的婚姻之家也多是军籍武人，如纪琛娶指挥王锐之女，纪洪继娶指挥李伯俊之女；纪溁三个女儿，长适游击将军、都指挥朱銮，次适延安卫都指挥周瑭，次适绥德卫千户周文臣；纪洪两个女儿，长适副总兵官崔天爵，次适指挥应袭罗江等。通过婚姻关系，纪氏逐步建立了自己的社会关系网。

2. 从行医经商逐渐转向儒学立家

纪氏自始祖二翁以医名，且医术颇精。二翁孙纪瓛，纪瓛子纪溁，均以医术精湛、医德醇厚负有盛名，纪溁更是被誉为"纪一贴"，当地达官贵人都对其极为推崇礼敬。

---

① 参见清光绪《绥德州志》卷三《民赋·户口》。
② 参见清光绪《绥德州志》卷三《民赋·田赋》。

行医之外，纪氏还经商立业，墓志称纪渫壮年时"商游淮扬间"，至于具体做什么生意，我们可以回溯一下当时的历史背景。洪武初，为解决边防粮食供给问题，实行了"开中制"，即号召商人运粮到边地，然后官府根据运粮多少发给相应的盐引，商人凭盐引到盐场领盐，在指定地区销售，其中赚取的差价就是商人的利润。政府虽然因此减轻了边防补给负担，但商人获利其实更多，有许多商人因此致富。开中制实行后不久，不仅河东盐引、就连两淮盐引也很快被商人垄断，当时陕、晋商人及徽商等都竞相输粮换引，赚取高额利润。纪渫祖籍安徽又身居陕北，输粮延绥显然不太困难，在换取两淮盐引后，即前往两淮领盐贩售，这应该是纪渫"商游淮扬间"的实际内容。纪渫也因此致富，曾"慨然以万金让其昆弟"。因为"应例输边"贡献卓著，还在成化辛卯年（1471）得了一个七品散官。

但是，正如陕北众多的武人家族一样，在通过武功取得身份地位、通过货殖经商发家立业的同时，这些大家族都逐渐倾向于儒学立家，对儒学显示了浓厚的兴趣。三世祖纪琛即已"业儒，为绥州廪膳生"，纪璿为正统九年（1444）举人，纪琛子纪洪"早入郡庠，好学循礼，德业日进，有司以例贡于礼部"，最后官至宁阳县令，为一代良吏。纪渫兄长纪温为成化乙酉（1465）举人，后致位太仆少卿，倜傥好义，名动京国。纪濂为弘治十四年（1501）举人，官至盐山县知县。就连致力于医、商的纪渫，在榆林卫学的宣圣庙因火灾被毁后，认为"事莫急于此者"，于是主动出资购买材料、纠集工人，完成了重建工程。五世祖中，纪世懋为弘治年岁贡，纪世相官至南乐知县，纪洪之子世棠、世榛分别为正德年、嘉靖年岁贡，世榛官至龙德训导，都是以儒显。六世中，纪文焌为嘉靖十三年举人，纪文炜嘉靖二十二年举人，纪文烺也是嘉靖年岁贡。七世中的纪凤鸣，更是嘉靖二十九年进士，官至长芦盐运使。即便仅从纪氏各代名讳来看，始祖二翁，名字极为随意，之后名字越来越考究，到六世、七世演变为"文"字辈、"凤"字辈，足可窥见陕北纪氏由武入文的趋势。

综上所述，陕北纪氏祖先在明初随攻克陕北的明军到达陕北，之后由于陕北一直处于与蒙元抗衡的国防前线，纪氏便成为长期屯戍陕北的众多军人之一，隶绥德卫，属军籍，从此成为陕北人。纪氏家族累世以军功显，交游、婚姻也均以军籍武人为主。与此同时，纪氏以医术闻名当时，取得了贵势达官们的尊敬和百姓乡党的认可。由于边关军需物资输送的巨大压力，明政府实行了开中制，纪氏利用居于陕北便于运粮输边、原籍安徽便于经营盐业的优势，输粮换引，商游淮扬，因此致富。在此基础上，纪氏注重积德行善、赈恤乡里，崇尚儒学，重视科举，后代逐渐由武入文，家族的社会地位由是更加提高，家族势力也进一步壮大。由于人丁兴旺、支脉繁衍，纪氏族人逐渐散居陕北各地，榆林南郊三岔湾、绥德张家砭乡五里湾就是可确知的两处纪氏族人聚居地。居住地虽然逐渐分散，但纪氏宗族的凝聚力并未减弱，表现在祖宗认同、行辈排定、互相帮助等方面。几百年的绵延中，纪氏逐渐成为陕北望族，族人中优秀者所表现出的勤于职事、忠于职守、孝慈友爱、振穷救急、温厚谦逊等优秀品德，成为乡里慕德向化的典范，他们雄厚的家族实力，在乡村社会生活中起着举足轻重的作用，他们的文化取向，对于陕北社会的文化发展产生着深远影响。

第三节　陕北马姓述略

马姓是陕北的大族，其中又以分布于绥德者为最。以绥德吉镇居民为例，现有 26 姓，分别是马、张、刘、冯、高、李、杨、郭、侯、郝、韩、郑、薛、雷、延、赵、申、任、苗、盛、吕、闫、景、段、姬、乔，其中闫、景、段、姬四姓为外地娶回的媳妇姓氏。26 姓中，马、张、刘、冯是吉镇的老户，其中以马姓人数最多。

绥德的马姓是分户的，最主要的有崖马、川马、山马、渠马四大家族，也可见马姓族众之庞大。关于分户的原因，有一个传说：很久以前有一马姓人家举家迁来绥德，兄弟四人被分别安置在马家川、马家山、马家渠、崖马沟四个地方。后来兄弟四家的儿女们逐渐长大，到了谈婚论嫁的年龄，但是当时这一带还是一片荒芜，人烟稀少，很少有其他人家居住，马家的这些子女们很难找到合适的人选组建新的家庭。为了延续香火，不致断种绝代，马家兄弟四人商量后，设下香案、对天明誓，表示从此以后，只同姓、不同宗，不再是兄弟。并且约定，住在马家川的称川马家，住在马家山的称山马家，住在马家渠的称渠马家，住在崖马沟的称崖马家，四家除了内部不能通婚外，各家都可相互婚娶。从此这个习俗相沿至今。①

马家分户的传说，非常有趣，让人联想到兄妹相婚的洪水神话。有学者认为，"在氏族外婚制已经普遍建立的时代，对于人类出现血亲相婚现象，洪水神话提供了一个解释框架。在这个框架中，人类的衍生需要与血亲相婚这对矛盾才能够得以合理解决"。② 但是绥德马家分户的传说，则清楚地告诉我们，人类学对于一些神话传说存在过度解读的现象。马家同姓婚娶的情况与洪水中兄妹相婚的情况其实是一样的，这些例子并不一定能说明人类曾经存在血缘婚，也不一定能说明人类对于这种婚姻关系的认可，它们甚至并没有多少文化上的价值意义。这些例子其实更多地指出了人类在面对具体的生存繁衍困境时，如何用一种妥协的方式解决问题，它体现的更多是人类的生存智慧。

一、马姓来源

撇开传说，绥德的马姓其实来源极为复杂多样，见于记载的，主要有三个来源。

（一）扶风马氏之后

碑铭所见陕北最早的马姓即是唐代的马文静，这一支马姓，应该算

---

① 参见吉镇村村委会编：《吉镇村志》，2006 年印，第 35 页。
② 参见章立明：《兄妹婚型洪水神话的误读与再解读》，《中南民族大学学报》2004 年第 2 期。

是陕北的土著。马文静墓志出土于榆林靖边县红墩界乡圪坨河大队华家洼林场尔德井村，今存榆林文管会，《榆林碑石》有著录，该碑立石于唐开元二十年（732）十一月三日，录如下：

大唐故左卫亲卫上柱国扶风马府君墓志铭并叙

君讳文静，字仁宝，扶风槐里人也。曾祖猷，隋晋州别驾。祖驹，德州刺史。父谟，开府仪同三司、温汤府折冲、乘氏县开国公。皆备文武，秉节操。是以玼贰车于晋国，垂皂盖于夏台。仪烈三星，位高五等。继于克荷，君其谓焉。君明敏于弄璋之晨，聪达于志学之岁，警肃岩廊之下，用先人之所析，终辞冠冕之诎，命也何言。以长安三年八月十八日甲子，不禄于圁阴龙川之幕府也。夫人武威贾氏，父荣乐，神山府折冲。夫人四德克修，五智兼备。一志终期于死夫，三从必遵于内则。以开元十九年正月十九日，没于银部。顷龟未吉，今灼乃从。开元廿年十一月三日，合葬于朔方掣磨忏原，礼也。胤子奉仙等，仰旻昊而泣血，俯泉壤以摧心。呜呼哀哉！乃为铭曰：

周公远系，秦开茂族。炫彼缣绌，芳兹兰菊。琴瑟兮清和，双赴兮沦波。孤坟朔野，同毕山河。

铭文中提到唐代三个折冲府，即温汤府、龙川府、神山府，马文静的父亲官至温汤府折冲都尉，其岳父为神山府折冲都尉，他自己生前曾在龙川府为僚属。[1] 马文静早逝，不过我们得以知道他祖籍扶风槐里，至少从他和夫人开始，已经落籍于当时的银州了。后来自称出自扶风的绥德马氏，与马文静有无血脉相连已经不得而知。民国马振国，创修马氏本支宗谱，序曰：

陕西绥德有我马氏者，由来已久，溯其始，始于扶风郡，后迁绥德东门墕，相传二百余年，卜世六七，宗派本支，远不可考。厥后又迁无定河西马兴庄。有昆仲二人，一入袁钦百户，一入西王钦。入袁钦者，

---

[1]　周晓薇根据乾县出土天宝七年《桓义成墓志》补《唐志》所无唐折冲府银州龙川府，此则添一新证。见周晓薇：《唐折冲府考校补拾遗续》，《中国历史地理论丛》1996年第2期。

名家美，生子正道、公道，正道生兴元，又生一女。公道也生一女。兴元以后，振德于之承嗣。入西王钦者，生三子占元、占杰、占根，生一女聘于王。占元等于同治初年由东迁西，又住桑园儿，家业颇丰，子嗣不若螽斯。占杰只生一子名复礼，即我父焉。我父天性和乐，命运亦佳，生我兄弟三人、姊妹三人。我名振国，二弟振德，三弟振声。振声生一子即逝世。振德生二子，又生三女。我生三子，并生四女。现在合家内外二十余口，幸喜苍天眷佑，得叙天伦之乐。伏祈从今以后，兰桂腾芳，人人有木本水源之恩，世世有春露秋霜之感，则禴祠烝尝，庶可以永垂不朽。是为序。民国三十年二月初八日振国等谨识。

这篇序写于 1941 年，马振国述其家族之源，溯至扶风。他们这一支马氏在绥德东门瑏居住二百余年后，迁移至无定河西马兴庄，即今绥德四十里铺，同治初年，又西迁至桑园儿，即今子洲县苗家坪镇桑园村。[①]

（二）宋季避兵乱而由山西迁入绥德

绥德著名的川马家族源即上溯至此。川马家的马汝骥，在《明史》中有传，《明史·列传第六十七》：

马汝骥，字仲房，绥德人。正德十二年进士。改庶吉士。偕芬等谏南巡，罚跪受杖。教习期满，当授编修，特调泽州知州。惩王府人虐小民，比王有所属，辄投其书椟中不视。陵川知县贪，汝骥欲黜之。巡按御史为曲解，汝骥不听，竟褫其官。世宗立，召复编修，寻录直谏功，增秩一等。预修武宗实录，进修撰。历两京国子司业，擢南京右通政，就改国子祭酒，召拜礼部右侍郎。尚书严嵩爱重汝骥，入阁称之，帝特加侍读学士。汝骥行己峭厉，然性故和易，人望归焉。卒赠尚书，谥文简。

马汝骥于弘治六年（1493）九月十九日生于山西夏县，归籍绥德。

---

① 同治初年这一支马氏的西迁，恐与同治年间的战乱有关。

卒于嘉靖二十二年（1543）十一月六日，年五十一。马汝骥为绥德马家川人，乾隆四十九年刻本《绥德州直隶州志》有明确记载：

烟嘉山，在城东五十里，马家川马汝骥故里。[①]

烟嘉山上还有马汝骥的父亲马璁建立的马氏祠堂：

马氏祠堂，万泉教谕绥德烟山先生所建也。祠在烟嘉山栀子峰下，惟一楹，内安三龛，祀曾祖至考三世，以曾祖别子也，不得祀高祖。其旁亲亡后者，亦皆木主附食于龛中……祀以四仲月及岁暮，若分至朔望则参拜，俗节则荐以时食，皆依朱氏家礼。烟山先生之子太史汝骥与予同僚于翰林。予谪判解州，且行，太史曰：兹祠堂者，家君建在正德辛未七月，未记焉。……烟山先生讳璁，字士臣，以郡岁贡士起家，筮仕夏县训导，自曾祖处士来三世皆集义躬耕，至烟山先生仕至教谕，封编修，而太史益笃，其祐于未艾焉。[②]

关于马璁，因有绥德城关出土的《马璁墓志铭》，我们能够较清楚地知道其事迹。该志明嘉靖八年（1529）四月二十五日立石，崔槐撰，许崇鲁书，孙锦篆，现存绥德县博物馆。因史料价值较高，移录于下：

明故山西万泉县儒学教谕致仕封文林郎翰林院编修烟山马公墓志铭

太史氏马子仲房，自秦中，历晋阳，踰太行，至我后渠，请铭其先令君烟山公。铣受而阅马子状，事核伟词，可显于靡极矣。岂马子以予素戆直，不溢美，将使后代征其言乎。乃掇其凡著于篇。

马氏，山西临县人。宋金搆乱，绥德殁于胡。会胡被攘去，讳仲谦者，率少子渡河，杀主者老胡，占籍焉。五传而至秉吉，吉生震，震生永盛。秉吉能恢廓其家。永盛以耆德膺诏，称寿官。再娶姬氏，生烟山。公讳璁，字士臣，一字西桓。生五年失母，鞠于继母。淡少不跅驰，思母必泣。父及后母抚爱。至十六岁，州太守选为弟子员。治周易，能通诸家书。后四失举，思弃去，专力养亲授徒。成化辛丑，州守

---

① 参见乾隆《绥德州直隶州志》卷一"山水"。
② 参见乾隆《绥德州直隶州志》卷七"艺文"吕柟《烟嘉山记》。

张瑞连考马氏亡罪者三人死。公痛极，矢言呼天，瑞大恨。会族人马书先，以事被系而逸。至是瑞移文副使张伟，谓公破狱篡囚。副使与瑞素媾，即下瑞逮人。瑞统兵卒五百围嵬峨第。公自省无纤过遭劫，恚而提刀将出辩。已而悔，止族人。然院中积薪，冀可缓围。薪湿不火，瑞募人，获公者重赏。亡赖李讨儿突入，公乃就缚。阅数日，讨儿中寒病死。瑞教讨儿父源，刃裂尸额，告公拒捕，坐死刑，械送副使治。临发，送者千人，叹哭声震岩谷。后四经台臣不能理。甲辰，御史张谁乃雪之，复为州学生。弘治戊申岁贡，如京试，得夏县训导。丁巳，进万全教谕。公自为学生已，授徒作义，必自治语，旨趣隽永，圣文喷奥，解发通朗。敦行必本忠信孝弟，凡称门生者，俯仰颙颙，不俚不挑，多成名。及为学官，昧爽起，坐斋中，生徒拱立听说经。夕令宿号房，夜分往稽勤怠，厥明行劝惩。雪夜，诸生度公必不出，有弈者。公闻其声，痛斥之。见上官不能为俯礼，有问，答言侃侃，陈古振今，闻者改容。以侍御史姜洪言事，谪夏令，为民所诬，公率诸生，诣上官白其冤，事得释。姜令宦倦求退，以母老泣请。都御史张简肃公意可之。公越阶进曰：公如为朝廷惜才，不可听令去。简肃公遂特荐姜公，后为名卿。万泉尤号鄙野，公恳恳恻恻以教，为析章句、文动止。暇则校射习律，修朱氏礼。两庠生皆佞佛，丧则自著儒衣冠，列鼓吹，自寺门迎经忏至丧次。辒车发，宾戚为孝子挂采。公为陈周孔之典，仁者之爱，言于县令。正身宣化，俗乃革去。公耆年念寿官公，亡恙致仕归，奉养慕恋若冲孺。然遭丧毁几灭性，既禅，作祠堂，祭曾祖以下，曰，吾列子之后也。自上不可僭，然吾心亡穷焉。公修肤玉立，严重有威，与人言，洞见肝腑。喜扬人善，亦好面刺人过。赴人之急，虽劳不避。训导冯有母丧，公以斋夫银数镒赙。冯念公亦贫，不受。公曰：夫郭元振、范尧夫何人哉。公乃轻重丧而守小廉邪。姜令遇难事，必咨。公竭忠出谋，当实可行；或攀讼不解，密访本末以告。在京师，资竭矣，犹却沃馈。将赴内廷试，仆具早餐，有肉汁，公诘，知为同旅嘉兴丞所阴送者，怒不食，空腹而入。公年八十有五，嘉靖己丑二月戊寅卒于寝。举善诏子，反嫄达命。配党氏，赠孺人。一子，曰汝骏，州学生。侧室王氏，封孺人。三子：曰汝骧，即仲房也，翰林修撰；曰汝骅；曰汝骝。女子，党出者五，王出者一。婿郝世芳、郝世烜、李成林、刘璋、郝世焞、张锡。卒之四月庚寅葬。党氏、王氏以□祔。

嗟乎！贪人□于对家，忮心惨于利戟。瑞之陷公，盖畏□□□□□臣之设，所以伸抑击残。有冤如公而弗讲，有恶如瑞而弗戮，将□□之□□哉。方公被係，诸生日造岸问难。公启蒜醒愦，忘其徽纆。瑞子自其□□升屋，呼骂其父曰：汝张狗尾，奈何害马先生。瑞怒已，知其病心，锁罪狱一夕。瑞悲子病不爽，其女方八岁，在旁曰：马生独无父母乎？瑞□将见马氏，数人自甬道负黑索入，喉中□捄我□。彼瑞者，何利哉。太史□方读书秘阁，即敢言止。上南守，谪守泽州。后遭今天子录忠招贤，还诸史□。其文章□□周秦，为明作者。天之报马氏者，□哉笃矣。铭曰：

有横其逢，贤哲奚之。用以寡怨，我易可师。有贞马公，罹灾无妄。彼何人斯，恣此欺诳。夏侯受经，□阳上书。圜士之安，何啻林居。英英张史，用狱明刑。还我冠裳，□诸朝廷。徂徕介介，甘脆必却。安定尔邦，有才是乐。中丞荐士，县长问政。我谋既忠，彼名斯令。及耆而还，聿云奉亲。放志山樊，行吟水滨。烟山之集，载闻有倪。圭璋明莹，珊瑚陆离。我继铭章，翼尔朋里。百世而下，考公全履。

朝列大夫南京国子监祭酒致士相台崔槐撰

中宪大夫太仆寺少卿咸宁许崇鲁书

文林郎山西道监察御史上郡孙锦篆[1]

马骢老先生卒于嘉靖己丑（1529）二月，享年八十五，应生于明英宗正统十年（1445），上推八世，则这支马氏始祖马仲谦大约在金灭宋、蒙古灭金之际从山西迁至绥德的。"宋金搆乱，绥德殁于胡"应是指绥

---

[1]　见康兰英编著：《榆林碑石》，三秦出版社2003年版，第276—278页。

德落入金人之管辖。靖康二年（1127）金人攻破东京，灭北宋。第二年，即金太宗天会六年（1128）十一月，罗索芬彻进克延安府，遂降绥德军，复破清涧城，于是折可求屯绥德。[①] "会胡被攮去"应该是指后来蒙古南下，蒙古灭金在公元 1234 年，不过取绥德却早得多，《金史·宣宗本纪》称"兴定五年（1221）冬十月辛酉，大元兵攻绥德州"。[②]大概就在统治绥德的金人逃散之际，马仲谦"杀主者老胡"而落籍绥德，五世而至马秉吉，马骢这一支就是从其曾组马秉吉开始另立门户的。马汝骥自己写有《自逸窝记》，怀念父亲。文中称"昔我先君之弃官归也，逾年，是为正德丁卯，凿岩窝以居，命曰'自逸'……窝在烟嘉山之麓，或曰清风洞，亦其名云"。马骢成化年绥德岁贡出身，仕至山西夏县万泉教谕，明正德丁卯（1507）年弃官归家，住在马家川的烟嘉山，窑洞名曰"自逸窝"或"清风洞"。正德辛未（1511）七月，马骢建立了"马氏祠堂"，这便是绥德川马家目前所知的最早的祠堂了。川马家因为马汝骥后来官至礼部右侍郎，父亲马骢、祖父马永盛也都因此而封赠"礼部侍郎"，所以马永盛以下这一支川马一直自豪地称自己为"侍郎马家"。查检《绥德州志》，侍郎马家自马骢以后，以岁贡、恩拔贡、举人乃至进士出身者，代不乏人，渐渐滋盛。

侍郎马家的一支，因为马复先"以廪生授学郡东吉征店"，于康熙年间迁居到了绥德吉镇，之后世代相沿，成为吉镇的老户，现今吉镇的"义诚马"、"长盛马"两族，均可以将自己的祖先追溯到马复先（族谱记为马复元）。吉镇是一个著名的陕北古镇，俗名"圪针店"，位于绥德县城东北方向 50 公里处，是绥德、佳县、米脂、吴堡四县交界处，西距米脂 35 公里，东至黄河 25 公里，北距榆林 140 公里，可谓傍长城，扼秦晋，控蒙夏，地理位置十分重要。特别是随着陕北经济社会的发

---

① 光绪《绥德州志》引《金史·太宗本纪》、《金史·罗索芬彻传》。
② 光绪《绥德州志》引《宋元通鉴》：兴定五年冬十月，木华黎自将攻绥德，破马蹄、克戎两寨。《通鉴辑览》：宋宁宗嘉定十四年冬十月，蒙古穆呼哩取金葭州及绥德州。

展，明、清和民国时期，陕西、山西商贾多来此经商，吉镇因此有陕北的"旱码头"① 之称，俗语云："一天走了两省（陕西、山西）六州县（佳县、银州、绥德州、吴堡县、临县、离石县），跟黑歇了圪针店。"②

2003 年，吉镇寨子山义诚马家的祖坟内出土了马家麟墓志，保存完好，字迹清楚，详细记述了马复先以下几代人的情况，侈录如下：

公讳家麟，字焕彩，号石圃，姓马氏。先代自宋季由晋徙居陕西绥州。世业儒，有隐德。曾祖讳复先，以廪生授学郡东吉征店，遂家焉。祖讳丹眉，父讳清，号竹羹。以公子培基成进士，官刑曹。

赗赠承德郎刑部主事母张氏赗赠太安人，生三子，公其长也。公幼聪颖，日诵数千言，通意义。以脾弱多病未竟学。长入武庠、理家业，克称代斫。戊子己丑间，竹羹公婴疾。延医侍药饵，中裙侧俞亲浣涤，久弗渝。竹羹公弥留之际，惟以训弟若子、读书为命，公泣志之。其殁也，居丧治葬，尽哀尽礼，无余力焉。事母先意志，得其欢心。延师课两弟，俱早岁服青衿，有声黉序；教子以义方，今官刑曹者，甫成童入学，加冠后即登贤书。公可谓能继志矣。岁乙巳，张太安人卒，哀礼备至，如前丧，里社咸称孝焉。公于两弟最友爱，怡怡埙篪间。季弟以壬子岁卒，公痛其死，又痛其无子，命次子垣基为嗣，成丧葬礼。虽终服哀未忘也。前甲辰岁，刑曹公母李安人卒，甲寅岁，继母武安人又卒。公命刑曹公丧葬俱尽礼，毋简略贻异日悔。噫！自戊子至甲寅二十余年间，俯仰拮据，肩事多矣，精力惫矣，故年甫周甲，颓然一翁也。刑曹公初释褐，公念刑名太重，因至都谓之曰："汝治狱，勿忘求生不得之意，无委随，无俾深文者施其能，吾慰矣。"即归里，仍营家计。时嘉庆乙未，至甲子而公殂，竟未获享子之荣养也。噫！公孝友性成，内外无间，平昔闻人分炊事，辄揪然不乐。亲事中有贫苦，摒挡周恤，期无失所。族人以户事不公相参商，公调剂允协，至今安之。长於排难解

---

① 见榆林市政协文史委编：《榆林文史》第八辑，第 202 页。
② 见《绥德县志》，第 251 页。

纷，乡邻有疑事咸质之，争讼者得一言便息。好读史，善藻鉴人物，一觌面，善恶邪正不能遁。性朴直，与人处，有过必规，凡所交游率多成良士，公诚不愧古人哉！其垂裕以昌后者，曷有既耶。公生于乾隆五年四月二十三日巳时，卒于嘉庆九年正月二十一日丑时，享年六十有五，郡庠生。

敕封承德郎刑部主事元配任安人，继配李安人、武安人、薛安人。子二，长丕基，乾隆癸卯科举人、嘉庆己未科进士，任刑部四川司主事、候补主事。娶王氏，继聘刘氏，乾隆己酉科举人、讳楷公女，嘉庆辛酉科进士、名樾公侄女。次垣基，太学生，继公季弟嗣，俱李安人出。女三，长适高基，任安人出；次适庠生雷温鸣，三适廪生常岳峰，李安人出。孙男一，其伟，聘米邑艾氏，嘉庆壬戌进士、名肇端公女。孙女一，许字凤翔府训导高名金镕公子。于嘉庆九年十一月初七日，葬于塞峁山祖茔。为之铭曰：

积行有基，维仁与义；公佩弗忘，敦朴去伪；幽德前光，熙升后嗣；山高水长，贞珉永志。

敕封文林郎福建建宁府建阳县知县，姻愚弟艾垣豫顿首拜撰。①

根据墓志及义诚马、长盛马族谱记载，马家这一支的世系可以较为清楚地罗列出来：

一世祖　马复先

二世祖　马丹眉

三世祖　马清（马竹羹）—张氏（张太安人）

四世祖　马家麟（字焕彩，号石圃）—任安人，—李安人，—武安人，—薛安人

　　　　马象姣

　　　　马象□

五世祖　马丕基—王氏，—刘氏

---

① 见《吉镇村志》所录《刑部主事石圃马公墓志铭》，第234—235页。

马垣基

马立基

马毕基

六世祖　马其伟

马国勤—常氏

马国俭

马国本—孙氏

吉镇的义诚马家其实是我们所说的大门家，是马家麟的长子马丕基、长孙马其伟这一支，而长盛马家则是二门家，是马象姣的长子马立基、长孙马国勤、季孙马国本一系。根据上引《马公墓志铭》，马公名家麟，而义诚马和长盛马的族谱中却都记为马象麟，其仲弟名马象姣，墓志中提到的季弟叫马象□，兄弟三人似是"象"字辈，不知是铭文有误，抑或是马家族谱记载有误?①

从《马公墓志铭》还可得知，至少从马公起，吉镇马家已是十分显赫的地方大族，马丕基为进士，其父马公去世时他已官至刑部候补主事，其子马其伟所娶艾氏，亦是米脂大族，艾氏之父为嘉庆进士艾肇端。马丕基的三姊妹及女儿也都嫁给颇有身份实力的地方士绅。马家自身的实力和其姻亲关系的兴盛，保证了吉镇马家绵延久远的家族势力，在地方上起着举足轻重的作用。

（三）明初因军功而入籍绥德

这一来源者以抚院马氏为代表。1973 年绥德县西邢家源山出土了《马如龙墓志》，该志康熙四十一年（1702）立石，志文详细记载了马如龙事迹及其祖上来源，录如下：

皇清诰授光禄大夫巡抚江西等处地方兼理军务都察院右副都御使加四级见五马公墓志铭

---

① 吉镇川马家也是号称侍郎马家，但其祖马复先与马家川的马骢、马汝骥究竟是什么样的关系，目前并无明确资料可资佐证，希望能有新的史料出现，以解悬疑。

赐进士出身光禄大夫文华殿大学士兼户部尚书加四级总裁三朝国史政治典训平定方略一统志律例监修明史京口年家眷侍生张玉书顿首拜撰文

通议大夫顺天府府尹加一级丁丑充殿试读卷官经筵侍仪娄东受业钱晋锡顿首拜篆盖

赐进士出身文林郎日讲官起居注翰林院编修内廷供奉教习满洲庶吉士己卯科江西乡试正主考海宁受业查升顿首拜书丹

公姓马氏，讳如龙，字见五，其先河南人。明洪武中有以军功卫延安者，子孙家焉。故今为陕西绥德州人。曾祖文科，祖得禄，父光佑，皆以公贵，赠如公官。曾祖妣陈氏，祖妣刘氏、任氏，妣马氏，皆赠一品太夫人。公生而孤，育于伯父光稷，事伯父如父，于兄弟友爱备至。读书不事章句，慷慨有大略。方贫约时，于榆林道中得遗金四百两，义不忍取，侯其主至，悉还之。岁壬子举于乡，出叶忠节公之门。时逆藩煽乱，余党蔓延于绥，贼朱龙将寇城，城中恟惧。公授兵登陴，援捽誓众。及朝廷命大帅至，公为设攻守方略，城赖以完。主者嘉其功，事闻，即命公守绥。公以桑梓固辞，而才名蔚起。未几，改守滦州。滦俗悍而多盗，旗弁债帅持吏短长。公锄奸苏良，豪右敛手。州有民杀人，而埋其尸四十余年矣。公一夕宿逆旅，恍惚有人诉冤，掘其地得白骨。询之，土人云，此屋以十易主。穷诘最初一人，遂吐实，立置于法。昌平卫民有父子被杀者，莫知主名。郡守以公材，使治之。公于道逢白马少年，云杀人者叔也。公至其地，询民居旁有张、刘二姓，张即其子之中表叔也。讯之不承，令私迹之。二人相语曰：谁谓马公察者，易欺耳。即执之，一讯而服。于是数州之民，皆颂公以为神。升户部江西司员外郎，转刑部山东司郎中。时蔚州魏公为司寇，真定梁公为司农，而公与清端公相善，且声望相埒也。故二公深器之，以荐□□行关，□手将事，宿弊尽革。秩将满，会天□□，公下令弛关禁，讥察之外，不收锱铢。于是商民往来无税者一月，讴吟之声彻入南北。事竣，擢杭州知府，其治如治滦而加惠焉。杭民称贷于军营，期满不能偿，则以子女为质，因没入之。公白于将军，请核其子母虚实，令悉持券来，官为代偿，一日尽给之，无留者。军得实惠，而民免驱迫之苦，至今尸祝焉。岁己巳，六飞南巡，供张储待，应时立办，民不加扰。天子知公廉且材，以为可大用也，即超拜浙江按察使。公奉命感激竭力，报称平反庶狱，多所全活。海寇潘三者，假贸易联络邻境，欲谋不逞。公密侦得实，白制府，设策擒之。歼其首从六人，牵连者七十余人赦不问。西兴渡船，贪利重载，遇风多溺死。公立之禁，船毋过三十人，违者罚无赦。至今钱塘江无漂没者。其仁而有威皆此类也。逾年，进本省布政使，命下之日，民大欣悦。当是时，今总河遂宁张公实为巡抚，公益自刻厉。故事，属吏岁有馈，公悉禁绝之。康熙二十九年，绍兴大水，公私赤立，莫可存济。公檄十一郡，合输米二万余石，按户赈给，曰：是逾于岁馈多矣。盖公仁心为质，知所缓急轻重，期以权宜活民，而非于己有毫发私也。于是公政绩日著，天子特简公都察院右副都御史，巡抚江西。公即至，时具柔刚，与民休息，仿白鹿洞遗法，建书院以教士之秀者。严溺女之禁，分给常平仓羡米，使无告者有所养。雪庐山白石庵僧冤狱，脱无辜者三命。再疏请罢追转漕脚耗，永甦官民之困。期年以后，人吏安辑。环数千里之境，皆曰我公以严明廉干闻天下，今优游无为，不动声色，而事以大治。洵乎一张一弛，公之才无施而不可矣。己卯春，车驾以视河南，巡既还，公奉诏陛见，上慰劳再三，御书"老成清望"堂额，以宠其归。时淮扬荐饥，上命公设法救济。公以江西连岁丰穰，救灾恤邻，道也。遂倡僚属，捐米十万移赈之。淮扬之民，戴上之仁，食公之赐，歌咏功德，溢于三吴。公之拊循爱养，能以其余及于邻封，又如此。方公之守杭也，以争冤狱与当事者有隙，后其人仓卒遇事，举重赀托公，及事定还之，封识宛然。其人馈谢，欲以千金为寿，不屑也。其始至江西也，属吏有不饬者，将按之，誓洁己自效，及公陛见，其人纵恣如故。人再至，复自戢。盖公之生平，廉以律己，而宽于责人；急于豪强，而缓于小弱。故自起诸生，至秉节钺，所在有声迹。又能以功名终，皆以此也。公性朴素，无声色之好。禄入所余，周及三党。州之文庙圮，兴修之役，独力任之。平居好奖人之才，门生故吏，成就者众。公所推毂，后多为显宦。居江西十年，累疏乞罢，谕旨慰留。康熙四十年辛巳十二月，以疾卒□□，寿七十有五。夫人刘氏，赠一品夫人，继配□氏，诰封一品夫人。子二人：益，丙子科举人。豫，庚辰科进士。女五人。孙男二人：国鉴，国镇，俱太学生。孙女一人。婚嫁皆世族。孝廉兄弟将以四十一年八月廿七日，葬公于城西乡邢家原之天相山，□□□□公问铭于余。往余在班行，□公言论风采，尝叹为伟人。后奉使至杭，从扈跸再至，复见公。及公镇抚江西，而不相见者十余年矣。前年公入朝，余方在丙舍，闻精力甚健。今余甫入国门，而忽承公讣，且欲铭以志墓石，能□□□三叹矣乎。公生年、行谊、政绩，不可缕计，兹举其大者书之，遂为之铭。铭曰：

赫赫马公，发迹武功。式遏寇乱，帝嘉其忠。威能行仁，廉以生明。摘奸除□，其颂如神。在越十年，不名一钱。苏商惠□，□及□□。西江之政，以时弛张。恩随波流，□淮阳□。公之来朝，锡赉孔多。公之归矣，人用浃和。老成清望，大哉王言。生荣死哀，作则于垣。维公初终，功在民社。我作铭诗，告后来者。[①]

康熙时政绩卓然的江西巡抚、都察院右副督御史马如龙这一支马氏，"明洪武中有以军功卫延安者，子孙家焉。故今为陕西绥德州人"，与陕北纪氏洪武初随军落籍陕北的情况一样，属军籍，这一点，其堂兄马仲融墓志记载得更明确。

马仲融，字以和，号木臣，绥德卫人也。天资颖特，六岁受《左氏春秋》，稍长，为文立就。弱冠补州学生，文誉日起，遂成顺治三年进士，除固始知县。当是时，河南为流贼所毒，千里绝烟，而汝宁为甚……

其上世祖，讳兴，河南唐县籍，明绥德卫指挥使。数传而生曾祖讳文科，封将军。子三，长武举，讳承聘，次河南省都司，讳应聘，三讳

---

① 见康兰英编著：《榆林碑石》，三秦出版社 2003 年版，第 323—326 页。

三聘。都司应聘子五，季讳光稷，号羲灵，生子二，长即木臣，而次则犹龙也。

抚院马家始祖马兴为明初绥德卫指挥，因而家于绥德，因为隶军籍，所以多有以武功显者。与纪氏清初以来无可考的情况不同，抚院马氏在清初才开始显赫一时，生于四十铺的马如龙就是在清初因军功而发迹的。康熙十四年（1675），陕北提督王辅臣依吴三桂反清，派副将朱龙攻占神木、绥德等州县，马如龙墓志"逆藩煽乱，余党蔓延至绥，贼朱龙将寇城，城中恟惧"说的即是此事。马如龙平叛有功，此后累迁至江西巡抚，政绩斐然，康熙十分欣赏，褒赐有加。马如龙的堂哥，即实际抚养他的伯父马光稷之子马仲融，顺治三年除固始知县，为清朝安定地方颇建勋绩。明初以来的发展壮大，再加清初的功勋，马氏已经发展成文武兼备世代朱紫的地方大姓了。

马姓在陕北著籍既久，加之来源广，族众多，渐渐成为陕北的大户。众多的马姓民众，在婚娶时自然就面临分辨宗族源流的实际问题。为免婚姻失序混乱，各家宗族认同都较为迫切，于是，追本溯源，分门别户，以聚居地或祖先官号立派，就有了山马、川马、崖马、渠马、侍郎马、抚院马等不同支庶。每一支内都互为"自家"，其中兄弟之别则用大门、二门……区别，往上追溯，又可称为老大门、老二门……等，这一风习相沿至今。

二、马姓对于陕北社会的影响

陕北汉代以来其实已经不乏大姓豪族，东汉中后期各羌姓酋豪部大，往往一呼百应，有极大号召力。魏晋南北朝时，匈奴刘姓郝姓、西夏李氏等更是举足轻重，诸少数族姓氏的武将家门一直延续到隋唐。宋代陕北的折氏、杨氏家族更是叱咤风云。不过，因为历史的原因，这些大姓多以武力荣显，随着国破家亡或族属兴衰，很快便成为昙花一现。但是明清以来逐渐发展形成的大姓却显然不同。这些大姓，无论我们前面论说到的纪氏、马氏，还是我们没能论及的刘、艾、高、白、郝、李、杜等等大姓，他们起家之初或多因武功，但是随着家族的发展，大部分都由武入文，或文武兼修，同时还都经营产业，或农或商，因而拥有了政治、文化、经济诸方面的综合实力。更为重要的是，明清易代，陕北却没有受到根本性冲击，也就是地方大姓士绅依然保有自己的家族势力和财产，他们对新朝廷的认同几乎没有什么明显的障碍，而清廷对这些大姓的倚重，也从康熙对于马如龙的格外恩宠可见一斑。马仲融顺治三年（1646）出任河南固始知县，上任伊始即布告当地父老"吾奉新天子命为尔邑长，当敬听我训"，然后尽力于战后重建，而南方还正是嘉定三屠后的一片阴霾。明清易代而陕北大姓多未受冲击，有些还乘时而起，使得陕北大姓世代绵长、根深蒂固，一直影响到近代不绝。

陕北大姓对地方的影响，可以约略概括为三个方面。

（一）遭逢战乱时保卫乡里

以杨家沟马国士为例。马国士，字次韩，山马家，始祖为生于明万历年间的马林槐，原居吉镇马家山，第四代马云风，生于康熙十年（1675），后从马家山迁往杨家沟，开启了杨家沟马姓的创业史。第七代马嘉乐，就是马国士的爷爷，创堂号"光裕堂"，因张闻天《米脂县杨家沟调查》而闻名国内。这一支的第十一代为"师"字辈，其中有曾任西北联大文学院院长的马师儒。

马国士附贡出身，历署宁夏府盐捕通判、西宁府循化厅同知、安西直隶州知州兼摄玉门县知事。同治六年，马国士因母亲去世丁忧回乡，恰逢回军入境，于是跟堂弟马国宾等集资筑寨，保全了很多乡邻，后各乡村集体为马国士立了一块功德碑，记录了这件事情：

诰授中宪大夫赏戴花翎前任甘肃安西直隶州知州即补知府次韩马公德惠碑：

公讳国士，字次韩，性英爽，有干济材。由附贡援例报捐直隶州知州，迭经杨制军、左相国保荐，以知府本班尽先补用，并赏戴花翎，历署甘肃宁夏府盐捕通判、西宁循化同知安西直隶州知州。同治六年丁内艰旋里。适值回匪窜入北山，承平日久，民不知兵，猝惊烽焰，比户逃离。公曰：噫！是赋未破吾家而我先自弃其家也，奚可哉？因与公堂弟壬戌进士山西陵川县知县国宾，同禀命于尊翁，暨公胞叔铉通公、瑞岐公，集资筑寨，本村及邻村人咸襁负来归。托庇广荫，虽被该逆攻击，终克保全者，皆公赐也。自是远近政法，获生聚者不知凡几。虽曰天佑编氓，然非诸封翁急义输财，不能举其事，非公卓识、任怨任劳，不克成厥功。呜呼！易危为安，恩同再造。谨勒诸石，以志其不忘云耳。

同治九年岁次庚午梅月谷旦

杨家沟、马家园则、寺沟里、李家屹劳、流曲峪、侯家沟

艾家峁底、赵家石畔、全家沟、张家峁底、石窑坪

公仝敬立

丁卯动乱，陕北遭逢大难，绥德城破，伤亡惨重。各地乡里民众无以自保，正是在这样的危急关头，杨家沟马国士、马国宾等领头，出资筑寨，组织乡里民众自保，德被乡里。这通德惠碑至今犹在，历"文革"而未被毁，可见其恩德流布之深远。

回人过吉镇时，吉镇的川马家"义诚马"马鸿猷、"长盛久"马守恕和崖马家"元兴公"马腾有，一起出面，冒险与回人谈判，答应主动送粮草盘费、并由马鸿猷亲自把他们送到佳县黑水坑地界，吉镇村因此未遭受重大损失。民国初年，陕北土匪猖獗，殃及人们的正常生活。为了躲避土匪，保全财产性命，马守恕、马腾有等马氏族人又出资出力，组织村人修筑寨子以躲避土匪。1984年吉镇凤凰山发现了民国六年（1917）立的《重修来仪寨碑》，此碑由当时的寨首马守恕、马腾有、张中魁等主持建立，碑记此事甚详：

金城汤池，王公凭此以守国；据险为寨，乡民藉此以保家。而孟子犹曰："地利不如人和"，知战守之策，贵地利，实贵人和也。吉镇向有来仪寨，地址非不高峻，寨势非不峥嵘，奈历年久远，摧残实甚。民国

五年，土匪遍野，一时人民逃窜，财货任其掳掠，房屋任其蹂躏，伤心惨目莫此为甚。幸有寨首马守恕等，皆属聪明之徒提倡，镇人公议重修。工兴於夏，落成於冬。筑墙数仞，凿壕丈许，雉堞连绵，局势森严，虽飞将军不能跃而登也。此非得地利也？原寨内地址，各有其主，旧时规则，公出租赁。而马守恕力为改图，向公街筹公款，购私为公以图长远。当其初，镇人似有难色，后经伊切指时事，推论利害，地主等慨然应允。高世裕地七亩，马呈直地三亩，马福临地三垧半，马廷选、高学院各三垧，均不愿得值。而镇人等以为地价昂贵，家非殷实，强给半价。至於寨内粮赋，均着公社完纳，此非人和也？嗟乎！出入相友，守望相助，风邈乎远矣！况镇人多服商贾，略习诗书，竟能一倡百和，使地利若此，人和若彼，无异议无二心，卒致全镇人之生命财产皆得籍以保全，岂不休哉？是为序。

神木县厘税局委员马绍先敬撰

榆林师范学校肄业张光文敬书①

马守恕、马腾有、张仲奎等不仅共同倡议，重修了寨子，而且寨子内土地归属、粮赋缴纳等要害问题，都是在马守恕等人的多方协调下达成一致意见，这种一倡百和的号召力与影响力在面临天灾人祸等重大公共问题时，对于普通村民来讲是至关重要的。

（二）振穷救急、为善乡里

除了马国士功德碑，米脂杨家沟还有一通马子衡功德碑，记其善举：

贻封奉政大夫廪贡生子衡马公德惠碑

碑以纪念，名纪吾马君德惠，我乡人得尸祝而念也。公讳祝舆，字子衡，上郡之望族也。自高曾以来，世有隐德。先大父昆仲有五，凡有义举，无不协力输货，以臧厥事，而于救荒尤竟竟焉。光绪丁丑，岁大

---

① 参见《吉镇村志》，第232—233页。

饥，公之伯叔诸父，目击嗷鸿，于本郡赈捐万余缗，复设粥厂，殷积款，立平粜，以工代赈，种种德惠，更仆难数。噫已，己亥庚子岁，秦晋迭遭旱灾，公克绍家声，倡提议务，与堂叔兄弟共济时艰，逐日设粥赈饥，越两载之久。乡里族党，尤计口授食，壬寅春夏之间，青黄不接，公慨然曰：吾家赈捐万四千余缗，计敷饥民数十村，而于同井，理宜加厚体恤。乃谒孔牧而请，得重赈。是年稼事赖以举，老幼赖以安，非公之赐而谁赐欤！草木有心，曷能忘此大德。爰勒诸石，使后之君子知泛舟之非史之夸张词也。

　　光绪三十四年岁次戊申重三节

　　杨家沟、巩家沟、叶家岔、管家嘴、流曲峪、新舍窠

　　寺沟里、李家圪崂、周家沟、艾家峁底、张家峁底、石窑坪

　　公仝敬立

　　陕北大姓能在乡里发展壮大的重要因素之一，就是这些家族一直奉行积德行善的理念及做法。我们前面讲到的纪氏，也是以乐善好施而赢得了乡里的尊敬爱戴。马姓在绥德历来德高望重，是他们数百年为善不辍的结果，如抚院马家先祖定居绥德四十铺后街，曾建龙王庙，并在"庙后鏊土窑数孔，为往来贫人栖息之所，每遇丐夫经过，或饭一餐，或米一升，必经宿而后去，虽处荒年亦力施而不懈"[1]；杨家沟马国栋之子马祝龄，即马师儒、马师亮的父亲，每年四月八佳县白云山庙会期间，都要设粥铺，为路经杨家沟赶庙会的香客、商贩等供应绿豆稠粥。光绪年大旱，朝廷赈饥举措不力，乡民全赖像马子衡这样的当地大姓士绅倾力赈济，才得以度过饥荒，赈饥持续两年之久，不仅要全活乡民性命于当下，还要组织灾后生产以图长远。乡人感念其德也是不言而喻的。

　　（三）兴办文化教育事业

　　明清以来，各地虽有州县学，但对一般民众来讲仍遥不可及。陕北

---

　　① 参见陕西绥德四十铺岸萌沟龙王庙碑记。

地方的文化教育，基本依赖于乡里大姓。他们本身奉行耕读传家，极为注重子弟的文化教育，如马仲融"六岁受《左氏春秋》，稍长，为文立就。弱冠补州学生"，马家麟之父竹羹公弥留之际嘱咐儿子"惟以训弟若子、读书为命"，马家麟"延师课两弟，俱早岁服青衿，有声黉序；教子以义方，今官刑曹者，甫成童入学"。除了自家子弟的教育外，各地大姓都会投身于地方的教育事业中，或设馆授徒，或兴办私塾、学校，如马复先在康熙年间就在吉镇授学，大概是已知吉镇办学的最早记录。同治十一年（1872）绥德知州汤敏筹资兴办学校，曾在吉徵店设义学一所，[①] 后来这所学校于宣统三年（1911）关闭。于是到民国二年（1913），长盛久的掌柜马守恕，筹集资金在家中开办私塾，除本家子女外，还收了村里 14 个孩子，聘请 2 名先生授课讲学。这个私塾到了民国六年，得到当时绥德县国民政府的支持，正式挂牌成立为吉镇初级小学，马守恕被任命为第一任校长，县上还派了 2 名正式教师，学生也骤增到 80 多名。这所小学就是后来吉镇小学的前身。马守恕、元兴公马腾有之孙马承启、马光前等先后担任校长。绥德中角镇梁家甲村马氏第七代马遇乐自幼随父亲马安邦读书，但科举不顺，于是一生以教书为业，先后执教于榆林、米脂杨家沟、绥德书院，门生济济，德泽深厚。这些乡绅大姓对于教育的重视，使得陕北虽然偏远闭塞，诸多乡里却文化氛围极为浓厚，读书有成者代不乏人。

除了直接投身文化教育，大姓士绅还往往通过出资建学、修庙立碑等方式，为地方尽力。马如龙得知乡里要重修文庙，即慷慨解囊，出资承担全部费用。延绥镇试院修缮，也是乡绅大姓倡议捐资，如光绪《绥德州志·艺文志》所录《重修试院石碑记》：

延绥镇试院有二。一在延安府，本府与肤施、安定、延长、安塞、延川、保安、甘泉、宜川八邑及鄜、洛四库之士试焉。一在绥德州，本州及清涧、米脂、吴堡、葭州、神木、府谷、榆林八库之士试焉。今之

---

① 见光绪《绥德直隶州志》卷四"学校志"。

考棚是也。自明迄今三百余年，设立已久，往以兵燹，号棚倾圮。数科来试，期至，始编席棚，毕即撤去。值阴雨，淋漓漏湿，试者苦之。郡人张方伯捐俸首倡，绅士、生童皆乐助焉。建修东西瓦房，甃石为号，以图经久。迄承圣天子右文雅化，多士云兴。岁癸丑，少宗伯交河王公视学于兹，以坐号不足，复编堂号，几凳颇艰辛。二门外尚有余地，今岁秋，绥人士议移二门，使稍前，空旧门基以为拓棚之地。门仿省闱明远之意，券砖洞于下而架楼于上。兹功已竣，拓棚之举，资用较烦，是犹有待。噫！自世宗龙飞，延绥一镇，恩析为四。榆林升而府，绥、鄜升而直隶。直隶不附府，则鄜州立试院焉。新升府又不可附州，则榆林亦议立试院焉。而旧制则绥与延并存。特记此，使当事者有所采择，后之君子有所考云。

碑记的作者马伯辂，绥德州城马氏，乾隆四年（1739）进士，官至湖广均州知州。这次绥德试院重修，时在乾隆四十五年，到了道光二十一年（1841），又进行了一次重修，所需资金仍是绥德士绅捐助，当时主持重修的绥德知州江士松也撰有《重修试院碑记》详细记录了当时情况：

试院之设，为士子登云之地，所以纳英才、广教化、美风俗也，省郡州县皆有之。而绥德为边陲要地，文风赖以振，学校赖以兴，尤宜宏深而巩固焉。乃溯其重修于乾隆四十五年，迨道光丁酉八月余官斯土，已历六十余年。其间屋宇渗漏，门窗破损，虽随时修补，而两翼号舍几有倾覆之虑，是其刻不可缓者。庚子冬，农事既登，与众绅者商议捐修，而众情踊跃，劳瘁不辞。未半月，四乡咸集，捐至五千余缗，益以清涧、米脂、吴堡捐助，又得一千余缗。不惟足用，且有余也。遂择吉于辛丑年二月二十日兴工，即于本年六月十五日落成焉。①

大姓士绅在地方社会的影响其实远不止这些。他们既是国家秩序的维护者，同时更是乡里社会正常运转的推动者，借助自己的文化经济政

---

① 见光绪《绥德州志》卷八《艺文志·碑》。

治实力，大姓乡绅在生产生活的各个方面都起着示范作用，除了积极投身乡村公共事务，他们还热心于乡里的各种纠纷调节，主持婚丧大事，扶助老弱，主持公道，是乡村社会不可或缺的主心骨。

三、家业盛衰

陕北大姓借助自己家族在政治、经济、文化上的优势，逐步发展壮大，成为陕北社会的主导力量。以杨家沟马氏为例，马国士曾有《马氏家谱序》，叙述其家族的源流：

绥德为古上郡地，仙崖佛岭之奇，凤山龙泉之胜，间以二水回环拱抱，突兀磅礴，不可方物。其气郁以勃，其风敦以庞，其俗恬以适。其人类多质朴而憨直。郡之巨族，以马氏为最，其聚于斯者星罗棋布，十有余派，要皆不共宗。支始祖由山西永宁州迁于州治之东马家山，遂为州之义让里八甲人。世有阴德，宗支庶繁，如上马家山、马家圪凸、狮子塄、梁家甲、冯家岔等支，不下数千余口，虽属同宗而系亦莫考。溯由康熙初年，六世从堂叔祖讳士秀公，官宁绍台总兵，以武功显，战绩载于邑乘。时当明末清初，三藩未格，道路梗塞，宗谱遂沦于湘。乾隆中叶，高叔祖讳先进字朴安公，不忍马氏昭穆之再紊也，命曾叔祖讳珩字楚璧公修本支宗谱。因据所知，奉八世祖林槐公为初祖。夫林槐公克光前绪，始著氏族，而五男衍发，至今有五老门之别。及太高组讳云风字顺天公，五老门之二门也，生五子，以家口繁多，居址湫隘，后移于米邑东之杨家沟居住，耕凿自给，有古无怀葛天之风。高祖讳先敬字明章公，排行居三。曾祖良字直也公，兄弟三人，而曾祖行二，笃行敦品，忠厚为怀。祖讳嘉乐，字德甫，号显重公，心存承启，矢勤矢俭，颜其堂曰光裕，名其里曰骥村，常以此意指示士等曰：先人懋昭厥德，吾以耕读传家，但愿汝辈箕裘勿坠，光显门庭，子子孙孙无负斯堂斯里之名，则得矣。士追随几杖，领训耳熟。父与诸叔昆仲五人，丕承先志，均以文武食芹。士同堂兄弟皆恪守旧泽，读书而外不预世事。三胞弟国宾，以进士即用分发山西，稍慰先意，为门闾光。士以樗才，弃贴括业，由附贡原例，以直牧署。今职既违祖训，尤惭先德，盖时世所迫，莫为而为，此中委婉，有不堪笔述者。惟有振刷精神，恪供厥职，庶稍减不肖之罪耳。公余之暇，自为谱叙，记其远祖所自始，播迁所由来，并都邑山川风俗之实，以明源远流长之意云。

同治二年，岁次癸亥，孟秋月，上郡国士于甘肃安西直隶州廨署。公牍之暇，熏沐敬序。

根据马氏家谱载，马国士这一支溯至第七代祖马嘉乐开始发扬光大。马嘉乐发扬其祖父马云风的理家风格，不断买田置地，扩展家业，到其去世前已拥有土地七千余垧，五个儿子各分得一千多垧。[①] 更重要的是，马嘉乐首创"光裕堂"字号，成为马氏家族经营模式。此后马氏各支都自立堂号，与其他大姓的堂号一并，成为遍布陕北各地的商业网点。堂号之多从当地人的一些顺口溜即可窥见一斑：

能打能算衍福堂，瘌子宝贝衍庆堂，说理说法育仁堂，死牛顶墙义和堂；

有钱不过三多堂，跳天说地复元堂，平平和和中正堂，人口兴旺依仁堂，倒躺不过胜德堂，太阳闪山竣德堂；

骑骡压马裕仁堂，恩德不过育和堂，瘦人出在余庆堂，冒冒张张裕德堂，大斗小秤宝善堂，眼小不过万镒堂，婆姨当家承烈堂，球毛鬼胎庆和堂。[②]

堂号遍布的情况，可以绥德吉镇为例。光绪《绥德直隶州志》称吉徵奠（吉征店）"为绥葭米吴接壤，弹压最要"[③]，"逼近黄河，为通甘肃口外大路，商贾往来不绝"。[④] 这样一种特定的地理位置，使得吉镇

---

① 见郭于华：《陕北骥村的仪式与社会变迁研究》，载《仪式与社会变迁》，社会科学文献出版社 2000 年版。

② 1942 年的延安农村工作调查团的记录。

③ 见光绪《绥德直隶州志·建置志·堡镇》。

④ 见（清）卢坤撰：《秦疆治略·绥德直隶州》，道光年间刊本。

成为四方通衢，商贾往来不绝，镇人也多以商贾经营为业。

吉镇的商业活动从资料及历史文献可以看出，始于宋，兴于明，盛于清及民国，是绥德东部地区最大的商业贸易中心。清末民初，吉镇与神木的高家堡、榆林的镇川、定边的安边、子洲的周家崄、绥德的义合、靖边的宁条梁等乡镇一起名列陕北十大集镇，被称为"旱码头"，每天都有太原、银川和京津地区商贾的驼队、骡马队进进出出，当年的商客、赶脚汉中流传着这样的顺口溜：一天能走两省六州县，来来回回要歇圪针店。

清末民初，吉镇较大的商行就有二十多家，商行字号流传记忆至今的如泰元长、泰来长、元兴公、兴盛张、同盛功、同昌德、福盛张、同盛染、同顺源、元顺功、福兴德、中和德、元泰长、福寿堂、永泰昌、义诚马、义诚厚、义诚源等，这些商行多经营丝绸、棉布、五金、百货等日用商品。此外，经营餐饮业的有开办于光绪年间的同盛久、同心馆，开办于民国初年的德胜馆、长胜馆、长盛高、长盛馆等，钱庄当铺有锦太兴、崇义永、崇义堂、崇圣马、崇至号、崇德号等，其中崇义永由杨家沟马氏保善堂开设，崇义堂由马氏晏福堂开设，崇圣马由马氏义和堂开设，崇德号由马氏裕仁堂开设，主要经营放账、典当、收租、收息等。另外，吉镇因为是过往客商、驼队、马帮的必然歇宿之地，因此旅店生意繁盛，清末民初，吉镇街上有 13 家骡马大店，其中规模较大的有四家，即德义店、长盛久店、荣隆店、背街店，这些骡马大店，场地开阔，设施较好，既有客房灶房供应食宿，又有马棚、驼场可以拴喂牲口，保证了过往商旅的需要。

吉镇马姓四户都有，其中崖马家又分前湾、元兴公、同昌德、阳园则、南沟、官道山、草沟、阳洼八族，川马家又分义诚马、长盛马、官道山、砚峁四族，山马家又分渠里、东坡、阳洼三族，渠马家又别有寺角马一族。整个马姓人丁兴旺，遍布吉镇各处。从现存族谱世系来看，这些家族最早大都可以上溯到六世祖。以崖马家"元兴公"一族为例，始祖为马治福，生子马腾有、马腾富，马腾有即是"元兴公"商行的创始人。马腾有育有马盛兴、马玉兴、马中兴、马逢兴、马向兴、马又兴六子，另有三个女儿。兴字辈下一辈为光字辈、再下是章字辈，再下为祥字辈，祥字辈已是 20 世纪 60、70 年代生人，名字也已经不太遵循老的排行传统，大多比较随意。马腾有清朝光绪年间在吉镇创办"元兴公"商号，他的儿子马中兴、马逢兴、孙子马光华（马盛兴子）在他之后先后担任掌柜。

人丁繁盛、生意兴隆，还带动了其他行业的发展，镇上木匠、石匠、小炉匠、银匠、泥瓦匠、画匠、染匠、医生等应有尽有。一到赶集遇会，熙熙攘攘，热闹非常。

吉镇的集会主要有两类，一类是遇集，一类是遇会。遇集的日子是每月农历的逢二、逢七，即初二、初七、十二、十七、二十二、二十七，每五天一遇集，逢二为大集，逢七为小集，也就是五天一小集，十天一大集。遇会则是每年根据季节特点举行的几次专业性贸易大会，主要有三大会：一是正月二十七的骡马大会，这是过年停集一个月后开集的日子，主要交易骡马牛驴等大家畜，所以称骡马大会；二是八月十二瓜果会，时值初秋，瓜熟果红，且又临近中秋，所以交易的主要是瓜桃梨枣等秋令水果；三是腊月初八的腊八会，时近年关，交易的主要是肉、粉条、米、面、炭、香烛、炮火等年节用品，因这天是腊八，早上家家吃"焖饭"，因此吃完饭来赶会也称"挤焖饭"。

逢集遇会的日子，是昔日吉镇最红火热闹的日子。十里八村四乡的人们一大早便赶猪牵羊、挑米背豆，带着各种农副产品来赶集，卖掉带来的东西，再买回自己需要的生活用品。各商号店铺都早早打开铺门，准备接待生意，外地客商撑起的帐篷在街道两边一溜排开，望不到头。街头巷尾，人头攒动，喧嚣竟日不息，直到华灯初上，赶集的人们才陆陆续续意犹未尽地起身回家。因此有"街上的人家不点灯，赶集的人们不起身"之说。

由于家族兴盛，陕北各地的大姓都非常重视家族的管理。川马氏从马骢建马氏祠堂以来，子孙遵循，发展到有自己的祠堂管理规定以及祭祀礼仪。如《川马氏祠堂管理凡例》：

祠堂旧制，祀文简公一位。今于楼上崇祀公三代以上及始祖，此敬其所尊之意也。

议定以往岁贡以上者，俱迎位入祠奉祀。以后得岁贡者，亦许入祠从祀，以沾先人余泽，此爱其所亲之意也。

族中有奉钱五十千以上者，生监即许入祠从祀。奉钱壹百千以上者，虽处士亦许其入祠从祀。此不限资格，以勉人之意也。

议定以后户中有无处奉祀之木主，许送入祠堂厢窝以祀之。

祠堂会期前无定日。今议于清明前四日及九月十九日文简公生辰之日，永为定期。俾与祭者得以临期齐集。春祭用猪，秋祭用羊。

文简公坟在卢家湾，于每年清明前二日致祭。

应祭之坟如呜咽泉汾西公坟、柏乡公坟，马家川榆坪始祖之坟，上三角坪柏树台烟山公父子之坟，下三角坪砖洞儿汝骈公坟，郭家沟震公之坟、旁有汉阳府公坟，皆年年应祭者也。又柏树台坟下，相传为曹家岔之祖坟，卢家湾坟外相传为清水沟之祖坟。附记于此，俾后人之所祭祀云。

议定春秋祭祠、祭坟，合族人皆许与祭，惟匪人不得入。致祀之时，一禁错乱班叙，二禁酒醉喧哗，三禁忿争己事。如有犯者，以礼责之，更有不遵，即系匪人。

议定随会者例分祭余，然照簿，每名止分一分。非故为刻薄，恐启饮食之讼。

议定嗣后有愿奉祭者，照前数倍之，奉钱壹千贰百文。非故为多取，如此方见其奉祭之诚。

议定户内有入泮、纳监、补廪、出贡者，各奉喜钱壹千文，中式及捐职八品以上者，各奉喜钱拾千文，列名于碑。若入蟾子孙有入泮、纳监、补廪、出贡及中式、捐职者，照前数倍之。

每年秋祭后一二日，会算先年十月至本年九月之香火祭品、纳粮修补诸费若干，得租若干，长短若干，公同登名注押。

祠内储存书籍、家谱、坟图、文契、祭器及应用之什物，俱置立一簿，有损即补，不许缺少。在簿上注明某时损、某时补，于会算时公同查点。

春秋与祭不须过费，亦不可减费。过费不肖先人俭素之风，减费亦非子孙敬祖之义。约定每祭用钱拾千，满年香火共用钱伍千，每年通共用钱贰拾伍千。所余约一半，可以补荒岁及祠内修补费。亦须勤慎经营，有余即买作祭田，此多多益善之谓也。

户内忠厚勤农之人，原许照伍佰之数租种祭田，倘有短欠租钱、恃强霸种及争竞输种等弊，即公同禀官究治。

各佃户当以义交，苟非狡猾，故为拖欠，毋听人添钱抢租，致有纷更，且荒芜地亩。倘岁荒收欠，及粮价过贱，只可量酌让收，毋留欠账。亦要于会算时登注明白，一杜假捏之弊，一令佃户亦得沾先人宽厚之泽。

人之有祖宗，犹水之有源，木之有根也。有祖宗而后有己身，固也。然不尽心竭力以奉祀祖宗，则是自塞其源、自绝其根矣。水无源立见其涸，木无根立见其枯，此理当人人所共晓者。伏愿后之办祠事者，矢公矢慎，勿图利，勿私己，勿惜力，勿避怨，勿拘执，勿纷更，使祭田日益，祠宇常新，则不负祖宗者，即是不负天神，即是能滋培根源者也。古人云：源远者流长，根深者叶茂，自己果能如此，其子孙之昌盛必矣。入蟾虽到九泉，尚刻刻祷祝而冀望之。[①]

与大姓蒸蒸日上的红火日子形成对比的，则是小户人家因为各种原因而出卖田地，沦为佃户，成为完完全全的"受苦人"。明代以来，无论军籍民户，都有土地，可以世袭，后世迁延，家道中落者不时有之，现存为数不少的典卖土地文约，为我们展示了这一变化。如乾隆三十九年郭海吾等的卖地文约：

立绝卖地土文约人郭海吾、郭良公、郭彩公、郭浩公、郭明公、

---

① 见马稳根《陕北马氏源流初探》收录。

郭治义、郭仁宇、郭金宇、郭强、郭治礼、郭治良、马明辅、马朝辅、郭忠宇、郭治宝、郭治宇等，因为紧急需银使用，今将祖遗孙龙百户王羲沟坝台稻地一块，东南至马姓成地为界，北至后沟二道台沙梁为界，正西至上沙畔为界，西南至沙嘴为界，四至分明。今凭郭明公说合，情愿绝卖于本城人马国柱永远管业，同众公估，时价银四十五两整。户礼画字，一切在内。当日地银两过，并不短欠分文，也无帐债折准等弊。随地带粮七升，官钱一钱伍厘。自卖之后，其地内土木树株水石一并相连，不与郭姓等相干。若有户族人等争端者，有郭海吾、郭良公等一十六人一面承当。恐后无凭端，立此绝卖立约，永远存照用。

外合事银乙两叁钱伍分

乾隆三十九年四月十五日

立绝卖地土文约人：郭治宇、马明辅、郭仁宇、郭强、郭治义、郭浩公、郭良公、郭海吾、郭彩公、郭明公、郭金宇、郭治礼、郭治良、马朝辅、郭忠宇、郭治宝

说合人：郭彩公、郭明公

同本百户乡约：孙登朝

催头：郑发生

同本族人：郭舟、郭美宇、郭秀

中见人：党伏林、王朝轩、白廷佩、叶凌云、王用贤

代书人：曹子建

这是一份若干郭姓人户向马姓的马国柱卖地的地约。地约中的"外合事银乙两叁钱伍分"，是买地人马国柱向官府缴纳的买地税，标志着土地买卖的合法性。土地买卖，清初以来已经较为普遍。雍正十年云贵广西总督奏请"凡有军田授受，悉照民田之例报税，按军田之例纳粮。所有从前私相典当之军田亦准首明，照常税契录为己业等因一折"，获准。这就意味着土地买卖，不管是军田还是民田，都已经完全合法化了。小户人家因为赋税、疾病死亡、怠惰无能等原因，不断出卖土地，

家道就此衰落。大姓则通过买地和典地两种方式不断兼并土地，成为大地主。[①] 不同人家的家业盛衰，展示了小生产者的劣势和极低的抗风险能力，反映着社会历史的变迁。

---

① 买地是指通过买卖关系取得土地所有权，典地是指通过借贷行为从债务人那里取得土地使用权。

第五章　陕北民众的生活世界

明清以来的陕北社会，较之以前，发生了很大变化。明代以来作为九边重镇之一，陕北驻扎着数量庞大的军队，实行军民分治，隶属军籍者在土地、赋税等方面都较民户占有优势，众多的军户后来逐渐发展为陕北大族。明代陕北经济的相对兴盛到清代以后逐渐变为著姓大族主导的小农经济，人口的增加和生态环境的恶化，导致了生存压力加大，大量农民因为不善经营、吸食鸦片等原因而卖掉从明代以来拥有的土地，沦为佃户，有的受雇于大户，有的则到口外讨生活，即所谓的走西口。经济生活的状态又会表现于民俗风情，决定着陕北民众的生活世界。

第一节　地方志中的陕北民俗

一、对于民俗的认知

最早对民俗文化进行关注的，应当是司马迁。他在《史记·货殖列传》中引用老子的话，表达自己对于民"俗"的看法：

夫神农以前，吾不知已。至若诗书所述虞夏以来，耳目欲极声色之好，口欲穷刍豢之味，身安逸乐，而心夸矜势能之荣使。俗之渐民久矣，虽户说以眇论，终不能化。故善者因之，其次利道之，其次教诲之，其次整齐之，最下者与之争。①

司马迁认为，所谓民俗，就是民众赖以生存、生活的衣食住行，就是民众的各种欲求。这种欲求，既有"甘其食，美其服，安其俗，乐其业"的物质欲求，又有对于自身能力、地位、声望方面的欲求。民俗所显示的这些欲求不能被彻底改变，而只能因势利导。

鉴于这样的认识，司马迁将民众生活于其间的山川地理及其所出物产看作是一地民俗的基础，同时指出政治举措也对民俗发生重要影响，《史记·货殖列传》这样描述关中民俗：

关中自汧、雍以东至河、华，膏壤沃野千里，自虞夏之贡以为上田，而公刘适邠，大王、王季在岐，文王作丰，武王治镐，故其民犹有先王之遗风，好稼穑，殖五谷，地重，重为邪……天水、陇西、北地、上郡与关中同俗，然西有羌中之利，北有戎翟之畜，畜牧为天下饶。然地亦穷险，唯京师要其道。

喜好稼穑种植，安土重迁，性情淳厚，不为奸邪，就是西汉初关中的民俗，而包括上郡在内的西北地区与关中民俗大致一样，均有先王遗风，重耕稼、性朴拙，所不同处，在于畜牧发达而对外交通不便。这与我们在陕北汉画像石上见到的情形是一致的。

继司马迁之后，班固对于民俗有了更明确的认识。《汉书·地理志下》载：

凡民函五常之性，而其刚柔缓急，音声不同，系水土之风气，故谓之风；好恶取舍，动静亡常，随君上之情欲，故谓之俗。孔子曰："移风易俗，莫善于乐。"言圣王在上，统理人伦，必移其本，而易其末，此混同天下一之乎中和，然后王教成也。汉承百王之末，国土变改，民人迁徙，成帝时刘向略言其地分，丞相张禹使属颍川朱赣条其风俗，犹未宣究，故辑而论之，终其本末著于篇。

---

① 参见《史记·货殖列传》，所称引老子曰："至治之极，邻国相望，鸡狗之声相闻，民各甘其食，美其服，安其俗，乐其业，至老死不相往来。"

　　班固时仍然以战国作为不同民俗文化的区分，"国风"色彩仍很明显。不过因为"国土变改，民人迁徙"的原因，班固已经看到了各地风俗的变化。陕北所在的区域，班固归之为"秦地"，他把秦地又作了区别，划分为关中、六郡、凉州、巴蜀四个文化区，关中民风仍以好稼穑、务本业为主要特色，但因为汉室立都长安后，迁徙齐之诸田，楚之昭、屈、景于长陵，以后不断迁徙吏二千石、高訾富人及豪杰并兼之家于诸陵，导致了五方杂厝、风俗不纯，所谓"世家则好礼文，富人则商贾为利，豪杰则游侠通奸"。迁豪强于关中的这一政府行为导致了关中民俗的变化，也使得西北地区不再与关中同俗。此一时期包括陕北在内的西北六郡地区风俗，与司马迁记述的已有了很大不同，《汉书·地理志下》载：

　　天水、陇西，山多林木，民以板为室屋。及安定、北地、上郡、西河，皆迫近戎狄，修习战备，高上气力，以射猎为先。故《秦诗》曰"在其板屋"，又曰"王于兴师，修我甲兵，与子偕行"。及《车辚》、《四载》、《小戎》之篇，皆言车马田狩之事。汉兴，六郡良家子选给羽林、期门，以材力为官，名将多出焉。孔子曰："君子有勇而亡谊则为乱，小人有勇而亡谊则为盗。"故此数郡，民俗质木，不耻寇盗。

　　六郡迫近戎狄，确实是东汉时的客观情况，于是修习战备、谙于车马田狩之事便逐渐成为此地民风的特点之一。"质木"，按照颜师古的解释，"质木者，无有文饰，如木石然"。也就是说，由于地处边关，战事频仍，文化教育逐渐荒废。

　　东汉末，汝南人应劭作《风俗通义》，对于风俗，讲了自己的看法：

　　风者，天气有寒暖，地形有险易，水泉有美恶，草木有刚柔也。俗者，含血之类，像之而生，故言语歌讴异声，鼓舞动作殊形，或直或邪，或善或淫也。圣人作而均齐之，咸归于正；圣人废，则还其本俗。《尚书》："天子巡守，至于岱宗，觐诸侯，见百年，命大师陈诗，以观民风俗。"《孝经》曰："移风易俗，莫善于乐。"《传》曰："百里不同风，千里不同俗，户异政，人殊服。"由此言之：为政之要，辩风正俗，最其上也。①

应劭认为，风俗不同，是为政者首先要辨明的事，然后移风易俗，才能臻于大治。因为这样一种认识，历代为政者大都对于风俗十分重视。

到《隋书·地理志》，秦地风俗又有了一些新的变化：

《周礼·职方氏》："正西曰雍州。"上当天文，自东井十度至柳八度，为鹑首。于辰在未，得秦之分野。考其旧俗，前史言之详矣。化于姬德，则闲田而兴让，习于嬴敝，则相稽而反唇。斯岂土壤之殊乎？亦政教之移人也。京兆王都所在，俗具五方，人物混淆，华戎杂错。去农从商，争朝夕之利，游手为事，竞锥刀之末。贵者崇侈靡，贱者薄仁义，豪强者纵横，贫窭者窘蹙。桴鼓屡惊，盗贼不禁，此乃古今之所同焉。自京城至于外郡，得冯翊、扶风，是汉之三辅。其风大抵与京师不异。安定、北地、上郡、陇西、天水、金城，于古为六郡之地，其人性犹质直。然尚俭约，习仁义，勤于稼穑，多畜牧，无复寇盗矣。雕阴、延安、弘化，连接山胡，性多木强，皆女淫而妇贞，盖俗然也。平凉、朔方、盐川、灵武、榆林、五原，地接边荒，多尚武节，亦习俗然焉。河西诸郡，其风颇同，并有金方之气矣。

隋唐时期，陕甘宁一带的风俗与汉末比，勤稼穑、多畜牧的生产生活方式没有变化，但人民的性情习俗却有很大不同，由汉末的"不耻寇盗"变为"无复寇盗"。除了尚武的旧俗未改之外，隋志对于这一地区的观察显然要细微了许多，指出陕甘宁一带人们尚俭约，习仁义，以及妇女的一种状况"皆女淫而妇贞"，并且认为这是受山胡影响所致的。山胡，即是稽胡，魏晋南北朝隋唐时活跃于陕晋北部黄土高原的一个民族，《周书·异域上·稽胡传》记载：

稽胡，一曰步落稽，盖匈奴别种，刘元海五部之苗裔也。或云山戎赤狄之后。自离石以西，安定以东，方七八百里，居山谷间，种落繁

---

① 　见（东汉）应劭：《风俗通义校注》应劭自序，王利器校注，中华书局 2010 年版。

炽。其俗土著，亦知种田。地少桑蚕，多麻布。其丈夫衣服及死亡殡葬，与中夏略同。妇人则多贯蜃贝以为耳及颈饰。又与华民错居。其渠帅颇识文字。然语类夷狄，因译乃通。蹲踞无礼，贪而忍害。俗好淫秽，处女尤甚。将嫁之夕，方与淫者叙离，夫氏闻之，以多为贵。既嫁之后，颇亦防闲，有犯奸者，随事惩罚。又兄弟死，皆纳其妻。虽分统郡县，列于编户，然轻其徭赋，有异齐民。山谷阻深者，又未尽役属。而凶悍恃险，数为寇乱。

稽胡是继东羌、匈奴、鲜卑、乌桓等民族后，生活于陕北的又一个重要民族，数百年的民族融合中，陕北一带风俗中糅杂进稽胡族的一些特点，自然不足为奇。《稽胡传》中提到稽胡"蹲踞"，关中八大怪之一即是"板凳不坐蹲起来"，这一习惯直到今日也仍是陕北人日常生活中的一大特色。[①]

明代永乐的《修志凡例》特别将"风俗形势"列为二十四门之一，足见其时对于地方风俗的重视，弘治本《延安府志》载陕北地区的"风俗"，已经具体到了州县，更符合"千里不同风、百里不同俗"的差异性特点，如：

肤施县：人勤稼穑，俗尚鬼神，不崇侈靡，颇习程法。

安塞县：（缺）

保安县：勇悍质朴，多务本业。

安定县：勤农尚俭。

延长县：勤农桑，服工贾，俗颇淳厚。

延川县：性朴少文，俗尚俭约。

宜川县：地僻民淳，勤于耕织。

---

① 关于稽胡，可参见唐长孺：《魏晋杂胡考》，载《魏晋南北朝史论丛》，三联书店 1955 年版；马长寿：《北狄与匈奴》，三联书店 1962 年版；林幹：《稽胡（山胡）略考》，《社会科学战线》1984 年第 1 期；周伟洲：《中国中世纪西北民族关系研究》，西北大学出版社 1992 年版；林梅村：《稽胡史迹考——太原新出隋代虞弘墓志的几个问题》，《中国史研究》2002 年第 1 期；吕思静：《稽胡史研究》，华中师范大学硕士学位论文，2012 年。

甘泉县：业重耕牧，质尚朴素。

鄜州：勤稼穑，尚鬼神，以夏月游赏为重。

洛川县：民务朴实，尚鬼神，重游赏。

中部县：人皆精于治兵器，勤农尚俭。

宜君县：人民淳厚，勤于稼穑。

绥德州：地近边陲，俗尚强悍。男勤耕稼，女懒纺绩。

清涧县：民务农桑，士崇学问。

米脂县：务本业，畜牧，尚勇少文。

葭州：蕃汉互居，人性勇直，好尚武力，守望相助。

吴堡县：勤农尚武，不事侈靡。

神木县：善畜牧，务农桑，女不纺绩。

府谷县：勇直尚气，俭啬少文。①

弘治本《延安府志》将"风俗"列为二十八目之一、且分别记述每州县风俗的做法，为以后陕北地方"风俗"的描述奠定了一个基本的框架。万历本《延绥镇志》，虽偏重军事武备，但对于地理风俗物产皆有涉及，而且在记载风俗时，将当地岁时年节也一并附录，使得陕北"风俗"的内容得到进一步充实，如：

《卷之四·风俗（岁时附）》

榆林：人尚武勇，以斩馘为生计。士敦节义。食禄之家子弟多好放鹰走狗、弹丝吹竹之事，而才隽者则翩翩工翰墨焉。疾重巫祝，丧尚佛事，宴会有时，婚姻相称。往不劲斗健讼，近多嚣陵矣。

延安府：人勤稼穑，俗尚鬼神，不崇侈靡，颇习程法。

庆阳府：人好稼穑，勤本业，民淳不讼。士笃悫，有文礼，重丧祭，尚义举，每赒恤，能轻货财，有古豳之遗风。

《节序（附）》

正月元旦。彻夜燃烛焚香，荐牲设醴贡天地，家堂五祀。四五鼓，

---

① 明弘治本《延安府志》，樊高林、曹树蓬校点，陕西人民出版社 2012 年版。

焚纸毕，幼拜父母兄长，亲友相拜庆。

立春。观土牛，帖宜春字，茹春饼，钉春盘。

五日。先期束缚纸人，制纸袋，盛五谷。是日五更，送之通衢，谓之送穷。

十五元宵节。弛夜禁，人蚁聚，观灯火。

十六日。走百病，各寺观聚饮。

二十三日。填仓，早斋粥。

寒食清明。扫墓设祭。女子秋千戏郊野，游人如市。

四月八日。观音寺，又名尼姑庵，妇女上会礼佛，士夫家不往。

端午。悬艾虎于门，饮菖蒲酒，童儿带五彩索，姻亲馈暑扇、沙罗衣、角粽之类。

六月六日。汲水，酿醋，踏曲。

七月七日。乞巧。

十五日。田中祭羊，并挂纸幡。

中秋。列瓜果月饼，供月，人赏月夜饮。

九月九日。登高赏菊，姻亲饷冬衣、花羔类，酿菊花酒。

十月一日。剪纸为冥衣，焚之，名曰送寒衣。

长至。迎女归宁，人不拜贺。

十二月八日。食粥，造腊酒。

二十四日。祭灶，用糟饧。扫除屋壁。

除夕。易桃符，修岁事，陈祀品，守岁。多嫁娶。①

这是目前所见陕北方志中，第一次将岁时年节进行的系统描述和记录，将岁节附列于"风俗"，表明修志者已经认识到岁时年节正是民间风俗的重要内容之一，它规定了民众生活的时间模式，是一切其他风俗发生的时间背景和顺序。从以上的文献记载看，到明代，陕北地区的岁时年节习俗已经与现今无大差异，或者说，至迟到明代，陕北的年节习

---

① 明万历本《延绥镇志》，马少甫等校点，上海古籍出版社 2011 年版，第 271 页。

俗已大致定型。此外，其他诸多习俗也已经与现在相差不大，如勤稼穑，务本业，尚鬼神，重巫祝，强悍勇直等。像十月一送寒衣，至今民间相沿，逢此日，一定上坟祭扫，烧纸衣裤，祈愿已故亲人在秋尽冬来之际免受饥寒。

二、方志所见陕北民俗变迁

清代陕北方志目前留存数量最多，内容完整丰富，根据这些方志中民俗部分的记述，我们对陕北民俗文化的变迁也会有较为清晰的认知。

康熙《延绥镇志》将"风俗"列于地理志，将"岁时"列于天文志。创新之处在于记述岁时风俗的同时，适当予以阐释解说，并多引俗谚俚语，使我们能够大致了解其意义。如记正月初七（陕北称人日为人七），称"七日用糠著地上，以艾炷炙之，名救人疾。俗以疾七声相近也"，也就是说，"救人七"谐音"救人疾"，寓意平安健康。又如记正月二十三，称"二十三夜聚猪羊骨杂烧之，名炼乾。俗谚曰：大忌二十三，太上老君不出庵。炼乾者，炼丹也"。根据其解释和所引谣谚，我们可以窥见炼乾习俗与道教有密切联系，应该是道教禁忌沿袭所致。这种对民俗加以解释的做法以后方志多有沿袭，如民国《洛川县志·风俗志·节俗》亦对炼乾习俗有记述和解释：

正月尽，炼乾以除秽。正月月尽之日，备麻子、麦、豆等，先入水泡湿，总置锅中炒干，名曰炼乾。俟夜，各户将屋庭扫除洁净，积秽物于一处，并入所炒麻子之类燃之，更撒以盐，取其爆发，意谓可除晦气也。然后将小儿衣被等物一一于火上燎之，且念云：炼乾哩，花花女上天哩，我院里坐官哩，你院里打砖哩。新妇归宁者，必于是日返夫家，谓之"避乾"。[1]

---

[1] 民国《安塞县志·风俗志·岁时》也有关于炼乾的记录，称"二十三日夜，家家院内打火，又淋揾布水于火上，谓之炼乾"。从以上几种记载可以看到炼乾这一民俗清代以来的传承和变化。现今黄陵等地仍保留有炼乾习俗。

谭吉璁在"岁时"之后还有一段小评论，指出一些习俗的社会原因：

榆人每逢佳节，妇子相向而哭于门外。盖百战之后，遣戍者多而阵亡者亦众也。去秋半，碧浔桥初成，余乘月上出城，方循桥而西，忽闻哭声大作，与波流相鸣咽。余本恨人，岂止雍门之泣哉。昔张方平谏用兵书曰：夫战胜之后，陛下可得而知者，凯旋捷奏，拜表称贺，赫然耳目之观耳。至于远方之民，肝脑屠于白刃，筋骨绝于馈饷，流离破产，鬻卖男女，熏眼折臂，自经之状，陛下必不得而见也。慈父孝子、孤臣寡妇之哭声，陛下必不得而闻也。呜呼！闻方平之言而不心动者，难矣。①

榆林"妇子相向而哭于门外，与波流相鸣咽"，这样的悲惨景象，因其涉及面广，且常见常闻，便也可以算是一时之风俗了。但这类习俗，却不是大部分民俗趋利避害、祈求福寿健康的美好愿望表达，而只是孤臣寡妇穷苦无告、发遣悲哀的无奈之举。论者不仅看到了令人悲悯的习俗，更看到了造成这种习俗的深层原因，显示了对于民俗认识的进一步深化。

康熙《延绥镇志》关于"风俗"记述不多，只称"俗骄悍、喜功利、习骑射、尚忠勇。地处沙碛，不事耕织。昔多世禄之家，以奢侈相尚，故至今华而不实，渐嚣陵焉。且兵民参半，以饷为命，家无儋石，稍稍水旱辄肆攘窃，为隐忧焉"，但是，论者却对前此诸地理志对于风俗的描述颇有异词，认为"自汉以来诸地理志，语焉不详，不若吾乡之郑端简公之志之善也。其言曰：多将才、有节气，视他镇为最。征之明末而以孤城拒流贼也，益信。故申胥之救楚也，秦为之赋无衣而出，盖先王之风其百世不易者耶，而车马田狩之论抑末矣"。②

嘉庆《延安府志》岁时、习俗又合为一卷，隶于《礼略》，《礼略》

---

① 清康熙《延绥镇志》。
② 清康熙《延绥镇志》卷一。

另有"礼仪"，实为婚丧嫁娶宴会、祷祝祭祀之类民俗。该志最大特点即是不总叙，而将以前镇志、府志、州县志中关于民俗的部分，辑录出来，合成一篇。

对于民俗的认识，至乾隆《延长县志》而有了大的飞跃。乾隆《延长县志》共分十卷十门，而《风俗志》单独列为一门，下分六个类目：岁节、男女、生计、葬祭、宴会、沿习。编修者王崇礼对此有所阐释："按他志俱未以风俗另开一卷，而此独总举一纲、分列六目，所载多方言俚语，非故琐琐也。同轨同文，人情不大相远。如一统及省志卷帙纷繁，故止略叙梗概。兹以百里弹丸各为记述，庶不厌详。且隶郡置邑几数千年，文缺献残，无凭考核。几等于六百载合之外存而不论。若复不采访缕列，何以征情之淳浇而审人事之转移也。岁节无大关系，若婚葬以下诸节，五礼备焉，三百三千亦备焉。朴者济之以秀，质者益之以文，是又可商于此后之同志者。"[1]

《风俗志》在地方志书中独立成类，标志着"风俗"已经不仅仅是为上者观风览俗的对象，而是一种生活于其中的民众也必须面对和了解的状态，风俗的朴秀、质文、美恶必须要有所调剂因革，使我们的风俗不断向着更好的方向发展。因为事关民众生活状态的改变，因此《一统志》、《省志》等略叙梗概的做法便嫌泛泛，必须详细叙述和记录。修纂者所分列的六目，包括了风土习气、婚丧嫁娶、岁时年节等众多的民俗内容，叙述详细，且多有评论，标志着对民俗的认识达到了新的高度。

其后，道光《榆林府志》也设《风俗志》，下分习尚、礼仪、岁时、市集、方言五目，其中市集、方言尤需注意。最先将"方言"列入"风俗"，见于乾隆《绥德州直隶州志》，在其《人事门·风俗》中载：

先辈论绥俗有五美一恶。结姻不论财，交友多重义，思先时尽哀，好善勤施舍，妇女不近市，为五美；有一恶曰惰，流水可灌田而惰于疏浚，闲田可树木而惰于种植，女惰蚕织，男惰经营，故衣食常艰。绥德

---

[1]　参见乾隆《延长县志》。

语言类太原代州等处，与汾阳永宁虽接壤却不相似也。^①

道光《榆林府志》不仅关注到了方言，而且特意辑录了一部分方言词汇加以注音解释（原注称方言词汇辑于《续府谷志》），虽然仍很简略，却是民俗史研究上的一个极大变化。举例来说，沗，音钻，水入土也；坌，与漫同，水冒土上而流也。^②沗、坌两个词，陕北人只要对农事稍稍熟悉的都知道，灌溉浇地或天阴雨湿时，常会用到这两个字。方言辑录者选用的字也很形象，注音则将方言读音明白晓畅地展示出来，这种对于方言的著录和解释，就在今日也有极大的示范意义。

道光《榆林府志》的另一个特点，就是陕北方志中首次将"市集"列入"风俗"，虽然只列了榆林县、神木县、府谷县、葭州、怀远县等五州县的市集，却让我们把"市集"从此纳入了民俗的范围，使我们得以知晓陕北集市的大致情况。根据该府志的记载，我们得知，道光年间，陕北集市大致有三种情况：一种是榆林、神木县城的集市，岁无虚日，也就是每日有集，可见县城商业贸易之繁华；一种是每年固定有几个月逢集，每集若干天，如榆林县北红山寺集，每年五月逢集，每集三天，该集有边境互市的意义，是蒙民交易处，镇北台的马市也指的是红山寺集。再如榆林县南关集，每年七月、九月、十月逢集，每集十天；再一种情况则是大小集，如镇川堡集，每年三月、九月、十一月大集，每集六天，其余每月则逢四逢九遇小集；最普遍的一种则是固定集日，或五天一集，或十天一集，如府谷县木瓜园集，每月逢四逢九集，葭州大会坪集，每月逢八逢三日集，府谷黄甫川集，每月逢一日集，神木温家川集，每月逢九日集。也有个别集市约定俗成，不是五日或十日一集，如府谷县的盘塘集，每月逢二、六、九日集。^③集市，如前已述及的吉镇集市，对于一地民众来讲是一个重要的活动场所，买进卖出、互

---

① 参见乾隆《绥德州直隶州志》。
② 参见道光《榆林府志》。
③ 参见道光《榆林府志》。

通有无、访亲交友、增加见识、获取信息，诸如此类都是集市所具有的重要功能，通过对于集市的观察、研究，可以深入了解当地物产贸易、贫富有无以及人情风俗，是民俗研究不可忽视的一个重要领域。

光绪时又有一次重修地方志的热潮，陕北亦不例外。光绪《绥德州志》认为旧志风俗一门只录古风未详今俗，所谓"志俗而不言俗"[①]，读者无法借以了解地方风尚所习，因此该志四民五礼、岁时各杂事，不辞琐碎鄙俚，均有所记录。不过，该志将"风俗"列于"学校志"，认为士居四民之首，士习端，斯民风正，观感变化之间，风俗因之移易，是风尚在士为尤要也。该志对于"今俗"的记述颇有些特别之处，如叙述绥德农人之勤苦时，指出"今农人自称受苦人，人称之亦曰受苦人"，虽不能深究这一称呼的起源，但至迟清末陕北农民已称自己为"受苦人"，可确定无疑，这样一个称呼，已经明白显示出了陕北社会的变迁。

光绪《绥德州志》风俗条对于前志所言陕北"尚鬼神"的习俗有了较为详细的记录：

方技星相医卜阴阳风鉴之属，皆无宗派嫡传，间有儒而医者，切脉审症，艺颇能精，然有识者多占勿药，有喜焉经醮皆用缁流，无道士无女冠也。巫有二类，其一身披黄纸条，手执三尖刀，柄系重环，按古镜上作铮铮声。跪请诸神赴坛。良久，神降附其体，为人决休咎，是名瘟神。其一击羯鼓，声逢逢然，以帕约发，别作小辫系一钱，举手摇之，口中喃喃如歌如祝，下屈一足作商羊舞，是名跳神。或三五成群，妆男扮女，呈诸戏态，是名喜猫鬼（按，猫鬼之说始于五季）。人家有疾，或不延医，未有不召巫者。治效则归之神，不效则委之命，无异议焉。然或巫人未离神坛而病人已登鬼录者往往有之。

既有详细的描述，如瘟神、跳神、猫鬼神，确实可以具体阐释何为

"尚鬼神"①，又有对于该习俗的冷静评论，"或巫人未离神坛而病人已登鬼录者往往有之"，何其深刻！

光绪《米脂县志》单列"风俗志"，体例上继承乾隆《延长县志》而有所变改，分为"习尚"、"礼仪"、"时令"、"方言、谚语"四目，民俗事象的记述更为详备。如"岁时"记正月十五米脂民众活动："十五日元宵，街市遍张灯火花炮，铺户聚石炭累作幢塔状（俗名火塔塔），朗如白昼。四五六三日阖邑僧众于十字街作斋醮。关城外以高粱秆圈作灯市，娓曲回环，游者如云（俗名转九曲）。"火塔塔之名首见，而转九曲更是他志所未载。除此之外，记方言俗语时，已经注意到引述前人著述加以比较，如，"八米，关中语，岁以六米七米八米分上中下，言在谷取八米，取数之多也（西溪丛话），今米脂语有八米二糠之谚。"②

民国修志，对于"风俗"的记载更为详尽。以民国《米脂县志》为例，该志"风俗"独立成类，其"凡例"称"首志冠昏丧祭之仪式，次记士农工商之好尚，凡杂技艺术之超众者，方言谚语之特别者，暨社会习惯之邪正，乡党情谊之厚薄，悉为采风问俗者所愿闻，因咸隶焉"③。实际分为"习尚"、"礼仪"、"岁时"、"该言"四目，"习尚"下又分士、农工、商、九流、方技、妇女、士风分别记述，"礼仪"下则又分冠、婚、丧、祭、习惯等各各分述。民国风俗志的另一个特点即是时代特色鲜明，如民国《中部县志》，专设"民俗谣谚志"，下分风俗、歌谣和谚语三类，而其对歌谣的记录，显然是在20世纪初北大歌谣运动影响下的新举措，当时采集记录的这些歌谣，修志者将之分为七种，分别是儿歌、谐歌、农牧歌、一般民歌、秧歌、喜歌、乞歌，几乎囊括了陕北民歌的各种形式。民国《洛川县志》则单列"方言谣谚志"，下分方音谱、方言分类词汇、俗谚类征、歌谣小集。歌谣分类与《中部县志》略同，

① 陕北至今还有很多关于猫鬼神的传说故事。评说某人不庄重、鬼鬼祟祟，则谓之"跟猫鬼神一样"。

② 参见光绪《米脂县志·风俗志四·方言谚语》。

③ 参见民国《米脂县志·凡例》。

只另析出情歌、故事歌两种，编者对歌谣收集的自觉意识极为明显，并已有了初步的研究，其略例云：

一、歌谣分类应以体裁为标准，同时视歌者为何等人，地方习惯上有何种名称，斟酌划定。因歌谣为民间通俗文艺，属文学性，与谚语异也。（但于另一立场，照谚语所用类码，再分析其内容，以睹民俗，亦可）二、采录之标准，注释与评判之方法，均依谚语略例第二、三、四各条之规定。三、歌谣与儿童及社会教育均有密切关系，故近年有新撰者、改良者、或略易其词句以适应现今抗建之教育方针者，惟调查歌谣，须优先凭客观的事实，获符民间的真相，系历史性的工作；一面依主观的旨趣，革新通俗文艺，则教育性的工作也。本篇应以前者为主，故凡经改易者，及新制之歌谣尚未通行者，皆暂从省。四、一地方之歌谣，其分量皆相当丰富，调集整理，宜为专书，本篇但能分类略说，偶举数例而已。[①]

以上关于歌谣，亦即陕北民歌的说法可以概括出几个意思，一是歌谣的性质为民间文艺，二是歌谣的分类标准应以体裁为主，参以其他因素，三是歌谣的研究应该以历史研究为主。这样的认识和具体做法已经可以说是为近现代以来的歌谣研究打下了初步基础。

第二节　陕北方言

文化传承，往往遵循着两条路径，一条是文字和发明创造，一条是语言和风俗习惯。人们对于前者，因其显明恢宏，向来关注较多，而对于后者，因其繁杂细碎、难成系统，往往不易把握。但是，当我们需要更深入地领略一种文化的魅力时，便会发现，语言较之文字更鲜活生动，更富有生命力。从语言入手去了解某种文化，往往会有全新的体验和收获。

---

① 参见民国《洛川县志·方言谣谚志·歌谣小集》。

文字对于陕北的记载并不算多，以至于当我们要从文献资料入手了解陕北时，往往捉襟见肘，叹息不已。但是，如果我们走进陕北，仔细倾听陕北人的方言土语，就会欣喜地发现，通过陕北方言，我们可以听见古代，可以隐约窥视到埋藏在历史深处的关于陕北文化的奥秘。陕北方言的形成，最晚在明清之际，史籍有明确记载。光绪《绥德州志》记载绥德州城马氏的马之奎，明清之际流落蜀地，因听说陕北朱龙反，久久不敢回乡。他的儿子马祚昶长大后立志寻找父亲，只身前往蜀地。后在酒店逢一老者，"类绥德语音"，几经探问，果是其父。① 马祚昶后官至应州知州，单身寻父的故事被传为美谈，而他能够最终找到父亲的关键，就是父亲的绥德口音。可见至迟到明末清初，绥德方言已经定型。道光《榆林府志》已经开始辑录方言词汇加以注音解释，以后的陕北方志大都沿袭不改，对本区域的方言进行著录。专门对陕北方言进行综合整理著录释读的，有刘育林、安宇柱编著的《陕北方言词典》和王克明著的《听见古代：陕北话里的文化遗产》。本节我们从历史文化的角度对陕北方言进行一点粗浅的考察。

一、陕北方言中保留有大量先秦、秦汉古语

1. 嗣音（次应、伺应）

《诗·郑风·子衿》：青青子衿，悠悠我心。纵我不往，子宁不嗣音？青青子衿，悠悠我思。纵我不往，子宁不来？挑兮达兮，在城阙兮。一日不见，如三月兮。

嗣音之嗣，韩、鲁诗作诒，嗣、诒古同音通用。《韩诗》云："诒，寄也。曾不寄问也。"程俊英注曰嗣音便是送音问的意思。②

把"嗣音"解释为送音问，放在诗中，总觉不妥帖。其实，"嗣音"的解释，正可以求诸陕北方言。陕北谓"嗣音"为 ciying，读若"次

---

① 参见光绪《绥德州志》卷七下《人物志·孝友》。
② 程俊英、蒋见元：《诗经注析》，中华书局 1999 年版，第 253 页。

应"，意为有尊长、贵客、亲朋时，自己等待守候，随时听候使唤、提供饮食起居等一应服务，显示对对方的尊重和重视。诗中第一节"纵我不往，子宁不嗣音"，正是钱钟书先生所言"薄责己而厚望于人也"，诗中的女子认为就算自己不去，男子也应守候等待才是；第二节则已退而求其次，认为男子至少应该来赴约，若自己不在，再离去也不为过。用词上的细微处，正逼真地体现了女子在等待情人的焦灼中的心理活动。

2. 流（摎、捋）

《诗·周南·关雎》：参差荇菜，左右流之。窈窕淑女，寤寐求之。

《诗经注析》称"流"为"摎"的假借字，摘取之意。按《广雅》：摎，捋也。毛传鲁诗解释为"择"，亦通。释"流"为"摘取"固然不错，但总觉不太贴切，水中之荇菜，岂能如桃李瓜果般"摘取"。验之陕北方言，"流"谓为 lü，读若"捋"而发音短促，这个动作是指把细长枝条上的东西顺势全弄下来，如说"捋得一把榆钱"，绝不是指把榆钱一朵朵摘取下来的，同样，荇菜之获取，恐怕也不是摘取来的。

3. 溘

《离骚》：宁溘死以流亡兮，余不忍为此态也。

溘死，注释离骚者多解释为突然死去，释"溘"为突然，则溘死为偏正型合成词。但在陕北方言中，"溘"即是死，说老人去世，陕北说"老溘"，因此，"溘死"正与"流亡"同，是联合型合成词。

4. 咥

咥，不是咬啮的意思，而是"吃"，不仅是吃，而且是如虎狼般愉快地大吃。《周易·履》："履虎尾，不咥人。"陕北方言说：好好咥上一顿，即指痛痛快快地大吃一顿。

5. 晬

满一周期，如《灵枢经·寿夭刚柔》："每渍必晬其日。""晬时"则是指整天，《灵枢经·上膈》："下膈者，食晬时乃出。"《齐民要术·煮胶》："经宿晬时，勿令绝火。"陕北方言"过晬"则特指婴儿满周岁，而且过了几个生日，可以叫作过了几个晬，保留着"晬"的周期的原始意义。如：娃娃今儿过晬了，要吃糕了。——你们娃娃几岁了？——过了三个晬了。

7.麀

本意是指母鹿，《诗经·大雅·灵台》："麀鹿濯濯。"泛指雌兽，《左传·襄公四年》："在帝夷羿，冒于原兽，忘其国恤，而思其麀牡。"《礼记·曲礼上》：夫唯禽兽无礼，故父子聚麀。禽兽之间没有伦理可言，才会随意胡乱交配，所以后来"父子聚麀"一般用来指斥人类无廉耻的乱伦行为。在陕北方言中，依然留存着"聚麀"的原始意义，如：那群狗这几天混麀了。

7.鼻子

《方言》十三称："鼻，始也。兽之初生谓之鼻，人之初生谓之首。梁益之间谓鼻为初，或谓之祖。"① 《说文》称："今俗以始生子为鼻子。"鼻之古字为"自"，人或动物初生时头首、鼻子先出，因此鼻与首一样都有初始之义，鼻祖是始祖之义，鼻子则是长子之义。许慎时尚称始生子为鼻子，其后则罕有这样的称呼。陕北方言中，却在骂人的话中保留着这一古义，如：这是谁家的鼻子（鼻圪痂），太儿了！

8.先后

《史记·孝武本纪》：明年，上初至雍，郊见五畤。是时上求神君，舍之上林中蹏氏观。神君者，长陵女子，以子死悲哀，故见神于先后宛若。

汉刘熙《释名·释亲属》：少妇谓长妇曰姒，言其先来，己所当法似也。长妇谓少妇曰娣，娣，弟也，己后来也。或曰先后，以来先后言之也。

《广雅·释亲》：姒娣娣姒，先后也。

兄弟之妻互称为"先后"，清人王念孙解释说："男子先生为兄，后生为弟，故妇从其夫而亦有先后之称也。先后，亦长幼也。"

① 扬雄撰、华学诚汇证：《扬雄方言校释汇证》，中华书局2006年版，第917页。

以"先后"来表亲属关系，恐怕也反映了称谓的逐渐发展，正如汉代人们往往用"兄之子"来称呼"侄儿"，用"女子子"称呼"外孙"一样。

陕北直至今日，"先后"仍是兄弟之妻的互称。颜师古注《汉书》"先后"曾提到"古谓之娣姒，今关中俗呼为先后，吴楚呼之为妯娌"①，可见唐代关中人还有"先后"这个称呼的，如今陕北兄弟之妻依然互称"先后"，如：那些先后两个谁也见不得谁。

需要特别指出的是，因为繁简字的问题，这里的"先后（後）"虽然也已简化为"先后"，但我们仍要明白，古汉语中，有"后"有"後"，"後"表示先后，"后"则是后妃，简化时均写为"后"。因此文献中有"先后"字样时，往往是指先皇后，即已去世的后妃，而不是妯娌"先後"。

9. 臧获

司马迁《报任安书》：且夫臧获婢妾，犹能引决，况若仆之不得已乎？

扬雄《方言》卷三：臧甬侮获，奴婢贱称也。荆淮海岱杂齐之间，骂奴曰臧，骂婢曰获……皆异方骂奴婢之丑称也。秦晋之间骂奴婢曰侮。

今天在陕北方言中，仍会说"那人可是个臧获了"。另，"侮"也一直作为语词留存在陕北方言中，如说"那侮可儿了"，或"你侮操心些"，宋元以后的语词"兀"不知是否从此发展而来。

10. 差

《三国志·武帝纪》注引《曹瞒传》：嵩问曰："叔父言汝中风，已差乎？"

扬雄《方言》卷三：差、间、知，愈也。南楚病愈者谓之差。

陕北至今，仍用"差"表示病势减轻好转，如问"你病差些了没？"

---

① 《汉书·郊祀志上》。

二、陕北方言中的历史记忆

1. 岑彭马武

陕北方言中有"岑彭马武"一词，用来指人武勇豪壮，气势逼人。而岑彭、马武，均列名光武帝云台二十八将，岑彭为征南大将军舞阳侯，名列第六，马武为捕虏将军杨虚侯，名列第十五，二人《后汉书》均有传。岑彭战功赫赫，尤以讨伐公孙述时大破荆门、长驱武阳著称，公孙述为此惊呼"是何神也"，后遣人行刺，将岑彭刺杀于军中。岑彭不仅武功卓著，为人更是忠义敦厚，持军严整，秋毫无犯，深得民众拥戴。建武八年吴汉兵败于陇地，隗嚣出兵尾击诸营，岑彭殿为后拒，故诸将能全师东归，因此，当岑彭最后退入弘农界时，百姓持酒肉迎军，曰"蒙将军为后拒，全子弟得生还"也。[①] 岑彭被刺身亡后，蜀人为立庙武阳，岁时祠焉。

马武久将习兵，常为军锋，力战无前，因此深得光武帝喜爱，常常纵容马武的嗜酒及阔达敢言。《后汉书·马武列传》中载马武"时醉在御前面折同列，言其短长，无所避忌。帝故纵之，以为笑乐"。

岑彭马武俱为南阳人，却在陕北留下了深远影响。陕北秧歌唱词中有"汉朝的马武保真龙"，陕北道情《珍珠倒卷帘》中则唱道：

正月里来是新年，岑彭马武夺状元。

岑彭箭射金钱眼，马武倒射九连环。

对于岑彭马武的推崇显而易见。推绎汉史，前有韩信彭越，后有吴汉邓禹，功勋都远非岑彭马武可比，但陕北人却独独崇拜岑彭、马武二将，并凝固为"岑彭马武"这样一个特色鲜明的形容词，不能不让人惊叹。

另外，陕北方言中还有一个词音若"马武"，往往用来吓唬小孩，如说"不敢哭了，看'马武'来了"，不知是否也与马武有渊源关系？

---

① 参见《后汉书·岑彭列传》注引《东观记》。

2. 龟兹兹（guǐzizi 或 qiucici）

陕北骂人曰"龟兹兹"或"龟兹孙"（若是长辈对晚辈，则往往是昵称），这一骂人的词语，却向我们展现了一段久远的历史。

龟兹，本西域古国之一，以库车绿洲为中心，最盛时北枕天山，南临大漠，西与疏勒接，东与焉耆为邻，相当于今新疆阿克苏地区和巴音郭楞蒙古自治州部分地区，张骞通西域后始为内地所知。其人种以吐火罗人为主，杂有塞人、雅利安人、羌人，其通行语言则为吐火罗语乙种方言。从西汉宣帝元康元年（前 65）起，龟兹国人陆续内迁，据《汉书·西域传》称，宣帝元康元年，龟兹王绛宾携夫人弟史入朝，这位弟史就是和亲乌孙的解忧公主的女儿，龟兹王夫妇来朝，受到了隆重接待，以后"又数来朝贺"，绛宾死后，其子丞德一如既往常来朝觐，"成、哀时往来尤数"。可见两代龟兹王入关朝贺是常事。国王朝贺，伴送卫护的官吏、侍从和将士，少则数百，多则上千，其中必定有不少因故不能返回，被汉朝安置在内地，于是就有了最初的移民聚居点。不过，为这些龟兹移民设置行政区划，恐怕另有成因。

据《汉书·郑吉传》，汉宣帝"神爵（前 61—58）中，匈奴乖乱，日逐王先贤掸欲降汉，使人与（郑）吉相闻。吉发渠犁、龟兹诸国五万人迎日逐王，口万二千人、小王将十二人随吉至河曲，颇有亡者，吉追斩之，遂将诣京师。汉封日逐王为归德侯"。此次郑吉迎降匈奴日逐王，又内迁大批渠犁、龟兹、匈奴人，威震西域，首建西域都护。《汉书·地理志下》"上郡"条下有：龟兹，属国都尉治，有盐官。可见龟兹县是西汉上郡所属的二十三县之一，而且是属国都尉的治所，必然有相当的人口，城邑也一定比较广大。颜师古注此条曰："龟兹国人来降附者，处之于此，故以名云。"据《郑吉传》可知，上郡龟兹属国当在郑吉率渠犁、龟兹五万人迎匈奴日逐王降汉之际而设置的，出于安置较多龟兹国移民的需要。龟兹属国宣帝时设立后，延至东汉未改，为东汉上郡十城之一。两汉龟兹属国的长期设置，表明该地已经成为内迁龟兹移民的固定聚居地，龟兹人的数量也一定相当可观。

　　两汉龟兹属国领地，大致应在今海流兔河上源、榆林河上源的西北，以今内蒙古乌审旗达布察克镇为中心的大片地区。[①] 前引《后汉书·张奂传》载永寿元年（155）因南匈奴与东羌叛乱，张奂"进屯长城，收集兵士，遣将王卫招诱东羌，因据龟兹，使南匈奴不得交通东羌"，据龟兹即可阻断南匈奴与东羌的往来，且与长城相近，则达布察克镇正当其地。另《资治通鉴》卷一百二十三、元嘉十六年（439）内记北魏主拓跋焘西征凉州，"魏主自云中济河，秋七月己巳至上郡属国城（胡三省注：此属国城，汉旧城也，班书地理志，上郡龟兹县，属国都尉治），壬午留辎重，部分诸军。"自云中济河便至龟兹，亦可见达布察克镇一带应为龟兹属国辖境。

　　龟兹在伊斯兰化以前一直以佛教为国教，是西域小乘佛教的中心。龟兹乐从前秦吕光西征时传入河西，再入中原，闻名天下。龟兹乐器有竖箜篌、琵琶、五弦、笙、笛、箫、筚篥、毛员鼓、都昙鼓、答腊鼓、腰鼓、羯鼓、鸡娄鼓、铜钹、贝、弹筝、候提鼓、齐鼓、檐鼓等二十种，龟兹人能歌善舞，更以善于吹奏乐器闻名。龟兹人初入陕北时，有许多为杂伎乐人，又为外来胡人，故而被当地人鄙视，以"龟兹兹"骂人，或许即源于此。

　　还有，著名的陕北腰鼓从文献资料和出土的腰鼓画像砖来看，至少可追溯到宋代，不知其源起是否与龟兹腰鼓有关？

　　3. 赫连城家

　　陕北方言中，把顽固、不可理喻之人叫作"赫连城家"。赫连城，指的是大夏国赫连勃勃所建之城。赫连勃勃本为南匈奴右贤王去卑后

----

　　① 参见王北辰：《内蒙古乌审旗古代历史地理丛考》，《干旱区地理》1989 年第 4 期。我原更赞同龟兹县在今陕北米脂县境内，因《汉书·地理志》明言龟兹有盐官，东汉虞诩《复三郡疏》也指明上郡有"龟兹盐池"之利，而米脂县城北 40 里处有盐池，盛产食盐，称盐湾，有上、下两地，因此赞同普惠先生《两汉上郡龟兹属国及其文化遗存考臆》（《人文杂志》2008 年第 5 期）一文中提出的"汉代龟兹治所当在紧邻下盐湾的镇川堡偏北"的说法。不过随着对汉代西河郡辖境范围认识的逐步清晰，米脂地属西河郡应是比较明确的，龟兹县当从别处寻求。

裔，其祖先东汉时归附，内迁到晋北地区，赐姓刘。西晋永嘉四年（310），勃勃高祖刘虎率众迁至朔方（今河套南北陕蒙之地）。经刘虎、刘豹、刘卫辰几代，先后接受前赵、后赵、前秦、后秦官职，雄踞朔方。勃勃之父刘卫辰曾被前秦封为北单于，淝水战后被北魏所杀。勃勃投奔后秦，镇守朔方（治所在今内蒙磴口县北），势力大增，于公元413年建都统万城（今靖边县白城子），国号大夏，改姓"赫连"，即匈奴语"天"的意思。[①]

赫连勃勃武功显赫，辖区内设十州、二护军，实行军事统治，其中幽州（治大城，今河套南）、朔州（治三城，今延安城东南）、秦州（治杏城，今黄陵县南）在陕北地区。在赫连勃勃所筑州城中，都城统万城以及朔州城均被称为"赫连城"。唐许棠《夏州道中》云：茫茫沙漠广，渐远赫连城。堡迥烽相见，河移浪旋生。无蝉嘶折柳，有寇似防兵。不耐饥寒迫，终谁至此行。[②] 沈括《梦溪笔谈》卷十一《官政》云：延州故丰林县城，赫连勃勃所筑，至今谓之赫连城，紧密如石，劚之皆火出。其城不甚厚，但马面极长且密，予亲使人步之，马面皆长四丈，相去六七丈。以其马面密，则城不须太厚，人力亦难攻也。予曾亲见攻城，若马面长则可反射城下攻者，兼密则矢石相及，敌人至城下，则四面矢石临之。须使敌人不能到城下，乃为良法。今边城虽厚，而马面极短且疏，若敌人可到城下，则城虽厚，终为危道。……赫连之城，深可为法也。

沈括所说的赫连城，位于今延安城东李渠镇周家湾村东北，原为赫连勃勃兼并三城鲜卑后所筑的朔州城，北周时在这里设丰林县，因此也称为丰林故城。

赫连勃勃虽武功显赫，却以残暴闻名，其筑城时的酷烈更是世所罕见，用"赫连城家"来记录那段历史，正是陕北人的特有方式。

---

①　参见《晋书·赫连勃勃载记》。
②　道光《榆林府志·艺文志》。

另外，用"家"表示某一类人，魏晋以来颇为流行，周一良先生有详细剖析①，可见陕北人这种用法承自久远。除赫连城家外，还有榆林城家一词，也较为典型。

4. 秃尾河

在陕北佳县与神木县交界的地方，有一条河叫秃尾河，这条河向我们展现的则是吐谷浑的历史。吐谷浑先祖属东胡人鲜卑族慕容部。东汉后期，匈奴族向中亚西迁，原居于东北和蒙古草原的鲜卑人便成批南移。3世纪初，慕容部莫护跋率其部入居辽西，建国于棘城之北（今辽宁锦州附近）。西晋时，莫护跋之孙涉归又向东北迁到辽河中游约今彰武、铁岭一带。涉归之子慕容廆时又迁回棘城。

吐谷浑是慕容廆庶兄，因兄弟相争，遂率领族众向西跋涉，来到今河套北阴山脚下。此地距棘城两千多里。二十多年后，当西晋永嘉之乱时，他们再向西南行两千多里，越陇山，渡洮水，在青海东部达坂山麓"群羌之故地"建立了国家。这个以游牧经济为主的民族，很注意与中原各族友好交往。在北魏太武帝统一北方过程中，吐谷浑曾出兵相助，擒大夏赫连定。公元663年，吐谷浑国被其南方新兴强国吐蕃灭掉。吐谷浑族分为两部分：一部分留居青海，宋元以后又融进蒙、藏等族血统和文化，形成为今日达坂山麓的土族。另一部分则北上归附了唐朝，唐朝将其安置在灵州（今宁夏灵武县城西南）封为"青海国王"，开元三年（715），吐谷浑大酋长慕容道奴率数千帐降唐。唐封道奴为"云中郡公"，将其部安置在"河南"即河套以南，② 具体何处，史书阙如。据《新唐书·地理志》，吐谷浑族羁縻州有"宁朔州"，治所在今陕西靖边以东。想来道奴所部应即居于此州。

我们熟悉的秃尾河，正好就在宁朔州与云中郡治之间。《宋史·夏

---

① 周一良：《魏晋南北朝史札记·〈三国志〉札记》，中华书局1985年版，第14—16页。

② 参见《旧唐书·吐谷浑传》。

国传》载神宗熙宁四年（1071），鄜延总管谋取西夏所据横山，率军在米脂一带筑城，又命河东路在"荒堆三泉、吐浑川、开光岭、葭芦川"筑城，各相距四十余里。这里的吐浑川，周伟洲先生以为是流经子洲、绥德的大理河。按上述四寨都距黄河不远，故命河东路修筑。大理河距葭芦川二百多里，显然不是吐浑川。而秃尾河入黄河处距葭芦寨（今佳县城）正好八十余里。又北宋开光县在今佳县城北一百里之柳树会村；村东一架山梁，北距佳县城约五十里处，尚有古城残迹，想来应是熙宁四年所筑开光寨了。可以断言，秃尾河就是吐谷浑慕容道奴部落居住的地方。《葭州志》把这条河叫作"吐浑河"，"吐谷"急读正是"秃尾（yi）"，浑与河近，吐谷浑河就被陕北人叫成了"秃尾河"。①

5. 吓蛮书一本

传说李白曾为唐玄宗起草答渤海国可毒书，后世称为"吓蛮书"。

明代冯梦龙《警世通言》第九卷《李谪仙醉草吓蛮书》称，玄宗开元年间，渤海国派使者致书唐皇，索要一百七十六城，否则开战。满朝文武皆视番书如鸟兽之迹，唯李白能识。他于朝堂之上，刻意狂放，让杨国忠捧砚，高力士脱靴，酒未醒而用番字草就圣诏，即"吓蛮书"，向来使宣读。来使大惊，渤海国因此息兵朝贡。

《吓蛮书》中文全文如下："大唐开元皇帝，诏谕渤海可毒，向昔石卵不敌，蛇龙不斗。本朝应运开天，抚有四海，将勇卒精，甲坚兵锐。颉利背盟而被擒，弄赞铸鹅而纳誓；新罗奏织锦之颂，天竺致能言之鸟，波斯献捕鼠之蛇，拂菻进曳马之狗；白鹦鹉来自珂陵，夜光珠贡于林邑；骨利于有名马之纳，泥婆罗有良醉之献。无非畏威怀德，买静求安。高丽拒命，天讨再加，传世九百，一朝殄灭，岂非边天之咎征，衡大之明鉴与！况尔海外小邦，高丽附国，比之中国，不过一郡，士马刍粮，万分不及。若螳怒是逞，鹅骄不逊，天兵一下，千里流血，君同颉利之俘，国为高丽之续。方今圣度汪洋，恕尔狂悖，急宜悔祸，勤修岁

---

① 参见臧振：《从达坂山麓到秃尾河畔》，《中国民族》1991 年第 4 期。

事，毋取诛戮，为四夷笑。尔其三思哉！故谕。"

元代以来"吓蛮书"一词已普遍使用，往往写作"嚇蛮书"或"赫蛮书"。如姚燧《寿阳曲·咏李白》："贵妃亲擎砚，力士与脱靴，御调羹就飧不谢。醉模糊将嚇蛮书便写，写着甚杨柳岸晓风残月。"无名氏《柳营曲·李白》："赫蛮书醉墨云飘，秦楼月诗酒风骚。"关汉卿《玉镜台》："呀，兀的不是一字一金珠，煞强似当日嚇蛮书。"郑德辉《倩女离魂》："也不让李太白醉写平蛮稿。"王实甫《西厢记》："果若有出师表文，嚇蛮书信，张生呵则愿将笔尖儿横扫了五千人。"王伯成《贬夜郎》："那里是樽前误草嚇蛮书，便是我醉中纳了风魔状。"

正史中不见李白写蛮书一事，但《新唐书·艺文志二》载唐人樊绰有《蛮书》十卷，可见唐代有"蛮书"之称，大约文字不同于汉字者即称为"蛮书"，李白因出身缘故，通晓蛮书亦在情理之中。添一"吓"或"嚇"字，不过是我方壮称，用以宣扬威风。但不论蛮书还是嚇蛮书，一般人都如读天书一般，两眼一抹黑，什么也不懂。这个词在陕北方言中正是这个意思。

三、陕北方言中留存的佛道用语

1. 尸解

陕北人说人死的另一个委婉词汇，即是"尸解"。

《后汉书·方术列传下》载：北海王和平，性好道术，自以当仙。济南孙邕少事之，从至京师。会和平病殁，邕因葬之东陶。有书百余卷，药数囊，悉以送之。后弟子夏荣言其尸解，邕乃恨不取其宝书仙药焉。

李贤注云："尸解者，言将登仙，假托为尸以解化也。"

尸解之说在汉代道教兴起后十分流行。道教认为道士得道后可遗弃肉体而仙去，或不留遗体，只假托一物（如衣、杖、剑）遗世而升天，谓之尸解。

《抱朴子内篇·论仙》引《汉禁中起居注》称：李少君病死，"久之，（汉武）帝令人发其棺，无尸，唯衣冠在焉。"葛洪曰："按《仙经》云：上士举形升虚，谓之天仙；中士游于名山，谓之地仙；下士先死后蜕，谓之尸解仙。今少君必尸解者也。"①

尸解之说到魏晋隋唐时仍很流行，以后则不多见。这样一个道家术语，却在历经千百年后，沉淀为陕北方言中的一个普通词汇，表达陕北人对于死者的美好祝愿。

2. 婆姨

"米脂的婆姨绥德的汉"，说得是米脂女人和绥德男人大多长相帅气漂亮，赏心悦目，非常出众。"汉"的称呼较为普遍，"婆姨"一词却是陕北方言，其他地域的人听起来不太熟悉。其实"婆姨"一词，正是陕北历史上曾经佛教盛行的真实写照。

"优婆夷"为梵文 Upasika 的音译，佛教把在家信佛的女子叫优婆夷，又译优婆私柯。意译近善女、善宿女、清信女等，凡受了三归五戒的女子，都叫作优婆夷。"优婆夷"这一译法出现较早，魏晋南北朝时的佛经翻译中都是把这些女信徒称为"优婆夷"，如元魏凉州沙门慧觉等在高昌郡译的《贤愚经卷第四·摩诃斯那优婆夷品第二十一》、后魏中印度三藏瞿昙般若流支译的《无垢优婆夷问经》等，都是这样翻译的。后来，大约因为"优婆夷"是外语音译，难入汉语系统，因此把优婆夷意译为女居士。

上面已经说过，信奉佛教的龟兹人早在西汉宣帝时即已内迁陕北上郡，因此，有理由认为，陕北地区佛教的流行要比内地其他地区早得多，佛教在陕北的传播也比内地其他地区要容易得多。陕北人早就信奉佛教，并较早开凿石窟，应该与龟兹人的影响不无关系。举例来说。

陕北子长县的钟山石窟，有出土碑文载此窟始建于晋太和年间。按，晋以后太和年号有二，一为东晋废帝海西公年号，自公元 366 年至 371 年，一为北魏孝文帝年号，自公元 477 年至 499 年。若出土碑文确

---

① （晋）葛洪：《抱朴子内篇校释》，王明校释，中华书局 1985 年版。

实记为晋太和年间，则是指东晋海西公的太和年号无疑。海西公太和元年（366）即位，此年为前秦建元二年，敦煌莫高窟即开辟于本年，而开凿石窟之风亦起于此际，如是则钟山石窟或为我国最早开凿的石窟之一。不过，因本人未见此碑，故有一疑问，东晋太和年间（366－371），陕北地区为前秦版域，且此时前秦苻氏正值强盛时期，钟山石窟若果开凿于此时期，不应称东晋年号"太和"，而应称前秦年号"建元"才是。也或许是后人追记，以晋为正统，故称晋年号。

另有一种可能，即"太和"是指北魏孝文帝的年号。北魏于公元439年统一北方，与420年初建的刘宋王朝南北对峙，时子长为魏朔方郡。太和初，冯太后执政，太和十四年（490）冯太后死后，孝文帝才亲政。孝文帝亲政后，太和十八年（494）前后，开凿洛阳龙门石窟，十九年（495），在嵩山建少林寺。孝武帝之后的宣武帝景明元年（500），巩县石窟开凿，景明三年（502），甘肃天水麦积山石窟开凿，可见北魏开凿石窟之风极盛。迁都洛阳之前，北魏势力在陕晋以北，冯太后此时开凿此钟山石窟以崇佛或为情理中事，碑记载"太和"年号也符合实际情况。或许钟山石窟始凿于北魏太和初年（477－490）？

另据近来的考古调查证实，从甘肃庆阳到山西大同，是佛教传播的重要通道，黄陵的香坊石窟、富县的石泓寺、安塞的云岩寺、大佛寺等石窟，都是北魏至西魏时期所开凿，洛川县也发现了十余通北魏至隋初的造像碑。

无论此石窟始凿于晋太和还是魏太和，都是陕北佛教盛行的必然结果。处在前秦和北魏统治下的陕北崇佛之风极盛，既与苻氏和拓跋魏的奉佛有关，显然也与佛教在此地传播的悠久历史有关。

信佛人众多，以至家家都有"优婆夷"，很多人的妻子都被称为"优婆夷"，正如《无垢优婆夷问经》中所记载的那样：

尔时无垢优婆夷、贤优婆夷等，诸优婆夷，往诣佛所，到佛所已，头面礼足，礼佛足已，退坐一面。尔时世尊即告无垢优婆夷言："汝优婆夷！不放逸行懈怠心不？"优婆夷言："我不懈怠，不放逸行。"佛告

无垢优婆夷言："汝当云何不懈怠耶？又汝云何不放逸行？"无垢优婆夷
白佛言："世尊！我常早起扫佛塔地，扫已涂治四厢四处，清净涂已，
散华烧香，如是供养，然后入房，既入房已，次复入禅，修四梵行，不
离三归，受持五戒，常恒如是，我不懈怠，不放逸行。"

诸"优婆夷"、汝"优婆夷"这样的称呼，足以说明当日"优婆夷"
之众多。优婆夷后略称为婆夷，以后又变夷为姨，如此，"婆姨"便成
了陕北人当年虔诚向佛的见证，亦雅亦俗，鲜活在陕北人的日常生
活中。

3. 拈香

佛教盛行，还改变了人们表示诚信的方式，古人歃血为盟或向上
天、祖宗发誓，以表自己决心或显示诚心诚意。佛教盛行后，则取法佛
家"拈香"的方式。宋睦庵《祖庭事苑》八《杂志》谓"是以释氏之做
佛事，未尝不以拈香为先者，是所以记香而表信"。"香"是佛教最特别
的地方，《华严经》认为，点香具有"普熏、熏染"的意义。心随恶缘，
就会熏染到污秽，若随善缘，就会熏染到清净，礼佛拈香，就可以熏染
到佛心。指天为誓，似乎不够庄重，歃血为盟，又过于野蛮，"拈香"
真是最好的表达诚信的方式。

但陕北方言中，"拈香"并不是上香的意思，而是指两人曾经拈香
为誓，结拜为弟兄，愿意荣辱与共，患难相恤，这份诚心是有佛为
证的。

四、陕北方言中的古代民族信息

1. 圪坨、麻食

元代前期史书《居家必用事类全集》载秃秃麻失"如水滑面和小弹
剂，冷水浸，手掌按作小薄饼儿，下锅煮熟，捞出过汁，煎炒酸肉，任
意食之"。元代后期忽思慧的《饮膳正要》第一卷中也记载有"秃秃麻
失（即手擀面）"，注解中说，秃秃麻失又称"秃秃么思"，是由中亚的
回族祖先从其祖居地带来的一种面食，据朝鲜古代《朴通事》的注释

云：“秃秃么思，又名手撇面……剂法如滑面。和圆小弹，剂冷水浸手掌，按作小饼儿，下锅煮熟后，以盘盛。用酥油炒鲜肉，加盐，炒至焦，以酸甜汤拌和，滋味得所，别研蒜泥调酪，任便加减，使竹签签食之。”这种被称为回回食品的秃秃麻失，据马兴仁先生考证，应是古突厥语 tutmaq 的音译，意为“别饿着”，据传说是亚历山大大帝时为饥饿的士兵而创制的食品。因此，秃秃麻失应该是古代突厥人的名食，来自中亚。[①]

有意思的是，陕北人不仅保留着吃秃秃麻失的习惯，还保留了其突厥语的发音，只是长期流传中有了一些省略和变化，秃秃麻失的发音被一分为二，有的称之为“麻食”，有的如陕北绥德一带则称为“圪坨”，显然是“秃秃”衍变而来。但无论如何，这种古突厥人的食品至今仍为陕北人所喜爱，且还保留着突厥人与羊肉搭配的原始吃法，用陕北人的说法就是：“荞面圪坨羊腥汤，死死活活相跟上。”

2. 延安、延河

延安，初为延州，因境内延水得名。《元和郡县图志·关内道三·延州》：“后魏灭赫连昌，以属统万镇。孝文帝置金明郡，宣武帝置东夏州，废帝改为延州，以界内延水为名，置总管，管丹、延、绥三州。隋开皇八年废总管，但为延州，炀帝以为延安郡。”从此延安作为州郡一级郡县名称沿用下来。北宋元祐四年（1089）升延州为延安府，此后延安府一直设置到清末，延安的名称也就固定下来了。

延州境内有两条河都可以称为延水，一条为今天的延河，另一条为今天流经子长、清涧、延川的秀延河。延水也可以称为吐延水，上引《延州》条下“延川县”云：“本秦临河县地，汉不改，后汉省。后魏分安人县于此地置文安县，隋文帝改为延川，取吐延川为名。”《延水县》云：“本秦临河县之地。……后魏于其中置安人县并安人镇，属东夏州。隋文帝废镇，置安人戍。武德二年，重置安人县，属延州。贞观二十三

---

① 参见马兴仁：《回回食品秃秃麻失》，《回族研究》1995 年第 2 期。

年改为延水县，取吐延水为名。"延川县、延水县境内的吐延水就是今天的秀延河。延州界内的延水，亦为吐延水之省称，即今延河，发源于白于山南麓靖边县天赐湾乡周山，自西北而东南流，经安塞、延安，在延长县南河沟乡凉水岸注入黄河，全长约 250 余公里。这条河水的名称有过若干变化，战国以前曾名"区水"，《山海经·西山经·西次四经》："北百七十里曰申山，……区水出焉，而东流注于河。"区水在两汉魏晋时称清水，鲜卑语称之为"去斤水"。《元和郡县图志·关内道三·延州》下"肤施县"云："本汉旧县，属上郡。……清水，俗名去斤水，北自金明县界流入。《地理志》谓之清水，其肥可然。鲜卑谓清水为去斤水。"《汉书·地理志下》上郡高奴县"有洧水，可然"。"洧水"当为"清水"。1998 年 5 月，延长县出土一方隋大业九年的《郝伏愿墓志》，称墓主"大业九年三月五日葬在延安郡东百里。住在去斤川肖斗村一里道"，① 可见隋时仍称延水为去斤川。吐延水为匈奴语，意为"南河"，与发源白于山北麓的奢延水相对而言，奢延水意为"北河"。②

3. 圐圙、油圐圙

圐圙本是蒙古语，意为圈子，也译作"古列延"。波斯史学名著《史集》称："所谓古列延（küriyan）是圈子的意思，当某部落驻在某地时，就围成了一个圈子，部落首领处于象中心点那样的圈子中央，这就叫做古列延。在现代，当敌军临近时，他们（蒙古人）也按这种形式布阵，使敌人和异己无法冲进来。"③ 圐圙从这样一个原始意义逐渐引申，陕北人把凡是圆圈类的东西或围起来的一块地方，都叫作圐圙，也有叫曲连的，都是"古列延"的不同译音，如：那些家的猪圈一满是个烂圐圙。

此外，陕北人也把圆圈形的一种油炸食品叫作油圐圙，如：我们家

---

① 参见段双印：《郝伏愿墓志考释》，见《陕北古事钩沉》，三秦出版社 2008 年版。

② 参见武沐、王希隆：《"吐延""奢延"为匈奴语南北考》，《中国边疆史地研究》2002年第 4 期。

③ 参见［美］朱学渊：《中国北方诸族的源流（修订本）》，中华书局 2004 年版。

来客了，正准备炸油圐圙了。

4. 酷累、库勒、栲栳

陕北有种极为普遍的家常食品"洋芋擦擦"，使用土豆擦丝，拌面粉等蒸熟，拌调料或炒着吃，风味极为独特。外地人到陕北，主人往往会推荐洋芋擦擦，客人也常会留下深刻印象。其实，陕北人的洋芋擦擦，原料不一而足，春天可用榆钱、槐花，夏天则常用豆角，拌的面可以是白面，也可是玉米面、豆面、高粱面等，穿衣吃饭量家当，全看有什么就吃什么。这种洋芋擦擦，陕北延川、延长一带呼之为酷累。酷累在元曲里即有记载，元代无名氏的《村乐堂》：后兴，同知相公叫我牢里问事去，着你娘做些酷累来。……是甚饭。……和和饭。……着你娘做些酷累来，又是和和饭来！……打你奶奶嘴！胡说！吃了吧。什么酷累酷累！有很多人搞不明白酷累是种什么饭食，其实验之于今日陕北方言，知道这种酷累其实就是洋芋擦擦，只不过那时还没有洋芋，可能是用豆角或其他时蔬做成的，无论如何，总比"和和饭"要耐饱些。酷累也叫库勒，库勒是蒙古语，则酷累也应是由蒙古语音译过来的。

5. 大

陕北人管父亲叫"大"，而且管父亲的兄弟们也按排行称为二大、三大、四大等，父亲的结拜兄弟则叫"干大"。究其源，在羌人部落中，称呼其首领为"大"、"部大"、"酋大"，《北史》载"羌之酋豪曰大"。前面我们已经提到，陕北土著中即有数量众多的东羌，两汉以来尚有众多西羌迁入，时间长达数百年，在羌人风俗的影响下，陕北及其邻近地区就将主持家族事务的一家之长父亲也称之为"大"，并且一直顽强地保留了下来。[1]

陕北是黄帝部族的发祥地和主要活动区域之一，以后成为周秦故地，汉代又处在十分重要的地理位置，因此文化底蕴深厚，源远流长。体现在方言中，一方面，陕北方言保留着大量周秦古语，我们可以在典

---

[1] 参见段双印：《陕北古事钩沉》，三秦出版社2008年版。

籍中找到大量根据；另一方面，陕北方言又融汇了汉代各个文化区的语言，荆淮海岱吴楚方言，无不在陕北方言中得到保存，陕北坎坷的历史过程、曾经繁盛的佛道信仰，也都在陕北方言中有所体现。陕北方言在历史的沉淀中，兼容并包，五味杂陈，但正是这些鲜活生动、光怪陆离的方言，记录了中华民族汇聚凝固的历程，也可以说，陕北方言及其区域文化特征的形成过程，正是中华民族汇聚凝固历程的缩影。

第三节　陕北民歌

民歌，是人民群众在社会实践中口头创作的歌曲，它是劳动大众社会生活和思想情感最直接、最真挚的反映，从某种意义上讲，也可以说民歌是人民群众对自己走过的历程的一种思考和记录。陕北民歌，是流行于陕北、晋北黄土高原的民间歌曲的统称。陕北民歌源远流长、古老淳朴且特色鲜明、形式多样，无论内容、形式还是表现手法都与其他地区民歌有着明显区别，独具艺术风貌。不仅如此，陕北民歌还是陕北社会生活的"百科全书"，它深入到了陕北社会生活的方方面面，质朴自然、生动活泼，既记录了陕北的社会变革和历史发展，也反映了陕北不同历史时期政治、经济、军事以及民俗风情、自然景物等方面。如果说陕北汉画像石是一部图画中的汉代陕北史，那么陕北民歌就是一部歌声中的近现代陕北史。

关于陕北民歌的收集整理研究，起于 20 世纪 30、40 年代。1939年，鲁迅艺术学院音乐系高级班发起成立了"民歌研究会"，开始采集挖掘陕北民歌，到 1942 年研究会已收集民歌上千首，并油印了两集《陕甘宁边区民歌》。1945 年鲁艺文学院又成立了文艺运动资料室，由何其芳负责，八个月后，就有了著名的《陕北民歌选》。与此大致同时，陕北方志编纂者也开始了对于陕北民歌的搜集整理，尤其以民国余正东、黎锦熙等修纂的《中部县志》《洛川县志》等为代表，这些志书设有"歌谣"名目，虽是举例，却开启了对于陕北民歌的搜集整理和研究，由于搜集者对于民歌真实性、历史性的重视，这些民歌几乎是原汁原味地被记录下来，为我们了解清末民初时陕北民歌的真实状态提供了宝贵的资料，我们稍作征引，以窥一斑。

儿歌：《咪咪猫》——咪咪猫，上瓦窑，瓦窑高，跌了咪咪猫的腰。

谐歌：《两头忙》——说南乡，道南乡，南乡有个王家庄，庄上有个王员外，他家有个六姑娘，正月做媒二月娶，三月生了个小儿郎。四月爬，五月走，六月叫爹又叫娘，七月送在南学把书看，八月开始讲文章，九月上京去赶考，十月得中状元郎。十一月领旨去上任，十二月告假回家乡。三十晚，得了病，到晚也就死他娘。明公要问什么话，起名就叫两头忙。

农牧歌：《打过春来是夏天》——打过春来是夏天，赶上犁牛去耕田。走一条胡同转一条弯，不觉不意到地畔。大牛套在犁沟里，小牛套在犁沟畔。揭（揭地即犁田）上三回并六转，拭拭犁头吸袋烟。抬头看看晌午偏，还不见我老婆来送饭。打过春来是夏天，我给老汉去送饭，左手提的是饭罐，右手提的是馍篮。走一条胡同转一条弯，行步来在好地畔。叫声老汉快用饭，我老婆还要把菜剜（本作剜）。你头不梳来脚不缠，行走好像男子汉。你吃你的饭来用你的烟，你嘴莫要胡说闲。庄稼户婆娘半年辛苦半年闲，无有功夫巧打扮。等到九月忙过了，毛蓝褶裙黑汗巾，你看伶俐不伶俐。

一般民歌：《山上一树槐》——高高山上一树槐，青枝绿叶长起来。有人知我槐树事，不做高官准秀才。

《石榴花》——石榴花开叶叶长，爹娘卖奴没商量，只说卖在平川里，不料卖在高山上。东沟割草喂牛羊，西沟担水泪汪汪。上坡歪了奴金莲，下坡扭了奴裙边。担的担的着了忙，抛下水担哭一场。不怨爹来不怨娘，单怨媒人坏了肠。十七姐儿八岁郎，姑娘小孩配一双。夜间里，进绣房，妻握夫手吊上床。一更尿湿红绫被，二更尿湿奴衣裳，掀起被来打几下，先叫姐姐后叫娘。不是你姐来不是你娘，原是你妻在身傍。打你个小鸳鸯，恨我命不强。只怨爹来只怨娘，昔日卖奴不商量。

也怨爹来也怨娘，更怨媒人没心肠。吃我猪来吃我羊，说下个娃睡床上。孤独自眠还罢了，小娃陪伴心更伤。拿把刀来把奴杀，丢不下前庭后楼房，拿条绳来把奴勒，舍不得一双老爹娘。

《刀豆角》——刀豆角，赛皂角，乡里女儿爱缠脚。他妈赶，他大说，他姊拿上拐拐戳。拉在炕上放里脚，放了就像牛的角，死肉割了几钵钵。七寸、八寸脚，穿不上，剪子剜，把鞋豁成两半个，十个指头单摆开。羞答答，花儿开，霜杀叶叶落。

秧歌：灯笼高，灯笼低，灯笼底下秧歌起。大哥忙把二嫂叫，三嫂抱娃看热闹。我进场子唱一声，婆娘女子都来听，再有一个没来听，格格宁宁害脚痛。进了场子唱一声，灯光菩萨在上听，保佑保佑多保佑，保佑今年的好收成。

喜歌：《拉扫帚歌》——桌子挪轿腿朝天，红布蓝布围一圈，拉轿的驴子实在欢，走一岭来转一弯。大轿来到大门前，枣刺连忙手里拿。枣刺开花绿叶儿，媳妇叫做桂姐儿。枣刺上边有枣儿，媳妇穿的红袄儿。枣刺上边有兔儿，媳妇穿的红裤儿。枣刺上边有勾搭，娶下媳妇是个福疙瘩。

乞歌：进了村，观吉祥，财主家门楼比人强，看门狗儿狮子样，叫鸣鸡儿赛凤凰。顷亩田地人财旺，一年能拉万石粮。万石粮上插金花，乞儿来到你门上。爸爸妈妈都叫过，半天不给半个馍。我把这家歌儿为改过。进了村，不观祥，塌塌门楼烂垣墙，看门狗儿死不下，叫鸣鸡儿没翅膀。顷亩田地都卖了，一年能打半升糠。半升糠，一把火，把糠烧的溜溜光，溜溜光。①

故事歌：《说郭坚》——说郭坚，道郭坚，郭坚起事在洛川。进东山，打了樊老二、李清兰。到土基，没得闹，过去走了申谷庙。得了疯子三杆炮，来到土基进功劳。郭坚爱的好弟兄。众弟兄，你莫慌，咱们背的拐拐枪。众弟兄，你莫怕，十六响来有九架。五响快炮六轮子，抓

---

① 参见民国《中部县志·民俗谣谚志·歌谣》。

住财东要银子。有银子，没银子，十两银子一盆子。谷子熟，麦子黄，荞麦落得咕嚓嚓。前院厦子后院房，吓的四方婆娘着了忙（此民国五六年间事）。[①]

这一时期的民歌采集虽然受时代局限在选择时有所偏颇，也留有很多遗憾，但却保存了多首极具价值的陕北民歌，在陕北民歌研究史上具有重要意义。到 20 世纪 80 年代以后，陕北民歌的搜集整理研究全面展开，我们也因此得以在陕北民歌中窥探到近代陕北历史的变迁，从民歌中感受陕北人曾有的日常生活。

一、陕北民歌中的近代陕北社会

1. 鸦片对陕北社会的侵蚀

近代以来的陕北地区，由鸦片带来的社会问题十分突出。以延安为例，清末民初在延安传教的英国传教士司慕德先生曾这样描述过当时延安的鸦片问题：延安府是鸦片毒瘾比普遍流行状况更为严重的地区之一，可以毫不夸张地说，城镇居民的百分之九十都是或轻或重的鸦片受害者。鸦片伴着一种福音全然不知的安逸悠闲蔓延开来，不仅沿着公路主干道进入了省城，而且进入了每一个地区，每个县，每个乡镇，进入了无数的村庄，就延安府而言，进入了几乎每一个家庭。也许任何人都无法完全描述鸦片带来的各种各样的恶劣影响。鸦片导致了彻底的贫困。鸦片一进来，往往就成了第一需求。人们没有足够的钱来买食物和衣服，用来支付房租或教育费用的钱就更少了。根据我们的经验，如果市场上有某件新的财产出售，那么通常只有一个原因，那就是，鸦片已经使得变卖财产势在必行。鸦片还导致身体的毁灭和经济上的破产。染上鸦片毒瘾的受害者不得不与健康活力告别，鸦片会导致各种各样的疾病，而任何一种治疗方法又都会引起并发症。还有，最糟的是，鸦片带来了道德上的灾难。染上鸦片毒瘾的人变得意志薄弱，不再能够下定决

---

① 参见民国《洛川县志·方言谣谚志·歌谣》。

心并保持高贵的坚定。他会变得异常狡猾、极不诚实。总而言之，他的道德勇气似乎已经不能达到高尚的地步。[①]

鸦片的高额利润，诱使人们大量种植鸦片。《种洋烟》："青天蓝天紫个蓝蓝的天，什么人留下个种洋烟。十垧川地八垧烟，撂下两垧种杂田。十两银子买上一犋牛，剩下两吊铜钱打上一只耧。哥哥前边扛上耧，二妹妹后面吆上牛。一上地畔驾起耧，洋烟籽倒在耧篼。紧打牛儿慢筛耧，洋烟籽儿种在地里头。我给土地爷许上一口牲，叫我的洋烟快往出生。二妹子前边拔草草，三哥哥后面间苗苗。洋烟苗苗好来实在好，口里头不说心里头笑。洋烟开花四片片，隔沟照见你的白脸脸。洋烟花花转圈圈红，比不上妹妹的红口唇。洋烟高来妹子低，照不见哥哥在哪里。三天没到洋烟地里看，洋烟长成梅花瓣。洋烟开花倒打钩，我和二妹子手拉手。黑市布裤子白布衫，我跟上三哥哥割洋烟。哥哥割洋烟刀口口长，小妹妹一旁抿烟忙。种下了洋烟咱不尝，给我的二妹子买衣裳。"[②] 另一首定边的《种洋烟》也描述了同样的情景："保德州哥哥真年轻，喇嘛滩的洋烟种了个红……今年洋烟割了七两三，我给三妹子打金簪。"[③] 大量的良田种了鸦片，这一"经济作物"也确实为人们带来了一些赚钱的短暂希望，但是同样也有越来越多的人禁受不住鸦片的诱惑，成了"洋烟鬼"，最终沦为鸦片的受害者，司慕德在陕北看到的情景应该是真实而又具有普遍性的。民歌中有《十劝郎》，其中一劝，就是劝人戒烟："十劝都劝完，再不要抽洋烟。抽上洋烟染上瘾，到老受可怜。一时发了瘾，浑身发瘫困。少力没精神，说话没人听。"[④] 《禁洋烟》则描述了因吸食鸦片导致的没落和戒烟的情景："恓惶着惶，可怜着怜，少少家添上一点呀点。你的吃洋烟不要脸，祷告到明天不给你

---

①　［英］史密斯：《辛亥革命前后的延安》，刘蓉译，陕西人民出版社 2011 年版，第73—74 页。

②　白进暄主编：《绥德文库·民歌卷（上）》，中国文史出版社 2004 年版，第98—99 页。

③　《绥德文库·民歌卷（上）》，中国文史出版社 2004 年版，第99—100 页。

④　《绥德文库·民歌卷（上）》，中国文史出版社 2004 年版，第1408 页。

添。老婆在脑上指头子乩，你的吃洋烟没脑子。先卖园子后卖地，一份家当都卖光。一份家当直卖尽，有心我背上卖水瓮。洋烟瘾发的我撑不定，掏杆杆来挖灰灰。洋烟瘾来了软的不得动，好像害了神经病。十冬腊月逼得我把棉袄卖，溜光席子烂铺盖。头明冻成个圪蛋蛋，老婆揭起个铺盖看。两个圪膝盖把眼碰烂，收了个心务了个正。收心务正务庄农，起鸡叫睡半夜。砍狗粪种田地，未过三年复原位。"① 因为不少人吸食鸦片后转而贩卖鸦片，靠赚取利润维持自己吸烟之需，所以当政府禁止种鸦片、买卖鸦片后，还有不少人觉得断了财路，铤而走险。如绥德流传的两首《禁洋烟》："光绪王登基三十四年整，折将又折龙，选上一个宣统把基登，他是新朝廷；宣统登基乱了朝政，朝中有奸臣，贴出一个告示把洋烟禁，洋烟种不成；一两洋烟三两银，假货哄了人，三口两口过不了瘾，乏的像得了神经病；宁夏上（喀）成土格人，路过安边城，一百两洋烟一百两银，偷税把烟进"；另一首"光绪王登基三十四年整，折将又折龙，闪上一个宣统把基登，他是那新朝廷。宣统登基一览时辰，朝中有奸臣。贴出一个告示呀把洋烟禁，洋烟种不成。宁夏上（喀）成土格人，路过你安边城。一百两洋烟三百两银，偷税卖厘金。卖上些厘金偷上些税，挨上些打来受上些气，盘算撂不起"。②

2. 陕北遭逢的战乱灾荒暴政

同治元年（1862）起到同治八年（1869），捻军、回民军席卷陕西，声势浩大，陕北各县几乎都被波及，许多地方的土地、房屋、财产荡然无存，有的甚至被迫离开世代生活的家园。据记载，绥德城陷后："城内男女有服毒而死者，有自缢而毙者，有投崖投井而亡者。死后数日，城内外横弃之尸多被犬鹰攫噬。"③ 战乱及随之而来的征兵，给民众带来了极大痛苦，如《调兵曲》等称，"正月里来是新年，缠头回民造了

① 《绥德文库·民歌卷（中）》，中国文史出版社 2004 年版，第 2460 页。
② 《绥德文库·民歌卷（中）》，中国文史出版社 2004 年版，第 2457—2459 页。
③ 光绪《绥德直隶州志·卷七》。

反，千里路上捎书信，各州府县发大兵"，"日头晒得实难当，出门人儿好恓惶，人摞人来把城爬，滚木连石头往下砸，早折早死早上路，活的还比那死的苦"，"口传的坏信到家里，吃粮人的家里做求祈"，"十月里到了寒冷天，大河沿上扎营盘，娘老子听见是心酸痛"，"十二月里来一年满，这一趟死的好伤惨，狗官们把功劳一身揽，大清的江山人头换"。①

光绪三年、四年，陕西、直隶、山西、河南等省持续干旱，造成特大灾荒，上千万人口死亡，史称"丁戊奇荒"，陕北竟至于"人相食，死人大半"②。民国十七年陕北再次遭受大饥荒，这些悲惨经历都在民歌中有所反映。如洛川《年成歌》："光绪王登了基世事大变，今世里尽出些忤逆奸邪。三年上遭年成人死大半，谁料想这年成二十六年。前半年没落雨秋苗未见，麦一亩打三升薄了夏田。收倒麦下了雨人喜大快，众百姓吃耕牛去把秋埯。种荞麦没子垧拿麦去换，谁料想种田中一颗不还。蒋太爷坐洛川刑具太软，叼的叼抢的抢城门紧关。三月间十五日百姓大乱，后半年李进奎来坐洛川。李进奎办事情不是清官，杀人时好似那阎君一般。洛川人逃鄜州尽有大半，逃的逃走的走离了家园。一口人卖钱是三至五串，母子们难分离实实可怜。山蔓菁拿称称稍比麦贱，荞麦花和秕谷都能巢钱。把圪奴（蒲公英土称）和雪蒿（一种野菜）连秆齐铲，把榆钱和树叶都能当饭。酸枣吃的人摇头摆眼，野杜梨吃的人口吐酸涎。细细想年成实实惨忍，何一日天心顺能过好光景。"③《揽工调》称"光绪爷登基年馑多，揽工的人儿受恓惶，黑豆糊糊熬成老糊汤，粗秕糠窝窝吃不上，饿的长工支不定……"；《闹灾荒》、《卖老婆》、《卖娃娃》中称"民国十七年整，遭了一个大年馑，高粱面刷糊糊，三天上喝两顿，可怜实可怜，可怜没有钱，大的七八岁，二的是五六岁，

---

① 参见榆林市文化文物局：《陕北民歌大全（上）》，第275—276页。

② 民国《延川县志·灾祥》。

③ 曹振乾主编：《陕北民歌大全·第二卷》，陕西人民出版社2010年版，第129—130页。

骨肉分离下决心，谁要买就卖给谁"，"过光景婆姨卖给人，又要苦害人，早起吃冷饭，到夜晚冷炕上睡，心想起卖老婆伤心又后悔"。① 再比如延安流传的《三道川》："民国十七年，遍地遭荒年，穷百姓没饭吃，叫苦连天。国民党狗县长不救灾和难，派衙役和狗腿子逼要粮款。恨土豪和劣绅吃人的妖精，讨租呀要债逼死穷人。可怜穷百姓无路可走，叫天高叫地厚谁来搭救。共产党刘志丹回来保安，想办法用巧计夺了民团。刘志丹下命令免粮免款，狗县长和劣绅跪下一河滩。共产党刘志丹出头露面，他领上穷苦人闹起共产。先分粮后分地穷人把身翻，把大营扎在了三道大川。"②

3. 社会变革与闹红

近代社会的剧烈变动和陕北人经受的苦难，都能在陕北民歌中寻到痕迹。"清朝改朝是国民军，孙文留下个自由婚，米脂还有女学生，不是我一个人……叫一声妈妈你听我的话，你老人家那是一个笨办法，政府颁布了婚姻法，自由恋爱你没办法"，③ "以前的礼法太古董，男婚女嫁都由老人，实是难受的很……全不管儿女情愿不情愿，只要合了老人心，一定作成亲"④，这是民国建立后推行婚姻自由带来的社会观念变革。《井岳秀坏骨头》中对当时政府税捐苛重表达得非常直白："咱们那务农人，实在太苦情，一年的杂税完也完不清。稽查衙役上了门，拷打的立不定。"⑤ 20 世纪 20、30 年代开始，新的革命思想在陕北逐渐传播开来，陕北的"闹红"也就成了这一时期人们的历史记忆，比如清涧流传的《民国二十三年世事乱》："民国二十三年世事乱，起了些红军要共产。红军的首领是白雪山，一心要把那清涧占。占了那清涧绥德州城，

---

① 参见榆林市文化文物局：《陕北民歌大全（上）》，第 262 页；马保信：《中国陕北民歌经典》，三秦出版社 2007 年版，第 130—131 页。
② 《绥德文库·民歌卷（中）》，中国文史出版社 2004 年版，第 1535 页。
③ 《中国陕北民歌经典》，三秦出版社 2007 年版，第 358 页《自由婚》。
④ 王克文：《陕北民歌艺术初探》，中国民间文艺出版社 1986 年版，第 93 页。
⑤ 《中国陕北民歌经典》，三秦出版社 2007 年版，第 375 页。

榆林要活捉那井司令。井司令一听心胆寒，打发上左团长把民安。"①
"闹红"的主要领导者刘志丹、谢子长都是是土生土长的陕北人，他们
为陕北的"受苦人"带来了关于幸福生活的希望，也因此在陕北人民心
中留下了永远的怀念。尤其是刘志丹，毛泽东称其为"群众领袖，民族
英雄"，周恩来为刘志丹题词曰"上下五千年，英雄万万千。人民的英
雄要数刘志丹"，朱德则称颂刘志丹为"红军模范"。陕北人对刘志丹的
爱戴和深厚感情，使得有关刘志丹的民歌特别多，人们用自己习惯的民
歌，传唱着关于刘志丹的英雄故事和丰功伟绩。稍举几例：

《刘志丹》："正月正，是新年，陕北出了个刘志丹；刘志丹来是清
官，他带上队伍上横山，一心要共产。二月里，刮春风，刘志丹来真英
雄；靖边白军都打光，缴来快枪无其数，散给老百姓。三月里，三月
三，如今的世事大改变，男当红军女宣传，裤腿编在大腿弯，走路实好
看。四月里，四月八，老谢要把绥德打，绥德团长害了怕；刘志丹队伍
吴堡扎，陕北全红啦。五月里，麦儿黄，刘志丹来是清官，粮食款子都
不要，土地分给穷人了，家家享太平。六月里，割麦忙，男男女女上农
场；前方红军去打仗，后方的百姓送公粮，红军打胜仗。七月里，七月
七，梁占魁土匪胡行凶；刘志丹来本事大，他把土匪连根挖，百姓都
安宁。"②

《跟上老刘闹革命》："从前的土地不属咱，旧社会的穷人受欺压，
套上夹板变牛马，流下的汗儿打下的粮食，一满叫地主拿。十三岁上我
拦羊，揽工九年受恓惶。三五年来遍地红，跟上这老刘闹革命，穷人翻
了身。说英雄道英雄，再说刘志丹真英雄，他带兵来往北行，会合陕北
武装成大军，百战又百胜。"③

《当兵要当刘志丹的兵》："一棵白菜九条根，老百姓看见刘志丹亲。

---

① 《绥德文库·民歌卷（下）》，中国文史出版社 2004 年版，第 3427 页。
② 何其芳、张松如：《陕北民歌选》，新文艺出版社 1954 年版，第 165—167 页。
③ 《绥德文库·民歌卷（下）》，中国文史出版社 2004 年版，第 3353 页。

吃菜要吃白菜心，当兵要当刘志丹的兵。铲除恶霸救百姓，分粮分地人人平等。红军势力实在重，白军狗子他不中用。军民合作一条心，打开天下享太平。"

《拥护刘志丹》："半夜叫门问你是哪部分，只要说是老刘的，赶快请进门。端来些大红枣，抱来个大西瓜，老刘喜欢吃荞面，赶快压饸饹。拥护刘志丹，志丹真英雄，多少百姓来欢迎，大家笑盈盈。"①

《跟上咱刘志丹走南梁》："洛河流水哗啦啦的响，咱的红军队伍动了身。一杆杆的红旗呼啦啦地飘，跟上咱的刘志丹走南梁。打土豪分田地人心大顺，跟上咱的刘志丹，越干越有劲。"②

《红旗一展天下都红遍》："下面畔上牛喝水，沟里出来些游击队。大红公鸡窗台上卧，红军进村好红火。……一杆杆红旗空中飘，二十六军上来了。一对对喇叭一对对号，一对对红旗空中飘。长枪短枪马拐枪，一枪枪打死那些反动派。山羊绵羊五花羊，哥哥随了共产党。羊肚子手巾三道道蓝，哥哥跟的是刘志丹。……千里的雷声万里的闪，一疙瘩云彩来遮掩。敌人扎在左家湾，猛格啦喳山上来了刘志丹。吃糖要数冰糖甜，人里边亲不过刘志丹。吴起县来八道川，哪道川老刘都走遍。八十四师接连上，杨家园则打一仗。红军势力本来重，白军再多也不中用。细面长，白馍软，一端碗就想起刘志丹。眼泪顺着饭碗流，世世代代想老刘。"③

《打寺儿畔》："千里的雷声万里闪，忽啦啦儿闪上来刘志丹。刘志丹带着红三团，先攻了安定后攻横山。清涧县瓦窑堡咱们都占，赶得那高桂滋无有处钻。义勇军把寺儿畔包围严，上到那垴畔上撂炸弹。炸弹打了三尺深，消灭了敌人的两排人。"④

《打艾团长》："六月里来热难当，双湖峪闪上来艾团长。……一路

---

① 霍向贵：《陕北民歌大全（下）》，陕西人民出版社 2006 年版，第 592、590 页。
② 《绥德文库·民歌卷（上）》，陕西人民出版社 2006 年版，第 912 页。
③ 《绥德文库·民歌卷（上）》，陕西人民出版社 2006 年版，第 826—831 页。
④ 《陕北民歌大全（下）》，陕西人民出版社 2006 年版，第 598 页。

放火断得紧，掳得些牲口好骑乘。走狗坏种头里走，艾团随后领大兵。只顾走来不顾看，二郎山碰上个刘志丹。刘志丹名声大，艾团长一见害了怕。艾团长领兵往后退，蛇洞里出来一纵队。一纵队仗火硬，打得艾团长撑不定。"[①]

《打晋军》："队伍在汽车上行，过河枣林坪镇，咱们人马多得很，黑夜把子弹送。队伍在汽车上行，农民看了个忙，咱们红军比他强，农民不要慌恐。……队伍在王家嘴上，王家嘴不安然，乡亲们赶忙把信送，调咱的刘志丹。……刘志丹心胸大，圪崂山上扎，全凭主义新，尽把胜仗打。……男女闹革命，心里畅快得很，大人娃娃一条心，革命要成功。革命成了功，白军杀断种，男女都把心放平，好好过光景。"

《红军打延长》："李明武走狗牛皮大，提起红军他不怕，酒瘾刚过烟瘾乏，红军来把延长打。刘志丹计谋大，引上那李明武钻山洼，一引引到烟雾沟，李明武怎知中埋伏。后沟里枪声震山吼，前山里手榴弹扔满沟，前不让你前来后不让你后，关住大门好打狗。……打死了团长缴了枪，一团的弟兄得解放，烟雾沟里烟雾散，军民拥护刘志丹。"[②]

《打镇靖》："靖边全围住，老刘军前行，造上个云梯上呀上了城"，"上了城墙上，队伍站两行，格巴巴的提了一棚枪"，"打开了监牢门，罪人放出城，劳苦群众都呀都欢迎"。[③]

二、民歌中的陕北民俗

陕北人说，"女人忧愁哭鼻子，男人忧愁唱曲子"。陕北人的生活全都融进了随口唱出的"曲子"，在民歌中，我们能看到一个丰富鲜活的陕北生活世界。

---

① 《陕北民歌大全（下）》，第603页。
② 《陕北民歌大全（下）》，第605—606、597页。
③ 马保信：《中国陕北民歌经典》，三秦出版社2007年版，第365页《打镇靖城》。

1. 陕北的岁时年节、人生礼仪

岁时年节是陕北人生活中一个个不可或缺的时间点，与其生活息息相关。人们在年节的种种习俗中寄托着各自美好的祈愿，享受着生活的乐趣，并在祖祖辈辈的传唱中将这些陕北节日民俗代代传承，丰富着陕北人的生活世界。同时，岁时节日也是陕北人遵从的一种生活节奏，他们顺应着岁时节候的变化，春种秋收冬藏，逐渐形成张弛有度、自然和谐的生活方式。民歌里对于岁时年节的描述十分传神，如对整个"过年"前各项准备工作的罗列：

腊月里，二十三，我送灶马爷烧枣山；腊月里，二十四，裁下对子写下字；腊月里，二十五，称下几斤黄萝卜；腊月里，二十六，割的几斤肥羊肉；腊月里，二十七，蒸下黄酒盘大曲；腊月里，二十八，串门子大嫂把银粉擦；腊月里，二十九，倒得几斤干烧酒；月尽早，吃早饭，先担水，后打毡，贴对子，打醋坛，窗花贴窗一满遍。[①]

正月十五是春节期间又一次节日高潮。如果说过年那几天讲究的是辞旧迎新、有吃有喝，那么陕北人过十五则讲究的是红火热闹。"初一到十五，十五真热闹，满街的红火，带带鞭炮；天上的月儿圆，地下人声喧，满盏灯火，闪闪流星；锣鼓咚咚响，秧歌到街上，丝竹管弦，唦唦啦啦响；开始先盘道（陕北道情剧名），随后拉大小（指大小节目），放牛儿，审录（指套申），九腔十八调；水船水上漂，竹马来回跑，十七八岁的小郎，踩呀踩高跷。东街到西街，前庄到后庄，闹闹腾腾一直到天亮；秧歌闹得好，主人哈哈笑，掏出来铜钱赏几吊；城里闹得忙，城外摆灯场，九曲儿九转灯亮……"[②]

二月二，陕北人开始新一年里的第一次理发，谓之"龙抬头"，有幸运、吉祥之意。同时，天气渐暖，大地复苏，新一年的劳作也就此开始。"二月里二月二，……二月里有个什么节？二月里有个春分节，春

---

① 《绥德文库·民歌卷（中）》，中国文史出版社 2004 年版，第 2144 页。
② 《陕北民歌大全（下册）》，第 579—580 页。

风风摆动杨柳梢梢……"①，"二月里来打过春，庄户家老儿动庄农；犁铧缰子肩膀上，手里拉的是黑犍牛；下了一道坡，上了一道峁，一走走到南阳峁，叫住牛，插定鞭，拌粪搅籽抽上一袋烟。驾起个牛，扯开个畔，耱了三回并九转，耱了三回并九转……"②。

寒食节清明节，陕北人吃煎饼、摊黄（用米粉糊在铁鏊上摊制的饼，一面焦，一面黄），还要捏"燕燕"（即各种面花），即用白面捏鸟、兔、狗、猪、羊、猴等各种动物，入锅蒸熟，后点红染绿，用线串起来，中间点缀红枣、秸秆，给孩子套在脖子上，或挂在墙上，成为清明的特色景观。"先清明，后寒食，不起烟火要冷吃。蒸燕燕烙摊黄，过完寒食要春忙，寒食饱，清明扛，清明有雨年不荒。"③

六月六，陕北农民庆贺夏收之节，一般要改善伙食，敬土地神，最令人向往的就是"六月里来六月六，新麦子馍馍熬羊肉"；重阳节秋收，则是一片丰收景象"九月里九重阳，谷子糜子堆上场"。

陕北人的人生礼仪，主要体现在婚嫁、满月、丧葬三个主要阶段，标志着完整的人生历程，因此无论贫富，这三场人生礼仪都要经历。

陕北风俗，婚嫁大礼一般要经过提亲、约亲、定亲、迎亲、回门等十五六道程序才能完成，其中最为隆重的迎亲礼就有起轿、让路、辟邪、落轿、撒帐、拜天地、上头、抢帐、祭祖、送儿女、拜高堂、拜天地、闹房、回门等等仪式。如落花轿时司仪高唱《送喜歌》："喜迎新人进宅门，一时成亲聚到厅，转时亲戚送女客，拉住车马等时辰。侍奉天地人三排，五谷草节两边排。九宫八卦现安排，亲人亲马入院来。今安里宅婚书算，喜出闺楼，降福人口，良时吉日下轿来，有吉庆！"新娘出轿要撒帐，即将预先备好在斗内的五谷、红枣、核桃和甘草节等撒入院内，同时唱"一撒东方甲乙木，二撒南方丙丁火，三撒西方庚辛金，

---

① 《陕北民歌大全（下册）》，第557页。
② 《绥德文库·民歌卷（中）》，中国文史出版社2004年版，第4049页。
③ 《陕北民歌大全（下册）》，第667页。

四撒北方壬癸水，五撒中央戊己土，金谷留根长一埂，一撒来一功，二撒云儿来，再拜悬空。面里相逢搕两合，喊一声惊天动地呦中福禄中。天无忌，地无忌，姜太公在此，百无禁忌"。①

新娘入洞房后，举行上头仪式。新郎新娘背靠背坐在一块叠好的被子上，照帐人用木梳将新郎新娘的头发交叉在对方的头上，然后一边梳双方头发，一边念唱《上头歌》："头一木梳短，二一木梳长，三一木梳撂过那娘家的墙，四一木梳恩爱夫妻幸福长，五一木梳儿女满堂定兴旺，六一木梳家和人安呈吉祥，七一木梳发家致富门道广，八一木梳珍珠宝贝装满箱，九一木梳四世同堂喜洋洋，十一木梳荣华富贵万年长"②。

夜半，新郎的母亲要给新人送儿女馍馍或儿女饺子："双双核桃双双枣，双双儿女满炕跑。坐下一板凳，站起一格阵。养女子要巧的，石榴牡丹昌饺的；养小子要好的，穿蓝衫戴顶子。骑红马拉硬弓，杨宗保配了个穆桂英。要是两个分离了，黄河干，泰山崩。"③

民歌中展示的"闹房"、"听房"则是极为欢乐诙谐，如《偷红鞋》（偷红鞋是陕北农村结婚闹房的一种风俗）："一更里来点明灯，高点明灯照新人，照见新人十七八，小小的金莲寸八分。二更里来去偷鞋，打开窗棂满炕揣，揣见新人两条腿，脱得红鞋揣在怀。三更里来上高楼，手攀窗杆往上悠，红鞋摆在桌面上，看上红鞋喝上酒。四更里来月正西，新媳妇起来骂女婿，我寻女婿何处用，连只红鞋保不定。五更里来大天明，新女婿起来问亲朋，有人拾起那红绣鞋，叫我的妻儿拜你来。"④

孩子满月，陕北人讲究"做满月"，办酒席宴请娘家和众亲戚，还要给孩子认干大干妈，以示隆重。"叫一声妻儿听我讲，咱两个有话细

---

① 《绥德文库·民歌卷（中）》，中国文史出版社 2004 年版，第 1830—1831 页。
② 吕政轩：《民歌陕北》，宁夏人民出版社 2009 年版，第 27 页。
③ 《绥德文库·民歌卷（中）》，中国文史出版社 2004 年版，第 1831 页。
④ 《陕北民歌大全（上册）》，第 346 页。

商量，你给咱家里把娃娃养，我请你妈熬米汤；大米米汤你熬上喝，白面馍馍泡上吃，晌午价你就把杂面吃，叫咱孩儿有奶着；养下的女子就是小喜，养下的小子就是大喜，拜上个七娘八老子，叫咱娃娃成人着；干大打的把银锁子，干妈送的个红袄子，你给我娘家就传话去，老小门门都请到。两个猪就扭掐了，做上八碗四碟子，早起饸饸肉臊子，晌午八碗摆酒席；人家问我喜啦不，喜得我嘴儿就合不着，众位亲戚都夸咱，说咱满月做得好。"①

　　走到人生终点，子女扶老人上山，称"白事"。出殡时，儿女哭灵："大呀，我那没活够的大呀！你死了丢下我叫谁照应呀，我那大呀，大呀大呀！你回来把我引上呀，你叫我受这些难为呀，我那大呀，大呀大呀！你叫我受这些艰难呀，没活够的那大呀，我那大呀！"② 阴阳则主导起殃、发灵、招魂、下葬、谢土、撒扫等，并唱《葬歌》：（起殃）天地壬丙祭午入墓。（安土）一不招天上神，二不招地下鬼入墓。（招魂）每日儿烧香在佛前，三载父母早升天。千千诸佛生欢喜，万万菩萨受香烟。香又烧来灯又点，点灯火通过金桥，金桥过了七百里，西方路上好休息，一无水，二无客，三修大路往前行。屈死得见龙华会，龙华会上又相逢。朱砂硼砂磨合砂，磨合钵罗啊，钵弥罗。罗罗罗饭钵，钵钵罗饭罗，钗钗拿饭哪。喳喳喞喞唧唧，南无啊南无佛。③

　　2. 陕北人的衣食住行

　　衣着既反映着时代变迁，也体现着经济实力和审美好尚。如鸦片战争后，随着通商口岸的相继开放，机器纺织的平纹布逐渐进入中国各地，于是用洋布裁制衣服就成了新的时尚，毛巾的逐渐普及，就有了陕北男人的标志性装饰"白羊肚手巾"。陕北人的传统衣着注重实用，朴素大方，春秋夹衣夹裤，夏日单衣薄裳，冬着棉袄、棉裤、棉帽、棉

---

① 马保信：《中国陕北民歌经典》，三秦出版社 2007 年版，第 174 页《做满月》。
② 《绥德文库·民歌卷（下）》，中国文史出版社 2004 年版，第 4291 页。
③ 《绥德文库·民歌卷（下）》，中国文史出版社 2004 年版，第 4292—4293 页。

鞋。富裕者绸缎长袍，外套马褂，戴黑瓜壳帽；阔妇穿绸缎裤，围系齐腰各色长裙，新婚妇女服色大多大红大绿。贫者多穿自染、自缝的土布衣服，以青蓝色为主。男子多穿"对襟"式上衣，布结纽扣；妇女穿右衽大偏襟袄。男人也有穿大襟长衫的，外套坎肩，腰束布带，男女裤皆为大裆裤，裤腰宽大，穿时叠折系带，裤腿口扎带；男子多穿自制圆口布鞋，妇女喜穿绣花鞋，有新婚少妇鞋上还带有银铃，走路有声。总之，我们在民歌的传唱中，可以窥见明清以来陕北人的衣饰变化。如《四保揽工》：正月里来是新春，四保收拾来拜年。头戴一顶鸳鸯帽，灰绒镶边玉压金。身穿一件洋蓝袄，丝绸腰带黑马褂。黑市布裤儿两腿蹬，两腿套裤今时兴。白市布袜子明主跟，新布鞋儿脚下蹬。浑身衣衫都换净，正月里四保来上工……二月里来龙抬头，兰香打扮上高楼……正面盘的盘龙髻，乌云盘在正当中。一支金钗头上戴，两枝翠花插乌云。一枝牡丹当中插，一对耳环坠耳根，海棠花儿插两鬓，又插一支白玉簪。脸上又擦杭州粉，苏州胭脂点口唇。镀金项圈长命锁，满手戒指玉压金。玛瑙手镯戴一双，绣花手帕在手中。身穿丝袄如云锦，八幅罗裙系腰中。红丝绸袄绿丝裤，绣花带子满绣金。鸳鸯丝带缠得紧，脚儿不大走路稳。鞋儿找到好几对，不知哪对称他心。青红蓝绿太古色，五色花鞋爱煞人[①]；《王贵揽工》：十一月来天气寒，我给王贵缝衣衫，皮袄皮裤皮坎肩，狐皮帽子沿边边。[②] 如民歌里唱：羊肚子手巾三道道蓝，我给那三哥哥擦一擦汗。[③] 定边流传的《推炒面》里一个爱打扮的女子的穿着是这样的："黑蓝布布衫蓝上蓝，淡蓝布的围裙是蓝着边。红绸裤来两腿蹬，十样锦带子左右分。如今的木匠能的很，木底鞋挖的空心心。木底鞋挖的空心心，里边又安的银铃铃。走得慢来吱啦啦响，走得快来是一哇声响。"[④]

---

① 《绥德文库·民歌卷（中）》，中国文史出版社 2004 年版，第 2656—2658 页。
② 《陕北民歌大全（上册）》，第 265—266 页。
③ 《陕北民歌大全（上册）》，第 166 页。
④ 《绥德文库·民歌卷（中）》，中国文史出版社 2004 年版，第 2287 页。

陕北向以小米、小麦、黄米、玉米、荞麦、高粱、黑豆、洋芋等为主食，佐以白菜、萝卜等蔬菜，肉类以猪肉、羊肉、鸡肉为多。但是，陕北人民在长期生活中创造了许多饮食花样，逢年过节粗粮细作，细粮巧做，有许多独特的方法。用软米，软糜子，软谷子（去壳）做枣糕、油糕、粽子、南瓜饭；用黄米做黄馍馍、米酒、摊黄、黄米捞饭（干饭）；用小米熬制诸多稀饭；用荞麦、小麦做面条、饸饹（用特制饸烙床子将和面压入沸水煮成细的圆条）、抿节（用特制抿节床子，手抿软面入锅成小节，白面、杂面都可以做）；用洋芋做主菜或配菜，有凉粉、炒洋芋丝、肉炖洋芋块、洋芋丁臊子（吃面条时的汤料）等；面粉食品，蒸、烙、烤、煮、炸，制作五花八门，如馒头、花卷、羊肉扁食（水饺）、猪肉水饺、烙饼、烧饼、羊肉火烧、月饼、油条、圪饦（用手捻白面、荞面小小面块称卷状）、杂面（用小麦、豌豆或绿豆磨成的面粉称杂面）等数不胜数；肉食烹制，一般有炖羊肉、羊肉丸子、酥鸡、红烧肉、羊杂碎等。民歌中对饮食的描述大都极为生动细致，活色生香。如《卖扁食》："清早起来忙梳洗，梳洗打扮街上去，捎搭的卖扁食（陕北人称羊肉饺子为扁食）。羊肉馅馅白面皮，葱丝丝调和都下里，实实的好东西。灶火里又生丙丁火，锅里又刷壬癸水，奴家我煮扁食。正手手又拿铜笊篱，左手又拿扁食罐，奴家捞扁食。正手手又提竹篮篮，左手又提酱罐罐，担起个小担担。不走东来不走西，单走三营的营盘里，卖给当兵的。葱丝韭菜羊肉丁，还有香油调杏油，你尝尝这好滋味。"[1]

陕北的住宅以窑洞为主，有土窑、接窑、石窑、砖窑四种，另外，住宅有砖木结构瓦房的，一般为一进两开平房。修建窑洞最重视"上梁"和"合龙口"，当窑洞大体建成，在正中窑拱上留有一小缺口，谓之"龙口"，选定吉日，正午时分，聚会工匠及帮工亲友，焚香烧纸，燃放鞭炮，一边唱《合龙口歌》，一边将窑口中所留缺口用石块砌好，

---

① 《绥德文库·民歌卷（中）》，中国文史出版社 2004 年版，第 1891 页。

即合了"龙口":香烟悠悠上天台,玉皇敕令降香来,今日正遇黄道日,我请鲁班合龙来。一合龙口再不开,金银财宝入库来。二合龙口大发展,事主辈辈做大官。三合龙口年年旺,千粮万石有牛羊。四合龙口福寿长,一代更比一代强。五合龙口财门开,天神地仙降……金钱撒到新窑顶,子孙后代满院奔。金钱撒到新窑院,荣华富贵万万年。[①]

3. 陕北人的日常娱乐

陕北人尚饮,性格豪爽,待人大方,每遇嫁娶祝寿、老人过世、孩子满月等红白事情,都要操办宴席,在宴席上就有唱酒曲的习惯,一般是当客人在宴席上坐定后,主人先将第一杯酒泼于尘埃,以祭天地,然后传壶递饮,酒过三巡,主人开始劝酒,每位宾客敬酒两杯,谓之"两相好",敬酒三巡,谓之"桃园三结义",然后再互敬,此时主人要唱《敬酒歌》,"玄孙抱在怀,小小酒曲唱上来,油漆桌子安上来,湿布子擦来干布子揩,象牙筷子对对来撒开,四个菜碟四下里摆,事主家有酒大壶里筛,银壶里添酒金盅里来,斟起冒起圪堆起,一个罢了一个再来"。[②] 席间可以行令、猜拳、打通关,主人为了让客人多喝酒,想尽办法、划拳、摇骰子、杠子打老虎、猜火柴棍等,既是一种娱乐游戏,也是一种社交手段,在陕北民歌《螃蟹拳》、《老牛拳》、《瞪眼拳》中对猜拳行令有许多生动、幽默、有趣的描述,亲朋好友之间一边猜拳行令打通关一边喝酒,其乐融融:

《老牛拳》:高高山上一头牛,两个角呀长在头,四个蹄蹄分八瓣,尾巴长在身后头,魁五首尾后头,六六顺尾后头。《螃蟹拳》:请酒划拳哎嗨呦,大发财源咿儿呦!因为吃酒结下一门亲,五金魁首请你喝!一个螃蟹八只脚,两位先生一位客,五金魁首请你喝,六六六请你喝!《瞪眼拳》:八月十五月儿圆,请你划一个瞪眼拳,一抹胡子二瞪眼,肚

---

① 吕政轩:《民歌陕北》,宁夏人民出版社 2009 年版,第 33—34 页。

② 中国民间歌曲集成全国编辑委员会编:《中国民间歌曲集·陕西卷(上卷)》,中国 IS-BN 中心 1994 年,第 574 页。

子上画一个圆圈圙，五金魁首圆又圆！六六顺呀圆又圆！① 请人喝酒时，端起酒杯唱酒曲，直到对方把酒喝下，如"清清的白酒香香的菜，我把大婶请起来。羊羔羔吃奶双蹄蹄跪，小娃娃斟酒喝不醉"②，"酒曲好像没梁梁斗，装在肚里出在咱口，精神来了就顺口口流，多会儿想唱就多会儿吼，烧酒敬给这有福的人"③。有时候客人喝不了时，可以唱曲子代替，"叫我唱来我不会唱，众位亲朋呀强箍上。拦羊的嗓子回牛声，惊起母猪揎墙根。揎倒墙，压死羊，一家叫我打新墙，一家又叫我赔绵羊。今天咱就丢下这么两句狂"④，年轻人不能喝或有失礼处时，则唱曲赔罪："一来我人年轻，二来我初出门，三来我人生认不得一个人，好像那孤雁落狂凤凰群，展不开翅膀放不开身。叫亲朋你多担承，担承我们年轻人初出一回门。"⑤ 客人感谢主人招待，要向主人敬酒："白泠泠清酒脆脆儿菜，我把他叔叔请起来。四方方桌桌两碟碟菜，难得他主人家好招待。小灯儿一盏全家明，这杯儿烧酒彻底清。"⑥ 到最后酒醋歌尽时，便唱《停酒曲》告终，如：一坰稻黍（高粱）打八斗，稻黍头上有烧酒，酒坏君子水坏路，神仙出不了酒的彀。意思是喝酒应有节制，主客之间不要再相互敬酒了，出于礼节，在客人离席前主人向大家敬最后一杯酒，并唱道：最后再敬你一盅盅酒，喝了这盅酒，依呀依你走，敬酒划拳图个红火，朋友你有空了，常呀常来坐。⑦

除了喝酒，陕北人也喜欢下象棋，农忙农闲抽空对上两局，身心愉悦，于是有《下棋曲》：夫妻二人坐官厅，对对纱灯挂厅中，桌面上摆下了三十二颗砣，你的红我的绿，各要手能。四个士它好比老将黄忠，四个相它好比张良、韩信。四个车挂了帅，先打头阵，四个马在沿河，

① 《绥德文库·民歌卷（下）》，中国文史出版社 2004 年版，第 4226、4227、4229 页。
② 《绥德文库·民歌卷（下）》，中国文史出版社 2004 年版，第 4226 页。
③ 《绥德文库·民歌卷（下）》，中国文史出版社 2004 年版，第 4209 页。
④ 《陕北民歌大全（第二卷）》，第 386 页。
⑤ 《陕北民歌大全（第二卷）》，第 386—387 页。
⑥ 《绥德文库·民歌卷（下）》，中国文史出版社 2004 年版，第 4211 页。
⑦ 《陕北民歌大全（下册）》，第 892 页。

打探军情。左右伤人，十小卒呀过了河，实实威风。无人敌对这一盘棋儿，让给你夫人。气愤不平，我和你呀赵匡胤，见见输赢。落凤坡，我一炮要打你，五丈原呀，走得匀，二巷穿档，三战吕布，四马投唐，五卒腾空，枪打箭射连环寨，还有一步没防定，马后炮儿要下输赢。[①]

4. 陕北民间信仰

陕北民间信仰大致以各种巫术为主，兼及佛道二教。巫，陕北民间俗称"神官"，女称"神婆"，男称"神汉"。民间有病者，往往请巫婆神汉，或念咒撩拨，或跳神下阴。届时，神官头戴纸帽，帽上插着黄表，贴着符咒，身穿红衣黑裤，围着带有串铃或彩纸做成穗子的裙子，用白绳子系挂腰间，在击乐伴奏下，右手持三山刀（刀尖呈 W 字形），左手拿五花米（指祭祀用的小米、豆子等），边舞边撒边唱，且双目闭合，周身大颤，有时还口念咒语，充满神秘之感。根据事主的不同情况和需求，巫神的念词也各不相同，如《巫神跳神调》："你是哪里修的仙来是炼的丹，哪里搬得人马扎大营。我是东关二郎庙上修的仙炼的丹，五台山上搬得人马大营。你是神送在庙中，你是鬼送在墓中。我也不是神，我也不是鬼，我是坡低洼四条腿。你是狐仙送在洞中。"[②]《送鬼曲》："你是哪里的神来哪里的鬼，哪里起身到了这里？好送你来好起身，歹送你来歹起身。把你送到云南贵州城，十字路口单等人。扬州城好地方，四六棉毡双铺上。好好的摆来嘛好好地摆，把你的精神抖起来。"[③]《禳人》："本人吹一口，凶煞往外走。大门开、二门开，门神灶君两边排。你是谁家的女阴人，禳什么？禳的是千日关、百日关、金锁关、五雷打脑关；金鸡报晓、落井关、阎王爷关；鬼门关、急接关、夜行关、水火关。禳的是五鬼化胎煞、转胎煞、白虎赤子煞、埋儿煞、雀头煞、连田煞、徐君煞。上禳三十六关，下杀七十二煞。能打能战的徐

---

① 《陕北民歌大全（下册）》，第 879—880 页。
② 《绥德文库·民歌卷（下）》，中国文史出版社 2004 年版，第 4250—4251 页。
③ 《绥德文库·民歌卷（下）》，中国文史出版社 2004 年版，第 4253—4254 页。

茂公，三回九转苗先生，神机妙算的诸孔公，斩将封神姜太公。周公先生好算功，桃花娘娘好禳法，解开裤口揽开法，王母娘娘坐蟠堂。催生送生空中来，不要女子小子来，不要短命长命来，五男二女禳上身。一切凶煞禳出门，禳出门、斩出门。五方太上老君，急急如律令。"①《护身咒》："出门请，出门请，出门遇见观世音，四个童儿来引路，八大金刚来护身。我穿金甲第一层，玉皇天主护我身；我穿金甲第二层，二郎老爷护我身。头上护到脚后跟，浑身上下护的不漏风。五方太上老君，急急如律令。"②《手拿上山环嘶啦啦响》："手拿上山环嘶啦啦响，我摇串铃是来观魂。观了你的真魂观游魂，真魂游魂观上身。昨天来了又飞回，青龙白龙附了身。回来你咋悄悄浑身平，浑身活了抖精神。叫一声的事主放宽心，你的那个亲人哎，一天赶比一天强。"③

陕北还有种"扣娃娃"的风俗，所谓"扣娃娃"，就是把娃娃交给神灵扣起来，也就是祈请神灵保佑，不要让孩子受到鬼怪妖魔的侵扰，能够顺利成长。这种仪式，可以在庙会举行，也可以由说书人担当。在焚香叩拜等法事的同时，还要唱念："一炷名香上天空，天罗万象尽知闻。打起铜锣铁面鼓，我在玉皇前点神兵。点起东方的青甲神。青甲神爱穿青，青人青马青将军，马后又捎的青天绳。一根铁绳丈二长，一把铜锁够九斤。我在东方路上锁鬼精。有事鬼精锁回城，无事鬼精打在后。急急如敕令。一炷香上天空，天罗万象尽知闻。打起铜锣铁面鼓，我在玉皇前点神兵。点起南方的五道神。五道神爱穿黑，黑人黑马黑将军，马后又拴的黑天绳。一根铁绳丈二长，一把铜锁够九斤。我在南方路上锁鬼精。有事鬼精锁回城，无事鬼精打在后。急急如敕令。一炷香上天空，天罗万象尽知闻。打起铜锣铁面鼓，我在玉皇前点神兵。点起西方的黄将军。黄将军爱穿黄，黄人黄马黄将军，马后又拴的黄天绳。

---

① 《陕北民歌大全（第二卷）》，第 410—411 页。
② 《陕北民歌大全（第二卷）》，第 414—415 页。
③ 《陕北民歌大全（第二卷）》，第 418—419 页。

一根铁绳丈二长，一把铜锁够九斤。我在西方路上锁鬼精。有事鬼精锁回城，无事鬼精打在后。急急如敕令。一炷香上天空，天罗万象尽知闻。打起铜锣铁面鼓，我在玉皇前点神兵。点起北方的红将军。红将军爱穿红，红人红马红将军，马后又拴的红天绳。一根铁绳丈二长，一把铜锁够九斤。我在北方路上锁鬼精。有事鬼精锁回城，无事鬼精打在后。急急如敕令。"①

　　除了日常看病护身、祈福禳灾的巫术神事，陕北人最大规模的民间信仰活动就是祈雨。每当大旱成灾，人们便会寄希望于神灵，祈求龙王爷赐雨。陕北祈雨，大致可分为请神、祈雨、取雨、还口愿等四个阶段，最重要的则是祈雨仪式"抬楼子"。祈雨前，公推一位长者担任会长，组织人力，制作神楼，准备锣鼓家什等，待一切就绪，由选定的雨司主持，到庙里占卜问雨，选好吉日，祷告，许愿敬请龙王，谓之请神。在祈雨时，人们头上戴着柳条圈，扎着黄表条，手执柳条子，挽着裤腿赤着脚，抬着神楼，敲锣打鼓游行，气势宏大，庄严虔诚。雨司领着祈雨队伍，边走边唱祈雨歌，歌词多为即兴而唱，但都是描述天旱的悲惨景象和人们的焦急心理，祈求龙王和各路神仙普降甘霖。如定边的祈雨调："南无，救万民哟，清风细雨哟，救万民！天旱了，火着了，地下的青苗晒干了、晒干了。"② 靖边的祈雨调："天高了，土干了，地上的庄稼火烧了，受苦人心里汤煮了。头顶云的快点儿生，不声不响下脱笼，和风细雨救万民。"③ 子长县的祈雨歌："龙王老爷爷噢，旱下了，西葫芦南瓜咋晒死了。龙王老爷爷噢，旱下了，早下海雨救万民。"④ 安塞县的祈雨歌："晒坏了，晒坏了，五谷田苗子晒干了，龙王老家哟，救万民！杨柳梢，水上了，清风细雨洒青苗。龙王老家哟，救万民！刮北风，调南风，玉皇老家把雨送，玉皇老家哟，救万民！水神

---

① 《绥德文库·民歌卷（下）》，中国文史出版社 2004 年版，第 4233—4234 页。
② 《绥德文库·民歌卷（下）》，中国文史出版社 2004 年版，第 4265 页。
③ 《绥德文库·民歌卷（下）》，中国文史出版社 2004 年版，第 4254 页。
④ 《陕北民歌大全（第二卷）》，第 420 页。

娘娘水门开，二位神灵放水来！龙王老家哟，救万民！佛的雨簿，玉皇的令，观音菩萨的圣水瓶！玉皇老家哟，救万民！"[1] 每唱一段一声锣，众人齐喊"救万民"！"救万民"！在祈雨的过程中，抬神楼的人们遇山上山，遇崖跳崖，路线全凭神楼转动的方向为准。走到有山水的地方，队伍不停，边走边用神瓶舀水，空瓶入水一下子盛满，就算求神有灵了。

细细地审视陕北民歌，我们就会发现，陕北人把自己生活中的几乎一切都形诸歌唱，他们用独特而朴实的语言，用时而婉转悠扬、时而诙谐幽默、时而悲怆凄凉的曲调，形象生动地记录和描述着自己的日常生活和喜怒哀乐，从中，我们可以窥见陕北人的历史变迁和不断随之改变的民风民俗。这一独特的"口述历史"，为我们了解陕北历史社会变迁和陕北人的生活和精神世界，提供了多姿多彩、鲜活永恒的见证史料。

第四节　陕北秧歌

陕北秧歌是汉族民间歌舞艺术的代表性流派之一，与东北秧歌、河北秧歌、山东鼓子秧歌并称为中国四大秧歌体系。陕北秧歌以绥德县为中心，主要分布在榆林、延安两市区及米脂、佳县、吴堡、子洲、清涧、延川、安塞、志丹等地区，是陕北人民表达自己生活感受及对美好生活向往的最普遍、最热烈的形式。陕北秧歌不仅具有民间歌舞的艺术价值，而且承载着陕北的历史民俗。2006 年，绥德县申报的"陕北秧歌"被列入第一批国家级非物质文化遗产名录，遗产类别属于"民间舞蹈"。这里，我们从历史的角度，对陕北秧歌的起源及特征试做探析。

一、秧歌的起源

陕北秧歌究竟起于何时，史无明文，难下结论。宝塔区李渠镇周家

---

① 《绥德文库·民歌卷（下）》，中国文史出版社 2004 年版，第 4256 页。

湾村、安塞县招安镇岳庄村宋代墓葬曾分别出土有腰鼓画像砖（分别藏延安市文物研究所、安塞县文化文物馆），腰鼓往往是闹秧歌时的一个表演部分，因此，或许宋代陕北即已经有秧歌了。康熙《延绥镇志·天文志·岁时》载：十五日上元天官诞辰，俗所尤重，街市遍张灯火花炮及火场，倡优戏乐，士女聚观焉。是夜用面为不托名灯盏，注油燃灯，至十六日早，作羹食之，示收灯也。嘉庆《延绥镇志·礼略·岁时》仍沿述未改。道光《榆林府志·风俗志·岁时》则载：十五日元宵夜街市遍张灯火，朗如白昼，长少聚观。小儿骑竹马灯为乐。先夕至次夕三日，火场聚石炭如斗大者，累作幢塔状或狮象形，燃之通明竟夜。以上几部方志均提到了陕北正月十五元宵节的节俗活动，康熙本提到了"倡优戏乐"，道光本又提到了转火塔塔之事，这些活动均为现今陕北所承袭，可以推测陕北正月十五过元宵的习俗至少从清代以来已经基本定型，那么或许闹秧歌也在其中。

明确记载陕北闹秧歌，是在民国时期的陕北方志中。民国《米脂县志·风俗志·习惯旧俗》：

春闹社火，俗名闹秧歌（言栽稻秧者歌之，又名阳歌，言时转阳春，歌以乐之，亦通）。村众合伙于神庙立会，集资购置闹时应用之衣服乐器。成班后由会长率领，排门逐户跳舞歌唱，悉中节奏，有古乡人傩遗风。谓如是则本社本年不生瘟疫。并于元宵购放火炮，可无雹灾。颇著效。亦诗《诗经》《唐风》"蟋蟀"诸篇，岁晚娱闲之意乎。且可使村中子弟务此，不顾玩钱，赌风少杀，甚有取也。

民国《葭县志·风俗志》：

元宵张灯火，放花炮，具酒肉，歌声四彻，与他处略同。惟有持香愿者无论男女，于是早燃香盈把，由南城极南始行至北城隍庙，焚香纸，邀神觋，约数百人，谓之拜街。是夜，乡民扮杂剧，唱春词，曰唱秧歌。

民国《安塞县志·风俗志·岁时》：

元宵男妆女扮如杂剧，鸣锣击鼓，兼唱春词，名曰闹阳歌。

民国《宜川县志·风俗志·娱乐》：

旧历正月至二月二以前，多演戏及扮演秧歌等以为乐。戏剧除外来之山西戏外，多演本地之谜胡戏、家戏。秧歌则有竹马、高跷之类。

综合以上记述，可以知道清末民国时陕北各地正月闹秧歌的大致情况：时间多在十五前后，内容则有唱歌跳舞竹马高跷之类，更显著的是男妆女扮如杂剧，唱春词，称谓则基本一致，即各地都叫闹秧歌或唱秧歌。尤其是民国《米脂县志》，提到了当时秧歌是在神庙立会，并要沿门子，这正是陕北传统秧歌最显著的特征。

至于究竟是"秧歌"还是"阳歌"，各家记载已不一致，《米脂县志》的修纂者高照初等称秧歌则与栽稻秧有关，称阳歌则可认为是时转阳春而歌之。这两种说法后来有不少学者继承，用以探讨秧歌的起源问题，或说秧歌起于南方插秧之歌，属于劳者歌其事；[①] 或说秧歌应为阳歌，源于上古人类的太阳崇拜；[②] 王克明先生则提出秧歌应为禓歌，源起于上古人类驱鬼逐疫的傩祭舞蹈：

秧歌的源头应是古代的傩仪。傩是一种意仪式化、制度化的巫术活动，它继承巫术的力量和方法，靠强烈的声音节奏和发散的舞蹈形式聚合能量，达到超自然的境界，实现沟通人神、安定人间的目的。商周以来，人们对于傩仪一直非常重视。《论语·乡党》称："乡人傩，朝服而立于阼阶。"同样这件事，《礼记·郊特牲》记为："乡人禓，孔子朝服立于阼，存室神也。"可见，傩，也叫作禓。许慎《说文解字》说禓的意思是"道上祭"，郑玄则说得更明确，称"禓，强鬼也，谓时傩，索室驱疫逐强鬼也。禓，或为献，或为傩。"禓，有两个读音，或为yáng，或为shāng。如今在陕北方言中还保留有yáng的读音，一个就是秧歌，只是禓字换成了秧字，另一处则是陕北丧礼中的"起禓"——

---

　①　参见丁一波：《秧歌探源》，《寻根》2001年第2期。
　②　参见席军、张杰：《"秧歌"应是"阳歌"——陕北秧歌刍议》，《延安大学学报》1994年第3期。

由阴阳先生主持的为死者驱鬼的巫术。总之,陕北秧歌的源头应是上古以来民众沿门驱鬼逐疫的"禓"或"傩",只不过后来有关活动的文字表述中,"禓"逐渐被人淡忘,多以"傩"代之。①

秧歌源起于上古人类驱鬼逐疫的傩祭舞蹈,这一论断给我们探索秧歌起源以全新的启示。沿着这一思路,我们还可以找出若干线索。比如,陕北丧礼中的"起禓",其实就是一种驱鬼的巫术,只不过服务的对象是死者罢了。王先生认为"起禓"应是"驱禓",其实在陕北方言中,"起"就有"起开"的意思,"起开"就是"走开"、"驱开",因此"起禓"就是驱开"禓"、让"禓"走开的意思,不必换作"驱禓"。"起禓",也写作"起氧"②、"起殃"③、"起阳"④ 等,可见只是表述文字因人因地而异,程序内容则是一致的。清涧则把"起禓"叫作"扇殃",由阴阳在出殡前手摇铜铃,念诵咒语,抽打公鸡,也是借巫术驱逐"禓"鬼,好让亡人的灵魂能够免受其害,顺利上道。"起禓"可以有不同叫法、写法,同样我们也可以认为,"禓歌"、"秧歌"、"阳歌"等等,也只是同一种活动、同一种读音的不同文字表述,探讨其内容才是最主要的。

其实在起禓之前,陕北丧礼中还有"压殃"和"写殃单"的仪式。亡者咽气后,将其双足朝门停放在室内地板上,这时要在原咽气炕上压一块"捶帛石",石上放些柴炭,叫作"压殃"。"写殃单"则是亡者下地后,由儿孙请阴阳先生按照死者生辰八字及去世时辰写的单子,内容有安葬日、忌讳等,⑤ 也有称之为"相日"的,即请阴阳推定入殓、破土、开吊、祭奠、埋葬时间,写出七纸单,规定七七四十九天内实行和

---

① 参见王克明:《陕北秧歌:来自远古的狂欢》,《博览群书》2007 年第 10 期。
② 《延川县志》,第 678 页。
③ 《靖边县志》,第 424 页。
④ 《安塞县志》,第 670 页。
⑤ 《米脂县志》,第 669 页。

禁忌事项。① 无论"压殃"还是"写殃单",都不外是一种巫术禁忌,与"起禓"一样,意在驱除鬼怪。

如若推论不错,秧歌或阳歌实应为"禓歌"之转写。禓歌是为逐疫驱鬼而进行的带有巫术性质的歌舞,是原始"禓"、"傩"巫术的遗留,高照初等认为闹秧歌"有古乡人傩遗风",是极有道理的。

二、陕北秧歌的特点

秧歌与上古的傩仪有关,这一点我们还可以从陕北秧歌的内容中发现一些信息。《周礼·夏官司马》中有"方相氏"一职,其职责在于"方相氏掌蒙熊皮,黄金四目,玄衣朱裳,执戈扬盾,率百吏而时傩,以索室驱疫"。这个方相氏蒙熊皮,戴面具,执戈扬盾,好不威风!时隔数千年,方相氏索室驱疫的傩仪(也即禓仪)主角地位早已被"伞头"取代,但秧歌中仍为方相氏留了一席之地,他的勇敢和所向披靡的威慑力使他充当了秧歌队中的开路先锋。在秧歌队出场时,伞头必先唱上几句开场秧歌:社家纠手众乡邻,高抬×某执谶文。先安方相打道神,出场拜庙一路行。于是鸣锣放炮,由打道神(方相氏)开路,按谶文所指,一一拜庙请神,然后正式开始闹秧歌。②

陕北秧歌中还有两种舞也保留着原始巫术的印记,其一为"三山刀",也称"山环"。刀为铁制,上有三个牙形体,状如山,下柄处有数个铁环,摇动时声音响亮,巫师持此刀跳跃呼唱,以期捉鬼镇邪;另一种巫舞为"羊皮鼓",羊皮蒙于铁环为鼓,环柄置数小环,男性神巫身着裙子,头具纸饰,或偶戴假发(辫子),左手持鼓摇环,右手用小木棍(棍头有时略有装饰)击鼓,边舞边唱。这种击鼓摇环以制造巨大响声来驱逐疫鬼的办法也是承接自古代。《吕氏春秋·季冬纪》曰:季冬"命有司大傩,旁磔",汉高诱注:"大傩,逐尽阴气为阳导也。今人腊,

---

① 《清涧县志》,第 692 页。
② 张余:《秦晋伞头秧歌概说》,《民俗研究》1997 年第 2 期。

岁前一日，击鼓驱疫，谓之逐除是也。《周礼》：方相氏掌蒙熊皮，黄金四目，玄衣朱裳，执戈扬盾，率百吏而时傩，以索室驱疫鬼，此之谓也。旁磔犬羊于四方，以攘其毕冬之气也"①。可以看出，从周到秦到汉，举行傩仪，击鼓驱除疫鬼都是民众的习俗，张衡《东京赋》也曾提到过"卒岁大傩"。陕北秧歌中三山刀、羊皮鼓舞，与古时这种傩仪一脉相承，只是时间有些改变，从岁末移到岁初了。

《吕氏春秋》里提到的"旁磔"犬羊于四方，也是傩仪中的一个内容。《史记·封禅书》中也有"磔狗邑四门，以御蛊灾"的记载，《礼记·月令》也说季冬"命有司大傩，旁磔"，郑玄注曰："旁磔于四方之门，磔，攘也。"可见，担心厉鬼为蛊害人，于是磔犬羊于四方之门进行攘除的仪式，在汉代仍很盛行。这种"旁磔"后来发展演变为秧歌中的拜四方。王克明提到一个"大豁四门"的秧歌场子：这个场子需要两支秧歌队重复四圈完成。在走出一个大圆圈后，两队要交叉后并排走完圆的直径，以"蛇蜕皮"的队形折返，然后再行交叉，走入下一圈。每圈的交叉处都设在不同的方向，为东、西、南、北。重要的是，每圈的再次交叉，象征着豁开一方大门——四门大开，四方大拜。② 比这个"大豁四门"场子简单些的，还有"大游四门"、"踩四门"等场子。在走出这些场子的同时，伞头还要唱秧歌："进了场子拜四方，拜了前场拜后场……"将"磔四方"改为"拜四方"，形式温和了许多，但禳灾祈福的美好愿望却是亘古未变。

陕北秧歌在演出之初，必先谒庙敬神，因此也称谒庙秧歌或敬神秧歌，以榆林保宁堡的踢鼓子秧歌最有代表性。保宁堡在榆林城西长城沿线上，为镇北台左翼，明清时重要战略性堡垒。保宁堡寺庙踢鼓子秧歌，主要流行于长城边缘的芹河、小纪汗、补粮河、巴拉素等乡镇农村。参加秧歌表演者均为"神"点要或经"神"恩准还愿的人组成。每

---

① 《吕氏春秋》，上海古籍出版社 1989 年版，第 85 页。
② 王克明：《陕北秧歌：来自远古的狂欢》，《博览群书》2007 年第 10 期。

年正月初二早，各地选定的秧歌表演者必须赶到保宁寺集中演出。按规矩，秧歌队首先谒庙唱祀神歌，向神拜年。当唱完规定的《正月出行》歌后，秧歌队即分为两班，从初二到二十三，按既定路线、时日到远近232个村庄挨门逐户进行"排门子"拜年。二十三两班秧歌打道转回保宁堡寺庙，举行回府仪式后，向各庙诸神再演三天敬神秧歌。结束时须唱《明年咱们把秧歌看》。[1] 郭冰庐先生曾对保宁堡秧歌进行过实地调查：

秧歌队化妆后，先谒庙，唱祀神歌，表示向神拜年，同时也表示秧歌队去各村沿门子巡演，是神的指示，神要他们去向黎庶祝庆布福。正式出发必须是午时。以保宁寺为基准，由神楼指定出发的方向。根据这个方向找一较高的地势，插香放炮，众人跪拜。第一首歌必须唱《正月出行》：出门见喜把头抬，好人相逢恶人离开；万岁滔滔人人爱，对敬方圆跑马回（读古音 huái）。按既定路线时日，在秧歌正月二十三前后回府时，头天举行回府仪式。即使时间尚早，必须在堡外坐等，由引头事先回来通报。这边，神楼抬出堡外，秧歌队排成两行，会首们及众人跪拜烧香吊表，放鞭炮。秧歌队领先，会首居中，神楼随后，表示人一神接应。来到三官爷殿前，三参三拜，再到祖师爷殿前参拜。每谒必唱两首赞神歌。次日正午演员精细装扮，在众会首率领下一一谒庙并唱祀神歌。通常谒三官庙唱：正月十五庙门（的）开，三官老爷（呢）坐贵台，童男童女两排排，单等会长们降香来。谒祖师庙唱：往上瞧（是）往上（的）瞧，无量祖师爷过来了，乌纱旗号（是）降吉（的）祥，无量祖师（呢）坐正堂。有类于此，一庙一殿依次谒下去，到观音像前唱"观天观地观世尘，灾情灾难带起身"，拜娘娘庙唱："九重天上朝圣母，万里人家求根苗。"敬马王爷，希冀"骡条子撵上马驹子跑"，谒龙王，求其"轻风细雨洒根苗"。……这是回府第二天正午的正式谒庙。谒庙后，要在三官爷庙中抽签，问的是收成、人事、儿女诸项。然后举行大

---

[1] 《榆林市志》，第 658 页。

场演出，直至下午六时。晚上演小戏。第三天为结束，同样是敬神秧歌，但是一般化的程序，点到为止，最后众会首及秧歌队跪拜，由会长在教盆前读榜，然后烧于盆中。秧歌结束时，唱的最后一首歌必须是《明年咱们把秧歌看》：高高山上（格）一圪嘟蒜，一锤捣成（格）七八瓣。走的走来（是）散的散，明年咱们把秧歌看。[①]

保宁堡谒庙秧歌在繁复的仪式中，表达了人们对于神灵的虔诚与敬畏。人们捧扬、祝福神灵，同时也提醒、希望神灵能够尽职尽责，降福保佑人间。

陕北各地的谒庙秧歌不一定都如保宁堡寺一般隆重，但排门子秧歌却各处皆同。排门子秧歌也称"沿门子秧歌"、"转院秧歌"或"串家户"，就是挨家挨户唱秧歌拜年。这一习俗也有悠久的历史，上引《周礼》中方相氏扬戈执盾的傩仪，目的就在于"索室驱疫"，也就是挨家挨户驱除疫鬼。秧歌既是驱裼傩仪的承袭，那么傩仪中"索室"的传统也就保留了下来，并演变为排门子秧歌。陕北民间到现在还是认为，铜器在院子里敲打一通，可驱除妖邪，伞头唱几首吉庆秧歌，可保来年万事如意，所谓"秧歌串过门，鬼邪远离身"。因此转院秧歌一直受到民众欢迎，人们一般都希望秧歌队能在自家院落里敲打一番，扭跳一番，以此来驱除邪秽，以求四季平安。正月闹秧歌就成了陕北人最关心的"红火"，正如秧歌里唱的"一圪嘟嘟葱，一圪嘟嘟蒜，一圪嘟嘟婆姨（就）一圪嘟嘟汉，一圪嘟嘟秧歌（就）满沟沟转，一圪嘟嘟娃娃（就）撺上看"[②]，男女老幼，全都被秧歌吸引着。而秧歌队也必须无论贵贱贫富大小，逐门逐户去送上自己的祝福。在这一过程中，伞头即兴编唱秧歌，或吉庆赞扬，或安慰解灾，到什么家唱什么歌。如："进了大门喜冲冲，粉白墙上挂麒麟，我看麒麟颜色重，生下个儿子做将军；进了

---

① 郭冰庐：《陕北保宁寺祀神活动及社火——秧歌考察》，《北京师范大学学报》1993 年增刊。

② 《绥德文库·民歌卷（下）》，中国文史出版社 2004 年版，第 3725 页。

大门仔细观，一对金牛槽头上拴，当院又站个庄稼汉，你把你庄稼好好安；进了大门仔细观，窗子上又贴戏牡丹，众位亲朋都来看，哪一个大嫂的好手段？进了大门仔细观，柴草打得堆成山，粮食打了千万石，十二眼砖窑全倒满；进了大门走二门，三门上又坐老先生，怀里又抱亲孙子，状元儿子随后跟。"① 若是主家贫寒，窑院窄小，伞头也会因地制宜："请起主家我给你说，你这个地方实没驳（没毛病可挑），一眼窑，院又窄，回来个金马驹正好捉。"② 总之，夸主家，解忧困，送祝福，是排门子秧歌的主要功能。

秧歌中的转九曲也透露着陕北文化中的一些原始信息。转九曲也叫转灯，主要在元宵夜举行，上引清代陕北方志中已多有记载。明代刘侗、于奕正所著《帝京景物略》中已有关于转九曲的记载，称"正月十一至十六日，乡村人缚秫秸作棚，周悬杂灯，地广二亩，门径曲黮，藏三四里，人者误不得径，即久迷不出，曰黄河九曲灯也"③。该书崇祯八年（1635）刊行，可见转九曲明末北方已颇盛行。九曲由金、木、水、火、土、日、月、罗睺、计都等九个星宿组成，设立东、西、南、北、中、太宫、月宫、罗睺、计都九个门。④ 九城是用三百六十一根高粱秆扎栽而成，每根秆上装一盏灯，灯用萝卜削或泥捏。九曲中央树一大柱（俗称老杆），柱上挂有各式灯笼，旁饰小灯，称"灯山"。九曲外设两道彩门，增四桩，共计 365 盏灯。转灯前，首先要祭风，由伞头领唱祭风歌，祈求神灵将风压定："九曲弯弯城套城，今晚观灯人挤人，七十二位诸神都请起，保佑灯明人安稳。秧歌来在九曲滩，围住九曲转一圈，风不刮来灯不摇，黑夜转明也稳如山。观灯就为求平稳，秧歌队

---

① 《绥德文库·民歌卷（下）》，中国文史出版社 2004 年版，第 3721 页。
② 《绥德文库·民歌卷（下）》，中国文史出版社 2004 年版，第 3717 页。
③ （明）刘侗、于奕正：《帝京景物略》卷二《城东内外·春场》，孙小力注，上海古籍出版社 2001 年版，第 101 页。
④ 田村庄：《延安东路传统秧歌的表演程式》，见袁福堂《陕北民俗集趣》，华夏文化出版社 2001 年版，第 184 页。

人多洪福重，九曲场外转一圈，不飘雪来不刮风。会长请起众神灵，秧歌压圈来围风，压过圈，围过风，风尘不动雾腾腾。九曲弯弯一条龙，元宵灯火共月明，七十二位神灵都请起，今夜观灯不起风。住定锣鼓我开声，风神娘娘往起请，今夜晚弟子要观灯，你老家把风布袋口扎紧。风神爷爷显一显灵，你老家按住半扇扇门，今夜弟子们观明灯，不下雪来不刮风。"① 祭风后由秧歌队领头，观灯者紧随其后，由彩门入口进入灯场，按规定路线绕场行走。灯阵分五方，即东西南北中，每方中央插旗一面或置亮灯一盏，上书此方位。伞头到此方位要唱秧歌。点罢五方，走完九城，即由彩门出口出场。观灯者全都转完后，在伞头带领下，秧歌队叩头跪拜，将请来的各路神仙送回天宫，称为送神，将请来的列祖列宗、孤魂野鬼也送其各归各位，称祭鬼神。祭送仪式也是唱秧歌，如"木有本来水有源，人生在世礼为先，元宵佳节来祭奠，请完神灵请祖先。路旁跪祭故亡魂，祖宗和亡灵一起请，今夜晚上要观灯，千万不要作怪人"，或是"今晚观灯祭孤魂，记忆孤魂也伤心，无论男女多或少，均吃均喝莫相争。正月十五观明灯，请来祖宗和孤魂，转完九曲看了灯，酒食已毕归原境"。② 祭罢鬼神，开始端灯，那些已婚的妇女们动作麻利，纷纷将灯偷回，不让灯火熄灭，天亮将灯藏好，等来年观灯时再将其放回灯场。

九曲灯阵暗含着陕北人千百年来信奉遵循的天地自然之理。九曲以金木水火土五星为主，加日月，再加罗睺、计都而成。五星，古名太白、岁星、辰星、荧惑、镇星，合称"五曜"，加日月为"七曜"，再加罗睺、计都则为"九曜"。《史记·天官书》称："天则有日月，地则有阴阳。天有五星，地有五行。"可见人们从很早就已经把日月五星与阴阳五行联系在一起了。五星中，岁星东方木，主春，色青；荧惑南方火，主夏，色赤；太白西方金，主秋，色白；辰星北方水，主冬，色

---

① 录自子洲县周占孝先生。
② 录自子洲县周占孝先生。

黑；镇星中央土，主季夏，色黄。九曲秧歌在点五方的时候，唱的正是这一内容，如："秧歌进了东方门，东方星君来观灯，……点起东方一片青；秧歌进了南方门，南方星君来观灯，……点起南方一片红；秧歌进了西方门，西方星君来观灯，……点起西方一片白；秧歌进了北方门，北方星君来观灯，……点起北方黑洞洞；秧歌进了中方门，中方星君来观灯，……点起中方一片黄。"① 也有不同的唱词，如"东方升起一片青，程咬金为王在山东，猛然记起史大奈，我汉朝马武保真龙。南方升起红楞楞，夜看春秋数关公，大破庆阳李广将，千里送妹赵匡胤。西方升起一片白，魏虎谋害薛平贵，平贵西凉去参军，家丢贤妻王三姐。北方升起黑洞洞，八将大战尉迟恭，鲁郑恩三打汉中市，开封府坐一个包大人。中方升起一片黄，闻太师大战姜子牙，赵子龙折缨救我主，李存孝下凡保晋王"，② 或是"东方甲乙色为青，左有青龙在飞腾，阴阳五行木为本，相生相克万物生，南方丙丁色为红，上有朱雀飞当空，火驱妖邪保太平，万家灯火万家明。西方庚辛白色金，右有白虎好威风，金银财宝养命根，勤俭自有聚宝盆。北方黑色壬癸水，真武大帝主管起，万物生长不离水，江河湖泊大海归。中央戊己黄色土，高天厚地留千古，土生土长永不枯，地出金银万代富"。③

五方五位是人们对于空间地理的认识，五色四季（中央主季夏，万物茂盛之时）是对于自然界气候物象的认识。五方五位中，又包含着万物相生相克、相辅相成之理，金木水火土，五行相生相克，就连日月与

---

① 《陕北民歌大全》，第790—791页。
② 《绥德文库·民歌卷（下）》，中国文史出版社2004年版，第3730页。
③ 录自子洲县周占孝先生。

罗睺、计都，也是相生相克。① 日月是阴阳相对，日月又与罗睺、计都相对；日月是光明的，而罗睺、计都则是隐而不显的，称为"隐曜"。由于九曲，即九曜，主管着天地四方、春夏秋冬，因此人们借秧歌对诸位神灵一一礼敬，祈求来年的吉祥如意、五谷丰登、万事如意。"天人之际"就是在这样一片璀璨的灯火中交融合一。

原始巫术与道教的阴阳五行及众位神灵，各种虔诚的跪拜和烦琐仪式以及众多禁忌，共同构成了陕北秧歌的原始性特征。陕北现存的三种秧歌形式、二十八星宿秧歌及传统老秧歌，都保留着浓郁的原始性。二十八星宿秧歌，指秧歌队里由二十八人扮成二十八神的形象，老秧歌则是指庙会、神会组织的秧歌，秧歌角色中也是神、鬼、人混杂出现。因此陕北秧歌不仅要拜谒各种神灵祈求保佑，还要为乡里百姓祈福消灾，既要娱神，也要娱人。秧歌队扭出的各种场图，如天地牌位、八卦篡顶、蛇抱九颗蛋、枣核子乱开花、卷菜心、十二连灯等，都代表着天圆地方、阴阳相交化生万物的生命轨迹，蕴含着八卦五行相生相克、消灾灭难保佑人们平安吉祥连年有余的祈愿。这些略带神秘色彩的原始性特征，正是陕北秧歌作为非物质文化遗产的主要魅力所在。

陕北秧歌的另一个特征则是其显示出的狂欢性。"所谓狂欢精神，是指群众性的文化活动中表现出的突破一般社会规范的非理性精神，它一般体现在传统的节日或其它庆典活动中，常常表现为纵欲的、粗放的、显示人的自然本性的行为方式。"② 陕北人淳厚木讷，本分实在，千年不息的兵连祸结、日复一日的艰辛劳作，铸就了陕北人沉重、坚忍的性格。"狂欢"似乎离陕北人很遥远。其实不然，在陕北秧歌中，恰

---

① "罗睺"及"计都"均为梵语的音译，传说"罗睺"本为统领众魔的龙，曾与天神们联合对抗恶魔，但在高奏凯歌之际，他却趁大家不备，偷喝了圣液，不料其罪行被太阳和月亮看见，就向众神告发，于是天神赶去奋力将"罗睺"的头切下，然而此时圣液已在"罗睺"的体内发生作用，令其得以如同星体般永恒不灭，自此"罗睺"的头以及他的身体——"计都"，即成为日、月两曜永不妥协的敌人，只要环境许可，他们即试图吞噬太阳和月亮，造成日、月食的现象，而计都的尾巴有时亦会以彗星的行貌出现在世人之前。

② 赵世瑜：《中国传统庙会中的狂欢精神》，《中国社会科学》1996 年第 1 期。

恰弥漫着那种忘掉一切重压、抛开一切规矩的无我忘我情态，那是地地道道的"狂欢"。

陕北秧歌是歌与舞交融在一起的，歌舞又是与震天动地的鼓乐交融在一起的。王克明先生根据自己扭秧歌的经验，为我们描绘了陕北秧歌走场子时的狂欢图景：

（伞头）栗树开兴奋的喊声："卷席筒来！"踩着鼓点儿，他拉上走成大圆圈的队伍，顺圆场里边，开始一层一层向里转。鼓点逐渐加快，脚步逐渐加快，心跳逐渐加快。秧歌队里的男女们，个个盯住前面的人，随着人流哗啦啦地往里转。人流越转越紧，人也越转越疯，兴奋地吼喊起来："卷噢——卷噢——"，眼看要把栗树开转紧在当中。这时，鼓声一顿，再轰响起来，似没了节奏。捣鼓的，拍镲的，敲锣的，"嗵嗵嗵嗵"，"锵锵锵锵"，"当当当当"，一连串地震动下去。节奏急得，好像山要倒，水要断，婆姨要养娃，羊群要出圈！这时栗树开忽地一个外转身，领着队伍，插入正在往里转的人流层中，一圈一圈一层一层往外转。疾步转向相反方向的汉们、婆姨们、后生们、女子们，此时只觉得耳边鼓声隆隆、喊声隆隆、脚步声隆隆。脚下踢起的黄土烟尘，团团上升。黄土中的我们，如狂如癫，如雾如烟，如醉如昏，如升如飞……①

这是大场秧歌的神奇魅力！这种节奏，这种旋转，这种忘我的狂欢，这种纵情的欢乐，似乎可以抵消千年的沉重、万年的辛酸。《礼记·杂记下》称春秋时人举行蜡祭时"一国之人皆若狂"，陕北人扭秧歌时又何尝不如此呢！

走场子之外，转九曲也颇为痴狂。转灯时，唢呐声声，锣鼓喧天，灯光闪烁，人流滚动，虚虚实实，如梦似幻。有些地方还有"钩灯"，即用花灯数十盏，摆成各种图案，秧歌队领头，群众随后，在激烈的鼓

---

① 王克明：《陕北秧歌：来自远古的狂欢》，《博览群书》2007年第10期。

点伴奏下，绕灯转游、歌舞，庆贺五谷丰登（灯）。[①] 那同样是一派令人目眩的流光溢彩！

秧歌中的各种鼓舞更是令人惊心动魄、荡气回肠。尤其是陕北腰鼓，舞姿粗犷豪放，古朴浑厚，鼓槌飞舞，足下生风，腾挪跳跃，刚劲威猛，那种"能"劲儿、"蛮"劲儿，直是一股笑傲天地的狂气。

陕北秧歌的狂欢精神还表现在"歌"的诙谐、大胆和热烈，一反陕北人平日的木讷古拙。在转院秧歌中，伞头会揶揄年迈的外婆："进了院来我仔细地看，嫩（格）铮铮的外婆门上站，红（格）丹丹的嘴唇刚用过饭，一对对毛眼眼把秧歌看。"夸赞年轻的主妇，则唱："白（格）生生脸脸粉（格）彤彤，白（格）生生牙牙碎（格）粉粉，细（格）弯弯黑眉毛（格）茸茸眼，红（格）丹丹嘴唇浑身身绵。"夸得细致，夸得大胆。扳水船时，艄公唱："正月十五红灯照，扳船的老艄过来了，张大嫂，李二嫂，抃上娃娃往外跑，门槛高，不烂（绊）倒，花鞋扬了丈二高，哎嗨哟，今夜晚咋把个人丢了。"小场子秧歌有《刮刮风》："有人会唱刮刮风，碾轱辘打烂扣线针缝，哎，缝不定；有人会唱刮刮风，骑上骆驼打扁蚕（蝗虫），哎，打不定；有人会唱刮刮风，鸡蛋打烂蚂蟥钉子钉，哎，钉不定；有人会唱刮刮风，骑上个扫帚捉旋风，哎，捉不定。"[②] 幽默诙谐，情趣盎然，令人忍俊不禁。

歌舞是上古人们娱神的主要方式，《周礼·地官司徒》称："舞师掌教兵舞，帅而舞山川之祭祀；教帗舞，帅而舞社稷之祭祀；教羽舞，帅而舞四方之祭祀；教皇舞，帅而舞旱暵之事。"凡祭祀，必有歌舞，尤其是遇上旱灾，皇舞之外，还要有女巫参与其事，《周礼·春官宗伯》称："司巫掌群巫之政令。若国大旱，则帅巫而舞雩。……女巫掌岁时祓除、衅浴。旱暵，则舞雩。"舞蹈之时，皆有歌乐，且因祭祀对象不同而不同，所谓"乃奏黄钟，歌大吕，舞《云门》，以祀天神；乃奏大

蔟，歌应钟，舞《咸池》，以祭地示"之类。此外，民间祭祀、社日裼傩、士兵凯旋，都少不了歌舞鼓乐。汉武帝说西汉时"民间祠有鼓舞乐"[1]，沈括知鄜延时，曾自制凯歌曲，令士卒歌之，并称"边兵每得胜回，则连队抗声凯歌，乃古之遗音也"[2]。社会不断发展，歌舞渐渐远离了人们的日常生活，但是陕北人那种亘古以来的狂欢精神，却随着一年一度的秧歌尽情宣泄。在娱神自娱的歌舞鼓乐中，在漫天搅动的黄尘中，陕北人辞旧迎新！

第五节　陕北庙会

庙会是中国传统民俗中最重要的部分，陕北也不例外。陕北庙会一般是以名山寺观为中心，会期有正月、三月三、三月十八、四月八、七月十五等，各不相同，如佳县白云观浴佛节庙会（四月初八）、榆林市金鸡滩乡大坟滩庙会（五月十三）、榆林卧云山真武祖师庙会（四月初八）、米脂县黑龙潭庙会（六月十三）、延安市清凉山浴佛节（四月初八）等。除了这些大的庙会，几乎稍大点的村镇都会围绕本村本镇的某座寺庙，在固定的时日举办庙会。庙会是陕北人的公共节日，也是集神灵祭祀、各种民间信仰活动、集市贸易、休闲娱乐于一体的公共空间。本节我们以定仙墕的娘娘庙花会为例，来对陕北庙会作一考察。

定仙墕镇，位于绥德县城东南 50 公里的定仙岭上，北接吴堡，南连清涧，东临黄河与山西隔河相望。定仙墕亦名定仙岭，乾隆《绥德州直隶州志》载"定仙岭在城东南一百一十里，俗名定兴墕"，注称"《太平寰宇记》延福县有定仙岭。又《延安府志》定仙岭为金行兵往来要路，金大定中置堡于此"。[3] 延福县于隋开皇十七年（597）由绥州延陵

---

① 《汉书·郊祀志上》。
② （宋）沈括：《梦溪笔谈》，辽宁教育出版社 1997 年版，第 25 页。
③ 乾隆《绥德州直隶州志》卷一《舆地门·山水》。按，"定兴墕"是当地方言发音。

郡改称而来，可追溯至431年北魏灭大夏后所置的政和县，则定仙岭之名也或可追溯至北魏。当地故老相传八仙之一的张果老曾慕其仙境而在此歇息，故而得名定仙岭。"墕"为方言，指衔接两山之间较为平缓的地方，也称"墕口"。定仙墕镇现辖38个行政村，分布在海拔千米以上的定仙岭脊和东西两面坡上。虽是绥德县较为偏远的乡镇之一，却是绥德清涧两县接壤地六乡镇的商贸中心。

定仙墕的娘娘庙花会由来已久，2012年列入陕西省非物质文化遗产名录。娘娘庙位于定仙墕镇何家硷东头土台上，据当地传说娘娘庙原在本镇腰崖峁，明代成化年间迁建于此。娘娘庙正殿坐北向南，殿内正面供灵霄、碧霄、琼霄三霄娘娘，西侧神台供奶母娘娘、痘生娘娘，神台地上站立送子娘娘，东侧神台供奉康生娘娘、眼光娘娘，神台地上站立催生娘娘。娘娘庙花会是绥德清涧两县六乡六十四个行政村近三万人一年一度的盛会，会期为农历三月十七、十八、十九三天，十八是正日子。为期三天的花会上，乡村民众向众位娘娘倾诉自己的困境疾苦，祈求神灵降福消灾，而向娘娘敬献纸制五彩花树则是花会最核心的会事活动。花会程序极为繁复，民俗活动内容多样。[①]

一、民众对现实困境的求助

定仙墕娘娘庙花会正像其他地方的庙会一样，首先为我们展示了该地域民众信仰的真实图景，其显著特点便是实用功利性和含混性。

定仙墕娘娘庙殿内正面供奉灵霄、碧霄、琼霄三霄娘娘，西侧神台供奉奶母娘娘、痘生娘娘，神台地上站立送子娘娘，东侧神台供奉康生娘娘、眼光娘娘，神台地上站立催生娘娘，总之是众位女神之庙宇，正殿门楣正中却书"碧霞圣宫"，似是碧霞元君信仰。但当地传说，庙内

---

① 参见李贵龙：《绥德定仙墕娘娘庙花会考》，延安大学历史文化学院《陕北春秋》第2期；白占全：《陕北定仙墕娘娘庙花会调查》，《吕梁高等专科学校学报》2006年第4期；《定仙墕镇志·民俗风物篇》，榆林报社印刷厂2005年印制等。

供奉的原是天神娘娘，天神娘娘则是天上的七位仙女下界，所以附近娘娘庙有七座，定仙墕娘娘庙是最红火的一座，奶母娘娘、痘生娘娘、送子娘娘、康生娘娘、眼光娘娘、催生娘娘等是清初修葺时才开始敬奉的。娘娘庙东侧尚有弥勒佛殿，关公、真武殿，还有药王殿、财神殿各一座。以上供奉的各位神仙，足以展现定仙墕一带民众信仰的真实图景。他们并不拘泥于某种宗教或某位神灵，甚至也不太关心这些神灵的来历谱系，民众们需要的只是一种信仰。

信仰的含混性其实取决于人们的生活诉求。在现实生活中遇到的种种困难和无助，当人力无法解决时，人们只能求助于各路神灵。娘娘庙三道门上的三副对联表达了人们的朴素愿望：九重天上朝圣母，万里人间祈子孙（正门）；抱来天上麒麟子，送于人间积善家（东门）；祈四季保我子孙，佑一方国泰民安（西门）。真武祖师殿前的对联云"解厄赐福真武帝，消灾灭难祖师爷"，药王殿前则祈求"灵丹妙药救万民"。正如明万历二十一年（1593）王锡爵《东岳碧霞宫碑》所云：元君能为众生造福如其愿，贫者愿富，疾者愿安，耕者愿岁，贾者愿息，祈生者愿年，未子者愿嗣，子为亲愿，弟为兄愿，亲戚交厚，靡不相交愿，而神亦靡诚弗应。有求必应，无所不能，使得娘娘成了人们崇拜和求助的对象。

不管定仙墕娘娘庙供奉的是三霄娘娘、碧霞元君还是天神娘娘，众位娘娘们职司都是一致的，即保佑这方百姓子嗣繁盛、生育平安、身体健康、无病无灾。这两种诉求，正是农村社会所遭遇的最大困境。贫困和艰苦并不可怕，陕北人自称"受苦人"，苦难是他们与生俱来且一生相伴的，但是不能正常生育和如愿生育，以及生产过程中产妇的高死亡率却是超过了受苦人的承受能力，会击碎人们生活的信心，此外儿童面临的各种疾病，如水痘、天花等也是人们最为恐惧的，最后便是疾病尤其是眼病也会给人们带来极大痛苦。因为现实生活中经常威胁着人们生存的这些困难是传统的乡村社会无力解决的，因此人们便转而求助娘娘及各位神灵的保佑。一树树纸花，一堆堆香火，就是人们在神前的许诺，在神前的乞求，他们把自己和妻儿子孙的生命安危虔诚地托付给了神灵。

二、民众对人生意义的追寻

当我们把目光对准农村的时候，我们更容易地看到乡村社会的物质贫困，按照马斯洛的心理需求理论，当人们的衣食问题还未解决的时候，应该不会有更多的精神需求。但这只是表象，是旁观者的想当然而已。乡村社会绵延千百年，人们要在贫瘠恶劣的环境中经历生老病死的轮回，那么一定有某种东西能够支撑起乡村社会的这些受苦人活下去且代代绵延的信心。

通过参与花会的有关活动而显示自身的存在，就是娘娘庙花会的重要意义之一。在这莽莽大山中，定仙墕的人们显得尤其渺小、脆弱，但就是这样一个人群，同样需要一种告知自己和别人自身存在的有效形式，一年一度的花会正是提供了这样一种平台。花会繁杂的程序使其成为一种绝对的群体活动，没有哪个人或哪几个人能够圆满地组织完成花会的全部活动，因此花会需要所有人群体协作齐心合力才能顺利举行，在整个过程中，每个人都不可或缺，每个人都承担着绝不可省略的某项工作。

定仙墕花会实际是从三月十六的领牲仪式开始的，这天一大早要给娘娘敬献牺牲，牺牲是五只白山羊，被称为"神羊"。神羊到领牲时要喂养够三年，办会的头年秋天十月初一经过挂神牌的程序而被确认。神羊的喂养是极其神圣和慎重的事情，羊不能拴上，可以走到哪吃到哪，谁也不能赶打，每天喂食时还要点香、敲锣，所以定仙墕一带民众有句俗话，说人特别得意张狂就说"看你能得跟个神羊一样"。因为花会是年年举行的，因此神羊的饲喂就成了定仙墕人们常年不断的大事，能够喂养神羊便成了一件令人骄傲的意义重大的事情。

花会期间最盛大的迎花游行仪式也是需要众人协力的。缤纷绚烂的七棵或五棵花树，在整个仪式中一直是由人来扛着的，除了最健壮者扛举花树外，每棵花树另外还需要若干青壮年手持叉棍在旁边扶持，最大的那棵树有时需要六七人，花树太高大，遇上有风，或是电线等阻碍，那场面真是惊险紧张，不是身临其境很难想象和体会。虽然极为辛苦艰难，但无论是扛花树的还是边上扶持的，都全神贯注，用尽所有的力气和智慧，保证在整个游行过程中花树屹立不倒。除了扛举花树者，还有鼓乐队、仪仗队、彩旗队、秧歌队等等，每个人都有自己的位置，都有自己的职责，而同样，每个位置都是神圣无比不可或缺的。

在参与各项相关活动中，不仅展示了自己的存在，更重要的是，在各种各样的程序中，每个人都有机会展示自己的能力、才华，从而向自己、向别人宣告自己的重要性。做花就是其中最有技术含量的一项工作。头树花树高约5米，花柄高4米多，用干草捆扎成约碗口粗细，做成的花分9层错落插在花柄上，整树花树呈尖塔状。每朵花花盘（叶子）见方8寸，为绿色，花朵则为红、黄、粉、紫等五色搭配而成。其余四树高度依次降低，花层分别为八层、七层、六层、五层，五树花共有花近400朵。这些硕大艳丽的花，原来由村里的巧手男女制作，现在则由民间花匠制作，每年过了二月二，办花会社就请来花匠做花。花盘用三层麻纸裱糊、染色、溶擦火蜡而成，花瓣也用麻纸染色，经用专用工具打成后手工卷制，然后将花盘、花瓣、花蕊、花枝组合而成，最后将制好的花插于花柄上。

除了做花需要专门的手艺外，贡品的制作也极讲究，尤其是用南瓜籽、葵花子、松籽等制作寓意多子多福的麒麟、蝙蝠、花卉等贡品，比起制作面花、面鱼等需要更细致、更耐心，另外还有花会上庙饭的烹饪、布施记账，主持占卜的巫师、主持跪庙的会长，等等，都在展现着定仙墕人们的才艺。妇女们洒扫帮厨、焚香跪拜、虔诚观礼，同样不可或缺。

三、花会显示出的乡村社会运行机制

定仙墕娘娘庙花会向我们展示了农村社会自有的一种组织结构——

会社，它与我们现行的行政组织结构并不相同。定仙墕花会会社涉及绥德、清涧两县定仙墕、枣林坪、河底、石盘、苏家岩（已撤销）、崔家湾六个乡镇的 64 个行政村，3 万多人口。这 64 个行政村分属六大神社，即李家墕社、刘家沟社、艾蒿塔社、安沟社、王家沟社、寨山社，每个社即是分会，也称小会，设会长 1 到 2 名，下属每个入会村和随会村各设纠首 1 名。六大社之上则是花会的总会，也称大会。总会设总会长 1 名，副会长 3 名，纠首 64 名。总会长一般在众纠首中公推产生，大都是热心于花会、且在当地德高望重并具有一定组织领导才能的人。总会长一经公推产生，将具有延续性，如果总会长管理花会出现问题，或花会难以办下去，众纠首将有权推举产生新会长。此外，除非总会长因年老体衰自动辞职，才产生新会长。

这些会社平时并不引人注意，但在一年一度的娘娘庙花会中则至关重要。花会的组织运作完全是总会和六大分会协作配合完成的。娘娘庙花会分大会和小会，大会指总会主办并在娘娘庙上举办的活动，小会则指轮办花会的村社在自己村里举办的活动。总会负责整个花会期间的组织协调、筹办香裱供品、侍应香客、准备香客便饭、筹集资金、安排赛花及文艺活动等。花会的具体承办则由六个社轮流进行，每年花会十九日下午，通过讨卦决定下一年承办花会的两个神社以及谁承办正日子、谁承办十九日花会，定下来的两个社除安排在本村的神事活动外，还要准备神羊、制作花树、捏制供品、请神送神、游街赛花等。因此，花会的顺利举办，始终需要总会和六社的密切配合，哪一个环节都不能出问题。

这种会社组织，保证了所有民众都能参与到花会活动中来，能够为娘娘喂养神羊、制作花树、游街赛花，是每一位村民或者说社员的莫大荣耀，对于娘娘的信赖和虔诚，通过总会、分会协调组织的各种活动表达出来，而这种仪式因为会社的存在实现了不断的重复，由此变成为定仙墕民众的一种不可或缺的生活方式和生活状态。

四、花会是一种最具地方性的文化空间

花会作为一种生活方式，在定仙墕人们的心目中是不可替代的。农历三月十七日夜，婚后较长时间无子嗣或特求儿或女者，要两口子相跟到娘娘庙正殿跪庙，由会长亲自主持。跪庙者烧香叩头，会长则代其向神灵祈求：人留儿女草留根，留不下个儿女定不下个心……跪庙要从晚上十点一直跪到凌晨三点，以表虔敬之心。除了跪庙外，更多的人会选择在花会时来买儿女花，要男孩的买红色花，要女孩的买粉的黄的花杂杂。若果然如愿生子，则要在来年的花会上还花，一般是买一还二；如仍未生养，则需拿上旧花到娘娘庙上换新花。这样一个讲究使得每年花会上都会看到满怀期望的前来买花的民众，也会看到欢天喜地前来还花的民众。

除了了却心愿的神事活动，花会还是一年一度民众狂欢的日子。如果说岁时年节是每家每户各自单过的节日，那么娘娘庙花会则是定仙墕村及其附近村庄的集体节日。花会期间包含着各种各样的活动。与迎神赛花、焚香跪庙同时进行的还有秧歌、唱戏、说书以及各种商贩贸易。秧歌也如陕北其他各地一样，首先要谒庙，秧歌手们来到娘娘庙前齐齐跪地，由伞头唱秧歌敬拜娘娘，之后才开始沿街巡演。说书的则摆开阵势，来一本乡村百姓最爱听的方言版的故事。像《白玉楼》，讲坏人"平地挖坑害好人"，最后善恶各有报的寻常故事，因为是大家熟悉的方言土语，讲的人、听的人都没有任何隔阂障碍，一些民歌也随口被编入故事情境，诙谐幽默而又生动逼真。听书者挤挤挨挨围满了院墙，说书者则忽悲忽喜、亦庄亦谐，人人陶醉其间。唱戏更是花会期间少不了的，《打金枝》常演不衰，借着帝王家的琐事讲述着婚姻家庭生活中的种种道理。在享受着这些文化活动的愉悦时，乡村社会所需要的伦理教化也就在不知不觉中潜移默化地完成了，那些舞台上善恶是非的标准、为人处世的原则，就成了定仙墕人们的生活榜样。

花会对于乡村的民众来讲还有一个极为实际的用途，那就是买卖。

乡村里没有那么多的超市和商场，日常所需的采买往往指望着庙会，针头线脑、布匹鞋袜、烟酒糖茶等生活生产用品都在这里集散，买卖者各取所需、各得其所，生活因而能够变得更加顺畅如意。

娘娘庙花会从非遗保护和学术研究的角度来看，是一项"遗产"，但是当你真心地去参与一次定仙墕娘娘庙花会，你会发现，那是一种仍然鲜活的、与现代城市生活截然不同的民众生活模式。如果你用现代城市人的偏见去观察，看到的是莽莽黄土的荒凉，是烟熏火燎、尘土飞扬的嘈杂，是衣着简陋、面目粗糙的土气，是无知可笑、不可理喻的愚昧。但是如果你能暂时忘掉城市，回到你的父祖辈们原本生活的地方，作为他们中的一员，你一定会有全新的感受。那些神灵难道不值得我们去崇拜吗？那绚丽斑斓的五彩花树难道不是我们一直渴求的美丽吗？那看戏、听书时的专注和发自内心的欢笑不是我们苦苦追寻的吗？那种同心协力、热情担当的真诚坦荡不是我们所最需要的吗？

我们坚信，乡村并不是城市的对立面，她只是一种不同于城市的生活模式。乡村的组织是以神灵为纽带的，神灵代表的是一种信仰，乡村的人们依然保有这样的信仰，而这正是现代城市人所缺乏的。他们积极而且热情地参与花会的各种活动，自觉自愿，因为他们信，他们敬畏，所以不用什么约束，也不用谁来告知。庙会上来帮厨做饭洗碗的妇女不是花钱雇来的，而是自愿的、无偿的，她们愿意为娘娘尽心尽力。乡村的伦理教化并不像我们城市里、学校中的思想政治教育，不需要谁来充当说教者，不需要那么多的所谓理论和高度，他们真正做到了寓教于乐，在唱戏的戏文中、在说书的故事中、在秧歌中、在面对神灵的祈祷中，乡村社会奉行的各种行为处事原则都在反复被强调、被推崇，清晰明确的善恶是非标准陶冶出乡村人们的简单淳朴，而城市人则在庞杂无序的探讨研究中变得复杂叵测。

乡村社会的困境也是我们必须面对的。医疗卫生事业的缺位是困扰乡村的最大问题，当你驱车两小时走进大山中的这个村子时，你会明白村民们面对着什么——最近的医院离他们也太远了，远到当他们生病时根本没办法到达医院接受救治！尤其是妇女们，各种妇科疾病对她们而言就是一种灾难，她们很难因为痛经或者某种炎症而前往城市医院就医，于是忍受就是唯一的办法，所以我们不难理解当地的妇女们要把祈求无病无灾的希望寄托在各位娘娘身上。

定仙墕坐落在群山之中，缺水是又一个致命的问题。水的珍贵在迎送娘娘时显示得很明白。因为干旱缺水，道路上往往尘土飞扬，于是在办会村社迎娘娘到村及送娘娘回庙时，导引仪仗中总有一人手提水桶，用一把笤帚不停地蘸着桶里的水洒向路面，用清水洒路表达了对娘娘的礼敬，希望娘娘所过之处不要被黄尘呛着。缺水同时也导致了城市人嫌弃的卫生问题。城市里有人一天要冲两次澡，而定仙墕乃至许多在乡村生活的人们哪里敢奢望洗澡这样的事情呢。

我们还要看到，无论自然条件多么恶劣，物质生活多么匮乏，乡村社会的人们同样需要实现自己的人生价值。乡村面临的不只是温饱、卫生医疗以及教育这样的现实层面的问题，乡村的人们同样需要人生的内涵和意义，他们需要有展示自己才华的机会，需要让自己某方面的能力得到大家的认可，需要宣示自己的存在和重要性，因为这些才是支撑他们生活信心与精神的最终动力。

第六章 结 语

第一节 陕北历史的分期

陕西因为地理板块的特点，分为关中、陕北、陕南三大块。前面已经说过，所谓"陕北"，概指北括河套、南至渭北北山、西界子午岭、东滨黄河的黄土高原中北部地区，约当今天延安、榆林两市所辖地域。陕北黄土高原是我国黄土高原的中心部分，地势西北高，东南低，总面积92521.4平方公里，是在中生代基岩所构成的古地形基础上，覆盖新生代红土和很厚的黄土层，再经过流水切割和土壤侵蚀而形成的。陕北黄土高原的基本特点是地貌千姿百态，地面沟壑纵横，地形支离破碎，素有"千沟万壑"之称。其中最典型的黄土地貌有黄土塬、黄土梁、黄土峁、黄土沟谷。从区域组成特征看，延安以北地面切割严重，是以峁为主的峁梁沟壑丘陵区，绥德、米脂一带最为典型；延安、延长、延川是以梁为主的梁峁沟壑丘陵区；西部为较大河流的分水岭，多梁状丘陵。延安以南是以塬为主的塬梁沟壑区。洛川塬是保存较完整、面积较大的黄土塬。宜川、彬县、长武一带，因沟谷蚕食，形成了破碎塬。此外，在榆林地区的定边、靖边、横山、神木等县北部、长城沿线一带是风沙滩地，著名的毛乌素沙漠从定边至窟野河横亘陕北西北部。在这片广袤苍莽的黄土高原上，形态各异的窑洞建筑成为陕北最具特色的文化符号。榆林地区的四合院也从明清以来逐渐演生为陕北建筑文化的代表之一。

　　远古时代，陕北大地气候温润，水丰林茂，是原始人类渔猎耕种的理想家园。距今三万到五万年前，无定河边的"河套人"和洛河东岸的"黄龙人"就在这块黄土地上生存繁衍。到了五千年前，黄帝部落联盟在陕北高原逐渐繁荣壮大，揭开了华夏文明的第一篇章。肥沃疏松的黄土地吸引着各部族的先民们在此建立家园，陕北人也因此从一开始就不是一个封闭的族群。商时的鬼方，周时的猃狁，春秋时的义渠、白狄，早都融合在华夏族中了。即便在秦汉以后，陕北已经纳入了统一王朝的版域，陕北人依然是来自五湖四海，有各民族的入居，有政府的实边徙民，有士兵的屯戍，有罪犯刑徒的发配流放，有官员的携家上任，等等。可以说，陕北人是华夏族与北方各族长期融合、同化过程中逐渐形成的、具有独特人文特征的汉族族群。有土斯有民，陕北人正是生活在陕北土地上的所有人的统称。同样，一方水土养一方人，陕北人在漫长的岁月里形成了自己特有的方言土语，这种方言被语言学家归入北方方言的次方言——西北方言；陕北人也形成了自己特有的生活习惯、民俗信仰与精神气质。陕北的历史文化以其深厚底蕴和独特精神气质影响着中国历史的发展。毫不夸张地说，谁要了解中国，谁就必须要首先了解陕北。陕北历史的发生发展，可以按照其自然演进序列分为三个阶段，每个阶段内又可以分作不同时期。

一、先秦到秦汉时期，可以看作陕北历史发生的第一阶段

　　这一阶段又可分为先秦和秦汉两个历史时期。

　　陕北，既是我们中华民族的发祥地，也是华夏文明的摇篮。陕北高原流传的各种神话及传说为我们描绘了人类早期的生活图景，星罗棋布的仰韶、龙山文化遗址以及出土的大量玉器、石器、陶器和青铜器，都在无言地昭示着陕北昔日的文明。尤其是进入青铜时代后，陕北的青铜文明更是丰富多彩，别具一格。陕北发现的青铜器，以黄河及其支流沿岸地带最为集中，其中以鼎簋为代表的器物，与中原同类文化有较多共性，而带有管銎、兽首以及鸟类装饰的青铜兵器、用具和配饰，则带有

浓厚的北方草原文化色彩，属于鄂尔多斯式青铜器。两种青铜文化在陕北交相辉映，显示出陕北早期历史文化鲜明的地域特色。陕北商周时为鬼方、猃狁所居。战国时，魏、秦两国分别在陕北设上郡。

　　秦汉时期是陕北历史上最辉煌的时期之一，也是陕北文化的奠基期，迄今陕北文化的许多特质，都可以追溯到这一时期。陕北北连鄂尔多斯高原及河套地区，南接关中，中原王朝得此地，可凭借黄河、阴山等天然屏障或在此一线构筑军事防御工事来延缓或阻遏北方游牧民族的南下；北方游牧民族占据这里，可以作为跳板，长驱直入中原腹地。所以，这一带成为历史上强大的游牧民族和中原农业民族的必争之地。秦始皇统一六国后，普遍推行郡县制，以陕北为上郡，汉初仍旧，武帝时又设西河郡。汉武帝起逐步形成州、郡、县三级制，陕北归朔方刺史部，东汉又属并州刺史部。秦汉时匈奴强盛，汉匈之间长期对峙，陕北因此不仅成为中原王朝门户，而且也是当时整个北中国的中心所在。此一时期修筑的长城与直道也因之凝固为纵横陕北大地的历史坐标，对以后的陕北历史文化产生了深远影响。直道遗存自淳化北部的秦林光宫北门始，沿旬邑、黄陵的子午岭向北，经富县、甘泉、志丹、安塞、榆林等地延入内蒙古自治区；陕北的秦长城，略呈西南至东北走向，自甘肃向东延入陕北，经吴起、志丹、靖边、横山、榆林、神木，向北进入内蒙古自治区。长城和直道，最鲜明地体现了陕北的军事文化色彩。

　　数量众多的陕北汉画像石也同样为我们展示了汉代陕北，尤其是无定河流域的历史风貌。那时的无定河流域森林茂密，水草丰盛，牛马衔尾，有着碧水青山的自然景观和兴旺发达的农牧林生产，汉画像石中以众多的牛耕、拾粪、收割、放牧、饲马等画面，以强烈的韵律感和饱满的生活气氛，表现了陕北人民的勤劳淳朴；那些车骑出行、策马狩猎、迎宾谒见、聚会宴饮场面，则是汉代社会上层阶级奢侈生活的写照；众多的奏乐、舞蹈、百戏、六博、投壶等图像，逼真地反映了汉代文化艺术繁荣的原貌；还有杀猪宰羊、庖厨烹调、汲水、庄园庭院、门楣楼阁等画面，使人们多侧面地窥见了陕北高原古代生活、民情风俗和建筑风格；那些绚丽多彩的神话传说题材和形象，西王母、东王公、人首蛇身的伏羲女娲、臂背生翼的羽人、辟鬼驱邪象征祥瑞的铺首衔环、青龙、白虎、朱雀、玄武、独角兽等等，展现给我们的是一个神秘怪异、斑斓夺目的浪漫世界。这一幅幅由民间无名匠师们的天才、智慧和辛勤劳动创作出来的伟大作品，不但使你感受到迷人的艺术魅力和永久的生命力，同时也使你看到了充满活力、美丽富饶的无定河形象。

秦汉时陕北地理位置的重要，使其备受中央王朝重视。许多文化习俗也深受当时官方主体文化影响，比如陕北的方言中，留存着大量汉代语言和文化信息，陕北的生活习惯如一日两餐制，民俗禁忌如对于青龙白虎的尊崇忌讳，婚丧礼俗等等无不可以窥见秦汉时社会生活的影子。

二、从魏晋到宋辽金元时期，是陕北历史发生的第二阶段

这一阶段又可分为魏晋南北朝、隋唐及五代宋辽金元三个历史时期。

汉末以来，陕北及其周围广大地区逐渐远离汉族中央王朝控制，皆为戎居，尽为狄庭。陕北先后为后赵、前秦、后秦、大夏、北魏、西魏、北周所统辖，匈奴、鲜卑、羯、氐、羌、柔然、卢水胡等各族政权劳役不息、征战不止，北方各族人民因此大规模频繁地被迁出迁入陕北地区，错杂混居，陕北在血火的洗礼中成为各民族的大熔炉，汉化与胡化同步，农耕与游牧并行。迄今陕北人的姓氏中仍可见各民族姓氏的遗留，如拓（拓拔）、慕（慕容）等，陕北各地地名中，同样有各族生活的印迹。各民族对于佛教的信奉和提倡，苦难的现实生活，地理位置的独特，使得此一时期佛教在陕北得到了广泛传播，不仅寺院林立，僧尼众多，佛教石窟的开凿也成一时风气。共同的信仰沟通着陕北人，他们原本的民族意识、民族心理在佛光的映照下逐渐淡去，只留下作为陕北人所共同的心理意识。

隋唐时期，陕北历史面貌又有新的变化。北周基业的开创者鲜卑人宇文泰在西魏末年赴夏州（治所在统万城）任刺史，从此以陕北为根据

地，西北阻遏突厥，东向以争天下，奠定了周隋统一中国的大业。在隋唐政府与突厥的争夺中，陕北既是战场，也是安置被俘及内迁突厥人的主要场所。唐初改革州、郡、县制，全国共设十道，道辖州、郡，陕北属关内道。唐政府还把陕北地区作为其重要的牧苑之一，陕北所养马匹之多甚至超过西汉时期。陕北方言中与马有关的词汇异常丰富，也反映了汉唐以来的这一历史状况。隋唐时期总的来说国家统一，社会安定，陕北人口有了较多增长，众多的突厥、稽胡加入了陕北人的行列，佛教寺院香火旺盛，石窟艺术进一步发展，展现了佛教文化与陕北石雕工艺的完美结合。

唐末五代以来，吐蕃的强大迫使党项族逐渐沿黄河迁入陕北地区。党项族的大量内迁，又一次为陕北增添了新的民族成分，融入了新的文化内涵。经过几代人的不屈奋斗，党项族从雄踞一方到最终建立西夏王朝，实际统治着陕北高原北部。此后近百年间，宋夏交战不息，双方势均力敌，陕北成为鏖兵的主战场，遍布陕北各地的驿道、烽火台、堡寨见证了这一时期的战事频仍。数量众多的军事堡寨，星罗棋布在北宋与西夏、辽，金与西夏接壤的陕北中北部地区，大体呈东北西南走向。它们多建于北宋边境内侧一线，一部分呈串珠状向内地延伸，其间以道路和烽火台相连接。在延川——延安——甘泉——富县——洛川——黄陵——宜君和清涧——延川——延长——宜川——洛川两条驿道的沿线，以及这两条驿道西侧的甘泉、志丹、吴起、安塞、子长等地，主要沿洛河、延河、清涧河上游及其支流周河、杏子河、西川河、永坪川等河谷，遍布数百座烽火台，这些烽火台线大多自东南向西北延伸，指向宋与西夏的边界。这些驿道堡寨奠定了后世直至今日陕北地区城乡聚落的大致格局。

宋改道为路，陕北大部属河东路和永兴军路。元代始设行省，陕北属陕西行省。在宋与夏、辽、金、元的对峙冲突中，陕北涌现了众多文臣武将，尤其是杨家将、折家将、李显忠、韩世忠等更成为陕北人永远的骄傲，最集中地体现了陕北人集骁勇、智慧、忠烈于一身的气质特点。蒙元治下的陕北，大约以志丹、安塞、子长、延川一线为界，往北则畜牧为主农业辅之，往南则农业为主畜牧辅之，蒙元民族的生活习俗也更多地影响到了陕北北部地区，如陕北人喜食羊肉的饮食习惯、陕北民歌的悠扬高亢等都可以见到蒙古族的影响。

三、明清时期，是陕北历史发展的第三阶段

明代陕北属陕西布政使司，清代复称行省或省，相沿至今。明朝建立后，元人虽已北归，但仍保有相当雄厚的实力，时时威胁着明王朝的安全。为了抗御蒙古人，明王朝不得不在北部边界建立漫长的军事防线，于是有了九边重镇，长城万里。而陕北所在的延绥镇以一面之险独挡三面之冲，为当时边防的重中之重。陕北明长城，修筑于成化年间，分为大边和二边两道。两道长城均自内蒙古延入陕北，向西南，经府谷、神木、榆林、横山、靖边、志丹、吴起等七县市进入宁夏，是陕西各代长城中最完整、坚固的实物。镇北台号称"万里长城第一台"，是明长城遗址中最为宏大、气势磅礴的建筑之一，与山海关、嘉峪关并称长城三大景观。

作为军旅重地，明时的陕北常常驻军十余万，这些士兵中有陕北男儿组成的土兵，也有来自全国各地调防的轮班兵。来自各地的官兵们将自己原籍的生活方式、文化习俗带到陕北高原，陕北再次经历了文化上的汇聚与融合。与此同时，为解决大批驻军的后勤补给、军需服务等问题，军屯、民屯、商屯并兴，农业发展，手工业、商业繁荣，陕北进入了发展的黄金时期。

清代的陕北，失去了边塞巨防的战略地位，又因明末清初屡经灾荒兵燹，经济文化不再有往日的辉煌。相对稳定闭塞的环境，保存并凝固了陕北在漫长历史中形成的民俗文化；贫困艰难的生活状况孕育了陕北人不屈不挠的斗争精神。这些文化与精神在 20 世纪养育了中国革命，重新展示了她无比强大的生命力！

第二节　陕北历史文化的特质

综观陕北历史文化的发展过程，我们不难发现，作为中国地域文化的重要一支，陕北文化既有中华文化的深厚内涵，又有自己鲜明的地域文化特质，这种特质表现在以下几个方面。

一、古老，表现为陕北文化的原始性和历史延续性。作为人类文明发祥地之一的陕北，历史悠久，文化积淀深厚，因此在陕北文化中不时地可以窥见远古的信息，尤其是陕北的剪纸艺术、舞蹈艺术、民间信仰等，无不古拙质朴，浑厚天然。陕北的方言中我们能听到《诗经》中的吟诵，能感受到秦汉时的雄风。陕北剪纸中的抓髻娃娃、娃娃双鱼，正是六千年前西安半坡型仰韶文化彩陶盆"双鱼人面"的符号变体，体现了原始社会的阴阳哲学观念，表达了先民们祈愿灵魂不死、生命永生和子孙繁衍的美好愿望；民间大量存在的"鸟衔鱼"、"鸡衔鱼"等剪纸纹样也与仰韶文化所见的鸟鱼合体、鸟衔鱼彩陶纹样一脉相承，同样的图案也出现在河南殷墟妇好墓和绥德汉画像石上。原始人类以鸟喻天、喻阳，以鱼喻地、喻水、喻阴，二者相合寓意男女相交、天地相合、阴阳相合、化生万物。陕北人过年时蒸的面花"枣山山"，也正是原始人惯用的三角山形通天符号，人们用它来祈愿来年五谷丰登、人丁兴旺。陕北人生活中无处不在的叫魂、磨送、下阴、跳神、求雨等，都展现着远古时期巫术的原始状态，陕北人的众多禁忌也体现着远古先民们对于大自然的敬畏崇拜；陕北的民间舞蹈，如跳火、耍火棍、转火塔塔、踢场子等，均保留着原始舞蹈的痕迹，陕北秧歌中走出的各种场图，也如众多的剪纸纹样、窗格纹样，传递着远古以来形成的生生不息的宇宙观、生命观。这些远古时期即已形成的哲学观念以及如此多的民俗文化，能在陕北这块动荡不息的土地上历经数千年而传承不断，充分显示了陕北这块黄土地的神奇魅力。陕北民俗文化的古老，也许就是其历久弥新的魅力所在。

二、草根。俗语说"陕西的黄土埋皇帝",但陕北的黄土只埋着我们的人文初祖黄帝和大夏的赫连勃勃,因此陕北人从来没有帝都帝乡的自豪,而是非常自觉地将自己定位为草民。陕北的民间艺术只是生活的艺术,我们要装扮窑洞,于是就画炕围子,就剪窗花;我们没有整块的多余的布匹,于是就用碎布头拼贴成好看的门帘、坐垫;我们缺水、缺少鲜花,于是我们就自己做花、做出硕大绚丽的花树,来敬献给保佑着我们的娘娘;我们的民歌是真正的劳者歌其事,没有伪饰和教化,直白坦荡得一如黄土高原;我们的民俗总围绕着吃喝用度、繁衍生死,实在得就如我们的生活本身。我们似乎远离着帝王庙堂、远离着精英教化,但却正如高原上艰难生长的草,不屈不挠,年年泛着新绿。

三、革命,表现为陕北文化中浓重的军事色彩。陕北与山西中北部、内蒙、宁夏、甘肃乃至西域地区有着天然的密切关系,而西北地区的动静直接影响着中原,影响着每一个王朝的政治、经济、军事决策。正因如此,在大部分历史时期中,陕北都有着举足轻重的军事战略地位,由此也决定了陕北常常处在战争的旋涡中,为四战之地,兵家所必争。长期的似乎永无休止的战争使得陕北文化呈现出浓重的军事文化色彩,遍布陕北各地的直道、长城、堡寨、驿站、烽火台,那些以营、堡、寨、甲、屯、驿命名的村庄,那些众多的关于陕北将士的传说,都在提醒我们陕北这块土地上曾经有过的惨烈和悲壮。长期的战争也养成了陕北人高尚气力、刚烈不羁、骁勇善战、视死如归的精神风貌,关于战争的智慧与训练甚至渗透到日常的游戏娱乐中,以腰鼓为代表的陕北民间各类大型鼓舞艺术,大多脱胎于古时战阵,粗犷豪迈、慷慨悲壮、奔放不羁。陕北人的革命豪情就是在这样的风俗熏染中一次次爆发并深刻地改变着历史。

四、多元,表现为陕北文化具有的包容性与开放性。陕北特殊的地理位置和环境,使其自古以来就是华夏族与西北各民族共同生活的家园,因此陕北文化从发生时起就显现出极大的包容性。陕北秦汉以来,或纳入中原王朝版图,或归属西北各族统辖,建置沿革频频变动,民族往来连绵不绝，陕北文化因此具有了极大的开放性。厚厚的黄土宽容地接纳着每一个生活于此的民族，养育着每一个建立于此的政权，成就着一代代陕北人的梦想。陕北的开放与包容，决定了陕北文化的多元性。陕北的民族融合特色鲜明，可以说，一部陕北民族史就是中华民族史的一个缩影；各民族的生产生活习俗，各民族的文化价值理念，各民族的宗教信仰都能在陕北找到生长的土壤，都能在陕北开出绚丽的文明之花。而文化的多元性正是陕北的特色所在，是陕北历经沧桑苦难却始终昂扬奋发的生命力所在。

在漫长的岁月里，陕北人创造了太多的辉煌，也承受了太多的苦难，付出了太多的牺牲。只是数千年的沧桑从未阻遏源自黄土地、源自黄河的生命激情，来自历史深处的关于生生不息的祈盼也是绵延不绝、亘古如斯。陕北历史的发生发展其实也就是中华乃至世界历史演进的一个缩影。陕北历史文化的多元性还昭示着未来世界文明发展的方向。关注陕北，探寻陕北文化，从陕北的历史中撷取营养，将极大丰富和推进中华民族的民族文化建设，为人类增添绚丽的文明之花。

参考文献

一、古籍

司马迁：《史记》，中华书局 1982 年版

班固：《汉书》，中华书局 1962 年版

范晔：《后汉书》，中华书局 1965 年版

陈寿：《三国志》，中华书局 1982 年版

房玄龄等：《晋书》，中华书局 1974 年版

姚思廉：《梁书》，中华书局 1973 年版

李延寿：《北史》，中华书局 1974 年版

魏收：《魏书》，中华书局 1974 年版

令狐德棻等：《周书》，中华书局 1971 年版

魏徵等：《隋书》，中华书局 1973 年版

刘昫等：《旧唐书》，中华书局 2002 年版

张廷玉等：《明史》，中华书局 1974 年版

司马光：《资治通鉴》，中华书局 1956 年版

脱脱等：《辽史》，中华书局 2003 年版

洪适：《隶释·隶续》，中华书局 1986 年版

应劭：《风俗通义校注》，王利器校注，中华书局 2010 年版

郭璞注：《山海经·穆天子传》，岳麓书社 1992 年版

李昉等：《太平广记》，中华书局 2003 年版

李昉等：《太平御览》，中华书局 1960 年版

吕不韦：《吕氏春秋》，上海古籍出版社 1989 年版

沈括：《梦溪笔谈》，辽宁教育出版社 1997 年版

扬雄：《扬雄方言校释汇证》，华学诚汇证，中华书局 2006 年版

葛洪：《抱朴子内篇校释》（增订本），王明校释，中华书局 1985 年版

王符：《潜夫论笺校正》，汪继培笺，彭铎校正，中华书局 1985 年版

杜佑：《通典》，中华书局 1988 年版

马端临：《文献通考》，中华书局 1988 年版

李吉甫：《元和郡县图志》，贺次君点校，中华书局 1983 年版

（明）刘侗、于弈正：《帝京景物略》，孙小力注，上海古籍出版社 2001 年版

《诗经注析》，程俊英、蒋见元注析，中华书局 1999 年版

《逸周书汇校集注》，黄怀信、张懋镕、田旭东等撰，上海古籍出版社 1986 年版

《明太祖实录》，南京影印国学图书馆传抄本

二、地方志

明弘治本《延安府志》，樊高林、曹树蓬校点，陕西人民出版社 2012 年版。

明万历本《延绥镇志》，马少甫等校点，上海古籍出版社 2011 年版

乾隆《绥德州直隶州志》

光绪《绥德州志》

光绪《靖边县志稿》

民国《米脂县志》

民国《横山县志》

民国《神木乡土志》

民国《甘泉乡土志》

民国《宜川县志》

民国《葭县志》

民国《续修陕西通志稿》

《榆林市志》，三秦出版社 1996 年版

《米脂县志》，陕西人民出版社 1993 年版

《靖边县志》，陕西人民出版社 1993 年版

《清涧县志》，陕西人民出版社 2001 年版

《洛川县志》，陕西人民出版社 1993 年版

三、著作

艾冲：《陕西四镇长城》，陕西师范大学出版社 1996 年版

艾冲：《西北城市发展与环境变迁研究——立足于陕西榆林地区的考察》，陕西地图出版社 2004 年版

白进暄主编：《绥德文库·民歌卷》，中国文史出版社 2004 年版

曹伯植：《曹伯植陕北说书文集》，陕西人民出版社 2010 年版

曹颖僧：《延绥揽胜》，史学书局 1942 年版，

曹振乾主编：《陕北民歌大全》，陕西人民出版社 2010 年版

柴树藩等：《绥德、米脂土地问题初步研究》，人民出版社 1979 年版

陈峰：《北宋武将群体与相关问题研究》，中华书局 2004 年版

陈国庆：《走出中世纪的黄土地——20 世纪初期的陕北农村》，西北大学出版社 1994 年版

程龙：《北宋西北地区粮食补给地理研究》，中国社会科学文献出版社 2006 年版

戴应新：《赫连勃勃与统万城》，陕西人民出版社 1990 年版

戴应新：《折氏家族史略》，三秦出版社 1989 年版

党音之主编：《陕北说书音乐集成》，1990 年油印本

党音之：《陕北民歌精选》，陕西人民出版社 1992 年版

段双印：《陕北古事钩沉》，三秦出版社 2008 年版

房成祥、黄兆安主编：《陕甘宁边区革命史》，陕西师范大学出版社 1991 年版

佛里曼等：《中国乡村，社会主义国家》，社会科学文献出版社 2002 年版

高丙中：《中国人的生活世界：民俗学的路径》，北京大学出版社 2010 年版

高长天等：《陕北历史文化述略》，陕西人民出版社 2006 年版

国家文物局：《中国文物地图集（陕西分册（上下册））》，西安地图出版社 1998 年版

韩伟：《中国石窟雕塑精华：陕北石窟》，重庆出版社 1998 年版

何冠环：《北宋武将研究》，香港中华书局 2003 年版

何其芳、张松如：《陕北民歌选》，新文艺出版社 1954 年版

霍向贵：《陕北民歌大全》，陕西人民出版社 2006 年版

翦伯赞：《秦汉史》，北京大学出版社 1983 年版

江天建：《北宋对于西夏边防论集》，台北华世出版社 1993 年版

蒋英炬、杨爱国：《汉代画像石与画像砖》，文物出版社 2001 年版

康兰英：《榆林碑石》，三秦出版社 2003 年版

雷云峰等主编：《陕甘宁边区史》，西安地图出版社 1993 年版

李发林：《汉画考释和研究》，中国文联出版社 2000 年版

李贵龙：《绥德文库·汉画像石卷》，中国文史出版社 2004 年版

李林等：《陕北汉代画像石》，陕西人民出版社 1995 年版

李健超：《陕西地理》，陕西人民出版社 1981 年版

［韩］李正晓：《中国早期佛教造像研究》，文物出版社 2005 年版

李淞：《陕西佛教艺术》，台北艺术家出版社 1999 年版

李淞：《陕西古代佛教美术》，陕西人民教育出版社 2000 年版

李淞：《长安艺术与宗教文明》，中华书局 2002 年版

李华瑞：《宋夏关系史》，河北人民出版社 1998 年版

李蔚：《简明西夏史》，人民出版社 1997 年版

李学勤：《走出疑古时代》（修订本），辽宁大学出版社 1997 年版

刘景纯：《清代黄土高原地区城镇地理研究》，中华书局 2005 年版

刘育林：《陕北民歌通论》，陕西人民出版社 2010 年版

吕政轩：《民歌陕北》，宁夏人民出版社 2009 年版

吕卓民：《西北史地论稿》，中国社会科学出版社 2011 年版

吕卓民：《宋夏陕北战争与北宋的筑城》，三秦出版社 1989 年版

罗新、叶炜：《新出魏晋南北朝墓志疏证》，中华书局 2005 年版

马保信：《中国陕北民歌经典》，三秦出版社 2007 年版

马长寿：《北狄与匈奴》，三联书店 1962 年版

秦燕、岳珑：《走出封闭——陕北妇女的婚姻与生育（1900－1949)》，陕西人民出版社 1997 年版

秦燕：《清末民初的陕北社会》，陕西人民出版社 2000 年版

秦燕、胡红安：《清代以来的陕北宗族与社会变迁》，西北工业大学出版社 2004 年版

陕西省考古研究所、榆林市文物管理委员会办公室：《神木大保当——汉代城址与墓葬考古报告》，科学出版社 2001 年版

陕西师范大学地理系：《陕西省榆林地区地理志》，陕西人民出版社 1987 年版

陕西师范大学西北环发中心：《统万城遗址综合研究》，三秦出版社 2004 年版

沈从文：《中国古代服饰研究》，上海书店出版社 2005 年版

［英］史密斯：《辛亥革命前后的延安》，刘蓉译，陕西人民出版社 2011 年版

史念海：《河山集》，三联书店 1981 年版

史念海等：《黄土高原森林与草原的变迁》，陕西人民出版社 1985 年版

史念海：《黄土高原历史地理研究》，黄河水利出版社 2001 年版

宋金寿主编：《抗战时期的陕甘宁边区》，北京出版社 1995 年版等

宋新潮：《殷商文化区域研究》，陕西人民出版社 1991 年版

宿白：《中国石窟寺研究》，文物出版社 1996 年版

孙鸿亮：《陕北说书研究》，天津人民出版社 2011 年版

田广金、郭素新：《北方文化与匈奴文明》，南京凤凰出版社 2004 年版

（台湾）三军大学编：《中国历代战争史》，军事译文出版社 1972 年版；

唐长孺：《魏晋南北朝史论丛》，三联书店 1955 年版

王天顺：《西夏战史》，宁夏人民出版社 1993 年版；

王金铖：《西北之地文与人文》，上海商务印书馆 1935 年版

王晖：《古史传说时代新探》，科学出版社 2009 年版

王克文：《陕北民歌艺术初探》，中国民间文艺出版社 1986 年版

王建中：《汉代画像石通论》，紫禁城出版社 2001 年版

王雪：《基督教与陕西》，中国社会科学出版社 2007 年版

吴天墀：《西夏史稿》，四川人民出版社 1980 年版；

吴镇烽：《陕西地理沿革》，陕西人民出版社 1981 年版

吴曾德：《汉代画像石》，文物出版社 1984 年版

巫鸿：《礼仪中的美术：巫鸿中国古代美术史文编》，三联书店 2005 年版

西安碑林博物馆：《陕西碑石墓志资料汇编》，西北大学出版社 1995 年版

信立祥：《中国汉代画像石研究》，［日］同成社 1996 年版

信立祥：《汉代画像石综合研究》，文物出版社 2000 年版

（民国）行政院农村复兴委员会：《陕西农村调查》，上海商务印书馆 1934 年版

徐旭生：《中国古史的传说时代》，广西师范大学出版社 2003 年版

延安地区群众艺术馆：《延安宋代石窟艺术》，陕西人民美术出版社 1985 年版

延安农村工作调查团：《米脂县杨家沟调查》，人民出版社 1980 年版

严耕望：《秦汉地方行政制度》，台湾"中央研究院"历史语言研究所 1990 年版

杨希枚：《先秦文化史论集》，中国社会科学出版社 1995 年版

尹盛平：《周原文化与西周文明》，江苏教育出版社 2004 年版

榆林市文物保护研究所、榆林市文物考古勘探工作队：《米脂官庄画像石墓》，文物出版社 2009 年版

榆林市文化文物局：《陕北民歌大全（上）》，陕西人民出版社 2006 年版

袁福堂：《陕北民俗集趣》，华夏文化出版社 2001 年版

曾瑞龙：《拓边西北——北宋中后期对夏战争研究》，（香港）中华书局 2006 年版

张从军：《汉画像石》，山东友谊出版社 2002 年版

张智斌：《陕北民歌通论》，中国社会科学出版社 2010 年版

赵超《汉魏南北朝墓志汇编》，天津古籍出版社 1992 年版

赵通儒：《民元前后的陕北社会》，魏建国整理，2007 年印本

中国军事科学院主编：《中国军事通史》军事科学出版社 1998 年版

钟敬文：《新的驿程》，中国民间文艺出版社 1987 年版

钟敬文主编：《民俗学概论》，上海文艺出版社 2006 年重印本

周伟洲：《中国中世纪西北民族关系研究》，西北大学出版社 1992 年版

周一良：《魏晋南北朝史札记》，中华书局 1985 年版

［加拿大］朱爱兰：《中国北方村落的社会性别与权力》，江苏人民出版社 2004 年版

［美］朱学渊：《中国北方诸族的源流（修订本）》，中华书局 2004 年版

邹衡：《夏商周考古学论文集》（第二版），文物出版社 2001 年版

四、论文

艾冲：《余子俊督筑延绥边墙的几个问题》，《陕西师大学报》1986年第1期

巴兆祥：《论明代方志的数量与修志制度》，《中国地方志》2004年第4期

白滨：《罗兀筑城考》，《宁夏社会科学》1986年第3期

白占全：《陕北定仙墕娘娘庙花会调查》，《吕梁高等专科学校学报》2006年第4期

铂净：《乐山大佛研究中心"首届弥勒大佛学术研讨会"召开》，《世界宗教研究》2011年第1期

曹松林：《熙宁初年对夏战争述评》，载《中日宋史研讨会中方论文选编》，河北大学出版社1991年版

常金仓：《伏羲女娲神话的历史考察》，《陕西师范大学学报》，2002年第6期

常玉芝：《由商代的"帝"看所谓"黄帝"》，《文史哲》2008年第6期

陈根远：《陕北东汉画像石渊源》，《中学历史教学参考》1993年第8－9期合刊

陈根远、王艺：《陕北东汉画像石的来源问题》，《陕西日报》2005年10月21日

陈琳国：《东羌与西羌辨析》，《史学月刊》2008年第4期

陈文华：《中国古代农业科技史讲话（一）》，《农业考古》1981年第1期

陈思和：《民间的浮沉——对抗战到文革文学史的一个尝试性解释》，《上海文学》1994年第1期

陈思和：《民间的还原——文革后文学史某种走向的解释》，《文艺争鸣》1994年第1期

陈孟东：《陕北东汉画象石题材综述》，《文博》1987 年第 4 期

程龙：《论北宋西北堡寨的军事功能》，《中国史研究》2004 年第 1 期

戴卫红：《盖吴起义与关中地方行政体制变革》，《中国史研究》2009 年第 3 期

戴应新：《陕西神木县石峁龙山文化遗址调查》，《考古》1977 年第 3 期

戴应新：《陕西神木县石峁龙山文化玉器》，《考古与文物》1988 年第 5、6 期

戴应新：《神木石峁龙山文化玉器》，《考古与文物》1988 年第 5、6 期

丁一波：《秧歌探源》，《寻根》2001 年第 2 期

定宜庄：《三十年来社会史研究的回顾与反思——以明清时期为例》，《历史研究》2008 年第 6 期

杜建录：《西夏时期的横山地区》，《固原师专学报》1992 年第 3 期

杜建录：《党项夏州政权建立前后的重要记录——唐故延州安塞军防御使白敬立墓志铭考释》，《宁夏师范学院学报》2007 年第 2 期

高丙中：《民俗学的学科定位与学术对象》，《温州大学学报》2011 年第 6 期

高杰：《陕北信天游源流疏》，《延安大学学报》1998 年第 4 期

葛兆光：《认识中国民间信仰的真实图景》，《寻根》1996 年第 5 期

郭冰庐：《陕北保宁寺祀神活动及社火——秧歌考察》，《北京师范大学学报》1993 年增刊

过文英：《论汉墓绘画中的伏羲女娲神话》，浙江大学博士学位论文，2007 年

哈磊：《〈阿含经〉中的弥勒菩萨》，《禅（网络版）》2005 年第 2 期

韩世琦：《略谈陕北民歌的表现手法》，《延安大学学报》1985 年第 3 期

韩荫晟：《麟府州建置与折氏源流》，《宁夏社会科学》1981 年试刊号

韩昭庆：《明代毛乌素沙地变迁与周边地区垦殖的关系》，《中国社会科学》2003 年第 5 期

胡凡：《论明代九边延绥镇之形成》，《中国史研究》2008 年第 2 期

胡友笋：《陕北民歌研究：问题意识与文化视野》，《人民音乐（评论版）》2010 年第 3 期

黄正林：《南宋初年主战派经营陕西述论》，《西北史地》1998 年第 4 期

黄正林：《20 世纪 80 年代以来国内陕甘宁边区史研究综述》，《中共党史研究》2008 年第 1 期

蒋刚、杨建华：《陕北、晋西北南流黄河两岸出土青铜器遗存的组合研究》，《文物世界》2007 年第 1 期

蒋刚：《山西、陕北及内蒙古中南部夏商西周时期青铜文化的演进》，《中国历史文物》2008 年第 5 期

焦南峰等：《陕西秦汉考古五十年综述》，《考古与文物》2008 年第 6 期

金勇强：《区域气候与宋夏战争》，《宁夏大学学报》2009 年第 5 期

金勇强：《宋夏战争与黄土高原地区生态环境关系研究》，陕西师范大学硕士学位论文，2007 年

李大海、吴宏歧：《清末民初陕北天主教传播过程时空特征分析》，《中国历史地理论丛》2006 年第 1 期

李大海：《山地垦荒与社会变迁：清代黄龙山区地方开发史的再考察》，《中国社会经济史研究》2010 年第 2 期

李大伟：《明代榆林建置问题探讨》，《延安大学学报》2005 年第 6 期

李海俏：《关于圜阳地望所在》，《文博》2006 年第 1 期

李刚：《论明清陕西商人对中央政策的有效利用——兼论明清陕西

商帮的产生》，《西北大学学报》1996 年第 4 期

李贵龙：《绥德定仙墕娘娘庙花会考》，延安大学历史文化学院《陕北春秋》第 2 期

李贵录：《"曲端冤狱"与南宋初年的陕西陷失》，《南开大学学报》2002 年第 6 期

李桂民：《黄帝谱系的形成和演变析论》，《中国石油大学学报》2005 年第 2 期

李桂民：《先秦诸子的黄帝观述论》，《西北大学学报》2005 年第 6 期

李建国：《清代西北地区盐政考议》，《中国边疆史研究》2007 年第 2 期

李静：《关于延安"新秧歌运动"研究的回顾与反思》，《青海师范大学学报》2009 年第 3 期

李静：《论 40 年代延安新秧歌运动的发生语境》，《青海师范大学学报》2010 年第 6 期

李静：《"新秧歌"作为仪式的符号象征与话语建构——20 世纪 40 年代延安"新秧歌"运动的文化阐释》，《青海社会科学》2011 年第 2 期

李姗姗、茌攀：《论汉画像牛首人身神怪像中的母崇拜和土地崇拜》，《南京工程学院学报》2010 年第 2 期

李锦山：《西王母题材画像石及其相关问题》，《中原文物》1994 年第 4 期

李林：《陕西绥德延家岔二号画像石墓》，《考古》1990 年第 2 期

李林：《陕北汉代画像石述论》，《人文杂志》1999 年第 4 期

李三谋：《明代边防与边垦》，《中国边疆史研究》1994 年第 4 期

李三谋：《明代食盐贸易与边防边垦》，《盐业史研究》2006 年第 1 期

李淞：《从"永元模式"到"永和模式"——陕北汉代画像石中的

西王母图像分期研究》,《考古与文物》2000 年第 5 期

李蔚:《宋夏横山之争述论》,《民族研究》1987 年第 6 期

李裕民:《折氏家族研究》,《陕西师范大学学报》1998 年第 2 期

梁严冰:《陕北民歌中的近代陕北社会》,《延安大学学报》2009 年第 3 期

梁向阳等:《从"民间"到"广场":"延安时期"陕北民歌的彰显之路》,《西南民族大学学报》2006 年第 3 期

林幹:《稽胡(山胡)略考》,《社会科学战线》1984 年第 1 期

林梅村:《稽胡史迹考——太原新出隋代虞弘墓志的几个问题》,《中国史研究》2002 年第 1 期;

林永匡:《清初的陕甘与宁夏盐政》,《宁夏大学学报》1994 年第 3 期

刘自兵:《佛教东传与中国的狮子文化》,《东南文化》2008 年第 3 期

刘景纯:《清前中期黄土高原地区沿边军事城镇及其功能的变迁》,《中国历史地理论丛》2003 年第 2 期

刘景纯:《清代黄土高原地区城镇书院的时空分布与选址特征》,《中国历史地理论丛》2007 年第 1 期

刘育林:《陕北地名札记》,《延安大学学报》1998 年第 1 期

刘育林:《信天游"兴"简论》,《延安大学学报》2008 年第 4 期

刘毓庆:《黄帝族的起源迁徙及炎黄之战的研究》,《山西大学学报》2008 年第 5 期

刘志伟:《区域史研究中的人文主义取向》,载姜伯勤:《石濂大汕与澳门禅史》,学林出版社 1999 年版

鲁人勇:《西夏的疆域和边界》,《宁夏大学学报》2003 年第 1 期

吕思静:《稽胡史研究》,华中师范大学硕士学位论文,2012 年

吕微:《民间文学—民俗学研究中的"性质世界"、"意义世界"与"生活世界"——重读〈歌谣〉周刊的"两个目的"》,《民间文化论坛》

2006 年第 3 期

吕智荣：《鬼方文化及相关问题初探》，《文博》1996 年第 1 期

吕卓民：《试论陕北地区的城镇体系形成与发展演变》，《西北大学学报（自然科学版)》2006 年第 5 期

吕卓民：《简论北宋在西北近边地区修筑城寨的历史作用》，《西北大学学报》1998 年第 3 期

吕政轩、张军：《陕北民歌抢救与保护的必要性与可行性探析》，《宁夏大学学报》2007 年第 3 期

罗尔纲：《霍乱病的传入中国》，《历史研究》1956 年第 3 期

罗球庆：《宋夏战争中的蕃部与堡寨》，《崇基学报》1967 年第 2 期

马兴仁：《回回食品秃秃麻失》，《回族研究》1995 年第 2 期

毛巧晖：《新秧歌运动：权威话语对"民间"的缔造》，《中华戏曲》2008 年第 1 期

牛冬梅：《陕北信天游与古代突厥民歌亲缘关系之比较》，《交响—西安音乐学院学报》2007 年第 1、2 期

彭向前：《辽宋西夏金时期西北民族关系研究》，河北大学博士学位论文，2004 年

普慧：《秦汉上郡治所小考》，《唐都学刊》2008 年第 1 期

普惠：《两汉上郡龟兹属国及其文化遗存考臆》，《人文杂志》2008 年第 5 期

强文学、黄领霞：《宋夏战争中的乡兵与堡寨》，《天水师范学院学报》2003 年第 6 期

秦燕：《近代陕北的商业贸易》，《延安大学学报》2001 年第 4 期

秦燕：《明清时期陕北宗族的形成与发展》，《中国历史地理论丛》2002 年第 3 期

秦燕：《明清时期陕北黄土高原上的村庄》，《甘肃社会科学》，2007 年第 4 期

裴锡圭：《读〈陕西绥德县四十里铺画像石墓调查简报〉小记》，

《考古与文物》2003 年第 5 期

全汉升：《明代北边米粮价格的变动》，《新亚学报》1970 年 9 月第 9 卷 2 期

陕西省考古研究院史前考古研究部：《陕西史前考古的发现和研究》，《考古与文物》2008 年第 6 期

沈长云：《论黄帝作为华夏民族祖先地位的确立》，《天津社会科学》1995 年第 2 期

沈长云：《从周族的起源论及黄帝氏族的发祥地》，《河北师院学报》1996 年第 6 期

沈长云：《黄帝、黄帝部族与黄帝发祥地》，《文史知识》2008 年第 7 期

沈长云：《周族起源诸说辨正——兼论周族起源于白狄》，《中国史研究》2009 年第 3 期

沈长云：《石峁古城是黄帝部族的居邑》，《光明日报》2013 年 3 月 25 日

沈长云：《再说黄帝与石峁古城》，《光明日报》2013 年 4 月 15 日

沈长云：《石峁是华夏族祖先黄帝的居邑》，《"黄帝陵是中华文明的精神标识"学术交流会论文集》，西北大学思想所印，2016 年 4 月 1—5 日

沈颂金：《汉画像石研究概述》，《中国史研究动态》1993 年第 1 期

〔日〕松本隆晴：《试论余子俊修筑的万里长城》，南炳文译，《大同高等专科学校学报》1994 年第 1 期

宋亦箫：《鬼方种族考》，《晋阳学刊》2008 年第 4 期

孙昌盛：《论夏宋在河东路麟、府、丰州的争夺》，《宁夏大学学报》2005 年第 3 期

孙鸿亮：《仪式和说唱：陕北农村口愿书田野调查》，《西安文理学院学报》2008 年第 4 期

孙鸿亮：《陕北乡村庙会书调查与思考》，《社会科学论坛》2009 年

2 月下学术研究卷

孙锡芳：《明代陕北地区驿站交通的发展及其对军事、经济的影响》，《长安大学学报》2010 年第 4 期

孙伟：《北宋时期黄土高原地区城寨堡体系演变研究》，陕西师范大学硕士学位论文，2005 年

孙卫春：《明代延绥镇国防措施的演变与成因分析》，《宁夏社会科学》2008 年第 4 期

孙周勇：《陕北汉代画像石神话题材》，《考古与文物》1999 年第 5 期

汤开建：《熙丰时期宋夏横山之争的三份重要文献》，《宁夏社会科学》2003 年第 3 期

畑地正宪：《五代北宋时期之府州折氏》，日本九州大学文学部发行的《史渊》第 110 期

王克明：《陕北秧歌：来自远古的狂欢》，《博览群书》2007 年第 10 期

王继恩：《浅议陕北秧歌中的宗教色彩》，《美与时代》，2004 年第 7 期（下半月）

王杰文：《陕北、晋西的"伞头秧歌"——民众的诙谐与乡土社会的秩序》，北京师范大学博士学位论文，2004 年

王北辰：《内蒙古乌审旗古代历史地理从考》，《干旱区地理》1989 年第 4 期

王北辰：《桥山黄帝陵地理考》，《西北史地》1995 年第 2 期

王晗：《清代陕北长城外伙盘地研究》，陕西师范大学硕士学位论文，2005 年

王晗：《清代陕北长城外伙盘地的渐次扩展》，《西北大学学报》2006 年第 2 期

王晗：《1644 至 1911 年陕北长城外伙盘地垦殖时空特征分析——以榆林金鸡滩乡为例》，《干旱地区农业研究》2006 年第 3 期

王晗、郭平若：《清代垦殖政策与陕北长城外的生态环境》，《史学月刊》2007 年第 4 期

王炜林：《陕北画像石中的树形图小议》，《考古与文物》2003 年第 5 期

王炜林、孙周勇：《石峁玉器的年代及相关问题》，《考古与文物》2011 年第 4 期

王社教：《明清时期西北地区环境文化与农业结构调整》，《历史地理研究》2006 年第 1 期

王红妮、赵建斌：《陕北民歌研究综述》，《延安大学学报》2007 年第 6 期

王苏琦：《汉代早期佛教图像与西王母图像之比较》，《考古与文物》2007 年第 4 期

王毓瑚：《我国自古以来的重要农作物》，《农业考古》1981 年第 1 期

王曾瑜：《宋金富平之战》，《中州学刊》1983 年第 1 期

王曾瑜：《和尚原和仙人关之战述评》，《西南师范大学学报》1983 年第 2 期

温玉成：《公元 1 至 3 世纪中国的仙佛模式》，《敦煌研究》1999 年第 1 期

文贵良：《秧歌剧：被政治改造的民间》，《华东师范大学学报》2004 年第 3 期

巫鸿：《论西王母图像及其与印度艺术的关系（续）》，李淞译，《艺苑》1997 年第 4 期

巫鸿：《国外百年汉画像石研究之回顾》，《中原文物》1994 年第 1 期

吴曾德等：《汉代画像石的发现与研究》，《中原文物》1996 年增刊

吴辑华：《明代延绥镇的地域及其军事地位》，见吴辑华编《明代社会经济史论丛》，台北台湾学生书局 1970 年版，最早见于《亚洲历史学

会会议论文集》，1962 年

吴泰：《南宋初宋金陕西"富平之战"述论》，《西南大学学报》1983 年第 3 期

吴镇烽：《秦晋两省东汉画像石题记集释——兼论汉代圜阳、平周等县的地理位置》，《考古与文物》2006 年第 1 期

吴连书、田惠琴：《末代匈奴首领赫连勃勃与其建造的大夏国都统万城》，《陕西档案》2005 年第 2 期

席军、张杰：《"秧歌"应是"阳歌"——陕北秧歌刍议》，《延安大学学报》1994 年第 3 期

萧放：《历史民俗学与钟敬文的学术贡献》，《北京师范大学学报》2002 年第 2 期

萧放：《历史民俗学建设的意义、实践与规划》，《温州大学学报》2011 年第 6 期

肖立军：《九边重镇与明之国运——兼析明末大起义首发于陕西的原因》，《天津师范大学学报》1994 年第 2 期

信立祥：《汉代画像中的车马出行图考》，《东南文化》1999 年第 1 期

邢福来等：《陕西南北朝隋唐及宋元明清考古五十年综述》，《考古与文物》2008 年第 6 期

杨蕤：《宋夏疆界考论》，《中国边疆史地研究》2005 年第 3 期

杨爱国：《五十年来的汉画像石研究》，《东南文化》2005 年第 4 期

杨建华：《陕西清涧李家崖东周墓与"河西白狄"》，《考古与文物》2008 年第 5 期

杨亚长等：《陕西史前考古的发现和研究》，《考古与文物》2008 年第 6 期

杨采丹：《清末陕西私盐问题研究》，《盐业史研究》2006 年第 3 期

叶舒宪：《牛头西王母形象解说》，《民族艺术》2008 年第 3 期

余同元：《明后期长城沿线的民族贸易市场》，《历史研究》1995 年

第 5 期

袁盛勇：《延安文人视域中的"民间艺人"——从一个侧面理解延安时期的"民间"》，《文艺理论研究》2006 年第 4 期

臧振：《从达坂山麓到秃尾河畔》，《中国民族》1991 年第 4 期

曾瑞龙：《北宋种氏将门之形成》，香港中文大学硕士学位论文，1984 年

张泊：《上郡阳周县初考》，《文博》2006 年第 1 期

张传玺：《东汉雁门太守鲜于璜碑铭考释》，《北京大学学报》1984 年第 2 期

张传勇：《明清陕西城隍考——堡寨与村镇城隍庙的建置》，《中国社会历史评论》2010 年第 11 期

张萍：《黄土高原原梁区商业集镇的发展及地域结构分析——以清代宜川县为例》，《中国历史地理论丛》2003 年第 3 期

张萍：《明代陕北蒙汉边界区军事城镇的商业化》，《民族研究》2003 年第 6 期

张萍：《从"军城"到"治城"：北边民族交错带城镇发展的一个轨迹——以明清时期陕北榆林为例》，《民族研究》2006 年第 6 期

张萍：《谁主沉浮：农牧交错带城址与环境的解读——基于明代延绥长城诸边堡的考察》，《中国社会科学》2009 年第 5 期

张萍：《边疆内地化背景下地域经济整合与社会变迁》，《民族研究》2009 年第 5 期

张六政：《清以前陕西人口的分布与变迁》，《西北人口》1983 年第 2 期

张宏彦：《陕北的史前文化与"黄帝文化"的考古学观察》，《光明日报》2007 年 4 月 5 日

张鸣珂：《我国玉米的种植是明代从外国引进的吗？》，《农业考古》1983 年第 2 期

张亚玲：《陕北民歌草木比兴与〈诗经·国风〉的相似性》，《沈阳

大学学报》2008 年第 5 期

张亚玲：《〈诗经·国风〉与陕北民歌鸟类比兴之比较》，《湖南工业大学学报》2010 年第 3 期

张坚、张智斌：《试论陕北民歌对〈诗经〉艺术手法的传承》，《青海社会科学》2007 年第 6 期

张俐：《论陕北方言在陕北民歌中的作用》，《西北大学学报》2006 年第 5 期

张军：《语言学方法与陕北民歌研究》，《榆林学院学报》2006 年第 5 期

张智斌：《论陕北民歌的功能性在当代社会衰微及对策》，《西北大学学报》2008 年第 2 期

张余：《秦晋伞头秧歌概说》，《民俗研究》1997 年第 2 期

张正明：《明代北方边镇粮食市场的形成》，《史学集刊》1992 年第 3 期

张天恩等：《陕西夏商周考古发现与研究》，《考古与文物》2008 年第 6 期

章立明：《兄妹婚型洪水神话的误读与再解读》，《中南民族大学学报》2004 年第 2 期

赵世瑜：《中国传统庙会中的狂欢精神》，《中国社会科学》1996 年第 1 期

赵全鹏：《明代北部地区粮食市场分析》，《河南师范大学学报》1996 年第 1 期

赵毅、胡凡：《论明代洪武时期的北部边防建设》，《东北师范大学报》1998 年第 4 期

周群华：《"折家将"与辽、金和"杨家将"的关系述论》，《社会科学研究》1990 年第 6 期

周伟洲：《五代至宋陕北的党项及宋夏在陕北的争夺战》，见李范文主编：《首届西夏学国际会议论文集》，宁夏人民出版社 1998 年版

周伟洲：《陕北出土三方唐五代党项拓拔氏墓志考释——兼论党项拓拔氏之族源问题》，《民族研究》2004 年第 6 期

周松：《明洪武朝陕北边防及其特点》，《中国边疆史地研究》2005 年第 1 期

周晓薇：《唐折冲府考校补拾遗续》，《中国历史地理论丛》1996 年第 2 期

附录：陕北明清、民国地方志一览表

1. 万历延绥镇志，8卷，（明）郑汝璧；刘余泽修

延绥镇第一部志书，记事止于万历四十七年。全书约28万余字。正文列分野、舆图、建置、马政等三十目。记载了延绥镇建置沿革与军事、教育、风俗、文艺等多方面的史料，是研究延绥镇的第一手材料，同时也是研究明代军事、边疆的重要资料。

1）万历三十五年刻本：北图（存卷1—6、8）、北大；2）影钞本：上图；3）上海古籍出版社，2011年版

2. 康熙延绥镇志，6卷，（清）许占魁修，谭吉璁纂

延绥镇第二部志书。记事止于康熙十二年。正文分11门77目，约26万字。其中纪事门是了解李自成起义的第一手资料。

1）清康熙十二年刻本：陕考、陕博等处；2）清乾隆二十一年增补康熙本：天津、上图；3）清光绪七年增补康熙本：中科；4）钞本：天津（不全）、省图、南图

3. 道光榆林府志，50卷，（清）李熙龄修纂

始修于道光十九年，道光二十一年完成并付梓。正文分14门85目，约45万字。是榆林府建府以来唯一一部府志，质量较高。

清道光二十一年刻本：省图、陕考、陕师大等处。

4. 道光榆林府志辨讹，1卷，（清）杨江修纂

始纂于道光二十九年，咸丰七年付梓。约1万字。共计15篇考辨文字，有榆林总辨、榆中辨、榆林关辨等，可作为阅读榆林府志的参考。

咸丰七年刻本：中科、北师大、陕师大等处。

5. 光绪榆林县志，50 卷，（清）裴世廉、张立德修纂

初稿成于光绪末年，未曾刻印。贾路云补充增续，记事止于宣统三年，并写了序文，未曾付梓。正文分 15 门 89 目，约 50 万字。是榆林县唯一的一部县志。

民国十八年稿本：省图（不全）。

6. 民国榆林县志，50 卷，（清）裴世廉、张立德修纂

民国十八年稿本

7. 民国榆林县乡土志，1 卷，（民国）佚名纂

修成于民国初年，约 2 万字。内容分历史、地理、格致三大类。

民国六年钞本：北图、省图等处。

8. 神木县志，4 卷

该志前无序，后无跋，不著纂修者姓氏。前附星相图和神邑治所抄图各一，共四卷，篇目设计有一定条理。全书语言流畅，文字工雅，但字句多有脱落差错之处。艺文类所录历朝诗文，有不少佳作。从该志所记内容看，成书时间约在清朝雍正、乾隆年间。

据清代抄本影印，台北成文出版社 1970 年收入《中国方志丛书·华北地方》；陕西省地方志编委会、神木县志办有藏。

9. 道光神木县志，8 卷，附补编 1 卷，（清）王致云修、朱埙纂，补编张琛纂

记事止于道光二十一年。分 4 门 61 目，约 15 万字。是神木县的首志，有许多有关民族战争的边陲史料。

1）道光二十一年刻本：北图、省图、陕考等处；2）钞本：南图

10. 民国神木县乡土志，4 卷，（民国）佚名纂

记事止于民国三年。正文分 31 目，约 3 万字，是一部体例比较完备的乡土志书。

1）稿本：北大；2）钞本：内蒙古自治区图书馆；3）民国二十六年燕京大学铅印本《乡土志丛编第一辑》：省图、陕考、陕师大等处。

11. 雍正府谷县志，8卷，（清）佚名修纂

康熙、雍正间修纂，未付梓。分地理、建置、祠祀等 8 门 59 目。所设类目较全，内容较为简略。

1）民国二十八年燕京大学图书馆傅寿昆钞本：北大；2）另一钞本：中科

12. 乾隆府谷县志，4卷，（清）郑居中、麟书修纂

记事止于乾隆四十八年。正文分 32 目，约 10 万字，府谷县的第二部县志。祥异目中对该地从唐迄清所发生的严重自然灾害有所记载。

乾隆四十八年刻本：北图、省图等处

13. 民国府谷县志，10卷，（民国）王俊让修、王九皋纂

民国三十三年石印本：南开大学图书馆、陕博、北碚人民图书馆

14. 光绪府谷县乡土志，4卷，（清）佚名纂

记事止于光绪二十六年。正文分 7 门 27 目，约 4 万字。内容涉及府谷县的历史、地理、政治、经济等各个方面。

清末稿本：省图

15. 民国府谷县乡土志，4卷，（民国）严用琛修，郝鸿图纂

民国十三年稿本：省图

16. 乾隆怀远县志，3卷，（清）苏其焰修纂

清乾隆十二年（1747）刻本：国家图书馆，横山县史志办存有复印本

17. 道光增修怀远县志，4卷，（清）苏其焰原本，何丙勋增补

1）道光二十三年（1842）刻本；2）抄本；3）民国十七年（1928）榆林东顺斋石印本：存陕西省图书馆和横山县档案馆

18. 民国横山县志，4卷，（民国）刘济南、曹子正修纂

记事止于民国十七年。正文分 15 门 67 目，约 14 万字，是横山县的集大成之志。教育志、实业志、交通志等为新增内容。

1）民国十八年榆林东顺斋石印本：北图、省图、复旦大学图书馆等处；2）台湾成文出版社影印本

19. 康熙靖边县志，不分卷，（清）佚名纂修

正文分天文志、地理志、建置志等，凡 12 门 39 目。全书约 1.9 万字。类目设置齐备，记载简括。

清乾隆间传抄康熙二十二年本：北图、上图（胶卷）

20. 光绪靖边志稿，4 卷，（清）丁锡奎、白翰章修纂

始修于光绪二十三年，光绪二十五年完成并付梓。正文分 10 门 60 目，约 9 万字，是靖边县的第二部县志。对研究中蒙边界问题有一定的参考价值。

1）稿本：北图（存卷 1－2）；2）清光绪二十五年刻本：北图、省图、陕师大等处；3）民国 24 年榆林运通书局石印本：中科、省图、西大等处 4）民国二十四年钞本：南图

21. 嘉庆定边县志，14 卷，（清）徐观海、戴元燮原纂；黄沛增修；宋谦等增纂

记事止于嘉庆二十三年。正文分 10 门 61 目，约 10 万字，是定边县正式刻印流传的第一部县志。

1）清嘉庆二十五（1820）年刻本：北图、省图、陕师大等处；2）民国二十二年定边宜兴永石印书局石印本：北图、省图、陕博等处

22. 光绪定边县乡土志，3 卷，（清）吴命新、贺廷瑞纂

始修于光绪三十一年，翌年完成。正文分 17 门 70 目，约 3 万字。

清光绪三十二年钞本：中科、陕博

23. 顺治绥德州志，8 卷，（清）王元士、郝鸿图纂

绥德州的首创之志。正文分 8 门，约 2 万字。包括舆地、建置、祠祀等门。

清顺治十八年刻本：北图

24. 乾隆绥德直隶州志，8 卷，（清）吴忠诰修、李继峤纂

是绥德雍正三年升为直隶州后的第一部州志。记事止于乾隆五十年。正文 4 门 53 目，约 13 万字。颇重人事，对宦迹、选举、岁贡等方面人物搜辑较多。

1）清乾隆四十九年刻本：北图、故博、省图等处有藏；2）钞本：南图；3）清道光间补刻本

25. 光绪绥德直隶州志，8卷，首1卷，（清）孔繁朴修、高维岳修纂

记事止于光绪三十一年。正文分8门65目，约17万字。记事目对同治年间回民暴动的史料记载较详。

1）清光绪三十一年刻本：北图、省图等处有藏；2）民国二十五年重印本；3）1970年台湾成文出版社影印本

26. 光绪绥德州乡土志，4卷，（清）佚名纂

正文分15目，约5万字。就当地历史、地理、格致三方面材料编写。

清光绪三十三年钞本

27. 康熙米脂县志，8卷，（清）宁养气纂修

1）清康熙二十年刻本：北图、省图、陕博等处有藏；2）钞本：中科、上图、天津

28. 光绪米脂县志，12卷，（清）高照煦纂、高增融校订

记事止于光绪二十八年。正文分12门86目，约15万字。是米脂县的第二部县志。拾遗志中载有李自成的身世和有关起义的事迹。

清光绪三十三年铅印本：北图、省图等处。

29. 民国米脂县志，10卷，（民国）严建章、高仲谦等修，高照初纂

记事止于宣统三年（1911），正文分10门29目，约30万字。颇重职官和人物，其次注重艺文。

民国三十三年榆林松涛斋铅印本：省图、陕师大、西大等处

30. 道光吴堡县志，4卷，首1卷，（清）谭瑀纂修

吴堡县正式完成付梓的第一部县志。记事上起宋朝，下至道光二十五年。正文分4门47目，约4万字。

1）清道光二十七年刻本：北图、陕博等处；2）钞本：首都图书

馆、人大

31. 光绪吴堡县乡土志，1卷，（清）佚名修纂

记事止于光绪十二年，全书分15目：历史、政绩录、兵事录等。

清光绪间钞本：北图

32. 顺治清涧县志，4卷，（清）廖元发修、白乃贞纂

记事止于顺治十七年。正文分7门，约1万字。是明志失传后清涧县第一部正式刻印流传的县志。其中选举志对该县自元迄清以来的进士、举人、荐辟、文武职等作了详细统计。

清顺治十八年刻本：北图

33. 乾隆清涧县续志，8卷，（清）吴其琰纂修

清乾隆十七年刻本：故博、省图等处

34. 道光清涧县志，8卷，首5卷，（清）钟章元、陈第颂修

清涧县第三部县志。始修于道光七年，翌年完成并付梓。正文分8门80目，约20万字。

1）清道光八年刻本：北图、省图、陕师大等处；2）台湾成文出版社1970抄本影印本

35. 乾隆葭州志，不分卷，（清）张宗商纂

清乾隆三十年修

稿本：美国国会图书馆

36. 嘉庆葭州志，11卷，（清）高珣、龚玉麟修纂

记事止于嘉庆十二年。正文分11门63目，约5万字，是葭州正式刻印的第一部志书。

1）嘉庆十五年刻本：省图、陕考、陕师大；2）光绪二十年增刻本：北图、中科等处；3）民国二十二年榆林东顺斋石印本：陕博、陕考等处

37. 光绪葭州志，1卷，（清）李寿昌修，任佺纂

记事止于光绪十九年。约6400字。上承嘉庆十四年之续志，主要记载了葭州历任知州、学正及本州岛的举人、贡生。对研究葭州人物有

参考作用。

1）清光绪二十年刻本：北图、陕师大等处；2）民国二十二年榆林东顺斋石印本：北图、北大

38. 葭州乡土志，1卷，（清）佚名编

记事止于光绪十八年，设有历史、政绩录、兵事录等二十一门，约8000字。户口门将全县十二地方的具体数字作了详细统计，为研究地方历史提供了翔实史料。

清光绪间钞本

39. 民国葭县志，2卷，附乡贤传1卷，（民国）陈琯、赵思明纂

记事止于民国二十年。正文分22门43目，约7万字。在前志的基础上，增加了屯运、征榷、封爵等内容。

民国二十二年石印本：省图、陕师大等处

40. 弘治延安府志，8卷，（明）李宗仁修、杨怀纂

修成于弘治八年，弘治十七年付梓。正文分28目，约4万字。为延安府的首创之志，体例疏略，卷目混乱。分郡邑、建置沿革、形胜、风俗、山川、城池、土产、田赋、户口、公署、学校、宫室、街坊、驿铺、会场、坛址、关梁、寺观、祠庙、古迹、陵墓、宦迹、人物、流寓、仙释、景致、诗文。

1）弘治十七年刻本：北图、上图（胶卷）、南图（胶卷）；2）1962年陕西图书馆西安古旧书店影印明弘治本：省图、陕师大等处。

41. 康熙延安府志，10卷，（清）陈天植、刘尔楎纂

记事至康熙十九年。正文分建置志、田赋志、兵防志等9纲56目，全书约389000字。

清康熙四十三年增刻本：北图、南京大学图书馆

42. 嘉庆延安府志，80卷，（清）洪蕙修纂

记事止于嘉庆五年。正文分23门43目，约42万字。是延安府的第三部府志。

1）嘉庆七年刻本：北图、省图等处；2）光绪十年修锓本：北图、

省图等处；3）钞本：南图（不全）

43. 顺治洛川县志，2 卷，（清）陈爌、李楷修纂

始修于顺治十八年，同年付梓。正文分 8 目，约 4 万字。是洛川县的首创之志。

顺治十八年刻本：北图、上图等处

44. 嘉庆洛川县志，20 卷，（清）刘毓秀修纂

始修于嘉庆十年，翌年付梓。正文分 18 门 21 目，约 14 万字。洛川县的第二部志书，内容多限于摘抄史料，增补了前志的封爵之缺。

1）嘉庆十一年刻本：北图、省图等处；2）民国十四年钞本：陕博；3）民国二十年铅印本：北图、省图等处

45. 民国洛川县志续编，2 卷，（清）姜献琛纂修

记事自清嘉庆十二年至民国十八年。

钞本：南图

46. 民国洛川县志，28 卷，（民国）余正东、黎锦熙修纂

始纂于民国三十一年，民国三十三年付梓。正文分 26 门 112 目，约 50 万字。在前志的基础上，作了大量的续补工作。其中的大事年表、地质志、工商志等都是创新之志。

1）民国三十三年泰华印刷厂铅印本：省图、西大等处；2）钞本：甘图（不全）

47. 光绪洛川县乡土志，1 卷，（清）姜献琛编

编于清光绪三十三年，未刊印，以钞本流传于世。共 15 门，约 5000 余字。志文以四言为纲，简明清晰。

清光绪三十三年钞本：北图

48. 康熙中部县志，4 卷，（清）李暄、刘尔怡修纂

始修于康熙三十二年，迄于康熙三十四年。正文分 29 目，约 5 万字。是明志失传后中部县的第一部县志。

1）康熙三十四年刻本：省图；2）钞本：西大

49. 嘉庆中部县志，4 卷，（清）丁瀚、张永清修纂

始修于嘉庆十二年，同年付梓。正文分 14 门 40 目，约 11 万字。对前志进行了补充，其中艺文志的内容增加最多。

1）嘉庆十二年刻本：北图、省图（不全）等处；2）民国二十四年铅印本：陕师大、西大等处；3）钞本：中科

50. 中部县乡土志，1 卷，（清）佚名纂

正文分 17 目。对光绪以前中部县的地理、历史、政治等方面作了简要介绍。

1）光绪间抄本：北大；2）民国二十六年燕京大学《乡土志丛编第一集》铅印本：省图、陕师大等处

51. 民国黄陵县志，21 卷，（民国）余正东、黎锦熙等修纂

始纂于民国三十二年（1943），次年付梓。正文分 21 门 84 目，约 40 万字。新增气候志、地质志、黄帝陵庙志等，还附有黄帝手植柏等珍贵照片。

民国三十三年铅印本：陕师大、西大等处

52. 雍正安定县志，不分卷，（清）吴瑛、王鸿荐纂修

记事止于乾隆十年，为乾隆时之续补本。正文分 53 目，约 10 万字。对雍正以前安定县的历史、地理、政治、经济等各个方面都作了简要介绍。

1）清雍正八年钞本：北图、上图（胶卷）、甘图（胶卷）；2）另一钞本：省图

53. 道光安定县志，8 卷，（清）姚国龄、米毓璋纂

始修于道光二十五年，翌年付梓。正文分 8 门 44 目，约 8 万字。安定县集大成之志书。

1）清道光二十六年刻本：故博、省图等处；2）钞本：省图

54. 顺治延川县志，1 卷，（清）刘谷修纂

始修于顺治十一年，顺治十八年付梓。正文分 10 门 50 目，约 1 万字。是延川县的第一部县志。

1）清顺治十八年刻本：北图、上图（胶卷）；2）钞本：合阳县文

化馆

55. 道光重修延川县志，5 卷，（清）谢长清修纂

始修于道光八年，道光十一年刊刻。正文分 5 门 41 目，约 6 万字。在刘谷县志的基础上写成，为延川县志中质量较好的一部。

1）清道光十一年刻本：中科、省图等处；2）钞本：北图等处

56. 民国延川县新志，不分卷，（民国）佚名纂

民国十六年修。分舆地、户口、特产等 12 门，保留了该县民国初年的史料。内容简略，仅约 5000 字。

1）钞本：广东省中山图书馆；2）摄影民国钞本：甘图

57. 乾隆甘泉县志，8 卷，（清）汪雍聪纂修

清乾隆三十年钞本：台湾

58. 甘泉县乡土志，1 卷，（清）佚名纂

正文分 15 目，约 1 万字，简要介绍了甘泉县的历史、地理、政治等各个方面。

1）清光绪间稿本：北大；2）清宣统钞本：省图；3）民国二十六年燕京大学《乡土志丛编第一集》铅印本：省图、陕师大等处

59. 康熙鄜州志，8 卷，（清）顾耿臣、任于峤修

始修于康熙五年，同年付梓。正文分 8 门 64 目，约 7 万字。是明志失传后鄜州的第一部志书。

1）清康熙五年刻本：北图、省图等处；2）清康熙二十四年增刻本：天津

60. 道光鄜州志，5 卷，（清）吴鸣捷、谭瑀修纂

始修于道光十三年，同年付梓。正文分 4 门 43 目，约 12 万字。是鄜州的第二部志书，对前志语涉怪诞且多雷同之处加以删削，对需要增加的内容予以补充，是质量较好的一部。

1）道光十三年刻本：省图、西大等处；2）民国十八年石印本：首都图书馆、陕博等处

61. 鄜州志续补，1 卷，（民国）黄昭临修纂

记事止于民国十八年。是道光富州志的补充本，无门目之分，约 2 万字。增加了物产目，还对鄜州当时的户口、生活状况、风俗以及人们所从事的职业等方面作了记述。

民国十八年石印本：人大、陕博

62. 乾隆宜川县志，8 卷，（清）吴炳修纂

始修于乾隆十五年，记事止于乾隆十八年。正文分 8 门 46 目，约 11 万字。是宜川县首创之志。

1）清乾隆十八年刻本：北图、陕师大等处；2）民国十年铅印本：省图、陕考等处；3）钞本：北图、省图等处

63. 民国宜川续志，10 卷，（民国）薛观骏纂

始修于民国十六年，翌年付梓。正文分 8 门 51 目，约 6 万字。体例同前志，内容略有增加。卷末杂记中增加了有很高价值的十三篇地方史料。

民国十七年石印本：省图、西大等处

64. 民国宜川县志，27 卷，（民国）余正东、黎锦熙修纂

始修于民国三十三年春，半年多完成并付梓。正文分 8 门 93 目，约 40 万字。通过实地调查、档案整理、群书采录，有很高的存史价值和学术价值。

民国三十三年铅印本：陕师大、西大等处

65. 宜川乡土志，1 卷，（清）佚名纂

始纂于清末。正文分 9 目，约 1 万字。对宜川县的地理沿革、古迹以及风俗等作了简要介绍。

1）清末稿本：北大；2）民国二十六年（1937）燕京大学《乡土志丛编第一集》铅印本：陕师大、西大等处

66. 顺治保安县志，7 卷，（清）张嗣贤修，王政新纂

首创志乘，修成于顺治十八年。正文分地理、建置、祠祀等项。内容划分失当，如将灾祥归入田赋门；将物产归入选举门。内容简略，仅 12000 余字。

顺治十八年钞本：北图、上图（胶卷）

67. 咸丰保安县志，8卷，（清）彭瑞麟修纂

始修于咸丰六年，同年付梓。正文分34目，约3万字，是保安县的第二部县志。对前志作了搜残补阙和考证工作。

1）清咸丰六年刻本：上海辞书出版社、天津等处；2）钞本：复旦大学图书馆等处

68. 光绪保安县志，2卷，（清）侯昌名修纂

始修于光绪二十三年，迄于光绪二十四年。正文分6门25目，约5万字。是保安县的第三部县志，搜辑保存了许多历代边陲史料，对研究陕西地方史有着较高的参考价值。

1）清光绪二十四年钞本：北图、省图等处；2）1950年石印本：陕博

69. 保安乡土志，不分卷，（民国）佚名纂

记事止于光绪三十二年。正文分22目，约1万字。

钞本：省图

70. 顺治安塞县志，6卷，（清）李暲修、郭指南纂

修成于顺治十八年。无刻本。原书分十大类，今传仅一残钞本，存前六卷。

残钞本：南京大学图书馆

71. 乾隆重修本安塞县志，（清）倪嘉谦纂

钞本：陕西省图书馆

72. 民国安塞县志，安庆丰修，郭永清纂

民国三年铅印本

73. 民国安塞县志，杨元焕修，郭超群纂

民国十四年铅印本

74. 康熙延长县志，10卷，（清）孙芳馨、樊钟秀等人修纂

始修于康熙十四年，迄于康熙五十三年。分舆地、建置、秩祀等十卷。体例完备，考据确凿。

钞本：陕西省图书馆、北碚人民图书馆、延长县方志办

75. 乾隆延长县志，（清）王崇礼修纂

始修于乾隆二十六年，翌年付梓，正文分 10 门 54 目。记述了乾隆二十七年以前延长县的简况。特别是艺文志中的《岁荒乞赈疏》、《招抚人民复业疏》等篇，深刻分析了延民由于饥饿和贫困而导致起义的原因。体例完备，内容翔实，是延长县旧志中质量较好的一部。

1）乾隆二十七年刻本：中科、上图；2）清钞本：省图、南图；3）民国钞本：省图

76. 民国延长县志书，10 卷，民国二年延长县公署修

记载了延长县的历史、地理、政治等有关方面的资料，所载该县石油、煤炭的质量及销售为是志的一大特点。

1）稿本：中国科学院南京地理所图书馆；2）钞本：中国科学院图书馆、上海图书馆

77. 民国延长县乡土志，不分卷，佚名编纂

民国三年修，包括历史、政绩录、耆旧录等几个大类。记事比较简略，体例也不完备。

钞本：上海图书馆、南京大学图书馆

78. 陕西全省舆地图，不分卷，（清）魏光焘编修

1）清光绪二十五年（1899）石印本；2）台北成文出版社影印本

79. 秦疆治略，不分卷，（清）卢坤撰

1）清道光年间刊本；2）台北成文出版社影印本

80. 陕西志辑要，七卷，（清）王志沂纂

1）清道光七年刊本；2）台北成文出版社影印本

81. 二十七府州县屯卫赋役，不分卷，（清）佚名纂修

1）清道光二十四年刊本；2）台北成文出版社影印本

82. 延绥揽胜，上下编，曹颖僧著，史学书局 1945 年版

83. 乡贤传，1 册，韩垠编

实为葭县县志人物志的补充，书内列传 65 人，附传 10 人。

民国二十二年（1933）榆林东顺斋印本

343

84. 雍大记，36 卷，（明）何景明纂修

明嘉靖元年（1522）刊本，上海图书馆藏

85. 嘉靖陕西通志，40 卷，（明）赵廷瑞、马理修纂

明嘉靖二十一年（1542）刊本

86. 万历陕西通志，35 卷，首 1 卷，（明）李思孝、冯从吾修纂

87. 康熙陕西通志，32 卷，首 3 卷，（清）贾汉复、李楷修纂

88. 康熙陕西通志，32 卷，首 1 卷图 1 卷，（清）贾汉复修、韩奕续修，王功成、吕和钟续纂

89. 雍正陕西通志，100 卷，首 1 卷

90. 道光陕西志辑要，6 卷首 1 卷

91. 全陕政要，（明）龚辉撰，嘉靖刻本

92. 续修陕西通志稿，225 卷，122 册，杨虎城，邵力子，宋伯鲁，吴廷锡等纂

民国二十三年铅印本

93. 延镇图说，1 册，（明）刘敏宽撰

明万历三十九年（1611）编纂，翌年告竣

94. 河套图考，1 册，（清）杨江著

清咸丰七年（1857）印，存榆林图书馆

95. 图开胜迹，6 册，（清）刘厚基编纂

光绪元年（1875）刊印，存榆阳区档案馆

96. 守榆纪略，1 册，（清）谭吉璁编著

记述康熙九年（1670）朱龙起事攻打榆林城事。

清康熙十二年（1672）印，存北京图书馆。

97. 榆塞纪行录，1 册，（清）李云生著

清光绪十二年（1886）刻本，榆阳区方志办有复印本

98. 陕绥划界纪要，6 册，张立德、朱维勤编辑

记载陕绥划界有关文件、电函等。

民国二十一年（1932）印，存榆阳区档案馆

说明：本表主要根据《中国地方志联合目录》、陕西省社科院古籍所高叶青博士的会议论文《建国以前陕北地区旧志修纂情况探究》、北京大学历史系蔡向升教授整理的《榆林历代方志集成》以及其他专家的研究整理综合而成。本书目中提及文献馆藏单位除注明者外，使用简称者分别是：北图——北京图书馆，北大——北京大学图书馆，上图——上海大学图书馆，天津——天津市人民图书馆，中科——中国科学院图书馆，陕考——陕西省考古研究所，省图——陕西省图书馆，南图——南京图书馆，陕师大——陕西师范大学图书馆，北师大——北京师范大学图书馆，西大——西北大学图书馆，陕博——陕西省博物馆，故博——故宫博物院图书馆，人大——中国人民大学图书馆，甘图——甘肃省图书馆。

跋

　　近年来，对于"内亚"、"内亚视角"、"内亚传统"的重视，对于我们研究中国文明和历史的发展演变，具有极大启发意义。抱持这样一种理念，重新审视陕北乃至整个中国西北方的历史，或许会有不一样的感受。战国以来修筑的长城，将亚洲区隔为两个部分。由华夏汉族看来，长城以北为塞外，以南为腹里。内外之别，即有华夷之辨。而可以方便地观察内外华夷，则当以陕北地区最具典型性。晋北、华北虽也跨越长城内外，但少了西北的观察视角和通道。唯有陕北，以自然屏障黄河及人工屏障长城的双重界标，与北方及西北诸族保持着若即若离的长久联系。它的南边，便是华夏汉族延续千年以上的政治文化中心，因此，陕北常常被视为"北门锁钥"，清楚地显示出陕北作为中原王朝门户的重要战略位置。同样，从内亚视角来看，陕北也是北方草原沙漠通往中国的主要门户之一，二十世纪初年来到陕西的英国传教士司慕德，便早已经指出过，守住这一门户的方式不可能是和平的，在数千百年游牧部落与中国的斗争中，陕北一直被卷入其中，"中华文明进程中几乎所有重大事件都与这个地方密切相关，有些甚至具有世界性的意义"。因此，陕北的历史，在某种意义上讲，就是中国历史和内亚历史交互重叠的缩影，对于陕北的了解，在很大程度上既可以帮助我们了解整个中国，也同样可以帮助我们了解内亚传统。更为有趣的是，这样一种格局，恐怕并不是我们常常感觉到的那样，似乎是秦汉以后才逐渐形成的。在陕北，我们很自然地会把这种格局的形成追溯至文明之初的黄帝时代，黄帝不仅是中华民族的人文初祖，是中华文明的精神标识，也是内亚传统形成的可追索的起点。

陕北的历史进程决定了陕北民众生活的内容和特点，而民众生活方式又反过来左右着陕北历史的走向。有了明代十三行省的建置，才有了民歌中"一十三省的女儿哟，就属兰花花好"的骄傲；有了乾隆中叶玉米在陕北的种植和推广，才有了"金稻黍出个红缨缨，坐在那地畔想亲亲"的思念；有了二十世纪三四十年代的"走南路"，才有了"山川秀、天地平，毛主席领导陕甘宁，迎接移民开山林"的时代强音。历史上长期的战争纷扰、民族交汇，形成了陕北民俗的开放包容和革命精神，这种特点最终又使陕北成为二十世纪中国革命的落脚点和出发点。

这本小书以陕北的历史社会变迁和民众的生活世界为研究对象，力图展示这样一个较小区域内普通民众的历史活动和社会表现，希望能够多方面、多层次地阐释历史细节，从而发现地方历史中不同于"国家"或"民族"历史的某种独特性。囿于学识精力，所得有限，而错误疏漏恐怕不会少，只是多少反映了过去几年自己的努力和关注所在，私心以为可权作引玉之砖，恳请大家批评指正。

刘　蓉

2017 年 4 月 20 日

责任编辑:贺　畅

责任校对:吕　飞

图书在版编目(CIP)数据

民众的历史:以陕北地区为中心/刘蓉 著. —北京:人民出版社,2017.6

ISBN 978－7－01－017387－0

Ⅰ.①民…　Ⅱ.①刘…　Ⅲ.①文化史-研究-陕北地区　Ⅳ.①K291.1

中国版本图书馆 CIP 数据核字(2017)第 030665 号

民众的历史

MINZHONG DE LISHI

——以陕北地区为中心

刘　蓉　著

人 民 出 版 社 出版发行

(100706　北京市东城区隆福寺街 99 号)

北京明恒达印务有限公司印刷　新华书店经销

2017 年 6 月第 1 版　2017 年 6 月北京第 1 次印刷

开本:710 毫米×1000 毫米 1/16　印张:22

字数:304 千字

ISBN 978－7－01－017387－0　定价:59.00 元

邮购地址 100706　北京市东城区隆福寺街 99 号

人民东方图书销售中心　电话 (010)65250042　65289539

版权所有 · 侵权必究

凡购买本社图书,如有印制质量问题,我社负责调换。

服务电话:(010)65250042